Spring Boot 2

W0064005

Michael Simons ist zweifacher Vater, Ehemann, Geek und leidenschaftlicher Fahrradfahrer. Er entwickelt seit über 15 Jahren Software im Java-Umfeld, davon seit sieben Jahren mit Spring. Michael ist Mitglied des NetBeans Dream Team und Gründer der Euregio JUG. Er schreibt in seinem Blog info.michael-simons.eu über Java, Spring und Softwarearchitektur. Michael arbeitet als Senior Consultant bei innoQ Deutschland.

Michael Simons

Spring Boot 2

Moderne Softwareentwicklung mit Spring 5

 dpunkt.verlag

Michael Simons

Lektorat: René Schönfeldt
Copy-Editing: Annette Schwarz
Satz: Da-TeX
Herstellung: Susanne Bröckelmann
Umschlaggestaltung: Helmut Kraus, www.exclam.de
Druck und Bindung: M.P. Media-Print Informationstechnologie GmbH, 33100 Paderborn

Bibliografische Information der Deutschen Nationalbibliothek
Die Deutsche Nationalbibliothek verzeichnet diese Publikation in der Deutschen Nationalbibliografie;
detaillierte bibliografische Daten sind im Internet über http://dnb.d-nb.de abrufbar.

ISBN:
Print   978-3-86490-525-4
PDF   978-3-96088-388-3
ePub   978-3-96088-389-0
mobi   978-3-96088-390-6

1. Auflage 2018
Copyright © 2018 dpunkt.verlag GmbH
Wieblinger Weg 17
69123 Heidelberg

5 4 3 2 1 0

Inhaltsverzeichnis

Geleitwort

15 Jahre Spring

Die Wurzeln von Spring liegen in einer Sammlung von Framework-Ideen im Buch »J2EE Design and Development« aus dem Jahre 2002 und deren Konkretisierung im Nachfolgebuch »J2EE without EJB« aus dem Jahre 2004. Bücher spielten immer schon eine wichtige Rolle für Spring, sowohl die Titel von meinem Mitgründer Rod Johnson und mir als auch jene aus der Community.

In den 15 Jahren seiner Geschichte entwickelte sich das Spring Framework konsequent weiter, wobei es im Kern des Frameworks nie zu einem radikalen Bruch kam, sondern immer zu einer Evolution im Rahmen des breiteren Java-Ökosystems. Natürlich musste sich das Framework einige Male im sprichwörtlichen Sinne neu erfinden, baute dabei aber jedes Mal wieder auf seinen Kernideen auf und erlaubte das schrittweise Upgrade von Bestandsanwendungen.

Einer der größten Meilensteine in diesen 15 Jahren war sicherlich die Einführung von Spring Boot im Jahre 2014. Ursprünglich gedacht als bequeme Konfigurationsvariante, entwickelte sich Boot schnell zum Standard-Einstiegspunkt ins Spring-Ökosystem und zum beliebtesten Framework für Microservice-Architekturen im Java-Umfeld. Dabei bietet Spring Boot nicht nur einen einfachen Einstieg für Entwickler, sondern auch viele Laufzeit-Features für den Betrieb.

Nach den Feature-Releases 1.1 bis 1.5 bringt Spring Boot 2.0 nun die erste große Überarbeitung, aufbauend auf Spring Framework 5.0. Die Schwerpunktthemen sind dabei breit gefächert: von reaktiver Programmierung bis hin zu Kotlin als neuer Programmiersprache auf der JVM, und nicht zu vergessen natürlich die neuen JDK-Releases der Generation 9+, die uns ab nun zwei Mal im Jahr bevorstehen. Spring Framework 5 und Spring Boot 2 stehen hierfür bereit.

Erfreulicherweise setzt sich auch die Tradition der begleitenden Bücher fort: Michael Simons liefert mit dem vorliegenden Titel nicht nur perfektes Timing, sondern vor allem einen umfassenden Einblick in viele aktuelle Bereiche des Spring-Ökosystems. Dieses Buch deckt alle Facetten der Entwicklung mit Spring Boot ab und bietet einen praktischen Leitfaden für moderne Java-Webanwendungen, der bereits jetzt auf die Herausforderungen der kommenden Jahre ausgerichtet ist.

Viel Spaß bei der Lektüre,

Jürgen Höller
Mitbegründer und Entwicklungsleiter des Spring Framework

Vorwort

Das Spring-Framework

Das Spring-Framework wurde 2002 erstmals als Idee vorgestellt und ein Jahr später unter dem Namen Spring-Framework als quelloffenes Projekt veröffentlicht. Das Ziel – damals wie heute – ist, die Entwicklung mit Java zu vereinfachen und gute Programmierpraktiken zu fördern.

Infrastruktur auf Anwendungsebene ist eines der Schlüsselelemente von Spring. Springs Fokus liegt ganz klar auf Bereitstellung und Konfiguration nichtfunktionaler Anforderungen, so dass Entwickler von Anwendungen sich auf ihre eigentliche Aufgabe, Implementierung der Geschäftslogik, konzentrieren können.

Kernfunktionen von Spring sind dabei:

Dependency Injection
MVC-basierte Webanwendungen und RESTful Webservices
Grundlagen für JDBC, JPA und vieles mehr
aspektorientierte Programmierung und deklarative Behandlung von Transaktionen

Der Umfang an Funktionalität ist seit 2003 kontinuierlich gewachsen, die Möglichkeiten, eine Spring-basierte Anwendung zu konfigurieren und in Betrieb zu nehmen, ebenso.

Spring Boot ist in diesem Kontext kein neues Framework, sondern eine Sicht auf die Spring-Platform, die es ermöglicht, eigenständige und produktionsreife Anwendungen auf Basis des beschriebenen Spring-Frameworks zu bauen, die unter anderem folgende Eigenschaften haben:

eigenständige Anwendungen, die keine externen Laufzeitabhängigkeiten mehr haben
eingebettete Container (zum Beispiel Tomcat, Jetty oder Undertow), so dass keine War-Dateien verteilt werden müssen
automatische Konfiguration soweit möglich

    Bereitstellung von nicht funktionalen Eigenschaften, die zur Produktion in der Regel benötigt werden: Metriken, Health Checks und externe Konfiguration

    keinerlei Generierung von Code oder Konfiguration

Warum Spring Boot?

Spring Boot basiert vollständig auf dem Spring-Framework. Es wurde mit dem Ziel erschaffen, die Entwicklung eigenständig lauffähiger Anwendungen mit dem Spring-Framework drastisch zu erleichtern. *Convention over configuration* sowie wenige, bekannte Annotationen reichen aus, um Artefakte zu erzeugen, die alle benötigten Abhängigkeiten mitbringen und extern konfigurierbar sind. Die Schwelle, mehr als eines dieser Artefakte zu erzeugen und zu verteilen, ist deutlich geringer und Grundlage erfolgreicher Verteilung von Microservices.

Schneller Start

    Mit sogenannten »Startern« ist es möglich, die Konfiguration des Builds erheblich zu vereinfachen. Durch Deklaration einer einzigen Abhängigkeit wird zum Beispiel die Unterstützung einer Template-Sprache bereitgestellt, inklusive benötigter Abhängigkeiten und Konfiguration.

Testdriven

    Spring Boot bietet herausragende Möglichkeiten, die technischen Schichten einer Anwendung, zum Beispiel Persistenz- und Webschicht, getrennt voneinander zu testen und die Ergebnisse dieser Tests anschließend zu Dokumentationszwecken zu nutzen. Ein nicht unerheblicher Gewinn, um sauberen Code zu schreiben.

Spring Boot liebt Microservices.

    Darüber hinaus hat sich um Spring Boot, insbesondere durch die Firma Netflix, ein weiteres Ökosystem an Komponenten aufgetan, das insbesondere auf die Entwicklung verteilter, widerstandsfähiger (»resilient«) Microservices zielt. Machen Sie aber bitte nicht den Fehler und betrachten Spring Boot als »Microservice«-Framework. Sie können mit Spring Boot Teile von Anwendungssystemen auf Basis einer Microservice-Architektur bauen, aber Spring Boot ist deutlich mehr als ein »Microservice«-Framework.

Spring Boot und Cloud-native Java

Im Umfeld von Spring Boot hören Sie oft die Begriffe *Cloud-native* und *12-Factor-App*. Die Firma Pivotal erklärt den Begriff Cloud-native-Anwendungen als Anwendungen, die speziell mit dem Cloud-Modell im Hintergrund entworfen wurden und von kleinen Teams mit Fokus auf einzelnen Features entwickelt, deployt und betrieben werden. Skalierbare Infrastruktur, flexible Zielplattformen, Entwickler, die sich auf

Features anstelle von Boilerplate-Code konzentrieren können, und ein Betrieb, der sich am Geschäftsbedarf orientiert, sind heute noch Wettbewerbsvorteile, in naher Zukunft wohl eher Standard. Die folgenden Themen beschreiben Kernaspekte einer Cloud-native-Anwendung:

- Entwicklung und Betrieb arbeiten Hand in Hand zusammen, so dass Builds, Tests und Releases oft und zuverlässig durchgeführt werden (»DevOps«),
- Continuous Delivery, um einzelne Aspekte freigeben und veröffentlichen zu können, wenn sie fertig sind,
- Microservices als architektonischer Ansatz, um Anwendungen als Sammlung kleiner Dienste zu strukturieren, die unabhängig voneinander verteilt, aktualisiert und skaliert werden können, und
- Container als Laufzeitumgebung, die ähnlich schnell wie ein Microservice gestartet, skaliert und gestoppt werden können

Die 12-Factor-App als Methode beschreibt Anwendungen, mit denen die Vorteile einer Cloud-native-Umgebung ausgenutzt werden können, und wurde als Manifest unter 12factor.net von Entwicklern der Heroku-Plattform (https://www.heroku.com) in mehreren Sprachen veröffentlicht. Ihr Ziel war es, ideale Praktiken für die Entwicklung von Anwendungen zu schaffen, die wiederkehrende Probleme im Hinblick auf Konfiguration, Portierbarkeit, Verteilung und Skalierung von verteilten Anwendungen verhindern.

Viele Konzepte sind in die Gestaltung von Spring Boot eingeflossen und helfen dabei, Spring Boot zu einer idealen Plattform von Cloud-native-Anwendungen zu machen. Nach der Lektüre des Kapitels können Sie einige der Designentscheidungen Spring Boots besser nachvollziehen. Die Kenntnis der Idee der 12-Factor-Anwendung hilft Ihnen, einige Defaults von Spring Boot besser zu verstehen und sie – falls notwendig – bewusst anders zu konfigurieren.

Einige der Faktoren, die Sie ziemlich klar in Spring Boot wiederfinden, sind:

- Explizite und vollständige Deklaration von Abhängigkeiten. Spring Boot macht dies zu großen Teilen über das Konzept sogenannter »Starter«, denen Sie im Folgenden sehr häufig begegnen werden.
- Die externe Konfiguration einer Anwendung erfolgt nicht über Code, sondern der »reinen Lehre« nach nur über Umgebungsvariablen. Spring Boot geht einen Schritt weiter: Spring-Boot-Anwendungen können sehr leicht über Umgebungsvariablen konfiguriert werden, aber ähnlich effektiv auch durch Profile. Profile bündeln verschiedene, zusammengehörende Einstellungen für ein Ziel-Deployment (zum Beispiel staging, test, prod und andere). Die kon-

kreten Parameter der Profile sind dabei Teil des Artefakts, die Profile selber werden üblicherweise über die Umgebung aktiviert. Wichtig ist jedoch, dass es niemals notwendig sein sollte, eine Anwendung für ein einzelnes Ziel auf spezielle Art und Weise zu bauen. Die durch Spring Boot geschaffenen Möglichkeiten externer Konfiguration, die in Kapitel 4 besprochen werden, sind immens wichtig, um Anwendungen zu erstellen, die genau diesen Anspruch erfüllen. Gleiches gilt für intelligente »Magie«, die es in vielen Fällen erlaubt, komplett auf explizite Konfiguration zu verzichten und nur anhand der Umgebung zu entscheiden, welche Konfiguration sinnvoll ist oder nicht (Kapitel 5).

■ Unterstützende Dienste wie Datenbanken und dergleichen sollen als »angehängte« Ressourcen betrachtet werden: Der Code einer 12-Factor-Anwendung macht keinen Unterschied zwischen lokalen Diensten oder den Diensten Dritter. Diese Aspekte werden Sie in Kapitel 18 wiederfinden.

■ Zum Thema »Logging« wird folgende Aussage gemacht: Eine 12-Factor-Anwendung betrachtet Logs als Strom von Ereignissen. Das Ziel dieser Ereignisse ist irrelevant für eine 12-Factor-Anwendung. Sie schreibt ihre Logging-Ereignisse in der Regel nach stdout. In Kapitel 6 »Logging« wird ganz klar dieser Einfluss auf Spring Boot deutlich: Es gibt sehr einfache und schöne Möglichkeiten, das Format und die Detailtiefe (Level) der einzelnen Logs zu konfigurieren, das Ziel ist aber in der Regel die Standardausgabe.

Eine 12-Factor-App ist noch lange keine »perfekte« Anwendung, und die 12 Faktoren machen erst recht keine Aussage über ein Anwendungssystem, sind aber ein wesentlicher Bestandteil von Cloud-native-Anwendungen. Sie helfen, sowohl die Anwendung selber als auch die Entwicklung ohne wesentliche Änderungen im Tooling und der Architektur zu skalieren, maximale Portierbarkeit zwischen verschiedenen Ausführungsumgebungen zu erreichen und die Kluft zwischen Entwicklung und Produktion zu minimieren.

Warum dieses Buch?

Die Referenzdokumentation von Spring Boot ist ebenso wie die des Spring-Frameworks selber ausgesprochen gut, und es gibt eine Vielzahl von Einführungen für unterschiedliche Themen. Warum also noch ein Buch?

Dieses Buch soll interessierte Entwickler aus dem Java-EE-Bereich ebenso wie Spring-Entwickler ansprechen und ihnen ein »Rezept« an die Hand geben, immer wiederkehrende Aufgaben aus dem fachlichen Alltag elegant und ohne Ablenkung mit Spring Boot zu nutzen.

Spring Boot bringt eine Menge automatischer Konfigurationen für fast alle Aspekte des Spring-Frameworks. Das Buch erklärt diese Magie und hilft dabei, sie für die eigenen Zwecke zu nutzen.

Warum legt das Spring-Boot-Team so viel Wert auf externe Konfiguration? Welchen Vorteil bietet ein Fat Jar? Wie funktionieren die Spring-Boot-Starter? Auch diese Fragen werden beantwortet.

Für wen ist dieses Buch?

Sie sollten grundlegende Kenntnisse der objektorientierten Programmierung besitzen und die Programmiersprache Java einschließlich der Sprachfeatures von Version 8 sowie die funktionalen Erweiterungen verstehen, um diesem Buch folgen zu können.

Spring Boot kann genutzt werden, ohne alle Module des Spring-Frameworks im Detail zu kennen oder vollständig zu verstehen. Ich habe versucht, für dieses Buch einen ähnlichen Kompromiss zu finden: Auch ohne Detailkenntnisse des Spring-Frameworks kennen Sie nach der Lektüre die Philosophie hinter Spring Boot und können damit Anwendungen erstellen. An vielen Stellen bin ich zusätzlich auf grundlegende Konzepte und Ideen des Spring-Frameworks eingegangen, insbesondere im Hinblick auf den Spring-Container, das Web-MVC-Framework und die Datenmodule.

Erfahrene Spring-Entwickler, die bisher noch nicht in Kontakt mit einer Spring-Boot-Anwendung gekommen sind, die unter modernen Gesichtspunkten entworfen wurde, werden überrascht sein, wie leichtfüßig die Entwicklung einer neuen Anwendung mittlerweile vonstatten geht.

Falls Sie bereits eine Vorstellung von Spring Boot und der grundlegenden Konfiguration haben, können Sie mit Kapitel 5 starten. Dort erfahren Sie, wie die automatische Konfiguration funktioniert. In Teil III erfahren Sie, wie Spring Boot bekannte Spring-Funktionen zur Verfügung stellt und wie diese Ihren Zwecken angepasst werden können.

Sie sollten die im Abschnitt »Werkzeuge« auf Seite 10 genannten Tools zur Hand haben, den Umgang mit Maven kennen und die IDE Ihrer Wahl beherrschen.

Autor

Michael Simons ist zweifacher Vater, Ehemann, Geek und leidenschaftlicher Fahrradfahrer. Er entwickelt seit über 15 Jahren Software im Java-Umfeld, seit sieben Jahren mit Spring. Michael ist Mitglied des NetBeans Dream Team und Gründer der Euregio JUG. Er schreibt in seinem Blog info.michael-simons.eu über Java, Spring und Softwarearchitektur. Michael arbeitet als Senior Consultant bei innoQ Deutschland.

Danksagungen

Mein Dank geht sowohl an alle engagierten Probeleser als auch an alle Menschen, die mich moralisch unterstützt haben. Es war mir eine Ehre, mit euch an diesem Buch zu arbeiten:

Andy Wilkinson (@ankinson), Christina Simons (@tinasimons), Eberhard Wolff (@ewolff), Franz van Betteraey (@FrVaBe), Friedel Herten, Dr. Gernot Starke (@gernotstarke), Jörn Hameister (@hameiste), Jürgen Höller (@springjuergen), Lukas Eder (@lukaseder), Mark Paluch (@mp911de), Martin Steinberg (@SbgMartin), Niko Köbler (@dasniko), Rainer Barluschke, Ralf D. Müller (@RalfDMueller), René Schönfeldt, Silke Böhler, Stéphane Nicoll (@snicoll), Tim Riemer (@zordan_f), Yann Cébron (@yanncebron).

Weiterhin konnte ich in dieses Buch die Antworten auf einige Fragen einfließen lassen, die ich auf Twitter, im Slack oder auf Stack Overflow beantwortet habe.

Insbesondere gebührt der ENERKO INFORMATIK in Aachen mein Dank für fantastische 15 Jahre, in denen ich nicht nur interessante Aufgaben hatte, sondern jederzeit Unterstützung erfahren habe, sowohl für alle erdenklichen Projekte als auch in privater Hinsicht.

Dieses Buch jedoch wäre – wie viele andere Dinge in meinem Leben – ohne den Rückhalt meiner Frau Christina unmöglich.

Wege durch das Buch

Sollten Sie zu den Menschen gehören, die jedes Buch von der ersten bis zur letzten Seite lesen, dann betrachten Sie bitte die folgenden Punkte als Hinweis, was ich mir bei der Einteilung des Buches gedacht habe. Ansonsten können sie Ihnen als kleiner Wegweiser durch dieses Buch und das Spring-Ökosystem dienen.

- Einsteiger beginnen mit Teil I. Dieser Teil stellt testgetrieben die Entwicklung eines einfachen HTTP-Endpunktes mit Spring Boot vor und veranschaulicht wesentliche Konzepte einer Spring-Boot-Anwendung. Dieser Teil ist gleichermaßen geeignet für Menschen, die nur wenig Erfahrung mit Build-Management-Tools im Java-Umfeld haben oder noch niemals Spring-Code genutzt haben.
- In Teil II werden die wesentlichen Säulen von Spring Boot und auch notwendige Spring-Grundlagen thematisiert. Er kann damit sowohl von Entwicklern gelesen werden, die Spring bereits kennen und nun wissen möchten, was Spring Boot für sie tun kann, als auch von Entwicklern, die aus einem anderen Bereich, wie zum Beispiel Java EE, kommen. Erfahrene Spring-Boot-Entwickler springen direkt in das Kapitel 5. Dort erfahren sie, wie die »Magie« von Spring Boot funktioniert.
- Teil III ist dem Spring-Ökosystem gewidmet. Laut eigener Aussage soll Spring Boot das Spring-Framework, dessen Module und unterstützte Technologien Dritter wann immer möglich automatisch konfigurieren. Teil III greift einige der wichtigsten Module heraus und zeigt Spring-Boots Unterstützung für sie. Entwickler, die sich bereits mit Spring Boot auskennen und wissen, wie Funktionen intern und extern konfiguriert werden, erfahren hier mehr über die Entwicklung von Webanwendungen, Datenbankanbindung, Springs reaktive Story und vieles mehr. Zum Spring-Ökosystem gehört auch die Unterstützung unterschiedlicher JVM-Sprachen und einige Tools zur Benutzung auf der Kommandozeile, die das Leben mit Spring Boot vereinfachen. Auch das erfahren Sie in Teil III.

⬚ Ist Ihre Spring-Boot-Anwendung bereits fertig und soll in Produktion gebracht werden, können Sie direkt in Teil IV springen. Haben Sie daran gedacht, Health-Informationen und Metriken bereitzustellen? Wenn nicht, erfahren Sie in Teil IV unter anderem, was ein Actuator ist und wie Spring Boot Ihnen mit nicht funktionalen Aspekten einer Anwendung unter die Arme greift. Ebenso erfahren Sie hier, welche Möglichkeiten Sie haben, Ihre Anwendung auszuführen. Sollten Sie klassische Spring-Anwendungen migrieren wollen, so erfahren Sie einige Möglichkeiten in Unterabschnitt 18.3.2.

⬚ Teil V gibt schlussendlich einen High-Level-Überblick über den Spring-Cloud-Stack und eine mögliche Microservice-Architektur.

Werkzeuge

Auf Ihrem Weg durch das Buch benötigen Sie mindestens folgende Werkzeuge:

⬚ einen guten Texteditor oder eine Java IDE
⬚ eine aktuelle Version des JDK 8
⬚ das Build-Werkzeug Maven in Version 3.5 (für einige wenige Beispiele wird Gradle eingesetzt)
⬚ Git, um die Beispiele von GitHub zu klonen

Die drei großen Java-IDEs – Eclipse, NetBeans und IntelliJ IDEA – sind gleichermaßen für die Entwicklung von Spring-Boot-Anwendungen geeignet. Die Beispielprojekte können in allen genannten IDEs geöffnet und bearbeitet werden. Die Unterstützung frameworkspezifischer Funktionen, zum Beispiel die automatische Vervollständigung von Konfigurationseigenschaften, der Support des Spring Boot Initializer start.spring.io und anderer Komfortfunktionen ist teilweise abhängig von der jeweiligen Edition. Folgende Varianten unterstützen die Entwicklung mit Spring Boot sehr gut:

⬚ Spring Tool Suite™, eine auf Eclipse basierende IDE, erweitert und angepasst speziell zur Entwicklung von Spring-Anwendungen
⬚ NetBeans IDE, die freie und quelltextoffene, offizielle IDE für eine aktuelle Version des JDK, zusammen mit dem NB-SpringBoot-Plugin
⬚ JetBrains IntelliJ IDEA (spezielle Features für Spring- und Spring-Boot-Projekte stehen allerdings teilweise nur in der kostenpflichtigen *Ultimate*-Ausgabe zur Verfügung)

Alle genannten IDEs bringen sowohl integrierte Unterstützung für das Versionsverwaltungswerkzeug `git` als auch die Build-Tools `maven` und `gradle` mit.

Die Beispiele sind in der Regel Maven-Projekte, die den Maven Wrapper beinhalten. Der Maven Wrapper ermöglicht es, Projekte ohne konkrete Maven-Installation sowohl unter einem unixartigen Betriebssystem als auch unter Windows zu bauen: `./mvnw clean install` beziehungsweise `./mvnw.cmd clean install`. Maven ist ein sehr mächtiges Build-Werkzeug, das in der Vergangenheit mehrfach Kritik für sein komplexes Objektmodell hat einstecken müssen. Sie sollten sich davon allerdings nicht abschrecken lassen: Mit Bedacht eingesetzt, erledigt es die Aufgaben »Dependency Management«, »Bauen von Anwendungen« und »Verteilen von Anwendungen« gut und zum Großteil auch leichtfüßig und fehlerfrei.

Docker

Einige Beispiele dieses Buches setzen Dienste wie Datenbanken, Caches oder Ähnliches voraus. Natürlich kann man die Beispiele nur lesen, es macht aber mehr Spaß, sie auszuprobieren. Docker ist eine Plattform, um Software in sogenannten Containern laufen zu lassen. Viele Produkte, wie MongoDB oder Redis, gibt es in sogenannten Images, die sich nach kurzem Download in einem Container starten lassen.

In den Maven Buildfiles der Beispiele dieses Buches wurden falls nötig diese Images deklariert und zusammen mit der jeweiligen Anwendung so konfiguriert, dass ein `./mvnw docker:run` im jeweiligen Projekt ausreicht, um alle externen Dienste passend zum Beispiel zu starten.

Einzige Voraussetzung: Passend für die Plattform der Leser muss Docker installiert und konfiguriert sein. Docker steht unter www.docker.com/products/overview sowohl für Linux, Windows als auch macOS zum kostenfreien Download bereit.

Zum Zeitpunkt der Entstehung dieses Buches und auch von Spring 5 und Spring Boot 2 war Java 9 noch nicht final veröffentlicht. Java 9, beziehungsweise ab März 2018 Java 10, bringt einige tiefgreifende Änderungen mit sich. Es ist die erste modularisierbare Java-Version und schränkt im Zuge dessen den Zugriff auf viele Java-interne Klassen ein. Module ermöglichen eine hohe Kapselung von Code und gehen viel weiter als Accessmodifier von Klassen. Die finalen Versionen von Spring 5 und Spring Boot 2 sind gegen JDK 9 gebaut und getestet. Generell wurde Spring 5 defensiv weiterentwickelt: Aufrufe von deprecated JDK-Klassen wurden vermieden, JDK-Klassen nur beschränkt über Reflection genutzt. Sie werden also grundsätzlich Ihre Spring-Boot-2-Anwendung auf Basis des JDK 9 entwickeln können. Bedenken Sie aber

Was ist mit Java 9?

bitte, dass für eine vollständige Kompatibilität einer Anwendung mit Java 9 auch alle Abhängigkeiten Dritter kompatibel sein müssen.

Konventionen

Das vorliegende Buch versucht – genau wie Spring Boot –, Überraschungen zu vermeiden, und befolgt darum einige Konventionen. Alle Beispiele dieses Projektes stehen auf GitHub unter https://github.com/ springbootbuch zur Verfügung und können unter der Apache-Lizenz, Version 2.0 genutzt werden.

Innerhalb des vorliegenden Buches werden in den Listings Import-Statements in der Regel weggelassen, sofern die Beispiele auch ohne diese verständlich sind.

Java-8-Features   Die Beispiele machen in der Regel intensiv Gebrauch von Java-8-Features. Dazu gehören nicht nur die Java-8-Stream-API, sondern auch Default-Methoden auf Interfaces, neue Datentypen und insbesondere die Erweiterungen der Reflection-API im Hinblick auf die Ermittlung der Namen von Konstruktor- und Methodenparameter. Die Projekte werden mit dem Javac-8-Flag -parameters übersetzt. Damit stehen die im Code verwendeten Namen für Parameter von Konstruktoren und Methoden über Reflection zur Verfügung. Sie können dadurch von Spring verwendet werden, zum Beispiel innerhalb von Ausdrücken in Form der Spring Expression Language (SpEL). Damit können Sie unter anderem Caching und Methodensicherheit steuern. Spring-Data-Repositorys sind mit den Namen der Parameter in der Lage, Platzhalter in Abfragen zu füllen. Maven-Projekte, die nach den im Buch erklärten Prinzipien erstellt werden, werden automatisch mit diesen Einstellungen kompiliert.

Die Beispiele sind in der Regel so entworfen, dass sie leicht verständlich und leicht zu ändern sind. Sie legen den Fokus auf das behandelte Thema. Komplexe, aufeinander aufbauende Beispiele oder gar ein Beispiel, das alle möglichen Aspekte in einem vereint, sind gerade für Neulinge schwierig nachzuvollziehen und lenken mit aufwendigeren Konfigurationen vom Wesentlichen ab. Spielen Sie ruhig ein wenig mit den Beispielen herum. Beachten Sie, dass Spring Boot zwar ein »opinionated« Framework ist, das heißt, eine starke Meinung zu Dingen hat, aber dennoch schnell aus dem Weg geht: Erkennt es, dass Sie selber Aspekte des Frameworks oder eines Starters konfigurieren oder ersetzen (zum Beispiel eine Datenbankverbindung, Security oder Teile des Web-MVC-Frameworks), wird die automatische Konfiguration abgeschaltet. Die Beispiele haben in der Regel einige Unit-Tests, die das gewünschte Verhalten sicherstellen: Im Zweifelsfall schlagen diese Tests dann fehl.

Alle im Buch gezeigten Beispiele wurden mit Milestone und Release-Candidate-Versionen von Spring Boot 2 entwickelt und schließlich mit der finalen Version getestet. Einige Beispiele nutzen explizit neue Funktionen von Spring Boot 2 und werden nicht mit älteren Versionen funktionieren. Alle weiteren Abhängigkeiten werden in den Versionen genutzt, die die Spring Boot Bill Of Materials (BOM, siehe Abschnitt 1.1) vorgibt. Solange Sie also in Ihren eigenen Beispielen explizit andere Versionen für Abhängigkeiten angeben, sollten die Beispiele auch für Ihre Projekte funktionieren.

Welche Versionen von Spring Boot und Abhängigkeiten wurden genutzt?

Die Spring-Boot-Referenz unter https://docs.spring.io/spring-boot/docs/2.0.0.RELEASE/reference ist gut zu lesen und zusammen mit der tiefergehenden Spring-Framework-Referenz unter https://docs.spring.io/spring/docs/5.0.4.RELEASE/spring-framework-reference wichtig für eine erfolgreiche Arbeit mit Spring Boot.

Teil I

Einleitung

1 Hallo, Spring Boot

Für den Einstieg in die Entwicklung mit Spring Boot eignet sich wie in vielen anderen Fällen auch eine einfache *Hallo, Welt!*-Anwendung. Diese Anwendung wird ausreichen, etliche Schlüsselfeatures von Spring Boot zu erklären. Das Ziel der einfachen Anwendung ist, einen Endpunkt zu entwickeln, der über HTTP veröffentlicht wird und per GET aufgerufen werden kann. Dieser Endpunkt soll Hello, ${name} zurückgeben, wobei name einem übergebenen Parameter entspricht.

1.1 Projektdefinition oder »Project Object Model«

> **Quelltext**
>
> *helloworld* steht auf GitHub zur Verfügung: https://github.com/springbootbuch/helloworld. Wie alle Beispielprojekte in diesem Buch stellt der Inhalt des Repositorys den »Endzustand« des Projektes nach dem entsprechenden Kapitel dar, der Text führt Sie also quasi durch die Entstehung des Projektes.
>
> Viele der in diesem Buch genutzten Beispiele beinhalten unterschiedliche Profile (siehe Unterabschnitt 4.2.1). Unterschiedliche Profile ermöglichen es, Ihnen mehrere Alternativen zur Lösung einer Aufgabe nebeneinander in einem Projekt vorzustellen und durch Wahl des entsprechenden Profils beim Start einer Anwendung auszuführen. In »echten« Projekten sollten Sie einige der Kombinationen sicherlich vermeiden und sich für eine der Alternativen entscheiden.

Wie im Abschnitt »Werkzeuge« auf Seite 10 erläutert, werden Java und Maven vorausgesetzt. Jetzt ist der richtige Zeitpunkt gekommen, zu prüfen, ob beide verfügbar sind:

```
java -version
mvn -v
```

Listing 1–1
Java- und Maven-
Installation prüfen

Beide Befehle sollten Informationen über Java und Maven ausgeben. Spring Boot 2.0 setzt mindestens Java 8 voraus, und Maven sollte in der Version 3+ genutzt werden.

Maven-Projekte werden über das sogenannte *POM*, das »Project Object Model«, in der Datei pom.xml definiert:

Listing 1–2
pom.xml

```xml
<?xml version="1.0" encoding="UTF-8"?>
<project
    xmlns="http://maven.apache.org/POM/4.0.0"
    xmlns:xsi="http://www.w3.org/2001/XMLSchema-instance"
    xsi:schemaLocation=
    "http://maven.apache.org/POM/4.0.0
    ↪  http://maven.apache.org/xsd/maven-4.0.0.xsd">

    <modelVersion>4.0.0</modelVersion>

    <parent>
        <groupId>org.springframework.boot</groupId>
        <artifactId>spring-boot-starter-parent</artifactId>
        <version>2.0.0.RELEASE</version>
    </parent>

    <groupId>de.springbootbuch</groupId>
    <artifactId>helloworld</artifactId>
    <version>0.0.1-SNAPSHOT</version>
</project>
```

Dieses POM resultiert bereits in einem funktionierenden Build, das entstehende JAR ist allerdings leer. Bekannt sind an dieser Stelle nur die »Koordinaten« des Projektes (geschrieben als "groupId:artifactId" lauten sie "de.springbootbuch:helloworld") und ein »Parent«-POM:

Das POM des Beispiels folgt der offiziellen Empfehlung, vom POM spring-boot-starter-parent zu erben. Dieses Maven-Projekt hat den Typ pom und beschreibt damit eine Projektstruktur, von der andere Projekte erben können.

Vererbungsstrukturen in Maven-Projekten erlauben viele nützliche Dinge, von denen die Verwaltung von Abhängigkeiten, das sogenannte *Dependency Management*[1], sicherlich am nützlichsten ist. Jedes Spring Boot Release stellt eine Menge kuratierter Abhängigkeiten zur Verfügung. Die Abhängigkeiten beinhalten sowohl alle Spring-Module, die offiziell mit Spring Boot nutzbar sind, als auch eine Menge an Biblio-

---

[1] https://maven.apache.org/guides/introduction/
introduction-to-dependency-mechanism.html#Dependency_Management

theken von Drittherstellern. Die Abhängigkeiten auf dieser »Bill of Materials« (*BOM*) sind in dieser Konstellation getestet worden und funktionieren miteinander.

Für Abhängigkeiten, die Teil der BOM sind, müssen also keine Versionsangaben getätigt werden.

`spring-boot-starter-parent` bringt folgende zusätzliche Defaults in das Projekt:

- Java 1.8 als Default Compiler Level
- UTF-8-Kodierung der Quellen
- aktiviertes Filtern der Ressourcen `application.properties` und `application.yml`, inklusive profilspezifischer Einstellungen (Achtung, in einem Spring-Boot-Maven-Projekt werden @...@ als Platzhalter anstelle der üblichen ${...} genutzt, da die letztgenannte Syntax mit Ausdrücken der Spring Expression Language kollidieren würde)

Diese Einstellungen – wie auch die Versionen der Abhängigkeiten – können mit Propertys überschrieben werden. Spring Boot 2 setzt allerdings Java 8 voraus, Java 6 und 7 werden nicht mehr unterstützt. Sofern Sie Java 6 oder 7 benutzen müssen, können Sie nur Spring Boot <= 1.5.x einsetzen.

1.2   Abhängigkeiten definieren

Die Abhängigkeiten eines Maven-Projektes können ohne IDE mit `mvn dependency:tree` aufgelistet werden:

```
[INFO] Scanning for projects...
[INFO]
[INFO] ------------------------------------------------------------
[INFO] Building helloworld 0.0.1-SNAPSHOT
[INFO] ------------------------------------------------------------
[INFO]
[INFO] --- maven-dependency-plugin:2.10:tree (default-cli)
                                @helloworld ---
[INFO] de.springbootbuch:helloworld:jar:0.0.1-SNAPSHOT
[INFO] ------------------------------------------------------------
[INFO] BUILD SUCCESS
[INFO] ------------------------------------------------------------
[INFO] Total time: 3.303 s
[INFO] Finished at: 2018-03-15T16:23:18+01:00
```

Listing 1–3
spring-boot-starter-parent selber hat keine Abhängigkeiten.

```
[INFO] Final Memory: 17M/309M
[INFO] ------------------------------------------------------
```

Es werden nun zwei Abhängigkeiten deklariert: `org.springframework.boot:spring-boot-starter-test` und `org.springframework.boot:spring-boot-starter-web`, der erstgenannte im Scope test:

Listing 1–4
Abhängigkeiten fürs
Testen und Entwickeln

```
<dependencies>
    <dependency>
        <groupId>org.springframework.boot</groupId>
        <artifactId>spring-boot-starter-test</artifactId>
        <scope>test</scope>
    </dependency>
    <dependency>
        <groupId>org.springframework.boot</groupId>
        <artifactId>spring-boot-starter-web</artifactId>
    </dependency>
</dependencies>
```

`spring-boot-starter-parent` nutzt Mavens Dependency Management. Dabei werden in einem zentralen POM Abhängigkeiten und ihre Versionen gepflegt, ohne sie tatsächlich als solche zu deklarieren. Werden die Abhängigkeiten dann in Projekten, die von diesem Parent-POM erben, konkretisiert, kann auf die Angabe von Versionsnummern verzichtet werden. Würden diese Versionsnummern im `<version />`-Element der Abhängigkeit angegeben, so würde eine entsprechende Warnung im Log erscheinen. Sollen Versionen überschrieben werden, so muss dies mit Propertys geschehen.

`org.springframework.boot:spring-boot-starter-web` hängt ab vom Starter `spring-boot-starter-tomcat` und mit diesem unter anderem von `org.apache.tomcat.embed:tomcat-embed-core`: Die Anwendung, die hier erstellt wird, beinhaltet also bereits einen eingebetteten Webcontainer, der vollständig konfiguriert ist und per Default auf Port 8080 horcht. Es muss also kein dedizierter Container aufgesetzt werden, um eine Spring-Boot-Anwendung zu verteilen, und die Anwendung kann direkt gestartet werden. In Unterabschnitt 8.1.4 wird beschrieben, wie der eingebettete Container konfiguriert, angepasst oder ein anderer Container als Apache Tomcat genutzt werden kann.

1.3   Hallo, Welt!

Zu diesem Zeitpunkt ist das Projekt immer noch leer. Die Deklaration von `org.springframework.boot:spring-boot-starter-test` hat unter anderem transitive Abhängigkeiten zum Testsupport von Spring Boot und Spring sowie natürlich zu JUnit 4[2]. Abschnitt 15.1 geht im Detail auf diese Abhängigkeiten ein.

Hallo, Welt kann damit also vollständig testgetrieben entwickelt werden. Testgetrieben heißt, dass Sie zuerst Code schreiben, der das erwartete Ergebnis überprüft, und erst dann das eigentliche Programm. Es wird ein erster Test im Verzeichnis src/test/java angelegt. src/test/java ist das Standardverzeichnis von Maven für Testklassen:

```java
@RunWith(SpringRunner.class)
@WebMvcTest
public class ApplicationTest {

    @Autowired
    private MockMvc mockMvc;

    @Test
    public void helloWorldShouldWork() throws Exception {
        this.mockMvc
            .perform(
                get("/hello").param("name", "World"))
            .andExpect(status().isOk())
            .andExpect(
                content().string("Hello, World\n"));
    }
}
```

Listing 1–5
ApplicationTest.java

Details dieses Tests werden ausführlich im Kapitel 15 »Tests und Dokumentation« besprochen. Durch `@RunWith(SpringRunner.class)` wird festgelegt, dass ein spezialisierter JUnit Runner zur Ausführung des Tests genutzt wird. `@WebMvcTest` legt fest, dass ausschließlich Komponenten getestet werden, die in den Bereich Spring MVC fallen. Mit der Instanzvariable `mockMvc` können schließlich URLs dieser Komponenten getestet werden. Im Beispiel heißt das konkret: »Der Aufruf der URL '/hello' mit Request-Parameter `name=World` soll den HTTP Status 200 haben und den Inhalt 'Hello, World' zurückgeben.«. Dabei ist der sogenannte Test-Slice `@WebMvcTest` »intelligent« genug, nicht den vollständigen, ein-

---

[2] http://junit.org/junit4

gebetteten Servlet-Container zu starten und stattdessen eine »Mock«-Umgebung zu nutzen.

Der Test wird ausgeführt mit `mvn test` und schlägt leider fehl. Der korrekte Rootcause lautet: »Unable to find a @SpringBootConfiguration, you need to use @ContextConfiguration or @SpringBootTest(classes=...) with your test«.

Der Test kann keinen Spring-Kontext finden und konfigurieren, es gibt ihn aktuell nicht. Ein gültiger Spring-Kontext wird durch die Klasse `Application.java` in Listing 1–6 definiert. In wenigen Zeilen Code passieren bereits etliche interessante und wichtige Dinge:

Listing 1–6
Application.java

```
package de.springbootbuch.helloworld;

import org.springframework.boot.SpringApplication;
import
↪    org.springframework.boot.autoconfigure.SpringBootApplication;


@SpringBootApplication
public class Application {
    public static void main(String... args) {
        SpringApplication.run(Application.class, args);
    }
}
```

Meta- oder Composed-Annotationen

Im Spring-Sprachgebrauch werden Meta- und Composed-Annotationen unterschieden. Als Meta-Annotation wird eine Annotation, die auf einer weiteren Annotation verwendet wird, bezeichnet. Eine Meta-Annotation erweitert die ursprüngliche Annotation um zusätzliche, beschreibende Eigenschaften. Die daraus entstandene Composed-Annotation kann wie eine reguläre Annotation auf entsprechende Ziele (Klasse, Methoden, Parameter etc.) angewandt werden.

Auslöser ist die zusammengesetzte (composed) Annotation `@SpringBootApplication`, die folgende Annotationen kombiniert:

`@SpringBootConfiguration` Zentrale Konfiguration einer Spring-Boot-Anwendung. Spring-Boot-Anwendungen sollten maximal eine `@SpringBootConfiguration`-Annotation beinhalten. Sie ist eine Spezialisierung der `@Configuration` des Spring-Frameworks selber, die zentraler Bestandteil der Java-basierten Konfiguration ist.

`@EnableAutoConfiguration` Ebenfalls eine Annotation aus Spring Boot. Sie schaltet die automatische Konfiguration ein, die anhand der de-

klarierten Abhängigkeiten Vermutungen anstellt, welche Beans genutzt werden sollen, und diese entsprechend konfiguriert. Im Beispiel wäre das unter anderem der eingebettete Servlet-Container
`org.apache.tomcat.embed:tomcat-embed-core`, für den automatisch eine `TomcatServletWebServerFactory` erzeugt würde.

`@ComponentScan` Diese Annotation ist schlussendlich Bestandteil des
Spring-Frameworks selber. Sie schaltet – sofern kein Wert durch
das Attribut `basePackages` konfiguriert ist – die Suche nach »@-
Komponenten« ausgehend vom Package der annotierten Klasse ein.
@-Komponenten sind unter anderem `@Service`, `@Controller`, `@Rest-
Controller` und andere.

Warnung

`@SpringBootApplication` beziehungsweise `@ComponentScan` sollte niemals auf
eine Klasse innerhalb des Default-Package angewandt werden. Die Suche
nach Komponenten würde dann auf alle Klassen, einschließlich denen der JVM
und der deklarierten Abhängigkeiten ausgedehnt werden.

Die Main-Methode der Klasse `Application` startet schlussendlich mit
Hilfe der Utility-Klasse `SpringApplication` die eigentliche Anwendung.
Durch `run` werden folgende Schritte automatisch durchgeführt:

Auswahl und Erstellung eines passenden `ApplicationContext`
Registrierung einer `CommandLinePropertySource`, die jegliche Argumente der Anwendung als Eigenschaften in der Spring-Umgebung
veröffentlicht
Aktualisierung des Kontextes mit Laden aller gefundenen »@-Kom-
ponenten« im Gültigkeitsbereich »singleton«
Ausführung aller Beans vom Typ `CommandLineRunner`

Sie könnten nun bereits Ihre Anwendung über die Main-Methode starten, ein weiterer Versuch des Testens mit `mvn test` schlägt allerdings
immer noch fehl. Der Test ist zwar in der Lage, den Kontext zu laden und zu initialisieren, da er das Vorhandensein der mit `@Spring-
BootApplication` annotierten Klasse erkennt. Nur entspricht das jetzige
Verhalten der Anwendung noch nicht dem erklärten Testziel:

```
Status expected:<200> but was:<404>
[..]
de.springbootbuch.helloworld.ApplicationTest.
↪  helloWorldShouldWork(ApplicationTest.java:26)
```

Listing 1–7
Der Test schlägt immer
noch fehl ...

Der Test erwartet eine gültige Antwort mit HTTP-Status 200 hinter
der URL `/hello`. Stattdessen bekommt er Status 404 »Not found« zur

Antwort. Sie müssen also eine Funktionalität ergänzen, die diese URL bereitstellt:

Listing 1–8
HelloWorldController

```
@RestController
public static class HelloWorldController {

    @GetMapping("/hello")
    public String helloWorld(
        @RequestParam final String name) {
        return "Hello, " + name + "\n";
    }
}
```

Hier wird ein `@RestController` als statische, innere Klasse deklariert. Dieser befindet sich unterhalb des Package, in dem der Komponentenscan abläuft, und wird als Singleton Bean im ApplicationContext registriert. Die genutzten Annotationen `@RestController`, `@GetMapping` und `@RequestParam` sind nicht spezifische Bestandteile von Spring Boot, sondern Teil des Spring-Web-MVC-Moduls, das Sie in Kapitel 8 im Detail kennenlernen werden.

Ein weiterer Testlauf endet nun erfolgreich. Da der Empfehlung gefolgt wurde, `spring-boot-starter-parent` als Grundlage des POM zu benutzen, kann die Anwendung nun mit `mvn spring-boot:run` gestartet werden. Ein Aufruf der URL zum Beispiel mit cURL liefert folgendes Ergebnis:

Listing 1–9
Aufruf der Anwendung
mit cURL

```
curl -X "GET" "http://localhost:8080/hello?name=World"
Hello, World
```

1.4   Liefern

Die *Hallo, Welt*-Anwendung soll als ausführbares Jar ausgeliefert werden und alle für die Anwendung notwendigen Bibliotheken, Klassen und Konfigurationsdateien enthalten. Gerade im Hinblick auf die Verteilung von Microservices haben sich »self-contained« Artefakte bewährt.

Aktuell gibt es keine standardisierte Möglichkeit, ausführbare »fat jars« mit Java-Bordmitteln zu erzeugen. Während einige Projekte »Über-Jars« bevorzugen, in denen alle Abhängigkeiten entpackt und in einem Modul ausgeliefert werden, geht das Spring-Boot-Projekt einen anderen Ansatz, da es im Falle eines Über-Jars unter anderem nicht mehr möglich ist, zu sehen, welche Bibliotheken benutzt wurden.

Spring Boot führt sowohl für Maven- als auch Gradle-Projekte den `spring-boot-loader` ein, der die Erstellung eines ausführbaren Jar Archive inklusive verschachtelter Bibliotheken erlaubt. Die Benutzung innerhalb des obigen Maven-Projektes ist unter Verwendung des Spring-Boot-Maven-Plugins denkbar einfach. Im POM wird wie folgt ergänzt:

```
<build>
    <finalName>${project.artifactId}</finalName>
    <plugins>
        <plugin>
            <groupId>org.springframework.boot</groupId>
            <artifactId>spring-boot-maven-plugin</artifactId>
        </plugin>
    </plugins>
</build>
```

Listing 1–10
Ergänzung des Spring--Boot-Maven-Plugin

Ein `mvn package` erstellt nun im target-Verzeichnis des Builds ein ausführbares Jar-Archiv, das mit der aktuellen Spring-Boot-Version rund 14 MB groß ist:

```
$ ls -lisa target/*.jar*
14203008  6 Jan 10:39 target/helloworld.jar
   3595  6 Jan 10:39 target/helloworld.jar.original
```

Listing 1–11
Fertiges Artefakt

Die Anwendung kann nun mit `java -jar target/helloworld.jar` gestartet und in nahezu beliebigen Varianten ausgeliefert werden.

Banner

Bestimmt ist Ihnen beim Start der Anwendung der ASCII-Art-Banner in der Konsole aufgefallen, der das Spring-Boot-Logo sowie die Spring-Boot-Version anzeigt. Falls dieser Banner Sie wider Erwarten stört, schalten Sie ihn mit der Konfiguration `spring.main.banner-mode = off` einfach aus. Sie können ihn allerdings auch anpassen. Textdateien namens `banner.txt` sowie Bilddateien der Form `banner.jpg`, `.gif` oder `.png` im Rootverzeichnis des Klassenpfades werden automatisch als Banner genutzt, Bilddateien werden dabei automatisch in ASCII-Art-Banner konvertiert. Innerhalb von Text-Bannern können Sie folgende Platzhalter verwenden:

`${application.version}` Version Ihrer Anwendung

`${application.title}` Titel Ihrer Anwendung

`${spring-boot.version}` Spring-Boot-Version

Falls Sie Spaß an ANSI-Farben haben, können Sie eine Reihe vordefinierter ANSI-Farben als Platzhalter in Ihr Kunstwerk einsetzen. Ein Beispiel finden Sie in der Datei `banner.txt` im Modul `springbootbuch-banner-spring-boot-demo` des Demoprojekts https://github.com/springbootbuch/custom_starter.

1.5   Fehler erkennen

Es gibt regelmäßig Fehlerfälle, die den Start der kompletten Anwendung verhindern. Wird »klassisches« Spring verwendet, passiert es oft, dass der Grund für den Fehlstart, der in einigen Fällen trivial ist, in einem langem Stacktrace verschwindet.

Spring Boot bietet zu diesem Zweck die automatisch aktiven `FailureAnalyzers`. FailureAnalyzers fangen Exceptions während des Starts einer Anwendung ab und erstellen eine lesbare Fehlermeldung zusammen mit Hinweisen, warum der Fehler auftritt und wie er beseitigt werden kann.

Wird das *helloworld* zum Beispiel zweimal gestartet, so schlägt der zweite Start fehl, da Port 8080 bereits belegt ist:

Listing 1–12
Beispiel für einen
FailureAnalyzer

```
****************************
APPLICATION FAILED TO START
****************************


Description:


The Tomcat connector configured to listen on port 8080
failed to start.  The port may already be in use
or the connector may be misconfigured.


Action:


Verify the connector's configuration, identify and stop any
process that's listening on port 8080, or configure
this application to listen on another port
```

Listing 4–11 im Abschnitt 4.1 »Externe Konfiguration« zeigt die Ausgabe des FailureAnalyzer für JSR-303-Validierungen. Probleme im Kontext der Dependency Injection für Fälle, in denen keine, zu viele oder Beans vom falschen Typ zur Verfügung stehen, werden ebenso analysiert wie fehlerhaft konfigurierte Datenbankverbindungen. Der Stacktrace steht dabei weiterhin zur Verfügung. Ebenso kann mit dem Parameter --debug zusätzlich eine ausführliche Analyse der automatischen Konfiguration ausgegeben werden.

Falls das nicht ausreicht, können eigene Klassen unter dem Interface `org.springframework.boot.diagnostics.FailureAnalyzer` implementiert werden. Eigene FailureAnalyzer werden in der Textdatei

META-INF/spring.factories unter dem Schlüssel org.springframework
.boot.diagnostics.FailureAnalyze als kommagetrennte Liste von vollständig qualifizierten Klassennamen registriert:

```
org.springframework.boot.diagnostics.FailureAnalyzer = \
de.springbootbuch.CustomConstraintViolationFailureAnalyzer
```

Listing 1–13
*Registrierung eigener
FailureAnalyzer*

Teil II

Spring Boot

Dieser Teil stellt die Säulen von Spring Boot vor. Dazu gehören insbesondere die Verwaltung von Abhängigkeiten (*Dependency Management*), die automatische Konfiguration und die Starter, die beides zusammenfassen. Die einfache, codefreie externe Konfiguration ist eine weitere wichtige Säule. Grundlage des Systems ist das Spring-Framework selber.

Abb. 1–1
Spring Boots Säulen

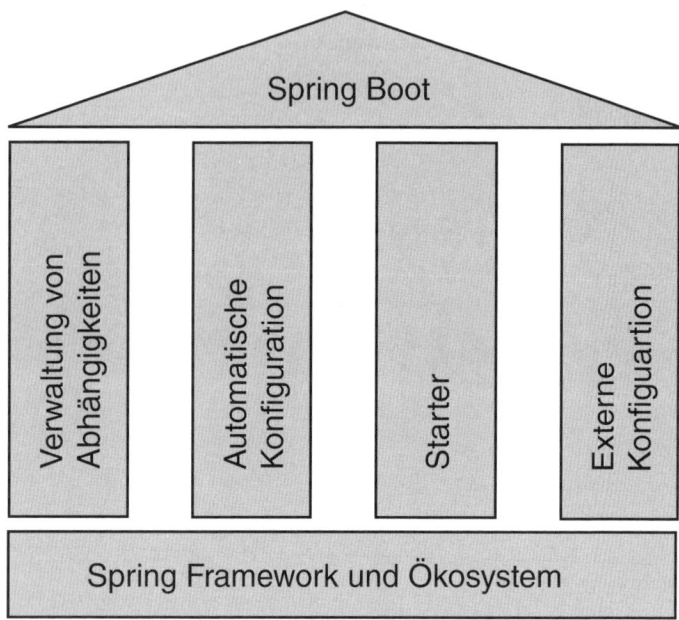

Der zweite Teil baut auf dem Beispiel der Einleitung auf und erklärt sowohl das Spring Boot Dependency Management mit Maven und Gradle und wie der Spring Initializr genutzt werden kann, um Projekte und deren Abhängigkeiten zu generieren. Da Sie die Spring-Framework-Grundlagen kennen müssen, bevor ich zeige, wie Spring Boot funktioniert, werden wir diese zuerst behandeln, bevor Sie lernen, wie eine Spring-Boot-Anwendung konfiguriert wird. Das direkt anschließende Kapitel zeigt die »Magie« hinter der automatischen Konfiguration und erklärt, wie sie zu eigenen Zwecken, für eigene Funktionen nutzbar gemacht werden kann.

Ebenfalls Kernbestandteil von Spring Boot selber sind Entscheidungen hinsichtlich Logging, daher wird auch dieses Thema hier aufgegriffen.

Im abschließenden Kapitel möchte ich Ihnen die Spring Boot devtools vorstellen. Diese Werkzeuge können Ihren Entwicklungsprozess zusätzlich beschleunigen.

2 Projektstruktur

Spring Boot möchte übliche funktionale und nicht funktionale Probleme, die einer schnellen Produktivsetzung im Weg stehen, effektiv und effizient lösen, und zwar in einer konsistenten Art und Weise. Dazu gehört nicht nur ein vereinheitlichter Konfigurationsmechanismus, sondern auch eine Projektstruktur, die in gleicher Art und Weise in unterschiedlichen Projekten benutzt wird.

Letzten Endes ist Spring Boot »nur« eine Java-Bibliothek, die als Abhängigkeit eingebunden und benutzt wird – allerdings vereinfachen die folgenden Empfehlungen nicht nur den Entwicklungsprozess, sondern auch die Verteilung der fertigen Anwendungen und Pflege derselben.

2.1 Build-Management-Tools

Eine Anwendung, die Spring Boot benutzt, kann sowohl mit Maven oder Gradle problemlos kompiliert und verteilt werden. Beide Buildsysteme unterstützen die zentrale Verwaltung von Abhängigkeiten. Es ist prinzipiell möglich, eine Spring-Boot-Anwendung mit Ant oder anderen Systemen zu bauen, aber nicht empfehlenswert, da Sie viele der für Maven und Gradle verfügbaren Hilfsmittel nachbauen müssten.

Besonders hervorzuheben ist die kuratierte Liste von Abhängigkeiten innerhalb eines Spring-Boot-Projektes. Jedes Spring-Boot-Release wird begleitet von einer Liste von Abhängigkeiten und expliziten Versionen, gegen die Spring Boot sowie das Spring-Framework getestet wurden und von denen bekannt ist, dass sie mit Spring Boot funktionieren. Die Versionen dieser Abhängigkeiten müssen nicht angegeben werden, können aber durch Setzen von Eigenschaften überschrieben werden. Die Versionen der Abhängigkeiten sind im Anhang F der Spring-Boot-Referenz dokumentiert, und in der Regel können die zu setzenden Eigenschaften aus der ID des Artefakts abgelesen werden. Falls das nicht möglich ist, sind sie gleichermaßen für Maven- und

Gradle-Projekte im dem POM des Moduls `spring-boot-dependencies`[1] sichtbar.

Während Versionen von Bibliotheken Dritter teilweise gefahrlos überschrieben werden können, wird dringend davon abgeraten, die Version des Spring-Frameworks selber zu überschreiben, da jedes Spring-Boot-Release auf genau einer bestimmten Version des Spring-Frameworks aufbaut.

2.1.1 Maven

> **Maven: Sammler des Wissens**
>
> Der Begriff Maven entstammt dem Jiddischen und bedeutet in etwa soviel wie »Der, der versteht«, Connoisseur, Experte oder auch Sammler des Wissens: Maven ist ein Build-Management-Tool, das vom Gedanken der »Konvention vor Konfiguration« getrieben wird. Maven geht von einem Zyklus der Softwareerstellung aus, der häufig durchlaufen wird: Validierung, Kompilierung, Testen, Paketieren, Integrationstests, Verifizierung, Installation und Verteilung.
>
> Die notwendigen Informationen zum Bau eines Maven-Projektes, die sich nicht aus Konventionen ableiten lassen, werden in einem *Project Object Model*, dem POM, gespeichert. Das POM wird in der Regel in einer XML-Datei namens `pom.xml` abgespeichert.
>
> POMs können voneinander erben. Damit werden zentrale Definitionen und Konfigurationen ermöglicht, die an Teilprojekte weitergegeben werden können.
>
> Eine wichtige Aufgabe von Maven ist die Auflösung von Abhängigkeiten, die ein Softwareprojekt hat. Dies kann aus lokalen Quellen oder Quellen im Intranet oder Internet geschehen. Beide Quellen heißen Repositorys.
>
> Maven kann darüber hinaus zentrale Eigenschaften (»properties«) eines Projektes verwalten, Quelltexte und andere Ressourcen während des Bauens filtern und vieles mehr.
>
> Maven hat eine modulare Architektur, die über Plugins erweitert werden kann. Mit dem Spring-Boot-Maven-Plugin steht Ihnen ein Plugin zur Verfügung, das Ihnen unter anderem beim Bau ausführbarer Artefakte hilft.
>
> Neu generierte Spring-Boot-Projekte setzen Maven 3.5 ein.

Erben…   In Abschnitt 1.1 wurde in Listing 1–2 gezeigt, wie ein Maven-Projekt aufgebaut werden muss, so dass es von `spring-boot-starter-parent` erbt und in den Genuss der zentralen »Bill of Materials« kommt.

`spring-boot-starter-parent` konfiguriert weiterhin, welche Kodierung die Quelltexte haben (per Default UTF-8), die Java-Version und

---

[1] https://github.com/spring-projects/spring-boot/blob/master/
spring-boot-dependencies/pom.xml

einiges mehr: Spring-Boot-Projekte sind damit sehr konsistent untereinander.

Von einiger Wichtigkeit für zentrale Module des Spring-Ökosystems ist Java-8s Möglichkeit, die Namen von Konstruktor- und Methodenparameter aus den Class-Files zu ermitteln. Diese Namen können zum Beispiel in SpEL-Ausdrücken, in benannten SQL-Abfragen
im Spring-Data-Modul oder als Namen von Pfadparametern wie im
Spring-Web-MVC-Modul genutzt werden. Vor Java 8 waren diese Namen über Javas Reflection-API nur dann ableitbar, wenn die Quelltexte
mit der Option -debug übersetzt wurden. Der Java 8 Compiler stellt
-parameter zur Verfügung. Der spring-boot-starter-parent konfiguriert
diesen Schalter per Default. Falls Sie dies nicht wünschen, müssen Sie
in Ihrem POM das Compiler-Plugin explizit konfigurieren. Umgekehrt
gilt das Gleiche: Wenn Sie das Parent-POM nicht nutzen und trotzdem
diese Funktion haben möchten, konfigurieren Sie das Compiler-Plugin
entsprechend:

```
<plugin>
        <groupId>org.apache.maven.plugins</groupId>
        <artifactId>maven-compiler-plugin</artifactId>
        <configuration>
                <compilerArgs>
                        <arg>-parameters</arg>
                </compilerArgs>
        </configuration>
</plugin>
```

Listing 2–1
Konfiguration des
Compiler-Plugins, wenn
das Parent-POM nicht
genutzt wird

Quelltexte

override_versions auf GitHub:
https://github.com/springbootbuch/override_versions
override_versions_with_imports auf GitHub:
https://github.com/springbootbuch/override_versions_with_imports

Die geerbten Informationen aus dem spring-boot-starter-parent-POM
sind nicht in Stein gemeißelt. Ergänzend zum Beispiel aus 1–2 zeigt das
Projekt *override_versions*, wie die Version einer transitiven Abhängigkeit, nämlich die des eingebetteten Tomcats, durch Setzen von einer
Property überschrieben werden kann, ohne manuell Abhängigkeiten
auszuschließen oder selber konsistent Versionen verwalten zu müssen:

Listing 2–2

Erben von »spring-boot-starter-parent« und Überschreiben einzelner Versionen

```
<parent>
    <groupId>org.springframework.boot</groupId>
    <artifactId>spring-boot-starter-parent</artifactId>
    <version>2.0.0.RELEASE</version>
</parent>

<properties>
    <!-- Use a certain tomcat version -->
    <tomcat.version>8.5.9</tomcat.version>
</properties>

<dependencies>
    <dependency>
        <groupId>org.springframework.boot</groupId>
        <artifactId>spring-boot-starter-web</artifactId>
    </dependency>
</dependencies>
```

... oder importieren

Falls bereits ein firmenweites Standard-POM vorliegt, von dem abgeleitet werden muss, oder es sonstige Gründe gibt, das Parent-POM nicht zu nutzen, kann die Verwaltung von Abhängigkeiten durch die Spring »Bill of Materials« (BOM) mit Einschränkungen dennoch genutzt werden. Sie kann über den Maven-Gültigkeitsbereich »import« importiert werden, wie Listing 2–3 zeigt:

Listing 2–3

»Manuelles« Importieren der Spring Boot BOM

```
<dependencyManagement>
    <dependencies>
        <dependency>
            <groupId>org.springframework.boot</groupId>
            <artifactId>
                spring-boot-dependencies
            </artifactId>
            <version>2.0.0.RELEASE</version>
            <type>pom</type>
            <scope>import</scope>
        </dependency>
    </dependencies>
</dependencyManagement>
```

Durch den Import der BOM kommt Ihr Projekt zwar in den Genuss der kuratierten Abhängigkeiten, kann aber nicht von den weiteren Einstellungen des Parent-POM wie dem oben erwähnten Compiler-Plugin profitieren. Darüber hinaus ist das Überschreiben von Versionen deutlich weniger komfortabel und fehleranfälliger: In der »Bill of Materials«

werden durchgängig Propertys für Versionen genutzt. Erben Sie vom Parent-POM, können Sie mit dem Setzen einer Property korrekt die Versionen aller notwendigen Abhängigkeiten ebenfalls setzen. Wenn Sie die BOM wie in Listing 2–3 importieren, können Sie die Abhängigkeiten im Dependency Management nur wie in Listing 2–4 gezeigt überschreiben, das Setzen einer Property wie in Listing 2–2 reicht nicht:

```
<dependencyManagement>
    <dependencies>
        <dependency>
            <groupId>org.apache.tomcat.embed</groupId>
            <artifactId>tomcat-embed-core</artifactId>
            <version>8.5.9</version>
        </dependency>
        <dependency>
            <groupId>org.apache.tomcat.embed</groupId>
            <artifactId>tomcat-embed-el</artifactId>
            <version>8.5.9</version>
        </dependency>
        <dependency>
            <groupId>org.apache.tomcat.embed</groupId>
            <artifactId>
                tomcat-embed-websocket
            </artifactId>
            <version>8.5.9</version>
        </dependency>
    </dependencies>
</dependencyManagement>
```

Listing 2–4
Überschreiben von Abhängigkeiten im Dependency Management ohne Parent-POM

Während Sie mit dem Parent-POM auch von verwalteten Plugin-Versionen profitieren, ist dies ohne Parent-POM nicht möglich. Zu guter Letzt müssen Sie beim reinen Import der Bill of Materials explizit die Java-Version angeben. Seit Spring Boot 2.0 ist Java 8 der Default, Java 6 und 7 werden nicht mehr unterstützt:

```
<properties>
    <maven.compiler.source>1.8</maven.compiler.source>
    <maven.compiler.target>1.8</maven.compiler.target>
</properties>
```

Listing 2–5
Die Java-Version muss beim Import der BOM explizit angegeben werden.

Zusätzliche Werkzeuge

Spring Boot bietet Ihnen zusätzliche Werkzeuge für Maven und Gradle. Zu den Hauptfunktionen zählt die Paketierung der Anwendungen als ausführbares Fat Jar beziehungsweise als ausführbare War-Datei. Für Maven ist dies das Spring-Boot-Maven-Plugin, das mit

Listing 2–6
Ergänzung des Spring-
Boot-Maven-Plugins

```
<build>
    <plugins>
        <plugin>
            <groupId>org.springframework.boot</groupId>
            <artifactId>
                spring-boot-maven-plugin
            </artifactId>
        </plugin>
    </plugins>
</build>
```

eingebunden wird. Auf die Angabe einer Versionsnummer kann bei Verwendung des Parent-POM verzichtet werden.

Wird das Plugin wie oben gezeigt eingebunden, führt ein `mvn package` zu zwei Jar- beziehungsweise War-Dateien: `artefakt.jar` sowie `artefakt.jar.original`, da das Goal `spring-boot:repackage` automatisch während der Maven-Package-Phase aufgerufen wird. Die ursprüngliche Datei beinhaltet dabei nur die Klassen und Ressourcen, die sich aus der Anwendung ergeben, die neu paketierte Jar-Datei hingegen liegt im Executable Jar-Format vor.

In Abschnitt Artefakte wird detailliert beschrieben, wie die Neupaketierung der Anwendung gesteuert werden kann, insbesondere wie Artefakte wie die devtools vom Fat Jar ausgeschlossen werden können.

Filterung von
Ressourcen

Das Spring-Boot-Maven-Plugin hat noch eine wichtige Funktion: die Konfiguration der Filterung von Ressourcen (Quelltexte, Propertys und mehr). Maven kann Platzhalter in beliebigen Dateien durch Maven-Propertys, System-Propertys oder Umgebungsvariablen ersetzen. Normalerweise werden diese Platzhalter in ${...}-Platzhaltern eingefasst. Dieser Platzhalter wird aber ebenfalls für Spring-eigene Eigenschaften beziehungsweise innerhalb der SpEL genutzt. Daher wird dieser Platzhalter umdefiniert und ist in Spring-Boot-Projekten @...@ (die Maven-Property `resource.delimiter` dient zum Setzen des Platzhalters). Standardmäßig werden alle Konfigurationsdateien (unter anderem `application.properties`, `application.yml`) sowie deren profilspezifische Abkömmlinge gefiltert.

Build-Informationen in
der Anwendung

Oftmals werden Sie die Anforderung bekommen, Informationen über den Build in der Anwendung anzuzeigen. Das Spring-Boot-Maven-

Plugin stellt zu diesem Zweck das Goal `build-info` zur Verfügung, das
Sie allerdings manuell konfigurieren müssen:

```
<plugin>
    <groupId>org.springframework.boot</groupId>
    <artifactId>spring-boot-maven-plugin</artifactId>
    <executions>
        <execution>
            <goals>
                <goal>build-info</goal>
            </goals>
        </execution>
    </executions>
</plugin>
```

Listing 2–7
*Ausführung des Goals
build-info vor der
Paketierung*

2.1.2   Gradle

Gradle: Erwarte das Unerwartete

Gradle ist ein auf Groovy basierendes Build-Management-Tool. Im Gegensatz
zu Maven-Projektdefinitionen sind Gradle-Skripte direkt ausführbarer Code.

Gradle versucht, das Prinzip »Konvention vor Konfiguration« aus Maven-Projekten mit der Flexibilität anderer Build-Management-Tools wie *ant* zusammenzubringen.

Da Gradle für Builds von Softwaresystemen mit einer Vielzahl von Teilprojekten entworfen wurde, unterstützt Gradle insbesondere inkrementell und
parallel ablaufende Build-Prozesse.

Viele Standardlebenszyklen wurden aus Maven übernommen. Ein
Java-Projekt, das sich an diese Konventionen hält, kann zum Beispiel alleine
mit `apply plugin: 'java'` gebaut werden.

Verschiedene Abschnitte des Builds werden in Gradle »Tasks«, Aufgaben,
genannt. Sie können beliebig komplexe Aufgaben erledigen und auch nahezu
beliebig voneinander abhängen: Erwarte das Unerwartete.

Die Definition eines Projektes wird in der Datei `build.gradle` hinterlegt.

Projekte auf Basis von Spring Boot 2 benötigen mindestens Gradle in Version 4, damit alle Plugins korrekt funktionieren.

Das Build-Management-Tool Gradle kann auf die gleichen Repositorys
wie Maven zugreifen und beinhaltet im Kern ein System zur Verwaltung
von Abhängigkeiten. Allerdings müssen Sie das zentrale Dependency
Management, bei dem Versionen in einer zentralen Stelle vorgegeben
werden, über ein Plugin, dem Spring-Boot-Gradle-Plugin, nachrüsten.

Es kann nach Deklaration im Gradle-buildscript-Block in der Datei
build.gradle, dem Pendant zur pom.xml, mittels apply genutzt werden:

Listing 2–8
Nutzung des Spring-
Boot-Gradle-Plugins

```
buildscript {
    ext {
        springBootVersion = '2.0.0.RELEASE'
    }
    dependencies {
        classpath("org.springframework.boot:spring-boot-gradle-
        ↪ plugin:${springBootVersion}")
    }
}

apply plugin: 'org.springframework.boot'
apply plugin: 'io.spring.dependency-management'
```

Ein vollständiges Beispiel steht in Abschnitt 16.1 im Listing 16–1 zur
Verfügung. Im dependencies-Block können nun – wie auch mit Maven –
die Versionsnummern weggelassen werden:

Listing 2–9
Nutzung von
Dependency
Management mit
Gradle

```
dependencies {
    compile "org.codehaus.groovy:groovy"
    compile "org.springframework.boot:spring-boot-starter-web"
    testCompile "org.springframework.boot:spring-boot-starter-test"
}
```

Das Spring-Boot-Plugin konfiguriert den Build-Prozess automatisch so,
dass ausführbare Jar-Dateien erzeugt werden. Darüber hinaus sind die
zur Verfügung stehenden neuen Gradle-Aufgaben ähnlich den Maven-
Zielen, wie Tabelle 2–1 zeigt.

Tab. 2–1
Aufgaben des Spring-
Boot-Gradle-Plugins

Name	Funktion
gradle bootRun	Führt die Anwendung aus dem aktuellen Verzeichnis heraus aus; über das Attribut addSources kann definiert werden, ob statische Ressourcen automatisch neugeladen werden, wenn die Entwicklungswerkzeuge im Klassenpfad sind
gradle bootJar	Erzeugt eine ausführbare Jar-Datei oder War-Datei
gradle bootWar	Erzeugt eine ausführbare War-Datei

Um die Datei build-info.properties mit den Metainformationen des
aktuellen Builds zu erzeugen, muss der Spring-Boot-Task ähnlich wie
im Maven-Pendant angepasst werden:

```
springBoot {
    buildInfo()
}
```

Listing 2–10
Erzeugung der Build--
Metainformationen mit
Gradle

2.2   Pakete und Klassen strukturieren

Eine Spring-Boot-Anwendung kann auf vielfältige Art strukturiert werden, und es bestehen keine harten technischen Einschränkungen bezüglich der Package-Struktur. Eine Einschränkung, die generell für Java-
Programme gemacht wird, gilt für eine Spring-Boot-Anwendung in be-
sonderem Maße: Von der Verwendung des Default-Package wird abgeraten! Alle Klassen, die keine explizite Package-Deklaration haben,
sind Teil des Default-Package.

In der Regel wird genau eine Klasse einer Spring-Boot-Anwendung
mit @SpringBootApplication wie in Kapitel 1 in Listing 1–6 gezeigt
ausgezeichnet. Diese Annotation ist eine zusammengesetzte Annotation oder *Meta-Annotation*, die unter anderem die Spring-Framework-
Annotation @ComponentScan beinhaltet. @ComponentScan löst die Suche
nach Stereotypen aus. Stereotypen sind alle Klassen, die mit der Frame-
work-Annotation @Component beziehungsweise mit zusammengesetzten
Annotationen, die selber mit @Component versehen wurden, annotiert
sind. Dazu gehören unter anderem @Configuration, @Service, @Control-
ler und @Repository. Über das Attribut basePackages kann eingeschränkt
werden, in welchen Packages gesucht wird; über die Attribute exclude-
Filters beziehungsweise includeFilters kann angegeben werden, nach
welchen Klassen, Stereotypen oder Mustern gesucht wird oder welche
ignoriert werden. Die @SpringBootApplication schränkt die Packages per
Default nicht ein.

Es wird empfohlen, jede Spring-Boot-Anwendung beziehungsweise
jeden auf Spring Boot basierenden Microservice unter einem separaten Root-Package anzulegen. Im folgenden Beispiel wird eine fachliche
Schichtung der darunterliegenden Packages und keine technische empfohlen:

Listing 2–11
Typische und
empfohlene
Projektstruktur

```
.
`-- de
    `-- bootifultodos
        |-- Application.java
        |-- feiertage
        |   `-- FeiertagApiController.java
        |-- todos
        |   |-- TodoApiController.java
        |   |-- TodoEntity.java
        |   `-- TodoRepository.java
        `-- wochenplaner
            `-- WochenplanService.java
```

Die Klasse `Application` stellt dabei den Einstiegspunkt in den Service dar, beinhaltet die Main-Methode und ist mit `@SpringBootApplication` annotiert.

Natürlich können die Packages auch technisch geschichtet werden, zum Beispiel als »Domain«, »Service« und »Web«. Die Erfahrung aus zahlreichen Projekten lehrt aber, dass eine fachliche Schichtung zu sauberem Code und besserer Architektur führen kann. Die mit Java 8 mögliche Strukturierung von Packages, Klassen und deren Sichtbarkeit untereinander erlaubt nur eingeschränkt, dass unterschiedliche Fachlichkeiten innerhalb eines technischen Package sich nicht gegenseitig sehen dürfen. Die Sichtbarkeit `package private` kann innerhalb einer technischen Schichtung nicht angewandt werden, da höhere Ebenen keinen Zugriff auf untere Ebenen hätten.

Im Beispiel Listing 2–11 ist das `TodoRepository` nur im Package todo sichtbar. Diese Einschränkung könnte mit Standard-Java-Mitteln bei einer technischen Schichtung nicht vorgenommen werden, und das Repository wäre unnötigerweise global verfügbar.

Eine fachliche Schichtung hingegen ermöglicht zusammen mit Javas Modifiern `package`, `private` und `protected` eine sauberere Schichtung Ihrer Anwendung. Diese einfache Lösung innerhalb der Sprachmittel ist oft einer technischen Lösung mittels Buildsystemen vorzuziehen.

In Hinblick auf Microservices hat eine Schichtung dieser Art noch einen weiteren Vorteil: Es ist leicht erkennbar, welche Fachlichkeiten als eigener Service implementiert werden können.

2.3   Spring Initializr

Unter http://start.spring.io steht der *Spring Initializr* als Webanwendung zur Verfügung. Der Spring Initializr ist eine ebenfalls mit Spring Boot entwickelte Anwendung, die Projekte nach oben beschriebener Struktur als »Schnellstart«-Projekte generiert.

Der Spring Initializr erlaubt in einer komfortablen Oberfläche nach Auswahl des Projekttyp (Maven oder Gradle), der JVM-Sprache (Java, Kotlin oder Groovy), der Spring-Boot-Version sowie der Eingabe der Projektkoordinaten eine einfache Auswahl der benötigten und gewünschten Abhängigkeiten. Die Abhängigkeiten können dabei entweder in einem Suchfeld angegeben oder in einer erweiterten Ansicht per Checkbox ausgewählt werden. Die erweiterte Ansicht hat dabei den Vorteil, einen Überblick auf die Vielzahl unterstützter Spring-Module sowie Third-Party-Bibliotheken zu geben. Nahezu jede Checkbox beziehungsweise jegliche Auswahl im Suchfeld *Dependencies* entspricht dabei einem Starter.

Projektgenerator

Java Sprachversion

Bis einschließlich Spring Boot 1.5 unterstützte Spring Boot genau wie das Spring-Framework bis inklusive Version 4.3 alle Java-Versionen ab 1.6. Die minimale Sprachversion für Spring Boot 2 ist Java 8.

Das Ergebnis der Aktion *Generate Project* ist ein Archiv, das neben dem Buildfile des ausgewählten Build-Tools die passende Projektstruktur sowie die mit @SpringBootApplication annotierte Hauptanwendungsklasse enthält. Wenn Sie ein Betriebssystem nutzen, auf dem cURL und tar zur Verfügung stehen, so können Sie mit zwei Befehlen eine Spring-Boot-Anwendung herunterladen und starten:

```
curl https://start.spring.io/starter.tgz \
  -d name=HalloWelt \
  -d dependencies=web | tar -xzf - \
  && ./mvnw spring-boot:run
```

Listing 2–12
Verwendung des Spring Initializr in der Kommandozeile und Start der Anwendung

Die Hauptklasse trägt den Namen des erzeugten Projektes. Ihr Inhalt ist weitestgehend identisch mit der Klasse Application.java aus Kapitel 1 in Listing 1–6. Zusätzlich generiert werden ein Integrationstest (Listing 2–13), eine leere Konfigurationsdatei (application.properties) sowie leere Ordner zur Aufnahme von Templates wie in Abschnitt 8.2 beschrieben.

Listing 2–13
Generierter Test

```
package com.example.demo;

import org.junit.Test;
import org.junit.runner.RunWith;
import org.springframework.boot.test.context.SpringBootTest;
import org.springframework.test.context.junit4.SpringRunner;

@RunWith(SpringRunner.class)
@SpringBootTest
public class HalloWeltApplicationTests {
    @Test
    public void contextLoads() {
    }
}
```

Sie können nicht nur den Namen des Projektes wie in Listing 2–12 gezeigt über Parameter anpassen, sondern natürlich auch weitere Informationen wie groupId, artifactId, version, description und package-Name.

Der Spring Initializr steht nicht nur als Webanwendung zur Verfügung. Sie können ihn programmatisch über eine REST-Schnittstelle ansprechen. Er beschreibt seine Fähigkeiten in einer HAL-konformen Schnittstelle. Ein Aufruf der Form curl -H 'Accept: application/json' https://start.spring.io gibt ein JSON-Dokument zurück, das die API detailliert beschreibt.

Diese API ist Basis der Projektgeneratoren der in Abschnitt 2.4 beschriebenen IDEs. Sie kann natürlich auch für eigene Skripte und automatische Abläufe genutzt werden. Die wichtigsten Parameter sind in Tabelle 2–2 aufgelistet.

Der Quelltext des Spring Initializr steht auf GitHub[2] zur Verfügung. Die Anwendung ist nicht nur nützlich, um schnell und bequem Spring-Boot-Projekte mit den offiziell unterstützten Abhängigkeiten zu generieren, sondern kann auch in eigenen Szenarien eingesetzt werden, um beispielsweise eigene Projektformate oder Projekte mit speziellen Abhängigkeiten zu generieren.

---

[2] https://github.com/spring-io/initializr/

Name	Funktion
`groupId`, `artifactId`, `version`, `name`, `description` und `packageName`	Grundlegende Projektparameter. Hervorzuheben sind `name` und `artifactId`. `name` bestimmt sowohl den Namen der Anwendung als auch den der Hauptklasse, `artifactId` bestimmt sowohl den Namen des Moduls als auch den Namen des generierten Archivs.
`dependencies` bzw. `style`	Die Bezeichnungen der Abhängigkeiten des Projektes. Achtung: Dies sind keine Maven-Koordinaten, sondern Bezeichner, die über die Metadaten des Initializr abgefragt werden können.
`type`	Die Art des Projektes
`javaVersion`	Die Sprachversion des Projektes
`bootVersion`	Die Spring-Boot-Version
`language`	Die zu verwendende JVM-Sprache (`java`, `groovy` oder `kotlin`)
`packaging`	Das Format des Artefaktes (`jar` oder `war`)
`applicationName`	Name der Anwendung

Tab. 2–2
Optionen der
start.spring.io API

2.4   IDE-Unterstützung

Da Spring-Boot-Projekte in der Regel einen eingebetteten Application-Container wie Tomcat, Undertow oder Jetty beinhalten und sich ansonsten wie »normale« Java-Projekte verhalten, ist die Wahl einer IDE sehr offen. Solange die Anwendung als Fat Jar ausgeliefert wird, braucht man sich über die Kompatibilität einer IDE oder die Konfiguration eines Servers innerhalb derselben keine Gedanken machen.

Die im Folgenden vorgestellten IDEs eignen sich gleichermaßen gut, um mit Java 8 zu programmieren. Sie unterscheiden sich unter anderem im Preis, Kostenfaktor oder Komfort. Die in diesem Buch genannten Beispiele können in allen IDEs geöffnet, kompiliert und verteilt werden.

2.4.1   Spring Tool Suite

Die Spring Tool Suite™ oder kurz STS ist eine speziell für die Entwicklung von Spring-basierten Anwendungen angepasste Entwicklungsumgebung, die auf Eclipse[3] basiert. Sie ist kostenlos und ohne Zeitbeschränkung für Entwicklungszwecke und interne geschäftliche Anwendung nutzbar.

---

[3] http://www.eclipse.org

Die Suite beinhaltet weiterhin *Pivotal tc Server*, eine von Pivotal gepflegte kommerzielle Variante des Apache Tomcat Application Containers. Pivotal tc Server bietet erweiterte, speziell auf Spring-Anwendungen zugeschnittene Metriken sowie kommerziellen Support. Für die Entwicklung einer Spring-Boot-Anwendung wird er nicht benötigt.

Installation

Spring Tool Suite™ steht für Microsoft Windows und Linux als 32-Bit- und 64-Bit-Version, für Apple macOS nur als 64-Bit-Version unter https://spring.io/tools/sts/all als Download zur Verfügung, sie kann aber auch über den Eclipse Marketplace oder eine Update-Seite in eine normale Eclipse-Distribution installiert werden. Die Spring Tool Suite™ beinhaltet alle Werkzeuge, die benötigt werden, um mit Git verwaltete Maven- oder Gradle-basierte Projekte zu bearbeiten. Zusätzliche Plugins werden nicht benötigt.

Getting Started Guides

Die »Getting Started Guides« des Spring-Frameworks selber, von Spring Boot und den anderen Projekten des Spring-Ökosystems sind nützliche Projekte, um einzelne Funktionen und Paradigmen in Isolation kennenzulernen. Sie sind einerseits unter https://spring.io/guides verfügbar, können andererseits in der Spring Tool Suite™ über einen Dialog ausgewählt und importiert werden, wie Abb. 2–1 zeigt.

Das Menü File > New > Import Spring Getting Started Content beinhaltet alle verfügbaren Getting Started Guides für Spring und Spring Boot und erspart ein manuelles Klonen der Repositorys. Das Projekt steht nach Abschluss des Dialoges im Arbeitsbereich bereit: sowohl in einer initialen Version als auch in der vollständigen Version nach Abschluss aller Schritte des Guides.

Import vorhandener Projekte

Die Spring Tool Suite™ hat eine gute Unterstützung für Maven- und Gradle-Projekte. Vorhandene Projekte können sowohl über File > Import ... als auch über die SVN- und Git-Repository-Browser importiert werden.

Spring-Starter-Projekte

Über das Menü File > New > Spring Starter Project wird die API des Spring Initialzr angesprochen, es wird ein neues Projekt wie in Ab-

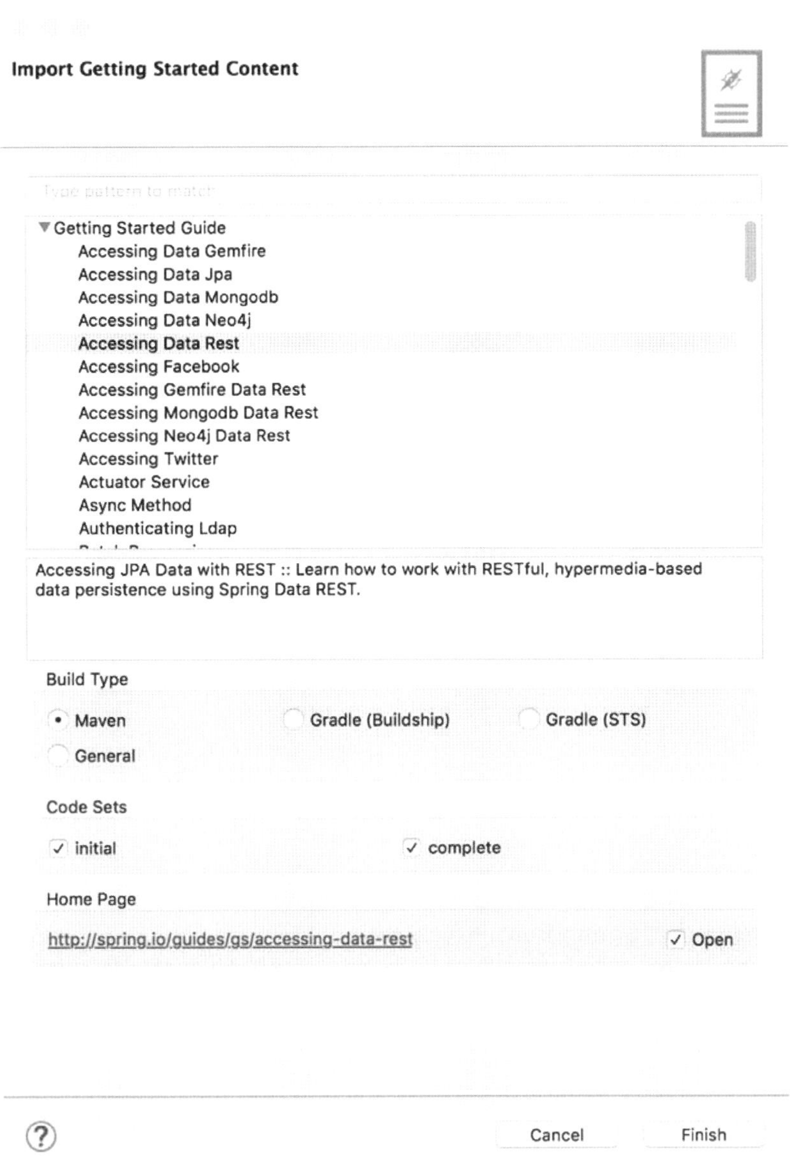

Abb. 2–1
Spring Getting Started
Guides in STS

Import Getting Started Content

Type pattern to match

▼ Getting Started Guide
    Accessing Data Gemfire
    Accessing Data Jpa
    Accessing Data Mongodb
    Accessing Data Neo4j
    Accessing Data Rest
    Accessing Facebook
    Accessing Gemfire Data Rest
    Accessing Mongodb Data Rest
    Accessing Neo4j Data Rest
    Accessing Twitter
    Actuator Service
    Async Method
    Authenticating Ldap

Accessing JPA Data with REST :: Learn how to work with RESTful, hypermedia-based
data persistence using Spring Data REST.

Build Type

• Maven   ◯ Gradle (Buildship)   ◯ Gradle (STS)

◯ General

Code Sets

☑ initial   ☑ complete

Home Page

http://spring.io/guides/gs/accessing-data-rest   ☑ Open

⑦   Cancel   Finish

schnitt 2.3 generiert und automatisch importiert. Sowohl in der Spring
Tool Suite™ als auch in allen weiteren gezeigten IDEs wird ein Dialog
ähnlich wie in Abb. 2–2 genutzt, um die Koordinaten und Abhängigkeiten des Projektes abzufragen.

Abb. 2–2

*Neues
Spring-Initializr-Projekt
in STS*

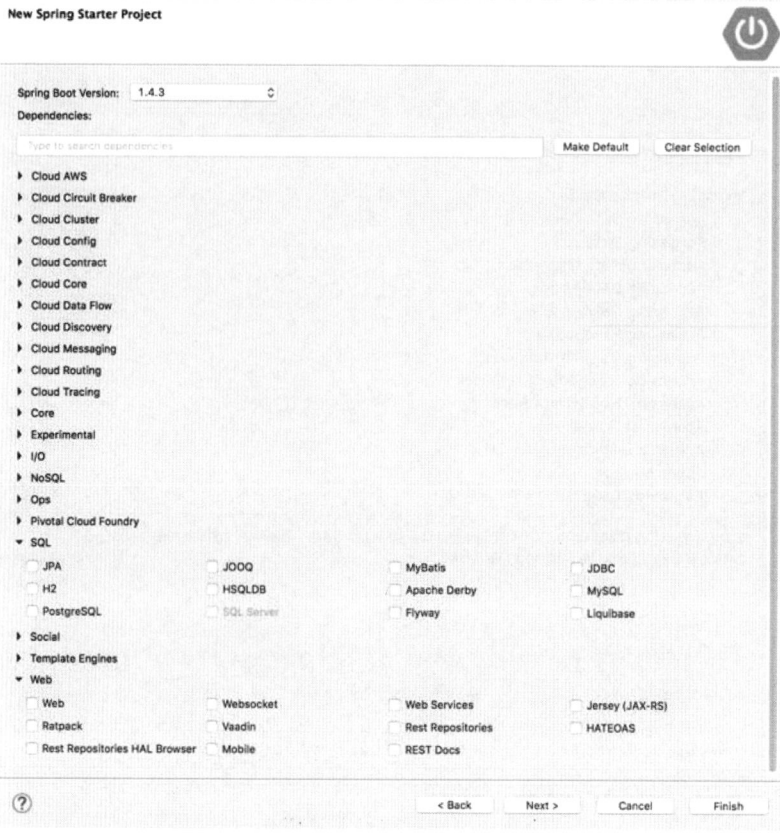

Arbeiten mit Spring-Boot-Projekten

Abb. 2–3 zeigt die Arbeit mit den Spring-Tools in der Spring Tool Suite™. Die einzelnen Ansichten der Spring-Perspektive werden dabei über die gängigen Eclipse-Kommandos ein- oder ausgeblendet. Im *Boot Dashboard* werden alle Spring-Boot-Projekte dargestellt. Start, Stop- und Neustartkommandos unterstützen dabei die in Kapitel 7 beschriebenen `spring-boot-devtools`, komplette Neustarts einer Anwendung können also oft vermieden werden.

Die Ansicht *@RequestMappings* ist eine ausgesprochen nützliche Alternative, um durch die Klassen und Methoden einer Spring-Boot-Webanwendung zu navigieren. Komponenten, deren Methoden mit den Annotationen aus Abschnitt 8.1 markiert sind, werden tabellarisch als Ressourcen-URLs mit ihren Request-Methoden dargestellt.

Der *Spring Explorer* zeigt alle Stereotypen an, die innerhalb einer Anwendung genutzt werden. Dabei werden sowohl klassische Spring-

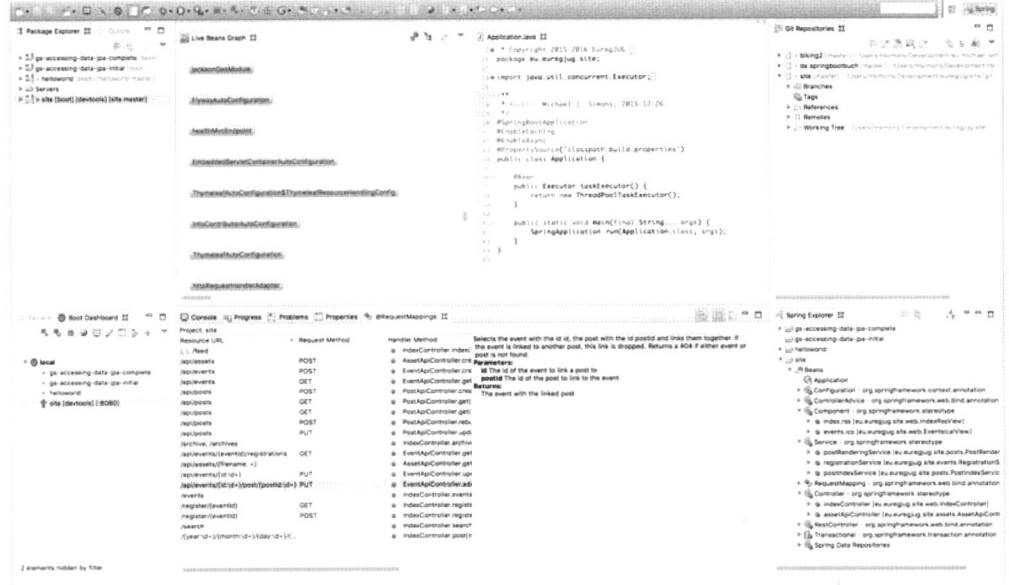

Abb. 2–3
Arbeiten mit STS

Anwendungen unterstützt, die auch über XML-Dateien konfiguriert sein können, als auch moderne Spring-Boot-Anwendungen.

Würden sämtliche Starter, die offiziell mit Spring Boot unterstützt werden, zu einer Anwendung hinzugefügt, hätte diese Anwendung rund 1000 Konfigurationseigenschaften. Diese Eigenschaften werden, wie in Kapitel 4 beschrieben, in der Regel über Konfigurationsdateien im Java-Propertys-Format, Umgebungsvariablen oder Ähnliches gesetzt. Die Spring Tool Suite™ hat einen speziellen *Spring Propertys Editor*, der für alle Dateien mit den Namen `application.properties` oder `application.yml` standardmäßig geöffnet wird. Manuell kann er über den `Open With`-Befehl für alle anders benannten Propertys- und YAML-Dateien gestartet werden.

Weiterhin sind nützliche Debugging-Funktionen für laufende Anwendungen verfügbar. So kann mit der Spring Tool Suite™ der Application-Container analysiert und ein Live-Graph aller Beans angezeigt und navigiert werden.

2.4.2   NetBeans IDE

Die freie und offene Entwicklungsumgebung NetBeans bietet von Haus aus herausragende Unterstützung für Maven-Projekte. Maven-Projekte können ohne Umwege und ohne Importvorgänge geöffnet werden. Für Projekte, die mit Gradle gebaut werden, steht ein Plugin zur Verfügung.

Da Spring-Boot-Projekte sich außer durch ihre Abhängigkeiten zu den entsprechenden Bibliotheken nicht von normalen Maven-Projekten unterscheiden, können sie ebenso einfach geöffnet werden.

Weitere Highlights abseits von Java-Entwicklung in NetBeans IDE sind Editoren, die sowohl ECMAScript-6- und -7-kompatibel sind und eine extrem komfortable Bearbeitung von JavaScript-, HTML- und CSS-Dateien ermöglichen.

Installation

NetBeans steht als Installer für Microsoft Windows, Linux sowie Apple macOS und als plattformunabhängiges Zip-Archiv unter https://netbeans.org/downloads/ zur Verfügung. Zur Entwicklung von Webanwendungen sollte das Java EE Bundle oder der vollständige Download gewählt werden. Die Java EE Edition beinhaltet rudimentäre Unterstützung für klassische Spring-MVC-Projekte. Erweiterte Unterstützung für Spring Boot kann über das NetBeans-Plugin-Portal[4] mit dem *NB-SpringBoot-Plugin*[5] hinzugefügt werden. NB-SpringBoot kann entweder als manueller Download oder über das Menü Tools > Plugin wie in Abb. 2–4 gezeigt installiert werden.

Abb. 2–4
Installation des
NB-SpringBoot-Plugins
in NetBeans

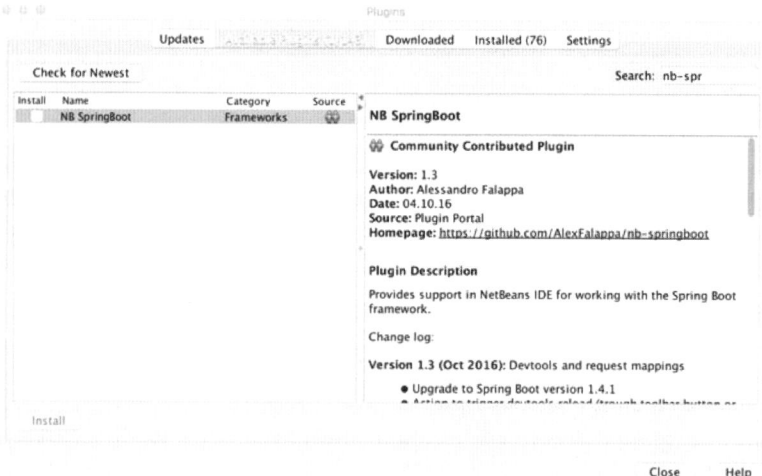

---

[4] http://plugins.netbeans.org/plugin/67888/nb-springboot
[5] https://github.com/AlexFalappa/nb-springboot

Spring-Starter-Projekte

Nach der Installation von NB SpringBoot stehen zwei neue Projektvor-
lagen in der Kategorie Maven zur Verfügung: *Spring Boot basic project*
sowie *Spring Boot Initializr project*. Dieser Dialog verhält sich analog zum STS-Dialog wie in Abschnitt 2.4.1 beschrieben, bietet aber in
einem zusätzlichen Schritt an, den Maven oder Gradle Wrapper zu entfernen und das Projekt in NetBeans nicht über die Hauptanwendungsklasse, sondern über das in Abschnitt 1.4 beschriebene Spring-Boot-
Maven-Plugin zu starten.

Vorlagen

Gerade für den Einstieg hilfreich sind die Spring-Vorlagen in NetBeans.
In den Kategorien *Spring Boot* sowie *Spring-Framework* stehen Code-
vorlagen für häufig genutzte Typen von Klassen zur Verfügung. Während die Stereotypen wie @Controller oder @Service schnell geschrieben beziehungsweise annotiert sind, erspart gerade @Repository unnötige Tipparbeit. Abb. 2–5 zeigt zum Beispiel, wie ein Spring Data JPA
Repository mit wenigen Klicks generiert werden kann.

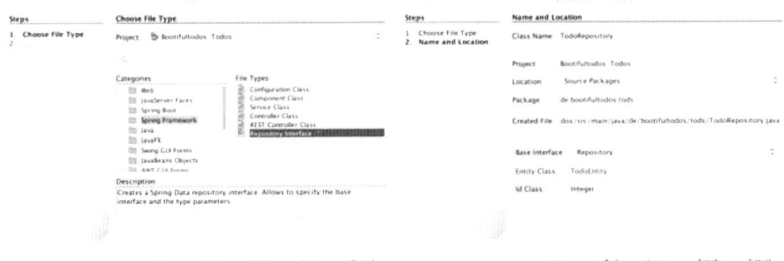

Abb. 2–5
Vorlagen für bestimmte
Spring-Stereotypen

Arbeiten mit Spring-Boot-Projekten

Die Arbeit mit Spring-Boot-Projekten unterscheidet sich in NetBeans
nicht von der Arbeit mit normalen Java-Projekten. Hervorzuheben sind
auch hier die Navigation innerhalb der Klassen anhand der auf URLs
abgebildeten Methoden sowie insbesondere der Editor für Konfigurationsdateien.

Die spring-boot-devtools werden auch hier unterstützt, so dass Anwendungen in der Regel bei Änderungen bereits existierender Beans
oder Eigenschaften nicht komplett neu gestartet werden müssen.

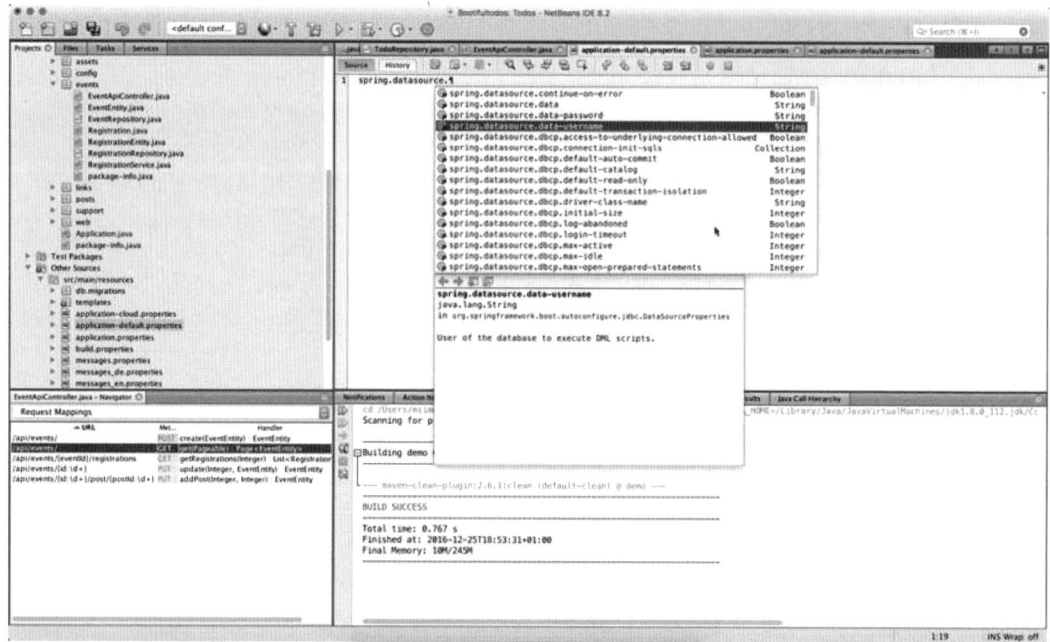

Abb. 2–6
Arbeiten mit NetBeans

2.4.3   IntelliJ IDEA

IntelliJ IDEA steht ebenfalls für die drei Plattformen Microsoft Windows, Linux und Apple macOS zur Verfügung. Im Gegensatz zur Spring Tool Suite™ und NetBeans IDE gibt es zwei Ausgaben von IntelliJ: Die quelloffene *Community Edition* kann kostenfrei zur Entwicklung von Java-, Kotlin-, Groovy- und Scala-Projekten genutzt werden, wobei die relevanten Build-Tools Maven und Gradle sowie Git, SVN, Mercurial und CVS unterstützt werden. Um in den Genuss der erweiterten Spring-Unterstützung zu kommen, wird allerdings die *Ultimate Edition* benötigt. Die Ultimate Edition kann kostenlos von Studierenden und innerhalb von Open-Source-Softwareprojekten genutzt werden. Sie steht darüber hinaus in einem Abonnementmodell zur Verfügung.

Da Spring-Boot-Projekte meistens als Jar verteilte, normale Maven- oder Gradle-Projekte sind, reicht die Community Edition aus, diese Projekte zu bearbeiten. Der Spring-Support in IntelliJ IDEA beinhaltet Assistenten für Stereotypen, Editoren für Konfigurationsdateien, Templates für Spring-Context-Dateien sowie eine weitere, umfangreiche Liste von Funktionen.

Abbildung 2–7 zeigt einige der Funktionen von IDEA: Im linken Bildbereich sieht man die grafische Aufbereitung der Konfiguration einer Spring-Boot-Anwendung, im rechten Bereich den Java-Editor. Der

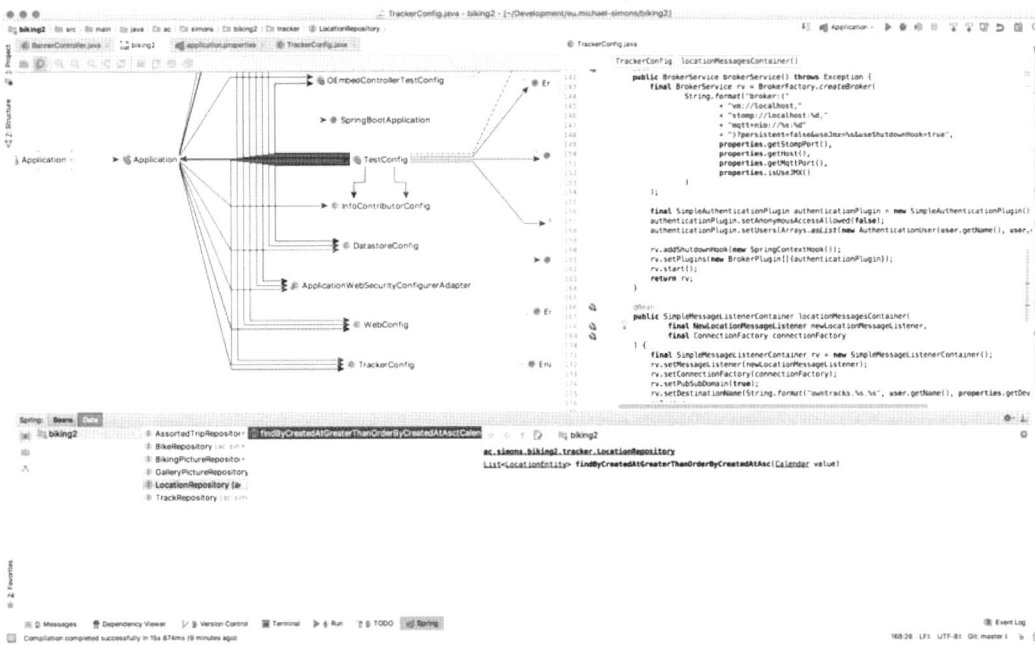

Abb. 2–7
Arbeiten mit
IntelliJ IDEA

Java-Editor ermöglicht unter anderem eine schnelle Navigation zwischen der Deklaration von Beans und deren Verwendung über Dependency Injection mittels @Autowired oder @Inject. Die Leiste im unteren Bildbereich ist Teil des Spring-Plugins: Sie ermöglicht eine Navigation über alle Beans und erkennt darüber hinaus Stereotypen wie Spring-Data-Repositorys und Spring Web MVC Controller.

Für Spring-Boot-Anwendungen, die auf Kotlin basieren (siehe Abschnitt 16.2), ist IntelliJ IDEA zur Zeit die ideale Entwicklungsumgebung. Kotlin ist bereits Teil der Community-Edition.

Kotlin-Unterstützung

Installation

Unter https://www.jetbrains.com/idea/download/ stehen zwei Installer für alle unterstützten Plattformen bereit. Achten Sie bei der Installation der *Ultimate Edition* darauf, direkt die Plugins für die Spring-Unterstützung zu aktivieren. Sie können bei der Installation eine 30-Tage-Testlizenz nutzen.

Import vorhandener Projekte

Maven- und Gradle-Projekte können entweder geöffnet oder importiert werden, wobei der Importvorgang detaillierte Einstellungen erlaubt. Wenn die Ultimate Edition genutzt wird und das benötigte Spring-

Plugin aktiviert ist, werden in den importierten Projekten Frameworks als Facetten (*Facets*) vollautomatisch konfiguriert.

Spring-Starter-Projekte

Spring-Starter-Projekte können als neues Projekt direkt über start .spring.io oder eine eigene Instanz generiert werden. Der Dialog bietet ähnliche Funktionen wie in den anderen IDEs. Die Projekte, die über eine Instanz des Spring Initializr angelegt werden, beinhalten bereits alle notwendigen Spring-Aspekte.

2.4.4   Die Qual der Wahl

Da Spring-Boot-Anwendungen am Ende reguläre Gradle- oder Maven-Projekte sind, ist die Wahl der IDE am Ende eine Geschmacks- und Budgetfrage. Sie können jede der drei »großen« IDEs verwenden, um erfolgreich eine Spring-Boot-Anwendung zu realisieren. Falls die Wahl Ihrer IDE bereits gesetzt ist, nutzen Sie diese einfach weiterhin. Alternativ haben Sie vielleicht auch Lust, einmal etwas Neues auszuprobieren: Solange Ihr Projekt am Ende mit dem Standard-Build-Management-Tool und im CI-Server gebaut werden kann, ist alles gut. Für die Arbeit im Team empfiehlt sich ohnehin ein Werkzeug, das zur Buildzeit überprüft, ob Konventionen hinsichtlich Formatierung, Code-Stil und Ähnlichem eingehalten wurden.

3 Spring-Framework-Grundlagen

Eines der Schlüsselelemente des Spring-Frameworks ist die Bereitstellung von Infrastruktur auf Anwendungsebene. Zwei wichtige Grundlagen für diese Infrastruktur, Dependency Injection und aspektorientierte Programmierung, werden in diesem Kapitel vorgestellt.

Damit eine Anwendung oder ein ganzes Softwaresystem erweiterbar und wartbar bleibt, müssen inhaltlich zusammenhängende Strukturen erkennbar sein. Der Inhalt kann dabei fachlicher oder technischer Natur sein, der Schnitt einer Anwendung erfolgt mindestens auf diesen zwei Ebenen.

Module, die inhaltlich nicht zusammengehören, sollten möglichst lose und nur an definierten Schnittstellen gekoppelt sein. Idealerweise funktionieren sie auch unabhängig voneinander und können leicht ausgetauscht werden.

Lose Kopplung

Umgekehrt gilt, dass Module, die inhaltlich zusammengehören, auch nur die Aufgaben erfüllen sollen, die im gemeinsamen Kontext definiert sind. Das Zusammenspiel der Methoden dieser Module ist sehr eng, man spricht von hoher Kohäsion.

Hohe Kohäsion

Lose Kopplung und hohe Kohäsion können teilweise mit den Mitteln objektorientierter Softwareentwicklung erreicht werden. Komponenten lassen sich durch Klassen, Schnittstellen, Abstraktionen und Beziehungen in fachliche und technische Schichten zerlegen. Das Zusammenspiel dieser Komponenten, die Abhängigkeiten untereinander sind dadurch aber in der Regel noch nicht definiert beziehungsweise noch nicht erfüllt.

Weiterhin gibt es in jeder größeren Anwendung querschnittliche Aspekte, die an unterschiedlichsten Stellen auftreten. Diese Aspekte sind oft nichtfunktionaler Natur: Caching, Transaktionen, Security und Logging gehören dazu. Natürlich kann bei jeder sicherheitsrelevanten Methode der angemeldete Benutzer abgefragt werden, aber eine pflegbare Software sollte dabei nicht erwartet werden.

Querschnittsaufgaben

Dependency Injection und aspektorientierte Programmierung sind mögliche Antworten auf diese Fragestellungen, und das Spring-Framework stellt beide zur Verfügung. In diesem Kapitel lernen Sie die grundlegenden Funktionen des Spring-Frameworks, wie den Spring-

Container, kennen und wissen anschließend, wie Sie Komponenten innerhalb des Containers im Sinne der gerade geschilderten Anforderungen instanziieren, konfigurieren und verdrahten können.

3.1 Dependency Injection

Dependency Injection, oder ursprünglich Inversion of Control (IoC) (Umkehrung der Steuerung), bekannt als das »Hollywood-Prinzip«, ist ein Paradigma, das beim Zusammenbau von Objektnetzen eine möglichst hohe Kohäsion und eine möglichst lose Kopplung von Objekten ermöglicht. Dependency Injection bildet die unterste Ebene der Infrastruktur einer Spring-basierten Anwendung. Sie ist eine mögliche Art der Steuerungsumkehr: Objekte instanziieren oder referenzieren benötigte Kollaborateure nicht selber, sondern diese werden von außen zur Verfügung gestellt.

Quelltexte

container_example   auf   GitHub: https://github.com/springbootbuch/
container_example
    Für jede Konfiguration der im folgenden Text beschriebenen Beans Foo und Bar stehen im Projekt Testfälle zur Verfügung, die das Ergebnis verifizieren.

3.1.1 Der Spring-Container

Kern des Spring-Frameworks und zusammen mit ihm Basis von Spring Boot ist der Spring-Container, bestehend aus den Modulen spring-core, spring-beans, spring-context, spring-context-support und spring-expression. Diese Module sind normale Java-Libraries (Jar-Dateien), die über Spring Boot als transitive Abhängigkeiten im Build-Management-Tool deklariert sind. Sie sind durch das Modul spring-boot-starter immer vorhanden.

Im Spring-Jargon werden die fachlichen und nichtfachlichen Objekte, die eine Anwendung ausmachen und vom Spring-Container verwaltet werden, als Beans bezeichnet. Eine Bean ist ein Objekt, das vom Spring-Container instanziiert und konfiguriert wurde und dessen Lebenszyklus vom Container verwaltet wird. Die Abhängigkeiten zwischen Beans sind als Metadaten im Container verfügbar.

Scopes (Gültigkeitsbereiche)

Im Spring-Container beziehungsweise im Spring-Kontext existieren unterschiedliche Scopes für Bean. Scopes sind wörtlich übersetzt Gültigkeitsbereiche, in denen Beans zu einem gegebenen Zeitraum existieren. In einer Spring-Anwendung existieren mindestens die Scopes »Singleton« und »Prototype«. Die Beans in den Beispielen dieses Buches, insbesondere die Controller und Repositorys, sind Singleton Beans. Der Singleton-Scope ist Springs Default. Der Container stellt für alle Beans in diesem Scope sicher, dass sie dem Singleton-Pattern genügen: Es gibt genau eine Bean eines definierten Types pro Container. Der Vorteil des Singleton-Scopes für Sie: Ihre Controller sind in der Regel automatisch thread-safe, sofern Sie keinen individuellen State im Controller speichern. Beans, die von anderen Beans im Scope Singleton abhängen, bekommen alle dieselbe Bean als Kollaborateur zugewiesen. Spring verhindert allerdings nicht, dass Sie in Singleton-Beans globalen Zustand speichern und aus unterschiedlichen Threads heraus manipulieren. In einem solchen Szenario sind Sie dafür verantwortlich, Thread-Sicherheit herzustellen.

Möchten Sie *stateful* Beans nutzen, so müssen diese im Scope »Prototype« vorliegen. Prototype Beans werden für jede Stelle, an der sie benötigt werden, neu instanziiert. Beachten Sie bitte, dass der Spring-Container Prototype Beans nur instanziiert und konfiguriert und dann an den Aufrufer »abgibt«. Der Lebenszyklus von Prototype Beans ist *unabhängig* vom Spring-Container (siehe u. a. Abschnitt A.2). Ressourcen müssen selber freigegeben werden.

Innerhalb einer Prototype Bean können Sie problemlos Singleton Beans nutzen. Umgekehrt ist dies nur unter Schwierigkeiten möglich, da Abhängigkeiten während der Instanziierung von Beans gefüllt werden: Wird die Singleton-Bean instanziiert, so wird einmal eine Prototype Bean gesetzt und danach nicht mehr.

Weitere Spring-Scopes (`request`, `session`, `globalSession`, `application` und `websocket`) sind nur verfügbar, wenn die betrachtete Anwendung eine Webanwendung ist und einen entsprechenden Spring-Kontext hat.

Die Module `spring-core` und `spring-beans` stellen die grundlegenden Funktionalitäten des Spring-Containers – IoC und Dependency Injection – zur Verfügung. Das Interface `BeanFactory` ermöglicht zwar seit jeher die Konfiguration des Frameworks, wurde aber vom `Application-Context` beerbt und sollte zusammen mit weiteren Interfaces wie `InitializingBean` und `DisposableBean` in modernen Anwendungen nicht weiter direkt genutzt werden. Für die zuletzt genannten Interfaces werden in Unterabschnitt 4.2.2 Alternativen genannt, zum Beispiel JSR-250-Annotationen oder Plain Old Java Object (POJO)-Methoden.

Auf dem Spring-Container setzt der Spring-Kontext aus dem Modul `spring-context` auf. Der Spring-Container stellt mit dem `ApplicationContext` eine Vielzahl anwendungsrelevanter Funktionen zur Verfügung, angefangen von Schnittstellen zur Registrierung und Modifikation von Beans bis hin zu einem Eventsystem, das auf Ereignisse innerhalb des Lebenszyklus einer Anwendung reagiert. Der Application-Context stellt damit den Einstiegspunkt in das Spring-Framework dar.

Es stehen unterschiedliche Implementierungen des Application-Context zur Verfügung. Sie repräsentieren verschiedene Möglichkeiten, konkrete Instanzen eines Kontexts mit Beans zu versehen:

- XML-basiert: Beans werden explizit in XML-Dateien aufgezählt.
- Mit Annotationen: Klassen werden mit Annotationen als Komponenten markiert und über einen ComponentScan gesucht.
- Java-basiert: Beans werden als POJOs in speziellen Klassen, den Konfigurationsklassen, instanziiert.

Das Spring-Framework selber erlaubt die Konfiguration des Kontextes komplett ohne XML-Konfiguration. Abschnitt 4.2 zeigt darüber hinaus, wie Sie mit Hilfe der Java-basierten Konfiguration auf Spring-spezifische Annotationen in Ihrem Domain-Layer verzichten können.

In einer Spring-Boot-Anwendung wird der Spring-Kontext über die Klasse SpringApplication erzeugt, wie bereits in Listing 1–6 gezeigt. Die Methode run gibt ein Objekt vom Typ ConfigurableApplicationContext zurück. Dieser Kontext ist ab diesem Zeitpunkt vollständig initialisiert und gestartet.

Ein Spring-Kontext kann hierarchisch aufgebaut sein, jeder Kontext kann mehrere untergeordnete Kontexte haben. Die Hierarchie ist unidirektional aufgebaut: Untergeordnete Kontexte können auf die Beans der übergeordneten Kontexte zugreifen, aber nicht umgekehrt. Nützlich ist das für Sie zum Beispiel dann, wenn Sie Ihre Beans fachlich vertikal mit Java-Packages und technisch mit verschiedenen Kontexten schneiden möchten. In einer Spring-Boot-Anwendung ist aber ein flacher Kontext die Regel.

Mit dem SpringApplicationBuilder können Sie den Kontext einer Spring-Boot-Anwendung in größerem Maße anpassen. Zum Beispiel ist es möglich, Hierarchien zu definieren und Listener auf Ereignisse des Lebenszyklus zu definieren, bevor der Kontext gestartet wird.

3.1.2 Inversion of Control

Der Spring-Container ist gestartet und mit Beans »gefüllt«. Diese Beans existieren in der Regel aber nicht isoliert. Wie wird nun die Kontrolle über die Erfüllung der Abhängigkeiten abgegeben? Betrachten Sie die zwei Klassen Foo und Bar:

```
public class Bar {}

public class Foo {
    private final Bar bar;

    public Foo(Bar bar) {
        this.bar = bar;
    }
}
```

Listing 3–1
Zwei voneinander
abhängige Klassen

Ohne *Inversion of Control* könnte man auf die Idee kommen, den Container in etwa so zu nutzen: new Foo(springContext.getBean(Bar.class)). Dadurch gewinnt man aber nichts, der Programmablauf liegt immer noch direkt im Programm.

Listing 3–2 zeigt die Verdrahtung dieser Beans über eine XML-Konfiguration:

```
<?xml version="1.0" encoding="UTF-8"?>
<beans
  xmlns="http://www.springframework.org/schema/beans"
  xmlns:xsi="http://www.w3.org/2001/XMLSchema-instance"
  xsi:schemaLocation="
    http://www.springframework.org/schema/beans
    http://www.springframework.org/schema/beans/spring-beans.xsd"
>

    <bean class="Bar" />

    <bean class="Foo" />
</beans>
```

Listing 3–2
Klassische
Spring-Bean-
XML-Konfiguration

Durch diese Deklaration kann der Spring-Container beide Beans instanziieren und automatisch die Abhängigkeit der Klasse Foo von Bar auflösen. Listing 3–3 zeigt dieselbe Konstellation als Komponenten, die sich exakt wie die über XML konfigurierten Beans verhalten. @Component markiert dabei die Klassen als Komponenten, die vom Container instanziiert werden sollen:

```
@Component
public class Bar {}

@Component
public class Foo {
    private final Bar bar;
```

Listing 3–3
Komponenten

```
    public Foo(Bar bar) {
        this.bar = bar;
    }
}
```

Der offensichtliche Vorteil: keine XML-Konfiguration. Der Nachteil:
keine XML-Konfiguration. Durch Verzicht auf eine deklarative Form
müssen fachliche Komponenten mit Framework-Annotationen versehen werden. Ob das für das eigene Projekt von Nachteil ist, muss selber
entschieden werden.

Der Konstruktor im Beispiel muss nicht näher markiert werden.
Gibt es mehr als einen Konstruktor, so muss derjenige, der genutzt
werden soll, mit der Spring-Annotation @Autowired oder dem JSR-330-
Pendant @Inject markiert werden.

Field oder Constructor Injection

Kollaborateure können sowohl über Felder als auch über entsprechende Konstruktoren gesetzt werden. Springs eigene Annotation @Autowired sowie die
JSR-330-Annotation @Inject können in einer Spring-Framework-Anwendung
auf Attribute, Methoden und Konstruktoren angewandt werden. Es müssen
keine setter für Attribute geschrieben werden, wenn @Autowired benutzt wird.

Es sprechen einige Gründe dafür, auf Field Injection zu verzichten. Mit Field
Injection können Klassen in einem ungültigen Zustand instanziiert werden,
Kollaborateure sind undefiniert, und der erste Methodenaufruf schreit förm-
lich nach einer NullPointerException. Nutzt man darüber hinaus das Feature,
dass auf setter verzichtet werden kann, werden sehr schnell untestbare Klassen erstellt, da diese Klassen ohne Framework nicht mehr in einen gültigen
Zustand versetzt werden können.

Constructor Injection kommuniziert hingegen ganz klar, welche Abhängigkeiten ein Service hat, nämlich direkt über den Konstruktor. Diese Abhängigkeiten können weiterhin als final deklariert werden, Komponenten werden unveränderlich, und es wird kein »versehentlicher« Status in Diensten
eingeführt. Optionale Abhängigkeiten können weiterhin über Field Injection
gesetzt werden.

Wie das Beispiel 3–3 zeigt, unterstützt Spring Constructor Injection im Normalfall sogar ohne Verwendung expliziter Annotationen. Ein weiterer Vorteil,
denn damit bleibt die Fachlichkeit frei von Frameworkcode.

Abschließend zeigt Listing 3–4 die gleichwertige, deklarative Java-
Konfiguration der beiden Beans. @Configuration markiert die Klasse
JavaConfig als Klasse, die den Container konfiguriert und deren Methoden als »Quellen« für Beans zu betrachten sind, wenn diese mit @Bean
markiert wurden:

Listing 3–4
Java-Konfiguration

```
@Configuration
public class JavaConfig {
    @Bean
    public Bar bar() {
        return new Bar();
    }

    @Bean
    public Foo foo() {
        return new Foo(bar());
    }
}
```

Der Vorteil hier ist die Tatsache, dass die fachlichen Beans frei von frameworkspezifischen Annotationen sind, allerdings ist der Konfigurationsaufwand bei größeren Objektnetzen ähnlich hoch wie bei der Erstellung einer XML-Konfiguration.

> Beachten Sie bitte, dass in Listing 3–4 auch bei mehrfachem Aufruf der bar()-Methode nicht mehrere Instanzen von Bar erzeugt werden. Der Spring-Container fängt dies über einen Proxy ab. Es gibt einige Szenarien, in denen es den Anschein hat, sie könnten auf die Deklaration der bar()-Methode als @Bean verzichten, da Sie diese Bean nicht weiter nutzen: Prüfen Sie bitte genau, ob die Bean weitere Methoden zur Initialisierung hat, die vom Container aufgerufen werden müssen, damit die Instanz korrekt funktioniert (vergleiche Abschnitt A.2).

Von XML-Konfiguration wird mittlerweile abgeraten. Bewährt hat sich eine Mischung aus Java-basierter Konfiguration und Komponentensuche. Die Java-basierte Konfiguration eignet sich dabei hervorragend zur Konfiguration der nicht fachlichen Aspekte und die Komponentensuche zur Zusammenstellung der fachlichen Beans. Eine konsistente Namensgebung innerhalb der Stereotypen wird dabei empfohlen (zum Beispiel alle mit @Service annotierten Klassen auf ...Service enden zu lassen). Hilfreich ist darüber hinaus die Tatsache, dass die im Abschnit 2.4 »IDE-Unterstützung« genannten IDEs teilweise diese Beans ohne weitere Hilfsmittel erkennen.

Die XML-Konfiguration ist dann hilfreich, wenn bestehende, klassische Spring-Anwendungen zu Spring Boot migriert werden (siehe dazu auch »Klassische Spring-Anwendungen migrieren«) oder wenn nicht funktionale Aspekte auf Bibliotheken Dritter angewendet werden sollen.

3.1.3   Ausblick

Dependency Injection, IoC sowie der damit verbundene Lebenszyklus
von Komponenten sind die wichtigsten Grundlagen einer Spring-Boot-
Anwendung. Spring Boot macht die Benutzung des Spring-Containers
sehr einfach und transparent für den Entwickler. Der Container wird
oftmals dann zum ersten Mal »sichtbar«, wenn Exceptions vom Typ
`BeansException`, zum Beispiel `NoSuchBeanDefinitionException` oder `Bean-`
`NotOfRequiredTypeException` auftreten. Zwar werden einfache Fehlerfälle auch von Spring Boot abgefangen und erklärt (siehe Abschnitt 1.5
»Fehler erkennen«), aber ein solides Wissen über den Container hilft,
Situationen besser beurteilen und Fehler erkennen zu können.

Das Kapitel 4 greift die Konfiguration des Containers auf. Ausgehend von der externen Konfiguration einer Anwendung wird die interne
Konfiguration auf Basis von Java-Klassen erläutert. Die Beispiele dieses Kapitels sind auf GitHub unter https://github.com/springbootbuch/
container_example verfügbar.

3.2   Aspektorientierte Programmierung

3.2.1   Einführung

Während in der objektorientierten Programmierung Klassen die Einheit der Modularität darstellen, betrachtet Aspektorientierte Programmierung (AOP) Aspekte als querschnittliche Themen oder *crosscutting
concerns*.

Crosscutting Concerns sind oftmals technische Randbedingungen,
die nicht einfach gekapselt werden können, zum Beispiel das Caching
von Ergebnissen oder Transaktionen um einen Methodenaufruf herum. Auch das Beispiel der Konfigurationsklasse `JavaConfig` aus obigen
Beispiel hat einen querschnittlichen Aspekt: Wie stellt der Container
sicher, dass der Aufruf der Methode `bar()` bei der Erzeugung von `foo`
nicht eine zweite Bean vom Typ `Bar` erzeugt? Der Container muss die
Aufrufe abfangen und so verwalten, dass bei Folgeaufrufen dieselbe
Bean zurückgegeben wird, zumindest wenn es sich um eine Singleton
Bean handelt.

Als *aspect* wird das eigentliche Thema bezeichnet, das sich über
mehrere Module erstreckt. Ein *join point* ist ein bestimmter Punkt zur
Laufzeit eines Programms. Im Spring-AOP-Modul ist dies immer ein
Methodenaufruf. Ein *advice* bestimmt die Aktion, die ein Aspect aus-
führt. Ein Advice wird vor, nach oder um den Join Point herum ausgeführt.

Als *AOP proxy* wird ein Objekt bezeichnet, das vom AOP-Framework erzeugt wurde, um den Aspekt implementieren zu können.

3.2.2   Spring und AOP

Während der Spring-Container auch ohne AOP sinnvoll genutzt werden kann, so wird Springs AOP-Implementierung benötigt, um Funktionen wie deklarative Transaktionen, Caching und auch die vorher besprochene Java-basierte Konfiguration zu realisieren.

Weaving

Als *weaving* wird der Prozess bezeichnet, der Klassen und Aspekte so verwebt, dass neue Klassen entstehen, in denen die definierten Aspekte an den definierten Join Points zum Einsatz kommen. Weaving kann sowohl während der Kompilierung auf Klassenebene oder Bytecodeebene stattfinden als auch erst zur Laufzeit.

Spring AOP ist in Java implementiert und benötigt keine zusätzliche Kompilierung. Da es standardmäßig auch keinen Zugriff auf den Klassenloader benötigt, kann es auch ohne weitere Eingriffe in einem Servlet-Container oder Application-Server eingesetzt werden.

Spring AOP implementiert nicht alle Konstrukte der AOP; das Modul und seine Verwendung ist einfacher als die vollständige AspectJ-Implementierung. Solange nur Methoden von Spring Beans mit Aspekten versehen werden, reicht Spring AOP in der Regel aus.

In diesem Kapitel soll gar nicht auf die Syntax von Aspekten im Kontext von Spring eingegangen werden, sondern vielmehr auf die Implikationen der speziellen Spring-AOP-Implementierung: Spring AOP basiert auf Proxys. Dabei werden entweder JDK-Proxys oder CGLIB-Proxys[1] genutzt, um Aspekte zu implementieren. JDK-Proxys basieren auf Interfaces, kommen also nur in Frage, wenn Klassen mindestens ein Interface implementieren. JDK-Proxys werden von Spring wenn möglich bevorzugt.

Dies hat einige wichtige Implikationen, die wichtig sind für das Verständnis von Spring und Spring Boot an einigen Stellen: Zum einen können `final`-Klassen oder -Methoden nicht mit Spring-Aspekten versehen werden. Außerdem können Aspekte nur auf `public`-Methoden angewendet werden. Und zu guter Letzt verändern Proxys die Aufrufsemantik. Ein Objekt wie in Listing 3–5 verhält sich je nach Ort des Aufrufes unterschiedlich.

---

[1] CGLIB wird vom Spring-Framework eingebettet und nicht als externe Abhängigkeit verwendet.

Das Ergebnis der Methode `expensiveCalc` wird durch Deklaration von `@Cacheable` in einem Cache gespeichert (siehe Kapitel 11). `@Cacheable` wird von einem Aspekt ausgewertet. Dies funktioniert wunderbar, solange die Methode von außerhalb aufgerufen wird. Die Klasse `Foo` nutzt das `Bar`-Objekt über einen Proxy, um das Ergebnis auszugeben. Hier wird der Cache genutzt. Der interne Aufruf in `printCalc` hingegen nutzt diesen nicht, da das Objekt seinen Proxy nicht kennt und auch nicht kennen soll:

Listing 3–5
Benutzung von
@Cacheable: externer
und innerer Aufruf

```
public class Bar {
    @Cacheable
    public Integer expensiveCalc() {
        return 2*2;
    }

    public void printCalc() {
        System.out.println(this.expensiveCalc());
    }
}

public class Foo {
    private Bar bar;

    public void printCalc() {
        System.out.println(this.bar.expensiveCalc());
    }
}
```

Im Ablaufdiagramm wird es deutlicher. Sie sehen, dass der Aufruf von `printCalc` auf der Bar-Instanz stattfindet, da `printCalc` nicht vom `@Cacheable`-Aspekt betroffen ist:

Vielleicht wäre dieser Fehler beim Caching noch zu verschmerzen; handelt es sich hingegen um eine Transaktion oder eine geschützte Methode, können die Auswirkungen gravierend sein.

Deklaratives Caching, Transaktionen, asynchrone Verarbeitung oder Sicherheit können als Implementierungen des *Decorator-Patterns* betrachtet werden. Ein Dekorierer wird um die zu dekorierende Klasse geschaltet und wird nur aktiv, wenn der Aufruf einer Methode von außen erfolgt. Dieses Pattern wird auf triviale Art und Weise durch Spring AOP ermöglicht.

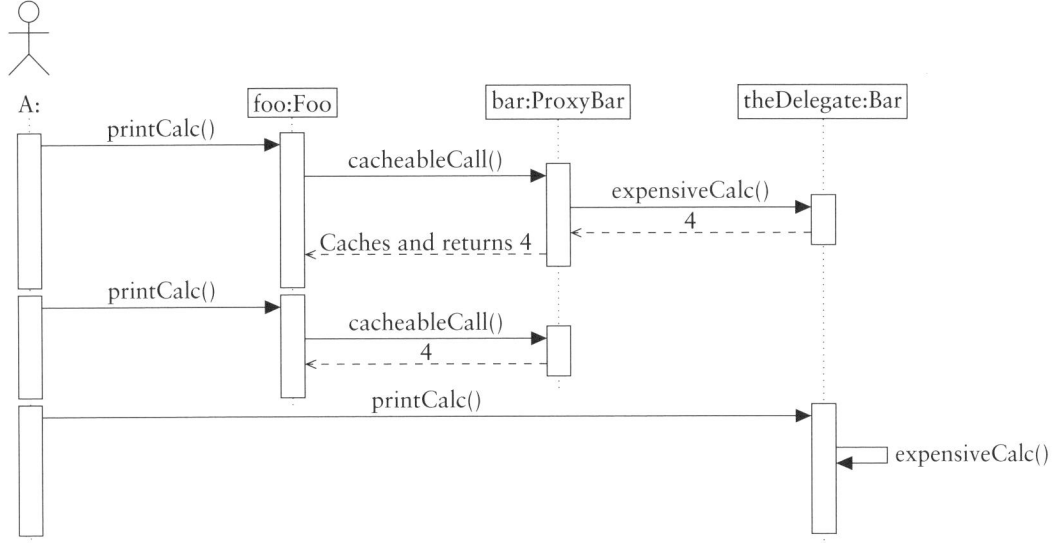

Abb. 3–1
Aufrufsemantik von Proxys

Anstelle der Spring-Proxys kann auch die native Unterstützung von AspectJ genutzt werden. AspectJ kann auch klasseninterne Aufrufe mit Aspekten versehen, allerdings ist der Konfigurationsaufwand deutlich höher und das Weaving dieser Aspekte zur Laufzeit hat Nachteile in der Kompatibilität, da zum Beispiel der Klassenloader angepasst werden muss, wenn auf den AspectJ-Compiler verzichtet wird.

4 Konfiguration

Sie lernen in diesem Kapitel verschiedene Methoden kennen, um eine Spring-Boot-Anwendung zu konfigurieren. Ich schlage ausgehend von der *externen* Konfiguration und dem Zugriff auf von außen definierte Eigenschaften eine Brücke zur *internen* Konfiguration einer Spring-Boot-Anwendung und erkläre, wie Spring Boot die Möglichkeiten des Spring-Frameworks nutzt, um sich selber und die jeweils spezielle Geschäftslogik zu konfigurieren.

Die externe Konfigurierbarkeit von Anwendungen und Diensten ist ein essenzieller Baustein von *Continuous Delivery*, genau wie *Continuous Integration* und automatisierte Tests. Eine Java-Anwendung sollte in der Regel nicht für unterschiedliche Systeme unterschiedlich gebaut werden müssen. Die Anwendung muss sich vielmehr dem Zielsystem anpassen, sprich beim Start aus der Umgebung die gültige Konfiguration ermitteln können. Spring Boot bietet die dazu notwendigen Bausteine und schafft damit das Fundament für eine kontinuierliche Auslieferung.

4.1 Externe Konfiguration

Quelltext

extconfig ist eine Spring-Boot-Kommandozeilenanwendung. Sie besteht aus einem Service (ExampleService), dessen einziger Zweck es ist, seine Konfiguration bestehend aus einem String (someValue) und einer typsicheren Konfiguration (ExampleProperties) auszugeben. *extconfig* wird an unterschiedlichen Stellen innerhalb dieses Kapitels mit verschiedenen Profilen aufgerufen, um Möglichkeiten externer Konfiguration zu zeigen.

Wir werden uns intensiv mit der Klasse ExampleProperties beschäftigen. Sie finden das vollständige Listing dieser Klasse auf Seite 74. Der Quelltext des Projektes *extconfig* befindet sich auf GitHub: https://github.com/springbootbuch/extconfig.

Eine der wichtigsten nicht fachlichen Funktionen von Spring Boot ist die einfache Möglichkeit, eine Anwendung unabhängig vom Build-Prozess extern zu konfigurieren. Extern heißt in diesem Fall, dass eine Anwendung nicht für verschiedene Umgebungen unterschiedlich gebaut wird, sondern dass in Abhängigkeit der Umgebung eine passende mitgelieferte oder zusätzlich bereitgestellte Konfiguration aktiv wird. Die in diesem Abschnitt beschriebenen Funktionen stellen ebenfalls die Grundlage für das Projekt *Spring Cloud Config* da. Spring Cloud Config überträgt die hier vorgestellten Möglichkeiten in die Welt der Microservices und ermöglicht die Konfiguration einer Anwendung aus entfernten Quellen heraus.

Die Grundlagen, um Eigenschaften (»properties«) aus unterschiedlichen Quellen bereitzustellen, wurden im Spring-Framework in Version 3.1 mit den Schnittstellen `PropertySource` und `PropertySources` sowie `PropertyResolver` und `Environment` aus dem Paket `org.springframework .core.env` hergestellt.

Die Umgebung, in der eine Anwendung läuft, wird natürlich durch das `Environment` repräsentiert, das seinerseits ein `Property-Resolver` ist und Zugriff auf die Eigenschaften der Umgebung bereitstellt. Das `Environment` abstrahiert dabei den Zugriff auf die Eigenschaften, die aus den unterschiedlichsten Quellen stammen können: Propertys-Dateien, JVM-Systemeigenschaften, Umgebungsvariablen, JNDI, Servlet-Kontextparameter oder auch XML-Konfiguration. Aus Sicht des Benutzers ermöglicht das `Environment` einerseits, die Konfigurationsquellen festzulegen, andererseits, komfortablen Zugriff auf die Eigenschaften zu haben.

Reihenfolge der Quellen   Folgende Quellen werden mit absteigender Priorität verarbeitet:

1. die Einstellungen der devtools im Home-Verzeichnis des Benutzers, siehe Abschnitt 7.1
2. Eigenschaften, die über `@TestPropertySource` an Tests geladen werden
3. Eigenschaften, die über das Attribut `properties` der Annotation `@SpringBootTest` als Testkonfiguration geladen werden
4. Anwendungsparameter (`--foo=bar`)
5. Eigenschaften der System- oder Umgebungsvariablen `SPRING_APPLICATION_JSON`
6. Parameter aus der `ServletConfig`
7. Parameter aus dem `ServletContext`
8. Java Naming and Directory Interface (JNDI), Attribute aus dem Namensraum `java:comp/env`
9. Java-System Eigenschaften aus `System.getProperties()`
10. Umgebungsvariablen des Betriebssystems

11. zufällige Werte aus dem Namensbereich `random.*`
12. profilspezifische Anwendungseigenschaften außerhalb des verteilten Artefakts (`application-{profile}.properties` bzw. das YAML-Pendant)
13. profilspezifische Anwendungseigenschaften innerhalb des verteilten Artefakts (`application-{profile}.properties` bzw. das YAML-Pendant)
14. Anwendungseigenschaften außerhalb des verteilten Artefakts (`application.properties` bzw. das YAML-Pendant)
15. Anwendungseigenschaften innerhalb des verteilten Artefakts (`application.properties` bzw. das YAML-Pendant)
16. Eigenschaften, die über `@PropertySource` an Konfigurationsklassen geladen werden
17. Default-Eigenschaften, die über die Methode `setDefaultProperties` einer Instanz der Klasse `SpringApplication` gesetzt werden

Diese Quellen dienen sowohl der Konfiguration von Spring Boot selber, der von Spring Boot unterstützten Technologien (siehe Anhang A »Common Application Properties« der Referenzdokumentation) und der Konfiguration eigener Parameter.

Kommandozeilen-parameter

Wird eine Spring-Boot-Anwendung wie in Listing 1–6 oder den anderen Beispielen dieses Buches gestartet, so werden Kommandozeilenparameter der `SpringApplication` in Form von `--foo=bar` in Propertys umgewandelt und an die Umgebung übergeben. Sie haben Vorrang vor allen Quellen, die nicht Teil der Testunterstützung sind. Dieses Verhalten kann durch Aufruf von `SpringApplication.setAddCommandLine-Properties(false)` nach Instanziierung der `SpringApplication` abgeschaltet werden.

Zufällige Werte

Unter dem Namen `random` steht eine Instanz der Klasse `RandomValue-PropertySource` zur Verfügung, die durch SpEL-Ausdrücke wie zum Beispiel `service.secret=${random.value}` in Konfigurationsdateien referenziert werden kann. Mit ihr können bei jedem Start einer Anwendung neue, zufällige Werte generiert werden, zum Beispiel als Default-Werte für Passwörter oder für Testfälle.

4.1.1 Konfigurationsdateien

Konfigurationsdateien können sowohl Java-Propertys-Dateien sein als auch im YAML-Format vorliegen. Spring Boot sucht diese Konfigurationsdateien standardmäßig mit folgender Priorität in absteigender Reihenfolge:

1. im Verzeichnis `./config` innerhalb des aktuellen Arbeitsverzeichnis
2. im aktuellen Arbeitsverzeichnis

3. im Package /config des Klassenpfades
4. im Wurzelverzeichnis des Klassenpfades

Werte aus Konfigurationsdateien höherer Priorität überschreiben dabei gleichnamige Werte anderer Dateien. Die Konfigurationsdateien selber werden mit relativ niedriger Priorität im gesamten Prozess betrachtet (siehe Aufzählung auf 66).

XML wird in der Regel nicht für die externe Konfiguration einer Spring-Boot-Anwendung benutzt, sondern nur, um Interna zu konfigurieren, zum Beispiel für spezielle Caching-Anforderungen an Bibliotheken Dritter oder Ähnliches.

Default-Konfigurationsdatei: application.properties

Der Basisname application der Konfigurationsdateien kann durch Setzen der Eigenschaft spring.config.name geändert werden. Der Aufruf des *helloworld*-Projektes mit

Mit spring.config.location kann der Suchpfad geändert und mittels spring.config.additional-location können zusätzliche Orte angegeben werden. Für beide Eigenschaften gilt: Enthalten sie Pfade, so wird innerhalb dieser Pfade nach Konfigurationsdateien entsprechend dem Standardnamen oder dem konfigurierten Namen gesucht, andernfalls nach Dateien wie angegeben. Profilspezifische Varianten werden nicht gesucht (siehe auch Unterabschnitt 4.2.1). Pfade innerhalb von spring.config.additional-location haben eine niedrigere Priorität, falls Eigenschaften mehrfach definiert sind.

spring.config.name und spring.config.location werden sehr früh während der Startphase einer Spring-Boot-Anwendung benötigt und können daher nicht in anderen Konfigurationsdateien konfiguriert werden. Sie sollten in der Regel als Betriebssystemvariablen, Java-Systemvariablen oder wie im obigen Beispiel als Kommandozeilenparameter übergeben werden.

YAML- anstelle von Propertys-Dateien

Die externe Konfiguration einer Spring-Boot-Anwendung kann auch mit YAML erfolgen. YAML steht für *YAML Ain't Markup Language* und ist eine vereinfachte Auszeichnungssprache zur Datenserialisierung. Spring Boot benutzt die SnakeYAML zur Verarbeitung. SnakeYAML ist Teil der Abhängigkeiten der Starter-Hierarchie. Sobald ein Starter benutzt wird, ist SnakeYAML ebenfalls verfügbar. YAML hat Vorteile bei der Beschreibung hierarchischer Konfiguration, bei der Definition von Listen und der Erstellung von Konfigurationsdateien, die mehrere Profile beinhalten.

YAML-Strukturen werden schlussendlich über die automatisch registrierte `YamlPropertiesFactoryBean` in Propertys konvertiert. Die YAML-Konfiguration in Listing 4–1 ist analog zu den Eigenschaften in Listing 4–2, in beiden Fällen wird die Konfiguration in die Klasse `ExampleProperties` (siehe Listing 4–9 auf Seite 74) aus dem Beispielprojekt *extconfig* abgebildet.

```
someValue: 4711


example:
    the-greeting: "Hello, World!"
    interval: 1000
    precision: 42.23
    servers:
        - name: "springbootbuch"
          url: "http://springbootbuch.de"
        - name: "bootifultodos"
          url: "http://bootifultodos.de"
    environments:
        dev:
            foo: "bar"
            test: "val"
        prod:
            foo: "prodbar"
            test: "prodval"
```

Listing 4–1
Beispiel einer Konfiguration mit YAML (application-comparison-yml.yml)

Während in obigem Listing die fiktive Liste von Servern als solche erkennbar ist und ohne manuelle Indizierung auskommt, erfordert sie im Propertys-Format ebenso wie die Map-Eigenschaft `environments` deutlich mehr Aufwand:

```
someValue = 4711


example.the-greeting = Hello, World!
example.interval = 1000
example.precision = 42.23
example.servers[0].name = springbootbuch
example.servers[0].url = http://springbootbuch.de
example.servers[1].name = bootifultodos
example.servers[1].url = http://bootifultodos.de
example.environments.dev.foo = bar
example.environments.dev.test = val
example.environments.prod.foo = prodbar
example.environments.prod.test = prodval
```

Listing 4–2
Gleichwertige Konfiguration mit Java-Propertys (application-comparison-prop.properties)

Nach dem Bauen des Beispielprojekts *extconfig* kann die Anwendung einmal mit `java-jar target/extconfig.jar --spring.profiles.active=comparison-yml` und `java -jar target/extconfig.jar --spring.profiles.active=comparison-prop` aufgerufen werden, die Ausgabe ist in beiden Fällen identisch:

Listing 4–3
Ausgabe mit einer der obigen Konfigurationen

```
Hello, Reader: Hello, World!
someValue=4711
exampleProperties=ExampleProperties{
        theGreeting=Hello, World!,
        interval=1000,
        precision=42.23,
        servers=[{name=springbootbuch,
        ↪ url=http://springbootbuch.de}, {name=bootifultodos,
        ↪ url=http://bootifultodos.de}],
        environments={dev={foo=bar, test=val}, prod={foo=prodbar,
        ↪ test=prodval}}
}
```

Eine einzelne YAML-Datei kann mehrere Dokumente enthalten. Dokumente werden durch drei aufeinanderfolgende Bindestriche (`---`) getrennt. Zusammen mit dem Schlüssel `spring.profiles` ermöglicht die Konfiguration durch YAML, mehrere Profile in einer Konfigurationsdatei zu verwalten (vergleiche Unterabschnitt 4.2.1). Listing 4–4 zeigt eine Konfiguration in der Datei `application.yml`, die nun das Standardprofil sowie die Profile `demo1` und `demo2` beinhaltet:

Listing 4–4
Multiprofile-Configuration mit YAML (application.yml)

```
someValue: 4711

example:
    the-greeting: "Hello, World!"
    interval: 1000
    precision: 42.23
    servers:
        - name: "springbootbuch"
          url: "http://springbootbuch.de"

---
spring:
    profiles: "demo1"
```

```
example:
    the-greeting: "Hello, Demo1!"
    servers:
        - name: "demo"
          url: "http://test.com"


---
spring:
    profiles: "demo2"

example:
    the-greeting: "Hello, Demo2!"
    interval: 2000
    servers:
        - name: "bootifultodos"
          url: "http://bootifultodos.de"
```

Wird das Projekt ohne Angabe eines aktiven Profils gestartet, so ist die Ausgabe:

```
Hello, Reader: Hello, World!
someValue=2109
exampleProperties=ExampleProperties{
        theGreeting=Hello, World!,
        interval=1000,
        precision=42.23,
        servers=[Server{name=springbootbuch,
        ↪   url=http://springbootbuch.de}],
        environments=null
}
```

Listing 4–5
Default-Profil

Der Aufruf mit einem aktiven Profil (java -jar target/extconfig.jar --spring.profiles.active=demo2 ergibt folgendes Bild:

```
Hello, Reader: Hello, Demo2!
someValue=4711
exampleProperties=ExampleProperties{
        theGreeting=Hello, Demo2!,
        interval=2000,
        precision=42.23,
        servers=[Server{name=bootifultodos,
        ↪   url=http://bootifultodos.de}],
        environments=null
}
```

Listing 4–6
*Listen und Maps
werden nicht gemergt!*

Die skalaren Werte des Profils `demo2` ersetzen beziehungsweise ergänzen die Werte des Default-Profils. Listen hingegen werden nicht gemergt. Grundsätzlich gilt, dass die Werte des Profils mit der höchsten Priorität ausgewählt werden.

Priorität   Profile werden in aufsteigender Priorität angegeben: Mit `java -jar target/extconfig.jar --spring.profiles.active=demo2,demo1` hat `demo1` höhere Priorität als `demo2`:

Listing 4–7
Priorität von Profilen

```
Hello, Reader: Hello, Demo1!
someValue=4711
exampleProperties=ExampleProperties{
        theGreeting=Hello, Demo1!,
        interval=2000,
        precision=42.23,
        servers=[Server{name=demo, url=http://test.com}],
        environments=null
}
```

`theGreeting` stammt aus dem Profil `demo1`, `interval` hingegen aus `demo2`. `precision` war in keinem der Profile gesetzt, sondern stammt aus dem Default-Profil. Die Liste der Server wurde nicht gemergt, sie entspricht Profil `demo1`.

YAML und
Java-Propertys
gemischt   YAML- und Propertys-Dateien können gleichzeitig verwendet werden. Das Beispielprojekt *extconfig* beinhaltet die beiden Dateien `application-merge.properties` und `application-merge.yml`. Wird das Projekt mit aktivem Profil `merge` gestartet, so werden die Inhalte der Konfigurationsdateien gemischt. Dabei haben die Java-Propertys-Dateien Vorrang, wenn Werte mehrfach vorhanden sind. Der Wert `example.the-greeting` ist in beiden Konfigurationsdateien gesetzt, `example".interval` nur in der YAML-Datei. `example.the-greeting` wird mit »Hello, World« aus den Propertys gefüllt, `example.interval` mit 1234 aus der YAML-Datei.

4.1.2   Zugriff auf Konfiguration

Das Spring-Framework empfiehlt, nicht direkt auf `Environment`-Instanzen zuzugreifen. Mit Spring Boot sind zwei sehr komfortable Wege möglich, um auf die Eigenschaften der Umgebung zuzugreifen.

Einzelne Werte

Mit der `@Value`-Annotation können Sie gezielt auf einzelne Werte der Konfiguration zugreifen. `@Value` stammt aus dem Spring-Framework selber und ermöglicht es Ihnen, Attribute und Parameter gezielt über

SpEL-Ausdrücke zu füllen. Spring Boot registriert zusätzlich einen sogenannten PropertySourcesPlaceholderConfigurer, der die Verwendung
von SpEL-Platzhaltern (${...}) in diesen Ausdrücken erlaubt.

Listing 4–8 zeigt die Verwendung einer Eigenschaft springbootbuch
.name als Parameter einer @Bean-Methode in einer Konfigurationsklasse:

```
@Configuration
public class BookConfig {
    @Bean
    public MyService myService(
        @Value("${springbootbuch.name:n/a}")
        String name
    ) {
        return new MyService(name);
    }
}
```

Listing 4–8
Verwendung von
@Value

Der PropertySourcesPlaceholderConfigurer führt eine automatische Typ-
konvertierung entsprechend der registrierten Konvertierer (TypeConver-
ter) durch. Mit dem Fragment nach dem Doppelpunkt (:n/a) innerhalb
des Ausdrucks wird der Text »n/a« als Default-Wert angegeben.

Falls YAML zur Konfiguration verwendet und kein Starter benutzt
wird, muss manuell eine Instanz vom Typ YamlPropertySourceLoader im
Spring-Kontext verfügbar sein, um Eigenschaften aus YAML-Dateien
zu benutzen. Wird wie im Beispielprojekt *extconfig* ein beliebiger Starter verwendet, so kann darauf verzichtet werden. YAML-Propertys
können vollkommen transparent verwendet werden, wie der Konstruktor der Klasse de.springbootbuch.extconfig.ExampleService zeigt.

Typsichere Konfiguration

Die @Value-Annotation kann mit SpEL-Ausdrücken sehr mächtig sein,
aber sie für eine zusammengehörende Menge von Optionen jeweils einzeln auf Attribute oder mehrere Parameter einer Methode oder eines
Konstruktors anzuwenden, kann schnell aufwendig und lästig werden
und wird am Ende schwer wartbar sein.

Spring Boot stellt die Annotationen @EnableConfigurationProperties
und @ConfigurationProperties zur Verfügung, die eine typsichere Konfiguration erlauben. Typsicher bedeutet in diesem Fall, dass die Konfiguration eines bestimmten Themas, wie zum Beispiel die Konfiguration einer Datenbankverbindung, auf eine Klasse abgebildet wird und die einzelnen Elemente der Konfiguration dokumentierte Eigenschaften dieser
Klasse sind. Es beschreibt also in diesem Fall mehr als nur die Nutzung der korrekten Datentypen. Ihre Spring-Boot-Anwendung würde

auch den Start verweigern, wenn Sie eine Eigenschaft als Text konfigurieren und diese mit @Value auf ein numerisches Feld abbilden wollen. Listing 4–9 zeigt, wie Sie ein Konfigurationsthema explizit durch eine Klasse repräsentieren können:

Listing 4–9
Beispiel für typsichere Konfiguration (ExampleProperties.java)

```
@Component
@ConfigurationProperties("example")
@Validated
public class ExampleProperties {

    public static class Server {

        /** The name of the server. */
        private String name;

        /** The URL of the server. */
        private URL url;

        // Getter und Setter weggelassen
    }

    public static enum Environment {
        dev, prod, cloud
    }

    /** The greeting used. */
    @NotNull
    @Size(min = 1)
    private String theGreeting;

    /** Some arbitrary interval. */
    @Min(10)
    private Integer interval;

    /** An example of maps. */
    private Map<Environment, Map<String, Object>>
        environments;

    /** The list of servers. */
    private List<Server> servers;

    /** A precision. */
    private Double precision;
```

```
   // Getter und Setter weggelassen
   // Sie müssen aber für die Konfiguration
   // vorhanden sein!
   }
}
```

`@EnableConfigurationProperties` schaltet im ersten Schritt die Unterstützung für `@ConfigurationProperties` ein und ist im Rahmen einer Spring-Boot-Anwendung für alle Komponenten aktiv. Alternativ könnten Sie `@EnableConfigurationProperties` auch gezielt auf einzelne `@Configuration`-Klassen anwenden. Im zweiten Schritt werden dann die Konfigurationsbeispiele aus Abschnitt 4.1.1 auf die Klasse Example-Properties abgebildet. ExampleProperties ist zum einen mit `@Component` annotiert, was sie zur Bean innerhalb des Spring-Kontextes macht, und zum anderen mit `@ConfigurationProperties` versehen. Das Attribut `prefix` mit dem Wert `example` gibt an, dass alle Eigenschaften unter dem Präfix `example`, unabhängig davon, aus welcher Quelle sie stammen, in genau eine Instanz dieser Klasse abgebildet werden sollen.

Der Vorteil für Ihre Anwendung liegt daran, dass Sie die Konfiguration eines Themas im Spring-Kontext global verfügbar haben und Sie diese an allen benötigten Stellen injizieren lassen können. Die Alternative, eine mehrfach benötigte Konfiguration jeweils mehrfach mit `@Value` zu referenzieren, führt zu erhöhtem Wartungsaufwand, beispielsweise wenn Sie den Namen der Eigenschaft ändern wollen. *Global verfügbare Konfiguration*

Verschachtelte Konfiguration kann entweder wie im Beispiel über Maps erfolgen (das Attribut `environment`) oder aber über weitere Klassen (das Attribut `servers`). In beiden Fällen ist eine mehrfache Verschachtelung möglich.

In Listing 4–9 wurden die Getter und Setter aus Übersichtsgründen weggelassen. Damit die Konfiguration tatsächlich funktioniert, sind sie notwendig, da das Binding über den Property-Descriptor-Mechanismus von JavaBeans erfolgt. Im Falle von Kollektionen (Maps, Lists und Arrays) kann in einigen Fällen auf einen Setter verzichtet werden. Da sich das Verhalten der Konfiguration zwischen Eigenschaften aus Properties- auf der einen und YAML-Dateien auf der anderen Seite subtil unterscheidet, wird empfohlen, immer Setter zu generieren. *Getter und Setter*

Relaxed Binding ermöglicht Ihnen den entspannten Umgang mit verschiedenen Schreibweisen einer Eigenschaft. Der Name der Eigenschaften innerhalb der Umgebung muss nicht exakt dem Namen der Bean-Eigenschaften entsprechen. Das Attribut `theGreeting` der Beispielkonfiguration kann gleichermaßen in folgenden Schreibweisen angegeben werden: *Relaxed Binding*

- Camel-Case-Syntax (`example.theGreeting`)
- Bindestrichen (`example.the-greeting`)
- Unterstrichen (`example.the_greeting`)
- Großschreibweise (`EXAMPLE.THE_GREETING`)

Die Schreibweise mit Binde- oder Unterstrichen eignet sich gut für Propertys- und YAML-Dateien, während sich Großschreibweise für Umgebungsvariablen anbietet. Da viele Betriebssysteme Punkte in Umgebungsvariablen nicht erlauben, kann auch dieser durch einen Unterstrich ersetzt werden:

Listing 4–10
Unterstriche statt
Punkte

```
export EXAMPLE_THE_GREETING=test
java -jar target/extconfig.jar
Hello, Reader: No greeting available
someValue=2109
exampleProperties=ExampleProperties{
        theGreeting=test,
        interval=1000,
        precision=42.23,
        servers=[Server{name=springbootbuch,
        ↪  url=http://springbootbuch.de}],
        environments=null
}
```

An diesem Beispiel sieht man einen weiteren Nachteil der `@Value`-Annotation: Während das Attribut `theGreeting` der typsicheren Konfiguration korrekt `test` ist, so ergibt `@Value("${example.the-greeting: No greeting available}")` den Default-Text `No greeting available` aus. Für `@Value` findet also kein Relaxed Binding statt.

Validierung   Falls JSR 303 (Bean Validation) auf dem Klassenpfad ist, zum Beispiel über `org.springframework.boot:spring-boot-starter-validation`, und die Klasse mit `@Validated` annotiert ist, wird die Konfiguration automatisch validiert. Im Beispiel sind das die Attribute `theGreeting` und `interval`. Auch hier werden verschachtelte Attribute unterstützt, sofern sie jeweils mit `@Valid` annotiert sind. Der Aufruf des Beispiels mit ungültiger Konfiguration, hinterlegt im Profil `invalid`, schlägt fehl und wird korrekt analysiert:

Listing 4–11
Fehleranalyse von
ungültigen
Konfigurationen

```
***************************
APPLICATION FAILED TO START
***************************

Description:
```

```
Binding to target ExampleProperties{
        theGreeting=,
        interval=1,
        precision=42.23,
        servers=[Server{name=springbootbuch,
     ↪   url=http://springbootbuch.de}],
        environments=null
} failed:


    Property: example.theGreeting
    Value:
    Reason: muss zwischen 1 und 2147483647 liegen


    Property: example.interval
    Value: 1
    Reason: muss größer oder gleich 10 sein


Action:

Update your application's configuration
```

Tabelle 4–1 beschreibt die weiteren Attribute der Annotation `@Configu-rationProperties`, die Einfluss auf die Abbildung von Eigenschaften in die Klasse haben. Mit ihnen können die Validierung und die Fehlerbehandlung detailliert konfiguriert werden.

Attribut	Default	Bedeutung
ignoreInvalidFields	false	Ignoriert Konvertierungsfehler (z. B. Texte für numerische Attribute) für einzelne Felder
ignoreNestedProperties	false	Flag, ob Werte mit . im Namen auf normale Attribute anstatt auf verschachtelte Objekte gebunden werden sollen
ignoreUnknownFields	true	Flag, ob unbekannte Werte, zu denen keine Attribute vorliegen, ignoriert werden sollen
exceptionIfInvalid	true	Flag, ob Validierungsfehler zu einer Exception führen sollen oder nur geloggt werden. Nur von Bedeutung, wenn ein Validator verfügbar ist.

Tab. 4–1
Anpassung von
@Configuration-
Properties

Welche Datentypen
werden unterstützt?
Sie können in Konfigurationsklassen alle Skalare und deren Wrapper-Klassen, Enums, List, Sets und Maps davon, verschachtelte Konfigurationsklassen (im Beispiel die Klasse `Server`) sowie eine Vielzahl weiterer Datentypen, zum Beispiel `URL` und `InetAddress`, benutzen. Das Spring-Framework selber stellt mit der Conversion-Service-API eine Schnittstelle zur Verfügung, über die eigene Dienste zur Konvertierung von Text in Objekte definiert werden können. Stehen innerhalb einer Spring-Boot-Anwendung ein `ConversionService` mit der Bean-Id `conversionService` oder einzelne Instanzen vom Typ `Converter` annotiert mit `@ConfigurationPropertiesBinding` zur Verfügung, so werden diese zur Konvertierung der Konfigurationseigenschaften in die entsprechenden Typen genutzt.

Während in Listing 4–9 eine reguläre Komponente zusätzlich mit `@ConfigurationProperties` annotiert wurde, zeigt Listing 4–12, wie Sie einfache POJOs als Konfigurationseigenschaften nutzen können. Diese müssen explizit innerhalb der `@EnableConfigurationProperties` aufgezählt werden:

Listing 4–12
Explizite Aufzählung
von Property-Klassen

```
@Configuration
@EnableConfigurationProperties({BarProperties.class,
↪  FooProperties.class})
public class ApplicationConfig {

    @ConfigurationProperties("bar")
    public static class BarProperties {

        private String otherValue;

        // Getter und Setter weglassen
    }

    @ConfigurationProperties("foo")
    public static class FooProperties {

        private String value;

        // Getter und Setter weglassen
    }
}
```

Beide Deklarationen der Property-Klassen erzeugen Komponenten, die wie alle anderen Komponenten über Dependency Injection verwendet werden können. Vorsicht ist jedoch geboten, wenn Instanzen der Konfigurationsklassen über den Namen der Bean referenziert werden:

Werden sie mit `@EnableConfigurationProperties` aufgelistet, so wird ein Name der Form `<prefix>-<fqn>` generiert. Das `prefix` entspricht dem in `@ConfigurationProperties` angegebenem Präfix und `fqn` ist der vollständig qualifizierte Name der Konfigurationsklasse. Wird die Konfigurationsklasse als `@Component` deklariert und kein Name angegeben, so wird der einfache Klassenname mit kleinem Anfangsbuchstaben als Standardname generiert.

Im Hinblick auf eine saubere Trennung von Konfiguration und Eigenschaften auf der einen und Anwendungslogik im Sinne von Komponentenbaum auf der anderen Seite wird davon abgeraten, in Property-Klassen andere Beans zu injizieren.

Viele Bibliotheken sind ebenfalls über POJOs konfigurierbar. Diese POJOs können dann natürlich nicht direkt annotiert werden. Allerdings kann `@ConfigurationProperties` auch auf Methodenebene angewandt und zum Beispiel innerhalb einer Konfigurationsklasse (siehe Unterabschnitt 4.2.2) wie in Listing 4–13 genutzt werden:

Externe Bibliotheken

```
@ConfigurationProperties(prefix = "ext")
@Bean
public ExtComponent extComponent() {
    return new ExtComponent();
}
```

Listing 4–13
@Configuration-Properties mit externen Komponenten

Die Eigenschaften aus den Namensraum ext werden auf die Attribute der Bean `extComponent` abgebildet.

Metadaten und IDE-Support

Spring Boot hat in der aktuellen Version zusammen mit allen offiziellen Startern und allen unterstützten Bibliotheken mehr als 1.000 Konfigurationseigenschaften, nachzulesen im Anhang A der Referenzdokumentation. Mit dem Configuration-meta-data-Format steht glücklicherweise ein einfaches JSON-Format zur Verfügung, das zusammen mit einer Anwendung oder eigenen Startern ausgeliefert werden kann, um IDE-Unterstützung für Konfigurationseigenschaften zu ermöglichen. Ein Ausschnitt der Metadaten zur Property-Klasse aus Listing 4–9 sieht wie folgt aus:

```
{
  "groups": [{
    "name": "example",
    "type": "de.springbootbuch.extconfig.ExampleConfiguration",
    "sourceType":
    ↪    "de.springbootbuch.extconfig.ExampleConfiguration"
  }],
```

Listing 4–14
Metadaten zu ExampleProperties.java

```
"properties": [
  {
    "name": "example.the-greeting",
    "type": "java.lang.String",
    "description": "The greeting used.",
    "sourceType":
    ↪  "de.springbootbuch.extconfig.ExampleConfiguration"
  }
],
"hints": []
}
```

Die Metadaten stehen pro Starter oder Anwendung in der Datei
META-INF/spring-configuration-metadata.json.

Obiges Beispiel ist nicht manuell geschrieben, sondern mit einem
Annotation-Prozessor generiert worden, der als Maven beziehungsweise Gradle-Plugin zur Verfügung steht:

Listing 4–15
Configuration-
Prozessor für Maven

```
<dependency>
    <groupId>org.springframework.boot</groupId>
    <artifactId>
        spring-boot-configuration-processor
    </artifactId>
    <optional>true</optional>
</dependency>
```

beziehungsweise für Gradle:

Listing 4–16
Configuration-
Prozessor für Gradle

```
dependencies {
        optional "org.springframework.boot:"
                + "spring-boot-configuration-processor"
}
```

```
compileJava.dependsOn(processResources)
```

Der Prozessor verarbeitet sowohl Klassen als auch Methoden, die mit
@ConfigurationProperties annotiert sind, um die entsprechenden Felder
für Datentypen und andere Informationen zu generieren. Die Beschreibung stammt aus dem JavaDoc-Kommentar.

Ob und wie diese Informationen verarbeitet werden, ist abhängig
von der verwendeten IDE. Eine Konfigurationsdatei aus dem Beispiel
dieses Kapitels in NetBeans zeigt Abbildung 4–1.

Das Metadatenformat ist relativ mächtig. Neben den automatisch
generierbaren Informationen können Hinweise, Anbieter für die automatische Codevervollständigung und vieles mehr hinterlegt werden.

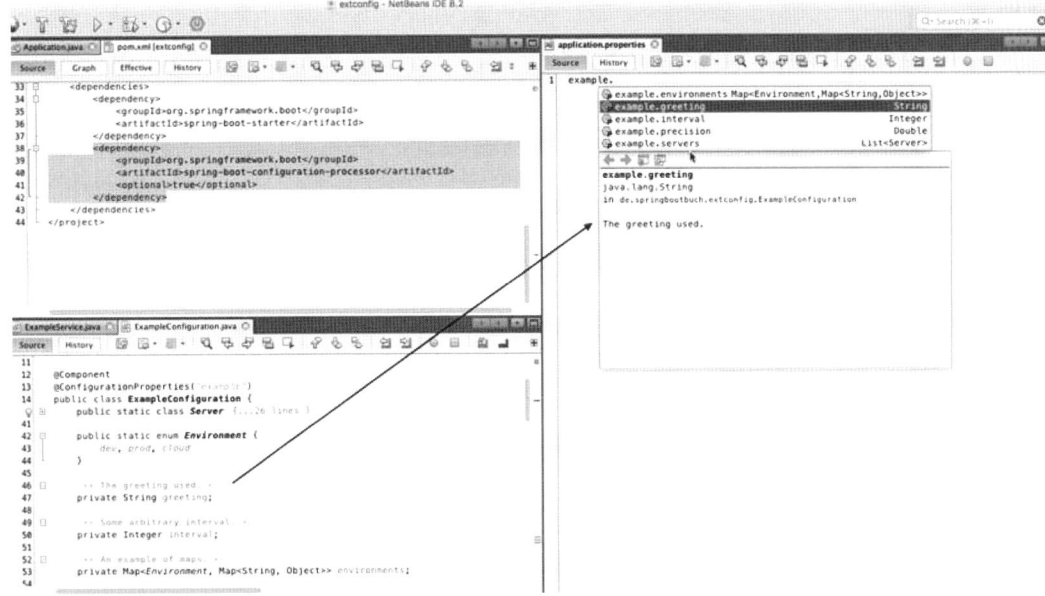

Abb. 4–1
*Tooltip für
Konfiguration in
NetBeans*

Dies ist über `META-INF/additional-spring-configuration-metadata.json`
auch parallel mit der Verwendung des Annotation-Prozessors möglich.
Eine vollständige Übersicht gibt Anhang B der Referenzdokumentation.

Best Practices: `@Value` oder `@ConfigurationProperties`?

`@Value` eignet sich an allen Stellen, an denen die Konfiguration auf einzelne Werte beschränkt ist oder die Anwendung zwingend darauf angewiesen ist, SpEL-Ausdrücke auszuführen.

Die typsichere Konfiguration auf Basis von `@Configuration-`
`Properties` ist anders als `@Value` eine Spring-Boot-Funktion und speziell auf die Anforderung der externen Konfiguration zugeschnitten.
`@ConfigurationProperties` unterstützen anders als `@Value` Relaxed Binding und Generierung von Metadaten. Sobald für eine Komponente
mehr als ein Konfigurationsschlüssel benötigt wird, sollte die typsichere Konfiguration genutzt werden. Sie können dann innerhalb des
Spring-Kontexts überall auf dieselbe Instanz der Konfiguration zugreifen. Weitere Vorteile wurden bereits genannt: Die Namen Ihrer Konfigurationseigenschaften können an zentraler Stelle verwaltet werden,
nämlich in der zugehörigen Klasse. Es gibt darüber hinaus genau zwei
Stellen, an denen Sie Default-Werte vorhalten können: innerhalb der
Klasse selber oder in einer Konfigurationsdatei mit niedrigster Priorität.
Für Default-Werte innerhalb von Code spricht die Unterstützung durch
den oben genannten `spring-boot-configuration-processor` und die dar-

an angeschlosse Infrastruktur, die genau diese Defaults an den relevanten Stellen aller IDEs sichtbar macht.

4.2 Interne Konfiguration

4.2.1 Profile

Spring-Profile sind ein weiterer Baustein, um einen Service unabhängig vom Zielsystem zu machen: Der Service hat für unterschiedliche Umgebungen unterschiedliche Profile und muss nicht speziell für ein System gebaut werden. Abhängig von der Umgebung und der externen Konfiguration werden Teile aktiviert und andere Bereiche stillgelegt oder anders parametrisiert.

Profile ermöglichen die Trennung einzelner, interner Bestandteile unterschiedlicher Konfigurationen voneinander. Profile sind für Spring Boot in zwei Bereichen interessant: Im Hinblick auf die Registrierung von Konfigurationsklassen und Beans sowie bezüglich Konfigurationsdateien:

Bean-Registrierung

Jedwede Bean, die mit @Component oder damit zusammengesetzten Annotationen markiert ist, beziehungsweise jede Konfigurationsklasse (@Configuration) kann zusätzlich mit @Profile annotiert werden:

Listing 4–17
Beispiel für ein Profil
namens »production«

```
@Configuration
@Profile("production")
public class ProductionConfiguration {
    @Bean
    public SomeService someService() {
        return new SomeService();
    }
}
```

Das Listing 4–17 zeigt eine Konfigurationsklasse, die nur im Profil production aktiv ist, und die Beans, die innerhalb dieser Konfiguration deklariert werden, nicht in anderen Profilen zur Verfügung stehen.

@Profile

`@Profile` ist eine Annotation aus Spring, nicht aus Spring Boot. Die Annotation kann an folgenden Stellen angewandt werden:

▪ Auf Klassenebene: Alle Klassen, die direkt oder indirekt mit `@Component` oder `@Configuration` annotiert sind, können zusätzlich mit `@Profile` versehen werden.

▪ Als Meta-Annotation: Mit `@Profile` können eigene Annotationen geschrieben werden, mit denen eigene Profile typsicher, das heißt ohne Angabe des Profilnamens als String, deklariert werden können.

▪ Auf Methodenebene: Alle mit `@Bean` annotierten Methoden können zusätzlich mit `@Profile` versehen werden.

Die `@Bean`-Methoden einer Konfigurationsklasse und die `@Import`-Deklarationen werden nur dann ausgeführt, wenn mindestens eines oder mehrere der angegebenen Profile aktiv sind oder nicht, und entspricht damit dem Verhalten der XML-Konfiguration. Das Bean-Tag `<bean />` aus dem Namensraum `http://www.springframework.org/schema/beans` unterstützt ebenfalls ein Attribut `profile`.

Das Attribut `value` der Annotation ist vom Typ `String[]` und kann ein oder mehrere Werte enthalten. Die Werte werden logisch mit oder verknüpft und können jeweils einzeln mit ! negiert werden: `@Profile({"env1", "!toxicEnv"})` wird verarbeitet, wenn entweder das Profil `env1` aktiv oder `toxicEnv` nicht aktiv ist.

Konfigurationsprofile

Zusätzlich zu den in Abschnitt 4.1 »Externe Konfiguration« beschriebenen Konfigurationsdateien im Propertys- oder YAML-Format können Konfigurationsdateien der Form `application-{nameDesProfils}.properties` beziehungsweise `application-{nameDesProfils}.yml` angelegt werden, die nur für ein spezifisches Profil gültig sind. Dabei haben die profilspezifischen Dateien immer Vorrang vor den Dateien ohne Angabe eines Profils, unabhängig davon, ob sie innerhalb oder außerhalb eines gepackten Artefaktes gespeichert sind.

Falls mehrere Profile aktiv sind, haben die zuletzt definierten Profile Vorrang bei der Auswahl von Konfigurationsdateien.

Werden spezifische Dateien anstelle von Verzeichnissen über die Eigenschaft `spring.config.location` konfiguriert, so werden keine profilspezifischen Alternativen dieser Dateien gesucht.

Profile aktivieren

Aktive Profile werden über die Eigenschaft `spring.profiles.active` festgelegt. Auch hier gilt, dass die `PropertySource` mit der höchsten Priorität alle vorherigen überschreibt: `spring.profiles.active` kann also auch innerhalb einer Konfigurationsdatei genutzt und anschließend über unterschiedliche Startparameter noch überschrieben werden. Die Eigenschaft `spring.profiles.active` kann ein oder mehrere Werte aufnehmen, das heißt, es können mehrere Profile gleichzeitig aktiv sein.

Weiterhin steht mit `spring.profiles.include` eine Möglichkeit bereit, ein oder mehrere Profile zusätzlich zu anderen Profilen ohne weitere Bedingung einzuschließen. Damit kann zum Beispiel ein Profil »production« einer Datei `application-prod.properties` realisiert werden, das Produktionsprofile für die Datenbankverbindung und Mailserver einschließt:

Listing 4–18
Inkludierte Profile in
application-prod
.properties

```
spring.profiles.include: proddb,prodmail
```

Wird die Anwendung jetzt mit dem Schalter `--spring.profiles.active=` `prod` gestartet, werden die beiden Profile `proddb` und `prodmail` ebenfalls aktiviert.

Wird `spring.profiles.active` als Programmargument genutzt (nach dem Hauptklassennamen beziehungsweise nach dem Namen des Jar-Archives), kann er immer noch über die gleichnamige Systemvariable mit `-D` überschrieben werden. In Abschnitt 6.1 stehen einige Beispiele zur Verfügung, wie beim Start einer Anwendung ein oder mehrere Profile über `spring.profiles.active` als Systemvariable aktiviert werden.

Weitere Profile können über eine Instanz der Klasse `SpringAppli` `cation` nach Initialisierung der Anwendung mit `#setAdditionalProfiles` hinzugefügt werden.

Profile für einen Test
aktivieren

Sie sollten nach Möglichkeit auch das Verhalten Ihrer Anwendung in unterschiedlichen Profilen testen. Zu diesem Zweck steht Ihnen `@ActiveProfiles` zur Verfügung. Die Annotation wird in Abschnitt 15.3.5 genauer beschrieben. Der Spring-Runner aktiviert mit ihr vor einem Test die entsprechenden Profile. Haben Sie viele Profile vorgesehen und ermöglichen auch Kombinationen davon, dann wird an dieser Stelle schnell deutlich, dass der Testaufwand erheblich ansteigen kann, wenn tatsächlich alle Eventualitäten abgedeckt werden sollen.

4.2.2   Konfigurationsklassen

Spring und die Komponenten des Spring-Ökosystems können mit mindestens drei unterschiedlichen Methoden konfiguriert werden. Seit jeher gibt es die XML-basierte Konfiguration, seit Spring 2.5 die annotationsgetriebene Konfiguration und seit 2009 mit Spring 3.0 die »Java-Konfiguration«.

Als Java-Konfiguration oder -Konfigurationsklassen werden Klassen bezeichnet, die mit `@Configuration` und deren Methoden mit `@Bean` annotiert sind: eine programmatische Lösung, um Beans zu erstellen. Einer der Vorteile der Java-Konfiguration ist, dass jede IDE ohne gesondertes Tooling benutzt werden kann, um die Abhängigkeiten zwischen den Beans zu visualisieren und zu analysieren.

@Bean kennzeichnet Methoden, die neue Objekte instanziieren, konfigurieren und initialisieren. Diese Objekte werden anschließend vom Spring-IoC-Container verwaltet. @Bean korrespondiert dabei mit dem <bean />-Element der XML-Konfiguration. @Bean-Methoden können zwar in allen Spring-Komponenten (@Component-Klassen) genutzt werden, aber ihre primäre Funktion entfalten sie in Klassen, die mit @Configuration annotiert sind. Das primäre Ziel einer Konfigurationsklasse ist die Erzeugung von Komponenten beziehungsweise Beans. Konfigurationsklassen ermöglichen darüber hinaus Abhängigkeiten zwischen Beans sowie die Deklaration von Abhängigkeiten zu anderen Beans. Listing 4–19 zeigt die erweiterte Konfigurationsklasse ApplicationConfig aus dem Beispiel *extconfig*, die zum Teil bereits in Listing 4–12 genutzt wurde:

Grundlegende Konzepte

```
@Configuration
public class ApplicationConfig {
    public static class FooService {

        final String name;

        public FooService(String name) {
            this.name = name;
        }
    }


    public static class BarService {

        final FooService fooService;

        final Integer interval;

        public BarService(
            FooService fooService,
            Integer interval
        ) {
            this.fooService = fooService;
            this.interval = interval;
        }
    }
```

Listing 4–19
Beispiel einer Konfigurationsklasse (ApplicationConfig .java)

```
        private final FooProperties fooProperties;

        public ApplicationConfig(
            FooProperties fooProperties
        ) {
            this.fooProperties = fooProperties;
        }

        public FooService fooService() {
            return new FooService(fooProperties.getValue());
        }

        public BarService barService(
            ExampleProperties exampleProperties
        ) {
            return new BarService(
                fooService(),
                exampleProperties.getInterval()
            );
        }
    }
```

Erwähnenswert sind zwei Dinge: Auch bei Konfigurationsklassen funktioniert die Dependency Injection über den Konstruktor, ohne dass spezifische Annotationen wie @Autowired genutzt werden müssen, sofern der Konstruktor eindeutig ist. Weiterhin sieht man, dass die @Bean-Methode barService die Methode fooService aufruft, da sie den FooService benötigt. Durch den Aufruf dieser Methode wird nicht etwa eine zweite Instanz des Service instanziiert, sondern die bestehende Bean wird zurückgegeben. Spring fängt den Aufruf durch einen Proxy ab und gibt die vorhandene Instanz zurück. Das Ergebnis lässt sich leicht durch den Test in Listing 4–20 belegen:

@Bean und innere Aufrufe

Listing 4–20
Test der Konfigurationsklasse

```
@RunWith(SpringRunner.class)
@SpringBootTest
public class ApplicationConfigTest {

    @Autowired
    private ApplicationContext ctx;
```

```
@Test
public void checkUniqueServices() {
    assertThat(
        ctx.getBeansOfType(FooService.class).size(),
        is(equalTo(1)));
    assertThat(
        ctx.containsBean("myFooService"),
        is(true));
    assertThat(
        ctx.getBeansOfType(BarService.class).size(),
        is(equalTo(1)));

    final BarService barService
        = ctx.getBean(BarService.class);
    assertThat(
        barService.fooService,
        is(equalTo(ctx.getBean(FooService.class))));
    }
}
```

Das obige Beispiel ist natürlich konstruiert, aber viele »echte« Projekte sind analog konfiguriert. Auch wenn Sie im ersten Moment vielleicht den Eindruck haben, dass die @Bean-Annotation überflüssig ist, ist das oftmals nicht der Fall: Die Komponente nimmt nur mit dieser Annotation am Lebenszyklus des Containers teil und wird nur dadurch korrekt konfiguriert.

Komponenten aus anderen Quellen können als Parameter der @Bean-Methode deklariert werden. Sie werden automatisch über den Spring-Kontext bereitgestellt. Im Beispiel ist das der Parameter example-Properties.

@Beans bekommen den gleichen Namen wie die Methode, in der sie instanziiert wurden. Der Name kann über das Attribut name der Annotation geändert werden. Werden Beans mit Methoden gleichen Namens in unterschiedlichen Konfigurationsklassen erzeugt, so wird keine Exception geworfen, sondern die Bean wird überschrieben: Die Bean aus der zuletzt ausgewerteten Konfigurationsklasse ersetzt die vorherige. Die Reihenfolge ist dabei alphabetisch oder explizit durch eine @Order-Annotation vorgegeben. Dabei können allerdings Folgefehler auftreten, zum Beispiel BeanNotOfRequiredTypeException. Diese werden aber in der Regel korrekt vom FailureAnalyzer (siehe Abschnitt 1.5) analysiert.

Die Namensgebung im obigen Beispiel korrespondiert mit der Namensgebung des Spring-Frameworks BeanNameGenerator. Beans, die im Rahmen des Component-Scans gefunden wurden, erhalten – wenn im

Namensgebung

Stereotyp wie @Controller nicht das Attribut name – genutzt wurde, den einfachen, kleingeschriebenen Klassennamen.

Konfigurationsklassen können auch Instanzen des Interface FactoryBean zurückgeben. Factory Beans können dazu genutzt werden, komplexere Objektgraphen zu konstruieren. Sie tauchen ab und zu in Java basierter Konfiguration auf, und Sie sollten sie einordnen können. Wirklich nützlich jedoch sind sie in XML-Konfiguration.

Struktur und Bedingungen

Die Konfiguration einer komplexen Spring-Boot-Anwendung ist oftmals nicht auf eine einzelne Konfigurationsklasse beschränkt, sondern auf mehrere Klassen aufgeteilt. Dies kann entweder mit mehreren @Configuration-Klassen geschehen oder mit Hilfe der @Import- und @ImportResource-Annotationen. @Import dient dazu, andere Konfigurationsklassen zu importieren, mit @ImportResource können klassische Spring-XML-Definitionen importiert werden:

Listing 4–21
Zentrale Konfiguration
mit Imports anderer
Konfigurationsklassen

```
import org.springframework.context.annotation.Configuration;
import org.springframework.context.annotation.Import;
import org.springframework.context.annotation.ImportResource;

@Configuration
@Import({DatabaseConfig.class, WebConfig.class})
@ImportResource(value = "classpath:/beans.xml")
public class CentralConfiguration {
}
```

Im obigen Listing wird deutlich, dass die Grundlage von Spring Boots mächtigem Konfigurationsmechanismus im klassischen Spring-Framework selber liegt: @Configuration und auch @Import sind reine Spring-Framework-Annotationen.

@Import

Die @Import-Anweisung eignet sich zusammen mit Konfigurationsklassen, die nicht mit @Configuration versehen sind, um Anwendungen zu modularisieren. Ohne @Configuration werden diese Klassen nicht vom Component-Scan aufgegriffen, können aber mit @Import genutzt werden. Sie können Ihre Submodule also problemlos in das Dependency Management aufnehmen, ohne Gefahr zu laufen, durch @EnableComponentScan bzw. @SpringBootApplication auf einer Klasse in einem gemeinsamen Basispaket unabsichtlich diese Konfiguration auszulösen. Sie finden ein Beispiel im Projekt *extconfig* in den Klassen PlainConfig und PlainConfigTest.

Konfigurationsklassen können mit Bedingungen versehen werden. Die einfachste Form einer solchen Bedingung ist wie in Unterabschnitt 4.2.1 die @Profile-Annotation. Sie entscheidet anhand der aktiven Profile darüber, ob eine Konfiguration aktiviert wird oder nicht. @Profile selber ist mit @Conditional annotiert. @Conditional arbeitet mit einer Liste von Condition zusammen. Condition ist ein funktionales Interface, dessen #matches-Methode beliebig komplexe Bedingungen aus dem Kontext auswerten kann, um zu entscheiden, ob eine Bedingung zutrifft oder nicht. Listing 4–22 zeigt eine Bedingung, die nur zu Weihnachten zutrifft und eine entsprechende Bean instanziiert.

Konfiguration unter bestimmten Bedingungen

```
class IsChristmasCondition implements Condition {

    @Override
    public boolean matches(
            ConditionContext context,
            AnnotatedTypeMetadata metadata
    ) {
        return LocalDate.now()
                .isEqual(LocalDate.now()
                        .withMonth(12)
                        .withDayOfMonth(24)
                );
    }
}


class Santa {}


@Configuration
class SantaConfiguration {

    @Bean
    @Conditional(IsChristmasCondition.class)
    public Santa santa() {
        return new Santa();
    }
}
```

Listing 4–22
Beispiel für Konfiguration unter bestimmten Bedingungen

@Conditional kann sowohl auf Klassen- als auch auf Methodenebene genutzt werden. Werden wie im Beispiel Methoden annotiert, so bezieht sich die Bedingung nur auf eine Bean; wird eine Konfigurationsklasse annotiert, so entscheidet die Bedingung darüber, ob die Konfiguration geladen wird oder nicht.

Mit dem `ConfigurationCondition`-Interface steht darüber hinaus eine Erweiterung zur Verfügung, mit der explizit entschieden werden kann, ob die Bedingung während der Verarbeitung der Konfiguration (`PARSE_CONFIGURATION`) oder während der Registrierung von Beans ausgewertet werden soll (`REGISTER_BEAN`). Nur im ersten Fall wird die Konfiguration gegebenenfalls nicht geladen.

Das Thema Bedingungen wird im folgenden Kapitel 5 »Die Magie hinter Spring Boot« erneut aufgegriffen. Der Abschnitt 5.2 »Konfiguration, nur unter Bedingung« ab Seite 98 erklärt ausführlich, welche `@Conditional`-Annotationen zur Verfügung stehen und wie sie eingesetzt werden können.

Fazit

Spring Boot und die Spring Boot Starter nutzen bevorzugt Konfigurationsklassen zusammen mit `@ComponentScan`, der Suche nach Stereotypen. Der Spring-Kontext einer Spring-Boot-Anwendung ist daher üblicherweise vom Typ `AnnotationConfigApplicationContext` oder davon abgeleiteten Klassen (alle diese Klassen sind Teil der Hierarchie von `GenericApplicationContext`). Während diese Art von Kontext bei einer klassischen Spring-Anwendung manuell konfiguriert werden muss, so geschieht das bei einer standardmäßigen Spring-Boot-Anwendung automatisch. Wird wie im *helloworld*-Beispiel `spring-boot-starter-web` als Abhängigkeit deklariert, so hat der Kontext den Typ `AnnotationConfig-WebApplicationContext` und konfiguriert als solcher das Spring MVC DispatcherServlet sowie die Infrastruktur für `@Controller`. Dieser `WebApplicationContext` ist Grundlage für die in Kapitel 8 beschriebenen Funktionen.

Da Spring Boot vollständig auf dem Spring-Framework basiert, wird natürlich auch XML-Konfiguration unterstützt. Listing 4–21 zeigt neben dem `@Import`-Mechanismus für Konfigurationsklassen `@ImportResources` zum Import von XML-Dateien.

`@ImportResource` ist sinnvoll, um bestehende, klassische Spring-Framework-Anwendungen zu migrieren und für Fälle, in denen man zum Beispiel bestehende Bibliotheken mit Aspekten um Caching oder Transaktionen erweitern möchte. Allerdings ist eine Konfiguration, die rein auf XML setzt, im Spring-Boot-Umfeld sehr unüblich. Insbesondere ist bei alten »Tipps und Tricks« bezüglich XML und dem Überschreiben von Framework-Klassen, die nicht explizit dafür ausgelegt sind, Vorsicht geboten. Es stehen in der Regel für eine Vielzahl von Anwendungsfällen Annotationen der Form `@EnableXXX` zur Verfügung, die mit einer einzigen Annotation eine ganze Reihe komplexer XML-Konstrukte ersetzen, zum Beispiel:

⬚ @EnableWebMvc (aktiviert das Spring-Web-MVC-Framework)

⬚ @EnableWebSecurity (aktiviert Spring Security)

⬚ @EnableGlobalMethodSecurity (aktiviert Security auf Methodenebene)

⬚ @EnableCaching (aktiviert Caching)

Beachten Sie aber bitte den Hinweis im Kasten auf Seite 92: Diese Annotationen führen in einigen Fällen dazu, dass die automatische Konfiguration durch einen Starter abgeschaltet wird.

4.2.3   Automatische Konfiguration

Eines der Ziele von Spring Boot ist es, die Hürden, eine Anwendung in
Produktion zu bringen, möglichst gering zu halten. Dazu gehört auch
die Konfiguration. Spring Boot versucht, anhand der deklarierten Abhängigkeiten einer Anwendung den Spring-Kontext der Anwendung
automatisch zu konfigurieren. Wird zum Beispiel das Spring-Modul
spring-security als Abhängigkeit hinzugefügt und nicht weiter konfiguriert, so generiert Spring Boot bei jedem Start der Anwendung ein neues
Passwort für den Standardbenutzer. Falls eine In-Memory-Datenbank
auf dem Klassenpfad ist und keine Datenbankverbindung konfiguriert wurde, so wird automatisch eine Verbindung zur In-Memory-
Datenbank konfiguriert.

Dieses Verhalten wird als *auto-configuration* bezeichnet und wird
aktiviert, wenn entweder eine Basisklasse des Kontextes mit @Spring-
BootApplication oder eine Konfigurationsklasse mit @EnableAutoCon-
figuration annotiert ist. Für @EnableAutoConfiguration gilt wie für
@SpringBootApplication: Sie sollte nur einmal pro Anwendung verwendet werden. Nur eine – möglichst die primäre – Konfigurationsklasse
sollte mit dieser Annotation markiert werden.

> **Automatische Konfiguration und @EnableXXX**
>
> Um die automatische Konfiguration verschiedener Aspekte einer Spring-Boot-Anwendung zu aktivieren, setzen Sie in der Regel Spring-Boot-Starter ein. Sie deklarieren eine Abhängigkeit (den Starter), und dessen transitive Abhängigkeiten sorgen dafür, dass alle notwendigen Klassen vorhanden sind. Spring Boot erkennt, ob alle Vorbedingungen erfüllt sind, und konfiguriert den Kontext entsprechend. Sie benötigen zum Beispiel weder `@EnableWebMvc`, um Spring Web MVC, noch `@EnableWebSecurity`, um Spring Security zu konfigurieren. Im Gegenteil: Fügen Sie diese Annotationen einer `@Configuration`-Klasse zusätzlich hinzu, wird die Default-Konfiguration des Themas abgeschaltet, da die jeweiligen Starter erkennen, dass einige Beans schon im Kontext sind. Falls Sie die Konfiguration anpassen wollen, prüfen Sie bitte, ob `XXXConfigurer` oder `XXXConfigurerAdapter` vorliegen. Diese Interfaces beziehungsweise abstrakten Klassen bieten in der Regel alle benötigten Schnittstellen, um relevante Dinge anzupassen. Für die hier genannten Annotationen wären das `WebMvcConfigurer` und `WebSecurityConfigurerAdapter`.
>
> In Spring 5 wurden zahlreiche Adapterklassen als *deprecated* markiert und stattdessen die entsprechenden Interfaces mit Java-8-Default-Methoden ausgestattet. Nutzen Sie also daher wenn möglich die Interfaces und überschreiben die Default-Methoden.

Nicht invasiv Die automatische Konfiguration für ein bestimmtes Thema, beispielsweise das Passwort des Standard-Spring-Security-Benutzers, ist nur so lange aktiv, wie es nicht über die entsprechenden Konfigurationseigenschaften oder einen eigenen Benutzer-Provider gesetzt wird. Hinter diesem Verhalten steht eine intelligente Kombination der in diesem Kapitel beschriebenen Mechanismen: Die Kombination von externer Konfiguration, Umgebungseigenschaften und Java-Code ermöglicht beliebig komplexe Auswertungen, um den Kontext zu konfigurieren.

Inwieweit die automatische Konfiguration ersetzt wird, wenn bestimmte Aspekte eines Themas selber konfiguriert werden, hängt vom entsprechenden Kontext ab. Wird eine Bean vom Typ `DataSource` selber definiert, so wird der gesamte Mechanismus zur Konfiguration von Datenquellen abgeschaltet. Oftmals können aber auch nur einzelne Aspekte ersetzt werden.

Weiterhin hilfreich sind Klassen, die auf `*Configurer` enden, die sowohl im Spring-Framework als auch in Spring Boot zu finden sind. Werden sie als Komponente deklariert, zum Beispiel als Teil einer `@Configuration`-Klasse, ermöglichen sie, die automatische Konfiguration zu *erweitern*. Dies ist oft sinnvoller, als durch eigene Komponenten die automatische Konfiguration komplett auszuschalten, nur um Teile davon anzupassen. In Kapitel 8 lernen Sie zum Beispiel das Interface `WebMvc-Configurer` kennen, mit dem Sie selektiv Teile der Spring-Web-MVC-

Konfiguration anpassen können (vergleiche hierzu Listing 8–9 auf Seite 138).

Über einen Service-Provider-Mechanismus der bereits erwähnten `spring.factories` können Bibliotheken Konfigurationsklassen als automatische Konfiguration deklarieren, so dass das eingangs erwähnte Ziel, Spring Boot nur durch Deklaration von Abhängigkeiten zu konfigurieren, ermöglicht wird. Anhang C der Spring-Boot-Dokumentation listet die mehr als 100 *auto-configuration*-Klassen der Module `spring-boot-autoconfigure` und `spring-boot-actuator` auf. Die Auflistung ist nicht nur der Übersicht halber wichtig, sondern auch, um die automatische Konfiguration im Bedarfsfall abschalten zu können, ohne sie selber implementieren oder erweitern zu müssen:

Starter und automatische Konfiguration

```
@Configuration
@EnableAutoConfiguration(
        exclude={SecurityAutoConfiguration.class}
)
public class MyConfiguration {
}
```

Listing 4–23
Abschalten der automatischen Konfiguration eines bestimmten Moduls

Falls die entsprechenden Klassen noch nicht auf dem Klassenpfad sind, aber sichergestellt werden soll, dass auch dann keine automatische Konfiguration stattfindet, wenn sie auf dem Klassenpfad sind, kann das Attribut `excludeName` oder die Eigenschaft `spring.autoconfigure.exclude` der externen Konfiguration genutzt werden.

Die automatische Konfiguration einer komplexen Anwendung kann trotz aller Mühen fehlschlagen oder nicht den Erwartungen entsprechen. Durch den Schalter `--debug` wird ein sogenannter `ConditionEvaluationReport` beim Start der Anwendung ausgegeben, der Informationen folgender Natur enthält:

Fehlersuche

```
=========================
AUTO-CONFIGURATION REPORT
=========================


Positive matches:
-----------------


WebMvcAutoConfiguration matched:
```

Listing 4–24
ConditionEvaluation-Report

```
      - @ConditionalOnClass found required classes
  ↪    'javax.servlet.Servlet',
  ↪    'org.springframework.web.servlet.DispatcherServlet',
  ↪    'org.springframework.web.servlet.config.annotation
  ↪    .WebMvcConfigurerAdapter'
  ↪    (OnClassCondition)
      - @ConditionalOnWebApplication (required) found
  ↪    StandardServletEnvironment (OnWebApplicationCondition)
      - @ConditionalOnMissingBean (types: org.springframework.web
  ↪    .servlet.config.annotation.WebMvcConfigurationSupport;
  ↪    SearchStrategy: all) did not find any beans
  ↪    (OnBeanCondition)


Negative matches:
-----------------


  CacheAutoConfiguration:
    Did not match:
      - @ConditionalOnBean (types: org.springframework.cache
  ↪      .interceptor.CacheAspectSupport; SearchStrategy: all)
  ↪      did not find any beans (OnBeanCondition)
    Matched:
      - @ConditionalOnClass found required class
  ↪      'org.springframework.cache.CacheManager'
  ↪      (OnClassCondition)
```

Falls spring-boot-starter-actuator (siehe Kapitel 17) auf dem Klassenpfad ist, stehen diese Informationen auch als JSON-Endpoint unter der
URL /actuator/conditions zur Verfügung.

Automatische Konfigurationsklassen, die in offiziellen Startern zur
Verfügung stehen, enden in der Regel auf *AutoConfiguration und haben
entsprechende, typsichere Property-Klassen, deren Attribute zur externen Parametrisierung der automatischen Konfiguration herangezogen
werden. Die Propertys haben dabei meistens ein Präfix, das dem Klassennamen entspricht. Anhang A der Referenzdokumentation beschreibt
diese Propertys.

Werden eigene Auto-Configuration-Klassen implementiert (siehe
auch Kapitel »Die Magie hinter Spring Boot«), sollte besonderes Au-
genmerk darauf gelegt werden, ob Propertys über @Value oder über
@ConfigurationProperties gelesen werden. Wie in Unterabschnitt 4.1.2
beschrieben, haben diese Mechanismen subtile Unterschiede, die zu
Fehlern führen können.

5   Die Magie hinter Spring Boot

In diesem Buch ist immer wieder die Rede von sogenannten *Startern*. Starter werden als Abhängigkeiten deklariert, und auf nahezu »magische« Weise werden damit nicht nur alle weiteren benötigten Abhängigkeiten aufgenommen, sondern auch eingebettete Webserver, Datenbankverbindungen, Message Queues, Template-Sprachen und vieles mehr konfiguriert.

Zum Zeitpunkt des Schreibens dieses Kapitels listet das Spring-Boot-Repository über 50 Starter[1] auf, von denen die meisten direkt über den in Abschnitt 2.3 beschriebenen Spring Initializr konfiguriert werden können.

Die Starter wirken dann magisch, wenn Sie sowohl in der Einleitung die Ausführung über `@EnableAutoConfiguration` als auch Kapitel 4 übersprungen haben. Starter bündeln die notwendige Konfiguration für ein Thema zusammen mit den benötigten Libraries und sorgen dafür, dass diese Konfiguration automatisch vom Spring-Kontext geladen wird.

Auch wenn es für viele bekannte und oftmals eingesetzte Technologien bereits Starter gibt, haben Sie vielleicht den Bedarf, für eine In-House-Technologie, ihr eigenes Open-Source-Projekt oder andere Technologien einen Starter zu entwickeln. Nach der Lektüre dieses Kapitels sind Sie in der Lage, einen solchen Starter umzusetzen.

Möchten Sie vielleicht einfach nur verstehen, wie das Spring-Boot-Team existierende Spring-Technologien kombiniert hat, um einen leichtgewichtigen Konfigurationsmechanismus ganz im Sinne der zweiten »Regel« der 12-Factor-App (explizite und isolierte Abhängigkeiten) zu schaffen? Auch dann sind Sie hier richtig.

---

[1] https://github.com/spring-projects/spring-boot/tree/master/
spring-boot-project/spring-boot-starters

Das Beispielprojekt

In diesem Kapitel wird ein Starter entwickelt, der für die Template-Engine Thymeleaf, die bereits im Abschnitt 8.2 »Template Engines« besprochen wurde, ein angepasstes HMTL-Tag bereitstellt, das den Banner der aktuellen Spring-Boot-Anwendung als HTML darstellen kann. Der komplette Quelltext des `springbootbuch-banner-spring-boot-starter` steht Ihnen unter https://github.com/springbootbuch/custom_starter zur Verfügung.

Thymeleaf kann über eigene Dialekte erweitert werden. In diesen Dialekten stellen Sie Prozessoren zur Verfügung, die ereignisgesteuert HTML-Tags, Attribute und mehr verarbeiten und verändern können. Obwohl Sie in dem Beispiel lernen können, wie die Thymeleaf-Prozessoren funktionieren, ist das nicht das primäre Ziel. Im Beispiel wird es um die Klasse `ThymeleafBannerAuto-Configuration` gehen, die je nach Umgebung und Konfiguration eine Instanz des funktionalen Java-Interface `BannerSupplier` zur Verfügung stellt, der von einem eigenen Dialekt genutzt wird, um das fiktive HTML-Tag `<banner:show />` mit dem jeweiligen Spring-Boot-Banner zu ersetzen.

Zum Thema Banner schauen Sie bitte kurz in den zugehörigen Kasten im Kapitel »Hallo, Spring Boot« auf Seite 25.

5.1   Grundlagen

Automatische Konfiguration – im folgenden Autokonfiguration – beschreibt reguläre `@Configuration`-Klassen, die vom Spring-Kontext automatisch geladen werden, ohne dass dazu eine Komponentensuche über alle Java-Packages notwendig wäre. Ein vollständiger Starter besteht aus zwei Teilen:

- Dem `autoconfigure`-Modul, das die Autokonfiguration sowie die im Abschnitt 5.1.2 »Factories Loader« beschriebene Datei `spring.factories` enthält, und
- dem `starter`-Modul, das sowohl die Abhängigkeit zum `autoconfigure`-Modul als auch zu allen anderen benötigten Bibliotheken enthält.

Das Hinzufügen des `starter`-Moduls zu einem Projekt sollte in der Regel genügen, um die Autokonfiguration zu aktivieren.

Im Beispielprojekt werden beide Module genutzt, Sie können allerdings in kleineren Startern diese beiden Module auch in einem Artefakt zusammenfassen.

5.1.1 Namensgebung

Das Spring-Boot-Team bittet darum, Starter, die nicht Teil der offiziellen Spring-Boot-Distribution sind, nicht mit `spring-boot-starter-xxx`
zu beginnen, sondern umgekehrt, also `xxx-spring-boot-starter`.

Falls Sie Konfigurationseigenschaften für Ihren Starter anbieten, so
wählen Sie dafür ein Präfix, das nicht von Spring Boot selber genutzt
wird. `spring`, `server`, `management` und andere sind belegt.

Das Beispielprojekt bietet den `springbootbuch-banner` an. Das
Autokonfigurationsmodul heißt entsprechend `springbootbuch-banner-`
`spring-boot-autoconfigure`, das Startermodul `springbootbuch-banner-`
`spring-boot-starter`. Die Konfiguration hat das Präfix `springbootbuch-`
`banner`.

5.1.2 Factories Loader

Die Framework-Klasse `SpringFactoriesLoader` ist Springs Implementierung eines Service Provider Interface (SPI). Der `SpringFactoriesLoader`
ist in der Lage, Factories für einen bestimmten Typ anhand der Angaben der Datei `META-INF/spring.factories` zu laden. `spring.factories`
ist eine einfache Propertys-Datei, in der die Schlüssel den Namen der
zu instanziierenden Interfaces oder abstrakten Klassen beziehungsweise einer Annotation angeben und die Werte den Namen der implemen-
tierenden Klassen entsprechen. Mehrere Werte werden mit Kommata
getrennt.

Über den Factories Loader können auch `@Configuration`-Klassen unter `EnableAutoConfiguration` angegeben werden. Sie werden analog zu
den in Abschnitt 4.2 beschriebenen Konfigurationsklassen benutzt, allerdings ohne dass sie über die Suche nach Komponenten geladen werden müssen.

Für Sie als Library-Entwickler hat das den entscheidenden Vorteil,
dass Sie zum einen keinen Package-Scan über *alle* Java-Packages auslösen müssen und zum anderen dem Benutzer nicht vorschreiben brauchen, einen Komponent-Scan auf Ihrem Package auszulösen (zum Beispiel mit `@ComponentScan(basePackages = "mein.toller.starter")`).

Der Starter dieses Buch beinhaltet die `spring.factories` wie in Listing 5–1:

```
org.springframework.boot.autoconfigure.EnableAutoConfiguration =
↪   de.springbootbuch.custom_starter.
↪   ThymeleafBannerAutoConfiguration
```

Listing 5–1
spring.factories

Der Factories Loader erkennt diese Konfiguration als Teil der Metadaten eines Archivs und lädt die `@Configuration`-Klasse `ThymeleafBanner-`

AutoConfiguration so, als ob sie über den Component-Scan geladen würde. Damit trägt sie zur Konfiguration des Kontexts bei. Sowohl für Schlüssel als auch für den Wert müssen die exakten, vollqualifizierten Namen angegeben werden. Der Schlüssel (o.s.b.a.EnableAutoConfiguration) ist in Bezug auf automatische Konfiguration fix. Besteht Ihr Starter aus mehreren Konfigurationsklassen, geben Sie diese mit Komma getrennt an.

5.2   Konfiguration, nur unter Bedingung

In diesem Abschnitt lernen Sie Annotationen kennen, die allesamt Bedingungen repräsentieren. In Abschnitt 4.2.2 wurden zum ersten Mal die Annotationen @Profile und @Conditional besprochen. Sie bilden als Teil des Spring-Frameworks selber zusammen mit dem Interface Condition die notwendige Infrastruktur für die im Folgenden vorgestellten Annotationen.

Warum sind diese Bedingungen sowohl in der Konfiguration einer normalen Anwendung als auch für Ihren Starter wichtig? Die automatische Konfiguration durch einen Starter wird mit Java-Konfigurationsklassen implementiert, und zentrale Aufgabe dieser Klassen ist die Bereitstellung von Beans mit bestimmten Eigenschaften. Sei es eine DataSource, Instanzen von Template-Sprachen oder die Security-Filter-Chain: Hinter all diesen Dingen stehen Beans.

Die Bedingungen in Form von @ConditionalOnXXX erlauben es Ihnen, in Ihrem Starter als Teil der automatischen Konfiguration auf die Umgebung zu reagieren und entsprechende Beans bereitzustellen oder beliebige andere Aktionen durchzuführen.

Konfigurationsphasen

Während des Starts einer Spring-Anwendung gibt es zwei wichtige Konfigurationsphasen: PARSE_CONFIGURATION und REGISTER_BEAN. Das Parsen der Konfiguration beinhaltet nicht nur in älteren Anwendungen die Verarbeitung von XML-Daten, sondern auch die Verarbeitung der Konfigurationsklassen. Die Registrierung von Beans (das sind alle Komponenten, die keine Konfigurationsklassen sind) findet nach dem Parsen der Konfiguration statt.

Nahezu alle folgenden @ConditionalOnXXX-Annotationen sind Meta-Annotationen, sprich Annotationen, die ihrerseits mit @Conditional unter Angabe einer Implementierung des Interface Condition versehen sind. Ein Beispiel einer Implementierung finden Sie als IsChristmasCondition in Listing 4–22.

Die mitgelieferten Bedingungen sind in der Regel als `Configuration-`
`Condition` ausgeführt und können gezielt in einer bestimmten Konfigu-
rationsphase (siehe Kasten »Konfigurationsphasen«) eingesetzt werden.

Sie können die Bedingungen in der Regel sowohl auf Klassen als
auch auf Methoden anwenden. Wenn Sie Klassen annotieren, die über
`@Import` weitere Konfigurationsklassen importieren, findet dieser Import
auch nur bei vollständig erfüllten Bedingungen start.

Die Codeschnipsel in den folgenden Abschnitten sind alle in der
Klasse `ThymeleafBannerAutoConfiguration` im Beispielprojekt *custom_*
starter zu finden. Diese Klasse entscheidet zuerst, ob sie überhaupt aktiv
wird, und anschließend – mit Blick auf die Umgebung –, mit welchem
`BannerSupplier` (ebenfalls im Projekt) ein Spring-Boot-Banner besorgt
werden kann.

> Während `@Conditional` eine Spring-Core-Annotation ist, sind die hier be-
> schriebenen Annotationen explizit Teil von Spring Boot und nicht Teil des
> Kernframeworks. Insbesondere Ausprägungen wie `@ConditionalOnMissing-`
> `Bean` sollten Sie nur als Teil automatischer Konfiguration nutzen, sprich in-
> nerhalb von `@Configuration`-Klassen, die über den in Unterabschnitt 5.1.2 be-
> schriebenen Mechanismus geladen werden. Innerhalb normaler Konfigurati-
> on können diese Bedingungen zu Problemen mit der Reihenfolge der Bean--
> Definitionen und damit zu schwer debugbaren Fehlern führen.

5.2.1   Auf Anwesenheit von Klassen hin testen

Mit den Annotationen `@ConditionalOnClass` und `@ConditionalOnMissing-`
`Class` können Sie testen, ob eine benötigte Klasse zur Laufzeit vorhanden ist oder nicht. Damit ermöglichen Sie einen Starter, der auch dann
den Starter einer Anwendung erlaubt, wenn nicht alle notwendigen
Abhängigkeiten erfüllt sind. Die Analyse erfolgt mit Hilfe der ASM-
Bibliothek[2], der Name der Klasse muss daher nicht als String angegeben werden, wie Listing 5–2 zeigt:

```
@Configuration
@ConditionalOnClass({
    SpringTemplateEngine.class,
    ThymeleafAutoConfiguration.class
})
@AutoConfigureAfter(CacheAutoConfiguration.class)
@AutoConfigureBefore(ThymeleafAutoConfiguration.class)
@EnableConfigurationProperties(ThymeleafBannerProperties.class)
```

Listing 5–2
Test, ob Klassen
verfügbar sind

---

[2] http://asm.ow2.org

```
class ThymeleafBannerAutoConfiguration {
}
```

Im Beispiel wird getestet, ob sowohl die Klassen `SpringTemplateEngine` als auch die `ThymeleafAutoConfiguration` verfügbar sind. `SpringTemplate-Engine` ist die Integration der Template-Sprache Thymeleaf mit Spring und `ThymeleafAutoConfiguration` ist die automatische Konfiguration derselben. Der Starter nimmt nicht an, dass Thymeleaf immer verfügbar ist, die Abhängigkeit im `autoconfigure`-Modul ist optional:

Listing 5–3
Optionale
Abhängigkeiten

```
<dependency>
    <groupId>org.thymeleaf</groupId>
    <artifactId>thymeleaf</artifactId>
    <optional>true</optional>
</dependency>
```

Reihenfolge festlegen

Die Annotationen `@AutoConfigureBefore` und `@AutoConfigureBefore` setzen Ihre Autokonfiguration in Relation zu anderen und erlauben eine exakte Reihenfolge. Beachten Sie, dass die Klassen, auf denen in den Annotationen Bezug genommen wird, ebenfalls auf dem Klassenpfad sein müssen, wenn Sie diese nicht mit `@ConditionalOnClass` schützen.

5.2.2   Auf Anwesenheit von Beans hin testen

Analog zu Klassen können Sie mit `@ConditionalOnBean` und `@Conditional-OnMissingBean` testen, ob eine Bean eines bestimmten Typs im Kontext verfügbar ist oder nicht, bevor Sie versuchen, diese als Kollaborateur zu benutzen:

Listing 5–4
Test, ob Beans
definiert sind

```
@Bean
@ConditionalOnMissingBean(BannerSupplier.class)
@ConditionalOnBean(Banner.class)
public BannerSupplier defaultBannerSupplier(
    final Environment environment,
    final Banner banner
) {
    return new DefaultBannerSupplier(
        environment, banner);
}
```

In Listing 5–4 wurde eine `@Bean`-Methode annotiert, alternativ können auch ganze Konfigurationsklassen annotiert werden. Falls alle Bedingungen erfüllt sind (es darf keinen anderen »BannerSupplier« geben und es muss ein »Banner« definiert sein), wird hier die Methode ausgeführt und die neue Bean registriert.

5.2.3 Die Konfiguration auswerten

Nutzen Sie @ConditionalOnProperty, um anhand der Konfiguration Ihrer Anwendung zu entscheiden, welche Bean wie konfiguriert instanziiert wird:

```
@Bean
@ConditionalOnMissingBean(BannerSupplier.class)
@ConditionalOnProperty(
    name = "spring.main.banner-mode",
    havingValue = "off")
public BannerSupplier emptyBannerSupplier() {
    return ctx -> ctx.getModelFactory().createModel();
}
```

Listing 5–5
Auswertung von Konfiguration

@ConditionalOnProperty ist eine ausgesprochen mächtige Annotation. In Listing 5–5 wird das Attribut havingValue genutzt, um zu testen, ob die angegebene Eigenschaft den exakten Wert off hat. Falls Ihre zu testende Eigenschaft auch leer oder null sein kann, setzen Sie das Attribut match-IfMissing auf true. Boolesche Eigenschaften werden dabei gesondert behandelt. Tabelle 5–1 gibt die möglichen Kombinationen an:

Wert	havingValue =	havingValue = "true"	havingValue = "false"	havingValue = "foo"
"true"	+	+	-	-
"false"	-	-	+	-
"foo"	+	-	-	+

Tab. 5–1
Boolesche Eigenschaften mit @ConditionalOn-Property

5.2.4 Weitere Bedingungen nutzen

Es stehen einige weitere Bedingungen zur Verfügung, die ähnlich einfach genutzt werden können:

ConditionalOnResource Erfüllt, wenn angegebene Ressourcen vorhanden sind (zum Beispiel classpath:/foo/bar.txt oder file:/home/ msimons/test.txt).

@ConditionalOnExpression Erlaubt den Einsatz beliebiger, boolscher SpEL-Ausdrücke.

@ConditionalOnWebApplication Erfüllt, wenn der zu konfigurierende Kontext eine Webanwendung ist. Dies ist der Fall, wenn zum Beispiel der spring-boot-starter-web genutzt wird. Das negative Pendant dazu existiert mit @ConditionalOnNotWebApplication.

5.2.5   Bedingungen logisch verknüpfen

In den vorhergehenden Beispielen wurden bereits Klassen und Methoden mit mehreren Bedingungen versehen. Diese Bedingungen werden logisch mit »und« verknüpft. Ist eine falsch, so ist der gesamte Ausdruck falsch.

Wenn Ihre Bedingungen umfangreich oder komplex sind, können Sie auf einen anderen Ansatz zurückgreifen. Zusammen mit der abstrakten Basisklasse `AbstractNestedCondition` aus dem Spring-Framework stehen `AllNestedConditions`, `AnyNestedCondition` und `NoneNestedConditions` zur Verfügung, um zusammengesetzte Bedingungen zu erstellen. Diese Klassen funktionieren so, dass sie statische, innere Klassen zu einer gemeinsamen Bedingung mit »und«, »oder« oder »keine« verknüpfen. Listing 5–6 zeigt die Bedingung `OnBannerButFun`:

Listing 5–6
Logische Verknüpfung
von Bedingungen

```
static class OnNoBannerButFun
    extends AllNestedConditions {

    public OnNoBannerButFun() {
        super(ConfigurationPhase.REGISTER_BEAN);
    }

    @ConditionalOnProperty(
        name = "spring.main.banner-mode",
        havingValue = "off"
    )
    static class OnBannerTurnedOff {}

    @ConditionalOnProperty(
        "springbootbuch-banner.cache-name")
    static class OnCacheNameSpecified {}

    @ConditionalOnClass(ObjectMapper.class)
    @ConditionalOnBean(ObjectMapper.class)
    static class OnObjectMapperAvailable {}

    @ConditionalOnBean(CacheManager.class)
    static class OnCacheManagerAvailable {}
}
```

```
@Bean
@Conditional(OnNoBannerButFun.class)
public BannerSupplier joshsBannerSupplier(
    ObjectMapper objectMapper,
    CacheManager cacheManager,
    ThymeleafBannerProperties config
) {
    return new JoshsBannerSupplier(
        objectMapper,
        cacheManager.getCache(config.getCacheName()));
}
```

Falls zwei bestimmte Konfigurationen zutreffen (Banner abgeschaltet und ein Cache konfiguriert), Caching konfiguriert und ein JSON-Objektmapper verfügbar ist, ist die Bedingung erfüllt, und es wird eine entsprechende Bean instanziiert. Die Methode selber muss dann nur mit einer Annotation versehen werden, und die Bedingung kann darüber hinaus sehr einfach weiterverwendet werden.

Im Konstruktor `OnBannerButFun` sehen Sie die Angabe einer Phase (vergleiche Kasten auf Seite 98). Sie können also auch Ausdrücke formulieren, die die Auswertung einer kompletten Konfigurationsklasse bestätigen oder nicht.

Die `@ConditionalOnXXX`-Annotationen sind nicht repeatable. Für einige wie `...OnBean` und `...OnClass` ist das weniger schlimm, da Sie in diesen Annotationen mehrere Beans und Klassen angeben können, aber gerade mit `...OnProperty` könnten Sie ohne verschachtelte Bedingungen nicht alle beliebigen Ausdrücke formulieren.

5.2.6   Metadaten bereitstellen

Falls Ihr Starter eigene Konfigurationseigenschaften bereitstellt, denken Sie bitte daran, wie in Abschnitt 4.1.2 beschrieben, den `spring-boot-configuration-processor` als Maven- oder Gradle-Abhängigkeit bereitzustellen. Er generiert aus Ihren mit `@ConfigurationProperties` versehenen Metadaten, die von Ihrer IDE oder anderen Tools ausgewertet werden können.

5.2.7   Ihren Starter deployen

Der Starter des Beispielprojekts ist ein aus zwei Modulen bestehender Starter. Dabei beinhaltet das `autoconfigure`-Modul die hier beschriebenen Klassen, das `starter`-Modul hingegen deklariert nur die Abhängigkeiten zum `autoconfigure`-Modul und den eigentlichen inhaltlichen Abhängigkeiten. Beide Module werden als normale Jar-Files mit dem

Build-Management-Tool Ihrer Wahl verteilt. Es bietet sich an, für die beiden Module ein eigenes Parent-POM wie in Listing 5–7 zu definieren, das direkt von `spring-boot-starter-parent` erbt:

```xml
<?xml version="1.0" encoding="UTF-8"?>
<project xmlns="http://maven.apache.org/POM/4.0.0"
↪   xmlns:xsi="http://www.w3.org/2001/XMLSchema-instance"
↪   xsi:schemaLocation="http://maven.apache.org/POM/4.0.0
↪   http://maven.apache.org/xsd/maven-4.0.0.xsd">
    <modelVersion>4.0.0</modelVersion>

    <parent>
        <groupId>org.springframework.boot</groupId>
        <artifactId>
            spring-boot-starter-parent
        </artifactId>
        <version>2.0.0.RELEASE</version>
    </parent>

    <groupId>de.springbootbuch</groupId>
    <artifactId>custom_starter</artifactId>
    <version>0.0.1-SNAPSHOT</version>
    <packaging>pom</packaging>

    <name>custom_starter</name>

    <modules>
        <module>
            springbootbuch-banner-spring-boot-autoconfigure
        </module>
        <module>
            springbootbuch-banner-spring-boot-starter
        </module>
    </modules>
</project>
```

Die POMs der Module können von diesem POM erben und erhalten dadurch ebenfalls Zugriff auf das Dependency und Plugin Management von Spring Boot.

5.3   Fazit

Nun sind Banner sicherlich nicht das wichtigste Feature einer Spring-Boot-Anwendung, aber zumindest doch eines, das Spaß machen und mit dem das Konzept der Spring-Boot-Starter auf einfachem Weg erläutert werden kann.

So wie Spring Boot geschickt bestehende Spring-Framework-Funktionen zusammenbaut, basiert die scheinbar magische oder zumindest sehr leichtfüßige Konfiguration mittels Starter auf bereits vorhandenen Technologien. Zusammen mit dem im Abschnitt »Metadaten und IDE-Support« auf Seite 79 erwähnten Annotationsprozessor spring-boot-configuration-processor entstehen so selbstdokumentierende Module, die in sich geschlossen sind, benötigte Abhängigkeiten mitbringen und widerstandsfähig auf Änderungen der Umgebung reagieren.

Sie könnten eigene Starter zum Beispiel für Shared Kernel Ihrer Microservices nutzen und so Funktionen als »Drop-in«-Module bereitstellen. Vielleicht haben Sie aber auch mit weiteren nicht funktionalen Anforderungen zu tun, die nicht von den offiziellen Startern abgedeckt werden. Eine gute Gelegenheit, diese in Ihrem Unternehmen über einen Starter zur Verfügung zu stellen.

6   Logging

Dieses Kapitel behandelt das Thema Logging in Spring Boot. Aus Ihren Projekten kennen Sie sicher die unübersichtliche Vielfalt von Log-Optionen in der Java-Welt: Auch für Spring Boot musste eine Auswahl getroffen werden, die zum einen mit den Designentscheidungen des Spring-Frameworks funktioniert, zum anderen aber auch extern konfigurierbar ist und den Bedürfnissen modernen Anwendungen entspricht.

Java und Logging

Die Logging-Landschaft in Java ist im besten Fall als unübersichtlich zu bezeichnen. *java.util.logging* (JUL) erschien erst mit dem JSR 47 in Java 1.4 zu einer Zeit, als *Apache Log4j* bereits als performanter Quasistandard etabliert war. Damals hatte JUL weniger Funktionen und war langsamer. Weitere Logging-Frameworks entstanden, und böse Zungen behaupten bis heute, dass jeder Entwickler sein eigenes Logging-Framework geschrieben haben sollte.

Es entstanden Bibliotheken nach dem Fassadenentwurfsmuster (facade bzw. façade): Die eigentliche Implementierung steht hinter einer dünnen Abstraktion. Die Intention ist aber fälschlicherweise nicht, JUL, log4j und andere Implementierungen damit besonders leicht austauschbar zu machen. Vielmehr ist es so für Frameworks und Laufzeitumgebungen möglich, Logging anzubieten, ohne dass im Vorfeld bekannt sein muss, welche konkrete Implementierung eines Loggers innerhalb der konkreten Anwendung zur Verfügung steht.

Apache Commons Logging, früher Jakarta Commons Logging API (JCL), war einer der ersten dieser Vertreter.

Probleme mit dem Algorithmus zur Ermittlung des tatsächlich vorhandenen Logging-Frameworks sowie Unzufriedenheit über die bereitgestellte Schnittstelle führten zu neueren Implementierungen, insbesondere zur *Simple Logging Facade for Java* (SLF4J) sowie Log4j 2. Log4j 2 ist eine komplette Neuimplementierung eines der populärsten Java-Logging-Frameworks und unterstützt wie SLF4J hinter einer Fassade mehrere Implementierungen, darunter JUL und SLF4J selber.

Logging ist ein wichtiger Bestand des Spring-Frameworks selber. JCL war bis einschließlich Spring 4 die einzige verpflichtende externe Abhängigkeit, und einige Entscheidungen sind schwer zu än-

Alte Design-entscheidungen…

dern. Spring nutzt seit Version 5 eine angepasste Commons-Logging-Variante (`spring-jcl`) und loggt in Abwesenheit alternativer Implementierungen mit *java.util.logging*, dem Logging-Framework des JDK. In der Regel reicht es aus, Log4j2 oder SLF4J auf dem Klassenpfad zu haben, um mit dem entsprechenden Framework zu loggen. Eine darüber hinausgehende manuelle, externe Abhängigkeit zu Commons Logging ist für Spring-5-Anwendungen nicht nötig.

... gelindert   Spring Boot baut auf diese Architektur für sämtliches framework-internes Logging auf und lässt die zugrunde liegende Implementierung offen, während gleichzeitig gleichwertige Konfigurationen für Java Util Logging (JUL), Log4j 2 und Logback angeboten werden. Das heißt, dass alle im Folgenden beschriebenen Komfortfunktionen mit jeder dieser Implementierungen funktionieren.

Alle offiziellen Spring Boot Starter definieren Logback als konkrete Abhängigkeit. Durch Wahl geeigneter Bindings, Adapter und Routing wird sichergestellt, dass weitere Abhängigkeiten, die andere Logging-Frameworks nutzen, korrekt funktionieren und mit Logback loggen.

6.1 Gemeinsame Konfiguration

Spring Boot hat eine einfache Abstraktion zur Konfiguration gemeinsamer Logging-Parameter. Level, Pattern sowie Konsolen- oder Dateiausgabe können für Logback, JUL und Log4j 2 gemeinsam konfiguriert werden. Über die vereinfachte Konfiguration können die Loglevel `FATAL`, `ERROR`, `WARN`, `INFO`, `DEBUG` und `TRACE` konfiguriert werden, für nicht vorhandene Level wie `FATAL` in Logback findet eine sinnvolle Abbildung statt.

Tabelle 6–1 zeigt die Eigenschaften, die über den normalen Spring-Boot-Konfigurationsmechanismus wie in Kapitel 4 beschrieben konfiguriert werden können.

Standardmäßig wird mit den Leveln `ERROR`, `WARN` und `INFO` in die Konsole geloggt. Wenn die Konsole, beziehungsweise das genutzte Terminal, ANSI-Escape-Sequenzen unterstützt, wird das Loglevel farblich markiert ausgegeben. `FATAL` und `ERROR` sind rot, `WARN` gelb und alle anderen Level grün. Die ANSI-Farben `blue`, `cyan`, `faint`, `green`, `magenta`, `red` und `yellow` werden auch für eigene Texte und Pattern unterstützt: `%clr(%d{yyyy-MM-dd HH:mm:ss.SSS}){yellow}` in einem Logback-Pattern stellt zum Beispiel den Zeitstempel gelb dar.

Wenn weder `logging.file` noch `logging.path` konfiguriert sind, loggt Spring Boot nur in die Konsole. Mit `logging.file` kann eine Datei angegeben werden, in die geloggt wird, mit `logging.path` ein Verzeichnis. Wird nicht zeitgleich eine Datei angegeben, so wird in

Name	Funktion
`logging.config`	Native Konfigurationsdatei des gewählten Logging-Frameworks
`logging.exception-conversion-word`	Marker für das Logging von Exceptions, Default ist %wEx
`logging.file`	Dateinamen zum Loggen in Datei
`logging.path`	Pfad der erzeugten Logdateien
`logging.level.*`	Level eines Loggers, kann beliebig oft angegeben werden, zum Beispiel `logging.level.org.springframework=WARN` und `logging.level.de.springbootbuch=DEBUG`
`logging.pattern.console`	Pattern, das zum Loggen in die Konsole genutzt wird (nur Logback)
`logging.pattern.file`	Pattern, das zum Loggen in eine Datei genutzt wird (nur Logback)
`logging.pattern.level`	Pattern, das für das Loglevel genutzt wird (nur Logback)
`logging.register-shutdown-hook`	Ein Flag, ob ein Hook registriert werden soll, der das Logging-Subsystem zusammen mit der Anwendung herunterfährt

Tab. 6–1
Gemeinsame Optionen zur Konfiguration von Logging-Frameworks in Spring Boot

die Datei `spring.log` geschrieben. Sowohl `logging.file` als auch `logging.path` können absolute Angaben sein oder relativ zum Arbeitsverzeichnis angegeben werden. Im Projekt *helloworld* aus Kapitel 1 stehen zwei zusätzliche Profile und entsprechende Konfigurationsdateien zur Verfügung, die mit `java -Dspring.profiles.active=logtofile -jar target/helloworld.jar` beziehungsweise `java -Dspring.profiles.active=logtodir -jar target/helloworld.jar` aufgerufen werden können, um den Effekt der Konfiguration in den Listings 6–1 und 6–2 zu sehen.

```
logging.file = logs/the.log
```

Listing 6–1
application-logtofile.properties

Spring Boot loggt standardmäßig über Logback in die Konsole. Um dieses Verhalten auszuschalten, ist eine eigene Logback-Konfigurationsdatei wie in Abschnitt 6.2 beschrieben notwendig.

```
logging.path = logs
```

Listing 6–2
application-logtodir.properties

Wird eine Anwendung mit dem Anwendungsparameter `--debug` (nicht JVM-Parameter) gestartet, so werden nicht nur Informationen über die Konfiguration der Anwendung ausgegeben, sondern insbesondere auch die Loglevel ausgewählter Logger auf Debug gesetzt. Dazu gehören unter anderem der eingebettete Webserver, alle Hibernate und Spring Boot Logger. Mit dem Flag --trace kommen die Logger der Hibernate-Schemagenerierung sowie alle Spring Logger hinzu:

Listing 6–3
Start einer Anwendung
im Trace-Modus

```
java -jar target/helloworld.jar --trace
```

Der Trace-Modus erzeugt eine erhebliche Menge Logausgabe und sollte nur zu Debugging-Zwecken genutzt werden, der Start von Anwendungen verlangsamt sich erheblich.

MDC und Logback

Logback unterstützt ebenso wie Log4j einen Mapped Diagnostic Context (MDC) im Log. Wird Logback genutzt, so kann das Muster der Logs getrennt für die Konsole und Dateien überschrieben werden. Gemeinsam für beide Logs gilt die Eigenschaft `logging.pattern.level`, die das Muster für das Loglevel setzt. Hier bietet es sich an, Inhalte des MDC einzubinden. `logging.pattern.level=user:%X{user} %5p` stellt dem Loglevel das Attribut user aus dem MDC voran, sofern dies gesetzt ist.

Da Logging sehr früh im Lebenszyklus der Anwendung initialisiert werden muss, stehen viele, aber nicht alle Möglichkeiten der Spring-Boot-Konfiguration zur Verfügung. Die Konfiguration der Logsysteme kann auf Konfigurationsdateien, die über Spring Boots Standardmechanismus gefunden werden, Umgebungs- und Systemvariablen zugreifen, nicht aber auf Konfigurationsdateien, die über `@PropertySource` eingebunden werden.

6.2 Erweiterte Konfiguration

Abhängig vom konkret genutzten Logger werden die Konfigurationsdateien in Tabelle 6–2 von Spring Boot beziehungsweise vom Logger automatisch geladen.

Tab. 6–2
Konfigurationsdateien
der unterstützten
Logger

Konkreter Logger	Konfigurationsdatei
Logback	`logback-spring.xml`, `logback-spring.groovy`, `logback.xml` oder `logback.groovy`
Log4j 2	`log4j2-spring.xml`, `log4j2.xml`
Java Util Logging	`logging.properties`

Falls möglich, sollten die auf -spring endenden Konfigurationsdateien genutzt werden, da Spring Boot nur über diese die komplette Konfiguration steuern kann. Werden die generischen Dateien genutzt, so wird die Spring-Konfiguration vollständig überschrieben. Über die Eigenschaft `logging.conf`, beschrieben in Tabelle 6–1, kann der Pfad der nativen Konfigurationsdatei für Spring angepasst werden.

Spring Boot erkennt unterstützte Logger automatisch. Falls dies nicht den eigenen Erwartungen entspricht, kann ein Logsystem durch Setzen der Systemeigenschaft `org.springframework.boot.logging` `.LoggingSystem` auf den vollständig qualifizierten Namen des Logsystems erzwungen werden:

```
org.springframework.boot.logging.logback.LogbackLoggingSystem
org.springframework.boot.logging.log4j2.Log4J2LoggingSystem
org.springframework.boot.logging.java.JavaLoggingSystem
none
```

Wird `none` genutzt, so wird Spring Boots automatische Konfiguration von Loggern vollständig abgeschaltet. `org.springframework.boot` `.logging.LoggingSystem` ist eine Systemeigenschaft, sie kann *nicht* innerhalb von Konfigurationsdateien gesetzt werden!

6.2.1 Logback

Das Konfigurationssystem *Joran* von Logback unterstützt Konfigurationsdateien, die Fragmente anderer Konfigurationsdateien einbinden. Fragmente können über absolute oder relative Dateinamen, den Ressourcenmechanismus und über URLs eingebunden werden. Spring Boot nützt diesen Mechanismus, um eine Basiskonfiguration[1] bestehend aus Defaults sowie Appendern für die Konsole und für Dateien bereitzustellen.

Die kombinierte Basiskonfiguration unter der Ressource `org/` `springframework/boot/logging/logback/base.xml` kann genutzt werden, falls nur einfache Dinge wie die Level der Appender eingestellt werden sollen. Darüber hinaus unterstützt Logback profilspezifische Konfigurationen für Spring Boot sowie Eigenschaften der Umgebung im Log.

Im Projekt *helloworld* stehen mit der Konfigurationsdatei `application-logtofileonly.properties` sowie der Logback-Konfiguration `logtofileonly.xml` ein Beispiel zur Verfügung, das demonstriert, wie der Konsolen-Appender für Logback komplett abgeschaltet werden kann, ohne die Spring-Boot-Konfiguration der Logger zu verlieren, die aber nur im Profil `logtofileonly` aktiv ist. Listing 6–4 zeigt, wie die

---

[1] https://github.com/spring-projects/spring-boot/tree/master/
spring-boot-project/spring-boot/src/main/resources/org/springframework/
boot/logging/logback

spezielle Konfigurationsdatei ausgewählt und ein expliziter Dateinamen
konfiguriert wird.

Listing 6–4
*Manuelle Angabe der
Logback-Konfiguration*

```
logging.config = logtofileonly.xml
logging.file = logs/the.log
```

logtofileonly.xml demonstriert nun, wie die Spring-Boot-spezifische
Erweiterung springProfile genutzt wird, um in diesem Profil zuerst die
Spring-Boot-Defaults einzubinden und dann auf die Eigenschaften der
Umgebung zuzugreifen. Dabei wird ermittelt, ob LOG_FILE durch logging
.file gesetzt ist oder ob ein Dateiname generiert werden muss. Zu guter Letzt wird in Listing 6–5 das Level des Root Loggers auf INFO gesetzt
und als einziger Appender der Fileappender eingefügt.

Listing 6–5
*Logging nur in Dateien
mit Logback*

```xml
<?xml version="1.0" encoding="UTF-8"?>
<springProfile name="logtofileonly">
  <configuration>
    <include resource=
    ↪  "org/springframework/boot/logging/logback/defaults.xml"/>
    <property name="LOG_FILE"
      value="${LOG_FILE:-${LOG_PATH:-${LOG_TEMP:-${java.io.tmpdir:-
      ↪  /tmp}}/}spring.log}"
    />
    <include resource="org/springframework/boot/logging/logback/
    ↪  file-appender.xml"
    ↪  />
    <root level="INFO">
        <appender-ref ref="FILE" />
    </root>
  </configuration>
</springProfile>
```

6.2.2 Log4j 2

Quelltext

logging_with_log4j auf GitHub:
https://github.com/springbootbuch/logging_with_log4j

Das Projekt *logging_with_log4j* demonstriert in Listing 6–6, wie alternativ zum Standard-Logback Log4j 2 genutzt werden können.

```
<dependencies>
  <dependency>
    <groupId>org.springframework.boot</groupId>
    <artifactId>spring-boot-starter</artifactId>
    <exclusions>
      <exclusion>
        <groupId>org.springframework.boot</groupId>
        <artifactId>
          spring-boot-starter-logging
        </artifactId>
      </exclusion>
    </exclusions>
  </dependency>
  <dependency>
    <groupId>org.springframework.boot</groupId>
    <artifactId>
      spring-boot-starter-log4j2
    </artifactId>
  </dependency>
</dependencies>
```

Listing 6–6
Abhängigkeiten für
Log4j 2

Die transitive Abhängigkeit aller Starter `spring-boot-starter-logging` wird ausgeschlossen, dafür wird `spring-boot-starter-log4j2` eingeschlossen. Einer der beiden Starter ist zwingend notwendig, um eine Spring-Boot-Anwendung zu starten, solange die weiteren Abhängigkeiten (Bindings, Appender) nicht alternativ eingebunden werden.

Wird das Projekt mit `./mvnw clean package` gebaut, wird automatisch Log4j 2 genutzt. Die Loglevel werden über `application.properties` konfiguriert.

Das Beispielprojekt nutzt Maven Profile, um zwischen den Loggern zu wechseln. Wird das Projekt mit `./mvnw -P-log4j2 clean package` gebaut, so wird der Standard-Logger Logback benutzt.

Ist beabsichtigt, das Projekt mit wechselnden Loggern zu betreiben, so sollte die JCL-Abstraktion oder die SLF4J-Fassade an den aufrufenden Stellen wie im Beispiel 6–7 genutzt werden. Steht der Logger fest, kann getrost Log4j 2 API direkt genutzt werden.

```
import org.apache.commons.logging.Log;
import org.apache.commons.logging.LogFactory;

@RestController
@RequestMapping("/hello")
```

Listing 6–7
Implementierungs-
agnostischer Logger

```
public static class HelloWorldController {

    private static final Log LOG
        = LogFactory.getLog(HelloWorldController.class);

    @GetMapping
    public String helloWorld(@RequestParam String name) {
        LOG.debug("Calling helloWorld");
        return "Hello, " + name + "\n";
    }
}
```

6.2.3 Java Util Logging (JUL)

Logging mit dem JDK Packet Java Util Logging kann nur über die Systemeigenschaft `org.springframework.boot.logging.LoggingSystem` konfiguriert werden. Der Starter `spring-boot-starter-logging` oder alternativ die korrekten Abhängigkeiten für Logging-Adapter müssen zwingend auf dem Klassenpfad sein:

Listing 6–8
Spring Boot mit JDK
Logging

```
java -Dorg.springframework.boot.logging.LoggingSystem=\
org.springframework.boot.logging.java.JavaLoggingSystem\
 -jar target/logging_with_log4j.jar
```

Aufgrund der einfacheren API des JDK Logging sind die Möglichkeiten, die Spring Boot hat, um Logging komfortabel zu konfigurieren, eingeschränkt.

6.3 Zugriffslogs

Die Zugriffslogs der eingebetteten Webserver beziehungsweise Webcontainer müssen separat vom Framework-Logging konfiguriert werden, sie stehen außerhalb des Spring-Kontexts. Sowohl für Tomcat als auch für Undertow stehen separate Namensräume zur Verfügung, die beide eine Eigenschaft `acesslog` bereitstellen.

6.3.1 Tomcat

Tomcats Arbeitsverzeichnis entspricht nicht dem Arbeitsverzeichnis der Anwendung, sondern einem temporären Pfad. Standardmäßig wird das Logverzeichnis unter dem Arbeitsverzeichnis von Tomcat angelegt. Damit die Logdateien sinnvoll nutzbar beziehungsweise auffindbar sind, sollte entweder Tomcats Arbeitsverzeichnis über die Konfigurationseigenschaft `server.tomcat.basedir` konfiguriert werden oder aber in `server.tomcat.accesslog.directory` ein absolutes Verzeichnis hinterlegt werden.

Für das Beispiel *helloworld* aus Kapitel 1 steht mit der Datei `application-accesslogging.properties` eine Konfigurationsdatei zur Verfügung, die automatisch im Profil `accesslogging` genutzt wird:

```
# Konfiguration Tomcat-Arbeitsverzeichnis,
# relativ oder absolut
server.tomcat.basedir=tc


# Verzeichnis der Logdateien, default ist logs,
# kann relativ zu basedir oder absolut sein
# server.tomcat.accesslog.directory = logs


server.tomcat.accesslog.enabled=true
server.tomcat.accesslog.pattern=\%h %l %u %t \"%r\" %s %b
server.tomcat.accesslog.prefix=access
server.tomcat.accesslog.suffix=.log
```

Listing 6–9
application-accesslogging
.properties

Zusätzlich stehen noch die Flags `rename-on-rotate` und `request-attributes-enabled` im Namensraum `server.tomcat.accesslog` zur Verfügung. Ersteres wartet mit dem Einfügen des Datums in den Dateinamen bis zum Zeitpunkt, an dem die Logdateien rotiert werden, Letzteres sorgt dafür, dass während des Loggings Werte, die von Tomcat überschrieben werden können, z. B. IP-Adresse, Hostname oder das Protokoll, im Log anstelle der Request-Daten genutzt werden.

helloworld kann mit `java -Dspring.profiles.active=accesslogging -jar target/helloworld.jar` aufgerufen werden, um den Effekt der Konfigurationsdatei zu testen.

6.3.2   Undertow

Wird Undertow als eingebetteter Webserver genutzt, so werden bei eingeschaltetem Zugriffslog alle Logdateien im Verzeichnis `logs` relativ zum Arbeitsverzeichnis gespeichert; eine Konfiguration eines Basisverzeichnis des Webservers ist nicht nötig. Das Beispiel *helloworld_on_undertow*[2] aus Unterabschnitt 8.1.4 zeigt eine angepasste Konfiguration:

---

[2] https://github.com/springbootbuch/helloworld_on_undertow

```
# Verzeichnis der Logdateien, default ist logs,
# relativ zum Arbeitsverzeichnis
server.undertow.accesslog.dir=access_logs
# Flag, um Zugriffslogs einzuschalten, default ist false
server.undertow.accesslog.enabled=true
# Ein Formatpattern
server.undertow.accesslog.pattern=%h %l %u %t \"%r\" %s %b
server.undertow.accesslog.prefix=access.
server.undertow.accesslog.suffix=log
```

Zu beachten ist hier, dass sowohl `prefix` als auch `suffix` für Undertow eine leicht andere Bedeutung haben als für Tomcat. Tomcat fügt an das Präfix `.yyyy-MM-dd` an, während Undertow beide Elemente per Default aneinanderhängt.

6.4   Remote-Konfiguration

Die Remote-Konfiguration der Logger in den folgenden Abschnitten ist unabhängig vom verwendeten Logging-Framework. Sowohl SLF4J mit Logback als auch Log4j 2 können transparent über die genannten Mechanismen konfiguriert werden.

Für ältere Spring-Boot-Anwendungen (vor Spring Boot 1.5.1) muss auf die jeweilige JMX-Unterstützung des verwendeten Loggers zurückgegriffen werden, die zum Beispiel über Jolokia[3] als HTTP-Endpunkt veröffentlicht werden kann.

6.4.1   HTTP-Endpunkt

Das Modul Spring Boot Actuator ermöglicht eine komfortable Änderung der Loglevel einzelner Logger. Im Beispielprojekt *logging_with_log4j* ist es im POM.xml wie folgt deklariert:

```
<dependency>
    <groupId>org.springframework.boot</groupId>
    <artifactId>spring-boot-starter-actuator</artifactId>
</dependency>
```

Wie in Kapitel 17 im Detail erklärt, ist der Zugriff auf alle sensiblen Actuator-Endpoints über HTTP per Default nicht aktiviert. Im Bei-

---

[3] https://jolokia.org

spiel wird der HTTP-Zugriff auf den Endpunkt `loggers` mit `endpoints`
`.loggers.web.enabled = true` explizit eingeschaltet. Über einen GET-
Zugriff erhalten Sie die Liste aller Logger:

```
curl -X "GET" "http://localhost:8080/actuator/loggers"
{
    "levels": [
        "OFF",
        "FATAL",
        "ERROR",
        "WARN",
        "INFO",
        "DEBUG",
        "TRACE"
    ],
    "loggers": {
        "ROOT": {
            "configuredLevel": "INFO",
            "effectiveLevel": "INFO"
        },
        "de.springbootbuch": {
            "configuredLevel": "DEBUG",
            "effectiveLevel": "DEBUG"
        }
    }
}
```

Listing 6–12
Auflistung aller Logger
als JSON-Array

Wird im Beispielprojekt http://localhost:8080/hello?name=Leser aufgerufen, wird ein Debug-Statement geloggt. Das Loglevel der `de.spring-`
`bootbuch`-Logger kann mit dem Request aus Listing 6–13 geändert werden:

```
curl -X "POST" \
    "http://localhost:8080/actuator/loggers/de.springbootbuch" \
    -H "Content-Type: application/json; charset=utf-8" \
    -d $'{"configuredLevel": "WARN"}'
```

Listing 6–13
Ändern des Loglevels

Der Pfad entspricht dem Namen des Loggers beziehungsweise Fragmenten davon. Der Endpunkt unterstützt die folgenden Level:

- TRACE
- DEBUG
- INFO
- WARN
- ERROR

▦ FATAL

▦ OFF

▦ null (keine explizite Konfiguration)

null wird als leeres JSON-Objekt {} übergeben.

6.4.2 JMX

Die Verwaltungsendpunkte des Spring Boot Actuators werden ebenfalls als JMX-MBeans im Namensbereich org.springframework.boot veröffentlicht. Der Logging-Endpunkt aus Unterabschnitt 6.4.1 steht als MBean mit dem Namen org.springframework.boot:type=Endpoint, name=loggersEndpoint zur Verfügung:

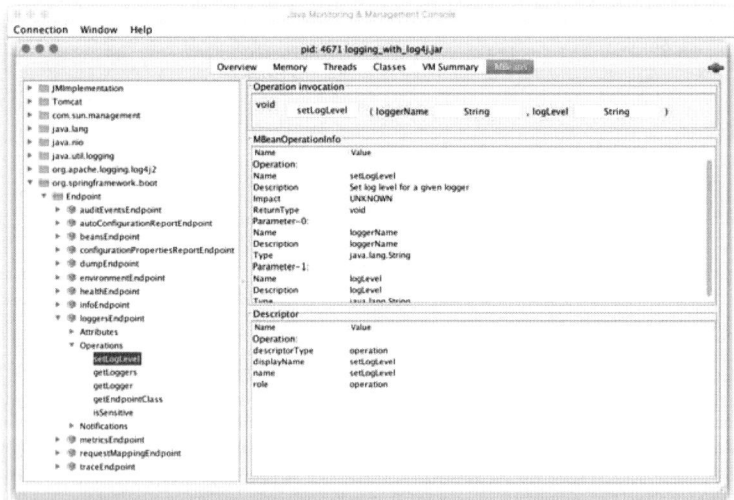

6.5 Remote-Logging

Eine sehr einfache Möglichkeit, eine Remote-Logging-Schnittstelle einzurichten, besteht ebenfalls über die Verwendung des Spring Boot Actuators zusammen mit Spring Web MVC. Wird wie in Listing 6–1 eine Logdatei oder ein Logverzeichnis angegeben, so kann der Inhalt dieser Datei über den Endpunkt /logfile abgerufen werden.

Auch hier dient das Projekt *logging_with_log4j* als Beispiel. Über die Eigenschaft logging.path wird ein Verzeichnis angegeben, in das die Logdateien geschrieben werden: java -jar target/logging_with_log4j .jar --logging.path=logs.

Anschließend kann der Inhalt der Datei per HTTP GET Request abgerufen werden. Der Endpoint unterstützt den Range-Header in Bytes:

```
curl -X GET "http://localhost:8080/actuator/logfile" \
    -H "Range: bytes=-303"
2017-02-03 23:09:13.892  INFO 13814 --- [http-nio-8080-exec-1]
↪   o.s.w.s.DispatcherServlet             : FrameworkServlet
↪   'dispatcherServlet': initialization completed in 18 ms
2017-02-03 23:10:47.704 DEBUG 13814 --- [http-nio-8080-exec-6]
↪   d.s.l.Application$HelloWorldController  : Calling helloWorld
```

7 Beschleunigter Entwicklungsprozess mit den devtools

Teil des Spring-Boot-Packets sind einige nützliche Entwicklungswerkzeuge. Dazu gehören das automatisierte Neuladen eines geänderten Kontextes ebenso wie ein kompletter Restart und die Aktualisierung von statischen Ressourcen.

Die Spring-Boot-Entwicklungswerkzeuge, oder auch devtools, werden nicht als Starter, sondern als eigenständiges Modul mit den Koordinaten `org.springframework.boot:spring-boot-devtools` deklariert.

Die devtools verändern das Verhalten von Anwendungen an einigen Stellen maßgeblich. Daher sollte sichergestellt werden, dass sie tatsächlich nur zur Entwicklungszeit aktiv sind und nicht transitiv an andere Module weitergegeben werden. Binden Sie die devtools als optionale Abhängigkeit in Maven-Projekten ein:

```
<dependencies>
    <dependency>
        <groupId>org.springframework.boot</groupId>
        <artifactId>spring-boot-devtools</artifactId>
        <optional>true</optional>
    </dependency>
</dependencies>
```

Listing 7–1
devtools mit Maven als optionale Abhängigkeit

Optionale Abhängigkeiten in einem Maven-Projekt sind Abhängigkeiten, die zur Laufzeit nicht per se benötigt werden, sondern nur dann, wenn bestimmte Features aktiv sind. Optionale Abhängigkeiten werden nicht transitiv vererbt. Die devtools sind ein solcher Fall: Sie werden funktional weder während der Entwicklung noch in der Produktion benötigt und sollten nicht in die Produktion ausgeliefert werden.

Gradle unterstützt keine optionalen Abhängigkeiten. Mit dem propdeps-Plugin[1] steht allerdings eine Möglichkeit zur Verfügung, diese Funktion für Gradle nachzurüsten.

Die devtools versuchen zu erkennen, ob eine »Produktionsumgebung« vorliegt: Falls eine Anwendung als Executable Jar mit `java -jar` gestartet wird, so ist dies der Fall, und die devtools deaktivieren sich.

Um sicherzugehen, dass die devtools niemals in eine Produktionsumgebung ausgeliefert werden, in der eine Anwendung auf anderem Wege gestartet wird, sollte das Flag `excludeDevtools` des Maven- oder Gradle-Plugins wie in Tabelle 18–1 in Abschnitt 18.1 beschrieben auf `false` gesetzt werden. Seit Spring Boot 1.5 ist das Flag per Default `false` und muss explizit auf `true` gesetzt werden, um die devtools im finalen Artefakt mit auszuliefern.

Wird die Anwendung als Windows-Dienst (siehe Unterabschnitt 18.2.2) verteilt, so muss beim Zusammenstellen des finalen Assembly die Abhängigkeit `spring-boot-devtools` manuell ausgeschlossen werden. Die in diesem Buch empfohlene Verteilung als Windows-Dienst basiert einem entpackten Zip-Archiv, die devtools haben also keine Möglichkeit zu erkennen, ob sie in einer Produktions- oder Entwicklungsumgebung laufen.

7.1   Automatische Neustarts

Java ist eine kompilierte Sprache, erst der Bytecode wird von der Java Virtual Machine (JVM) ausgeführt. Ohne Werkzeugunterstützung müsste auch heute noch eine Anwendung nach jeder Änderung des Code gestoppt und neu gestartet werden, um die Auswirkung zu sehen.

Java selber sowie alle in diesem Buch genannten modernen IDEs unterstützen den Austausch von Bytecode zur Laufzeit (»hotswapping«), sofern die Anwendung im Debugger läuft. Dabei sind Änderungen in der Regel aber auf Methodenrümpfe beschränkt. Ohne externe Tools können geänderte Klassen- oder Methodensignaturen nicht ausgetauscht werden.

Frameworks und Werkzeuge wie JRebel[2] bringen in der Regel umfangreiche Unterstützung für verschiedene Bibliotheken mit: Werden Klassen geändert, die Teil des Spring-Kontextes oder im JPA-Entitymanager abgebildet sind, so muss der Kontext zumindest neu geladen oder manchmal auch neu gestartet werden, ein simples Austauschen des Bytecodes ist nicht genug.

---

[1] https://github.com/spring-projects/gradle-plugins/tree/master/ propdeps-plugin

[2] https://de.wikipedia.org/wiki/JRebel

Die devtools lösen das Problem durch einen Kompromiss: Sie basieren auf zwei Klassenladern (Class Loader) und gehen von zwei Kategorien von Klassen aus: unveränderliche Klassen aus Bibliotheken und veränderliche Klassen. Unveränderliche Klassen werden vom *base classloader* geladen, alle anderen vom *restart classloader*. Der *restart classloader* überwacht nun alle Änderungen an den aktiven Klassen. Dabei muss die genutzte IDE oder das Buildsystem idealerweise so eingestellt sein, dass ein Speichern die aktuelle Datei an die Stelle kompiliert, von der die Klasse ursprünglich geladen wurde. Für Maven- oder Gradle-Projekte ist das in der Regel der Fall.

Alle Änderungen an Klassen auf dem Klassenpfad, die vom *restart classloader* geladen wurden, führen zu einem Neustart. Geänderte Ressourcen im Klassenpfad lösen hingegen keinen Neustart aus, diese werden in der Regel nur neu geladen. Gegebenenfalls müssen Caches gelöscht werden, zum Beispiel für Template-Sprachen wie Thymeleaf. Hierzu sei aber auf Abschnitt 7.2 verwiesen.

Auslösen des Neustartes

Gegebenenfalls können die dauerhafte Überwachung sowie eine Vielzahl von Neustarts zu Lasten der allgemeinen Perfomance gehen. Beispielsweise dann, wenn die IDE automatisch geänderte Klassen speichert und kompiliert. Jede kleine Änderung würde dann zu einem Neustart führen. Durch Setzen der Eigenschaft `spring.devtools.restart` `.trigger-file` auf den Pfad einer Datei wird der Neustart nur nach manueller Änderung ebendieser Datei ausgelöst. Eine Änderung dieser Datei ist zum Beispiel auch durch die IDE oder ein IDE-Plugin möglich.

Sollen nur einige Klassen und Ressourcen davon ausgeschlossen werden, einen Neustart auszulösen, steht mit der Eigenschaft `spring.devtools.restart.exclude` eine Möglichkeit zur Verfügung. Standardmäßig ausgeschlossen werden `META-INF/maven/**`, `META-INF/` `resources/**`, `resources/**`, `static/**`, `public/**`, `templates/**`, `**/*Test.class`, `**/*Tests.class` und `git.properties`.

In Bezug auf Konfigurationsdateien (`application*.properties` beziehungsweise `application*.yml`) ist zu beachten, dass eine Änderung dieser Dateien einen Neustart und nicht nur ein bloßes Neuladen der Datei verursacht, da die Konfigurationsänderungen direkten Einfluss auf den Spring-Kontext haben.

Tabelle 7–1 fasst zusammen, wie der *restart classloader* im Detail konfiguriert werden kann. Optionen in dieser Tabelle können auch in einer Datei `.spring-boot-devtools.properties` im Benutzerverzeichnis gespeichert werden (innerhalb von `$HOME` beziehungsweise im entsprechenden Windows-Pendant). Alle Einstellungen dieser Datei gelten für alle Spring-Boot-Anwendungen, die unter dem entsprechenden Benutzer gestartet werden.

Module anpassen

Für den Fall, dass ein Multimodulprojekt entwickelt wird, bei dem einige Module als Bibliotheken und andere als IDE-Projekte eingebunden sind, kann der *restart classloader* weiter angepasst werden: Über eine Datei `spring-devtools.properties` im `META-INF`-Verzeichnis wird der *restart classloader* angewiesen, zusätzliche Klassen einzuschließen (`restart.include.projectcommon=/mycorp-myproj-[\w-]+\.jar`) oder sie explizit auszuschließen (`restart.exclude.companycommonlibs=/mycorp-common-[\w-]+\.jar`). Zu beachten ist dabei, dass alle Schlüssel nach `restart.include` beziehungsweise `restart.exclude` eindeutig sein müssen. Anpassungen des *restart classloader* über diesen Mechanismus können also Auswirkungen auf Projekte haben, die diese Module benutzen.

Tab. 7–1
Optionen des restart classloader

Name	Funktion
`spring.devtools.restart.enabled`	Flag, das den *restart classloader* komplett abschalten kann
`spring.devtools.restart.trigger-file`	Name einer Datei, deren Änderung einen Neustart auslöst
`spring.devtools.restart.exclude`	Standardliste von Mustern, die vom *restart classloader* ausgeschlossen werden (siehe Text)
`spring.devtools.restart.additional-exclude`	Zusätzliche Liste von Mustern, die ebenfalls ausgeschlossen werden; nützlich, um weitere Muster zusätzlich zu den Defaults auszuschließen
`spring.devtools.restart.additional-paths`	Liste von Pfaden, die ausgeschlossen werden (zum Beispiel Ressourcen)
`spring.devtools.restart.poll-interval`	Intervall in Millisekunden, in dem der Klassenpfad auf geänderte Klassen hin überprüft wird (Default 1000 ms)
`spring.devtools.restart.quiet-period`	Zeitdauer in Millisekunden, die seit der letzten Änderungen im Klassenpfad vergangen sein muss, bevor ein Neustart ausgelöst wird (Default 400 ms)

7.2   Automatisches Neuladen von Inhalten

Inhalte können grob in zwei Kategorien unterteilt werden: statische Inhalte und Vorlagen (templates) für Template-Sprachen wie Thymeleaf, Freemarker und andere. Statische Inhalte sind zum Beispiel Bilder, JavaScript-Ressourcen und CSS-Dateien. Diese Dateien können entweder über die Debugging-Mechanismen der IDEs oder über die devtools neu geladen werden. Die devtools implementieren dabei einen LiveReload[3]-Server. LiveReload beschreibt sich dabei als *the web developer wonderland*, einem *happy land, where browsers don't need a Refresh button*. Der LiveReload-Server triggert den Browser über ein kleines Plugin, eine URL neu zu laden, sobald Inhalte geändert wurden. Die LiveReload-Implementierung der devtools benötigt serverseitig keine weiteren Werkzeuge, sondern funktioniert out of the box, mit der Einschränkung, dass pro Host nur je ein LiveReload-Server gestartet werden kann. Das bedeutet, dass nur die jeweils zuerst gestartete Spring-Boot-Anwendung mit devtools LiveReload-Unterstützung hat. Tabelle 7–2 fasst die Optionen des LiveReload-Servers zusammen.

Angepasste Konfiguration

Die Template-Sprache beziehungsweise die Engines hinter Thymeleaf, FreeMarker, Velocity und den Groovy-Templates speichern einmal geparste und verarbeitete Vorlagen in einem Cache. Eine Änderung an einer Thymeleaf-Vorlage würde zwar neu geladen, aber nicht erneut verarbeitet werden. Die Caches der Engines können in der Regel einzeln abgeschaltet werden. Die devtools erledigen diese Arbeit und setzen folgende Eigenschaften auf `false`, falls diese nicht anderweitig konfiguriert sind:

- `spring.thymeleaf.cache`
- `spring.freemarker.cache`
- `spring.groovy.template.cache`
- `spring.velocity.cache`
- `spring.mustache.cache`

Die Einstellung `spring.template.provider.cache` wird ebenfalls auf `false` gesetzt. Damit wird erreicht, dass bei jedem Rendern eines Templates der entsprechende Template-Anbieter neu angefragt wird.

Darüber hinaus wird folgende Konfiguration durch die devtools vorgenommen, falls die Eigenschaften nicht anderweitig konfiguriert sind:

---

[3] http://livereload.com

▦ `spring.resources.cache-period` wird auf 0 gesetzt, `spring.resources`
`.chain.cache` auf `false`: Ressourcen werden nicht zwischengespeichert.

▦ `server.session.persistent` wird auf true gesetzt: Sitzungen werden
durch einen Neustart der Anwendung nicht zurückgesetzt.

▦ `spring.h2.console.enabled` wird auf true gesetzt und schaltet damit – falls die eingebettete Datenbank H2 auf dem Klassenpfad ist –
die H2-Konsole ein (siehe Abschnitt 10.2.1).

▦ Mit dem Setzen von `spring.mvc.log-resolved-exception` auf true
wird schlussendlich das Loggen von Exceptions eingeschaltet, die
bereits von einem Handler abgefangen wurden.

Tab. 7–2
Optionen des
LiveReload-Servers

Name	Funktion
`spring.devtools.livereload.enabled`	Flag, um den LiveReload-Server abzuschalten
`spring.devtools.livereload.port`	Port des LiveReload-Servers, der Default 35729 korrespondiert mit den entsprechenden Browser-Erweiterungen

Teil III

Das Spring-Ökosystem

Das erste Kapitel in Teil III ist einem der größten Module des Spring-Frameworks gewidmet, dem *Spring-Web-MVC*-Modul. Sie werden lernen, unterschiedliche Template-Engines zu nutzen und REST-APIs bereitzustellen.

Das Kapitel 8 »Security« stellt Spring Security und damit verbundene Projekte vor. Sie lernen, wie Sie Spring-Boot-Anwendungen, die Web MVC nutzen, vor unbefugtem Zugriff schützen und absichern können.

Im Kapitel 10 »Persistenz« und den Abschnitten 10.2 »Relationale Datenbanken« und 10.3 »NoSQL-Technologien« werden wir uns mit den Möglichkeiten beschäftigen, aus einer Spring-Boot-Anwendung heraus Daten zu speichern und zu verwalten.

Die Kapitel 11 »Caching« und 12 »Messaging« stellen die Abstraktionen in Bezug auf Caching und Messaging vor, die Spring Boot zusammen mit den entsprechenden Modulen des Spring-Frameworks anbietet.

Das Buch wäre nicht vollständig, wenn es nicht die neue Unterstützung des reaktiven Programmiermodells in Spring 5 demonstrieren würde.

Die Beispiele der vorhergehenden Kapitel wurden in der Regel so aufgebaut, dass sie alle für sich bereits erklären, wie verschiedene Schichten einer Spring-Boot-Anwendung getestet werden. Mit der Lektüre des Kapitels 15 »Tests und Dokumentation« wird nicht nur das Wissen über Tests vertieft, sondern mit Spring REST Docs eine Ergänzung zu Spring-Boot-Tests vorgestellt, die den Nutzen von Unit- und Integrationstests über den eigentlichen Test hinaus vergrößert.

Bitte beachten Sie, dass die Auswahl von Themen in diesem Teil nicht vollständig ist und auch nicht vollständig sein kann. Sie können in einer Spring-Boot-Anwendung alle Spring-Funktionalitäten sowie alle von Spring unterstützten Technologien nutzen. In der Regel stehen mittlerweile für viele Dinge sogenannte »Starter« zur Verfügung, die Ihnen große Teile notwendiger Konfiguration vollständig abnehmen. Ausgewählt wurden hier Themen, die für die meisten modernen Anwendungen relevant sind.

8 Webanwendungen

Das Spring-Framework im Allgemeinen und Spring Boot im Speziellen sind extrem vielfältig einsetzbar, aber ganz oft werden Sie Spring einsetzen, um Webanwendungen oder webbasierte Microservices zu entwickeln. Grundlage dafür ist das Model-View-Controller-Framework Spring Web MVC. Spring Web MVC ermöglicht im Gegensatz zu anderen MVC-Frameworks gleichermaßen die Erstellung von REST-Schnittstellen als auch Weboberflächen mit einem konsistenten Programmiermodell.

Spring Boot eignet sich zusammen mit einem eingebetteten Container wie Tomcat, Jetty oder Undertow ideal, um self-contained HTTP-Server zu erstellen. Die notwendige Funktionalität und Konfiguration liefert der Starter `spring-boot-starter-web`, den Sie bereits in Kapitel 1 kennengelernt haben.

Im Folgenden beschäftigen wir uns zuerst kurz mit den Grundlagen von Spring Web MVC und anschließend werden Sie lernen, wie Spring Boot sowohl Spring Web MVC als auch einen eingebetteten Container automatisch konfiguriert und wie Sie diese Konfiguration den Bedürfnissen Ihrer Anwendung anpassen können.

Quelltext

Das Hauptbeispielprojekt dieses Kapitels, *webmvc*, finden Sie unter https://github.com/springbootbuch/webmvc. Inhaltlich wird hier ein Film-Shop betrachtet, der auf ähnlichen Objekten wie jenen in der Pagila-DVD-Datenbank in Kapitel 10 beruht.

Weitere Beispiele finden Sie im Service https://github.com/springbootbuch/bootifultodos_todos aus dem Microservice-Teil.

8.1   Spring Web MVC

8.1.1   Die Grundlagen verstehen

Sie haben in diesem Buch bis jetzt an einigen Stellen die `@Control-ler`- und `@RestController`-Annotationen kennengelernt sowie in Unterabschnitt 2.1.1 im Projekt *override_versions* Thymeleaf als Template-Sprache für serverseitig gerenderte Webseiten. In diesem Abschnitt erfahren Sie mehr über die Grundlagen dahinter.

Zentraler Dispatcher   Das Modul Spring Web MVC (spring-webmvc.jar) ist ein Request-getriebenes MVC-Framework, das seit Spring 5 mindestens einen Servlet-3.0-kompatiblen Container voraussetzt. Spring Web MVC basiert auf einem zentralen `DispatcherServlet`, das eingehende Anfragen entgegennimmt, den zur Anfrage passenden Handler ermittelt und die Verarbeitung an diesen delegiert. Der Handler führt seinerseits die notwendigen Aufgaben durch, erstellt und füllt ein Model und gibt dies zusammen mit einem logischen View-Namen an das Servlet zurück. Abschließende Aufgabe des Servlets ist die Auflösung des Namens in eine tatsächliche View und Ausführung derselben. Eine View kann fast beliebiger Natur sein, Template-Sprachen, Java-Klassen und mehr. Abbildung 8–1 zeigt den Ablauf.

Abb. 8–1
Request-Verarbeitung
in Spring Web MVC

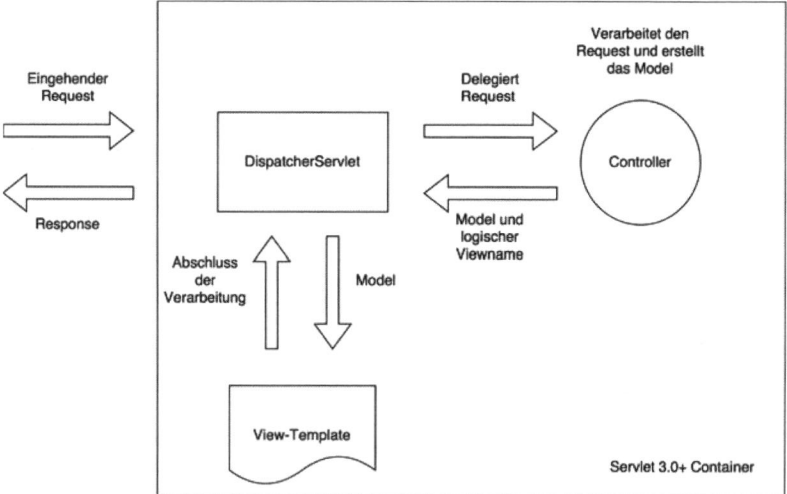

Mehrere Handler   Die Handler, an die das zentrale Dispatcher-Servlet delegiert, sind die Controller im MVC-Muster. Damit eine Methode einer Klasse als Handler-Methode erkannt und auf eine URL abgebildet werden kann, muss die Methode innerhalb einer Spring Bean existieren und mit einer Abbildungsvorschrift ausgezeichnet sein. Spring Web MVC bietet dazu die Annotationen `@Controller` und `@RestController` an, um Spring Beans als »Controller« zu markieren, und `@RequestMapping`. Während es zwar auch möglich ist, Controller über XML zu konfigurieren, wird diese Möglichkeit im Rahmen dieses Buches nicht genutzt oder gezeigt.

Controller können sowohl nahezu beliebige Klassen als Form-Objekte (Backing-Objekte für HTML-Formulare) und Model-Objekte nutzen als auch Parameter der unterschiedlichsten Art, die aus Request-Parametern, Pfadvariablen in URLs und Request-Headern gefüllt werden können.

Das Spring-Dispatcher-Servlet ist vollständig mit dem Spring-IoC-Container integriert und existiert in einem spezialisierten Spring-Kontext, dem `WebApplicationContext`. In diesem Kontext existieren Beans der folgenden Typen:

Spezialisierter Kontext

`HandlerMapping` in verschiedenen Implementierungen, die Requests schlussendlich auf Methoden abbilden

`HandlerAdapter` abstrahieren Details der unterschiedlichen Mappings vom `DispatcherServlet` (annotationsbasierte Handler-Mappings werden anders als per XML konfigurierte Mappings verarbeitet)

`HandlerExceptionResolver` werden benötigt, um Exceptions in sinnvolle Fehlermeldungen und Statuscodes umzusetzen

`ViewResolver` lösen logische Viewnamen in tatsächliche Views auf

`LocaleResolver` lösen Locale- und Zeitzonen des Clients auf

`MultipartResolver` parsen Multipart-Anfragen und ermöglichen File-Uploads über HTML-Formulare

`FlashMapManager` unterstützen die Weitergabe von Attributen von einem zum nächsten Request, auch über Redirects hinweg

Durch Spring Web MVC zieht sich eine klare Trennung von Verantwortlichkeiten (Separation of Concerns), die Rollen einzelner Komponenten sind deutlich erkennbar, sowohl auf Anwendungsebene (zum Beispiel Controller, Validatoren, Kommando-, Form- und Model-Objekte), als auch auf Frameworkebene wie oben geschildert. Für Sie führt das zu wiederverwendbarer Geschäftslogik. Natürlich nutzen Sie in der Regel frameworkspezifische Annotationen für die Abbildung von URLs auf Handler, aber Sie sind nicht gezwungen, diese Annotationen in Ihrer Geschäftslogik zu verwenden.

Separation of Concerns

Spring Web MVC ist durch diese klare Trennung leicht erweiterbar: Sie können zum Beispiel problemlos eigene `ViewResolver` oder andere Resolver definieren. Spring Boot wird Ihnen auch dort fast sämtlichen Konfigurationsaufwand abnehmen.

Erweiterbarkeit

Ein oder mehrere Spring-Kontexte?

Im Kapitel »Spring-Framework-Grundlagen« haben Sie gelernt, dass das Spring-Framework Kontexthierarchien unterstützt. Aus dem Spring-Web-MVC-Modul kommt die Idee, Controller, ViewResolver, HandlerMappings und andere für MVC relevante Beans in einem separaten `WebApplicationContext` getrennt vom Root-Kontext zu halten: dem Servlet-Kontext. Dieser Kontext ist ein Child-Kontext des Root-Kontexts und kann demzufolge auf alle Beans innerhalb des Root-Kontexts zugreifen, wohingegen die Controller vom Rest der Anwendung isoliert sind. Die Möglichkeit separater Servlet-Kontexte ist dann interessant, wenn Sie mehrere Instanzen des `DispatcherServlet` in einer Anwendung gleichzeitig unter verschiedenen URLs bereitstellen.

Die Alternative in purem Spring ist die Konfiguration des `DispatcherServlet` mit einem leeren Servlet-Kontext, so dass dieser alle Bean-Anfragen zum Root-Kontext delegiert.

Beide Varianten hatten und haben Vor- und Nachteile. Wenn Sie das `DispatcherServlet` auf die Root-URL / einer Webanwendung abbilden, hat die Konfiguration und Pflege mehrerer Kontexte oftmals nur noch den Sinn, Ihre Beans zur Laufzeit technisch zu trennen. Spring Boot trifft mit dem Starter Web die Entscheidung zugunsten eines einzelnen Kontextes.

8.1.2   Funktionen kennenlernen

Spring Web MVC ist ein sehr mächtiges Spring-Modul, und die vollständige Beschreibung aller Funktionen würde dieses Kapitel sprengen. Ich möchte Ihnen in diesem Abschnitt eine Auswahl an Funktionen demonstrieren, die im Alltag immer wieder genutzt werden, bevor Sie im nächsten Abschnitt erfahren, wie Spring Boot das Spring-Web-MVC-Framework für Sie automatisch konfiguriert.

In den Beispielen geht es um einen Film-Shop. Gegeben seien eine `Film`-Klasse, die Titel und Jahr eines Filmes sowie eine ID beinhaltet, ein Service, um diese Filme zu verwalten, sowie verschiedene »Controller«.

Einen Controller definieren

`@Controller` zeichnet Komponenten aus, die von einer Instanz der Klasse `RequestMappingHandlerMapping` erfasst und deren Methoden auf URLs abgebildet werden. `@RestController` ist eine zusammengesetzte Annotation, in der `@Controller` zusätzlich mit `@ResponseBodoy` versehen wurde. `@ResponseBody` sorgt dafür, dass der Rückgabewert einer bzw. aller Funktionen einer Komponente nicht weiter interpretiert, sondern direkt in den Response-Body geschrieben wird, unter Anwendung eines der definierten `HttpMessageConverter`.

URLs auf Methoden abbilden

Sie nutzen @RequestMapping, um URLs auf Klassen oder Methoden abzubilden. @RequestMapping kann sowohl auf Klassen- als auch Methodenebene angewandt werden und ist dabei additiv. Das bedeutet in diesem
Fall, dass Sie Einschränkungen hinsichtlich Pfaden, Inhaltstypen und
Ähnlichem, die auf Klassenebene gemacht wurden, auf Methodenebene nur noch ergänzen, aber nicht aufheben können.

Listing 8–1
FilmController.java

```java
@Controller
@RequestMapping(path = "/films")
public class FilmController {

    private final FilmService filmService;

    @RequestMapping(method = RequestMethod.GET)
    public void index(
        final Model model
    ) {
        model.addAttribute(
            "films", filmService.getFilms());
    }
}
```

Der Controller wird auf Typebene auf die URL /films abgebildet. Das
Attribut path ist ein Alias für value und kann weggelassen werden, wenn
nur ein Attribut genutzt wird. Die Methode index wird ebenfalls auf
/films abgebildet, da die URL im Gegensatz zur HTTP-Methode nicht
weiter eingeschränkt wird. index kann nur mit dem HTTP-Verb GET
aufgerufen werden. Sie können zu diesem Zweck die auf den folgenden Methoden genutzten zusammengesetzten Annotationen wie @Post-
Mapping, @GetMapping, @PutMapping oder @DeleteMapping nutzen:

Listing 8–2
Semantische
Annotationen

```java
@GetMapping("/byYear/{year}")
public String byYear(
    @PathVariable final int year,
    @RequestParam final Optional<String> q,
    final Locale locale,
    final Model model
) {
    model.addAttribute(
        "films", filmService.getFilms(
            Year.of(year), q, locale));
    return "films";
}
```

URI-Template-Muster In der Methode `byYear` sehen Sie ein URI-Template. Ein URI-Template kann beliebig viele Platzhalter für Variablen beinhalten, die Sie als Parameter Ihrer Methode nutzen können. Diese Parameter werden mit `@PathVariable` versehen. Solange Variable und Parameter gleich benannt sind und Sie Ihre Anwendung mit Debugging-Informationen oder dem Java 8 -`parameters`-Flag kompiliert haben, können Sie darauf verzichten, den Namen explizit in der Annotation anzugeben. Sie können alle skalaren sowie einige Objekttypen für Pfadvariablen nutzen oder Ihren eigenen Konverter registrieren. Sie können Pfadvariablen zusätzlich über reguläre Ausdrücke einschränken. Ebenfalls unterstützt werden Wildcards im Ant-Stil, zum Beispiel `/owners/*/films/{filmId}`.

Reihenfolge   Manchmal kommt es vor, dass eine URL auf mehrere Muster passen würde. Um einen eindeutigen Treffer herbeizuführen, werden die Muster nach Spezifität sortiert. Das Default-Muster `/**` ist dabei am unspezifischsten, gefolgt von einem Präfix-Muster (`/prefix/**`). Ansonsten gilt: Die Muster mit den wenigsten Variablen und Wildcards sind spezifischer. Ist diese Anzahl gleich, werden längere Muster als spezifischer betrachtet.

Inhaltstypen und Request-Header   Sie können, wie in der zweiten `index`-Methode gezeigt, die Abbildung auch über die unterstützten Inhaltstypen einschränken, falls Sie `@ResponseBody` nutzen. Das funktioniert analog für übergebene Daten durch die Kombination aus `@RequestBody` und `consumes`.

Unterstützte Parameter- und Rückgabetypen   Mit `@PathVariable` versehene Parameter haben Sie schon kennengelernt. Listing 8–2 zeigt die Annotation `@RequestParam`. Mit ihr werden URL-Parameter auf Methodenparameter abgebildet. Die Benutzung des Java-8-Optionals impliziert in der Annotation `required = false`. Ebenfalls zu sehen ist ein Parameter vom Typ `locale`. Mit dem »Ausgabe«-Parameter vom Typ `Model` kann der Controller die View mit Daten versorgen.

Die Rückgabetypen in den obigen Beispielen variieren absichtlich stark. Die Methode `index(Model)` in Listing 8–1 hat gar keinen Rückgabewert. Spring Web MVC versucht dann, den Namen einer View aus dem Request abzuleiten. In diesem Fall ergibt sich der aus dem zusammengesetzten Request-Mapping `films`. Dieser Name kann wie in Listing 8–2 auch explizit angegeben werden. Falls Sie Views nutzen, empfehle ich, explizit den logischen Viewnamen zurückzugeben. Implizite Annahmen durch den `RequestToViewNameTranslator` machen den Code ebenso schwer lesbar wie konkrete Instanzen der Klassen `View` oder `ModelAndView`.

```
@GetMapping(
    produces = MediaType.APPLICATION_JSON_UTF8_VALUE
)
@ResponseBody
public List<Film> index() {
    return filmService.getFilms();
}
```

Listing 8–3
HTTP Message
Conversion

Listing 8–3 demonstriert die automatische Umwandlung von Rückgabetypen in ein Format, das über HTTP übertragen werden kann, in diesem Fall JSON. Dabei wird ein `MappingJackson2HttpMessageConverter` genutzt, eine Instanz des Interface `HttpMessageConverter`. Jackson ist eine Java-Library zur Verarbeitung von JSON und ist Teil des Starters. Bedient Ihr Controller keine Views, sondern stellt nur eine API bereit, dann nutzen Sie `@RestController` wie in Listing 8–4. Sie können dann auf `@RequestBody` verzichten:

```
@RestController
public class FilmRestController {

    @GetMapping("/api/films")
    public List<Film> getAll() {
        return filmService.getFilms();
    }
}
```

Listing 8–4
@RestController

Eine vollständige Liste der möglichen Parameter- und Rückgabetypen finden Sie in der Spring-Referenzdokumentation im Abschnitt *Web-MVC-Framework*.

Wäre es nicht schön, in APIs auf die explizite Behandlung einiger typischer Fehler verzichten zu können? Gegeben sei der Service in Listing 8–5, er wirft eine Runtime-Exception, wenn ein bestimmter Film nicht gefunden wurde:

```
public Film getFilm(String id) {
    return this.films.stream()
        .filter(f -> f.getId().equals(id))
        .findFirst()
        .orElseThrow(NoSuchFilmException::new);
}
```

Listing 8–5
Auszug aus der Klasse
FilmService

In einem dazugehörigen Controller könnten Sie nun diese Exception fangen und entsprechend behandeln. Alternativ besteht die Möglichkeit, sie mit `@ResponseStatus` und einem passenden HTTP-Fehlercode zu versehen:

Listing 8–6
RuntimeException mit
passendem Fehlercode

```
@ResponseStatus(HttpStatus.NOT_FOUND)
public class NoSuchFilmException
    extends RuntimeException {
}
```

Auch hier können Sie eine alternative Herangehensweise wählen, wenn Sie Ihre Exceptions frei von Framework-Code halten wollten. Schlagen Sie in der Dokumentation unter `@ControllerAdvice` beziehungsweise `@ExceptionHandler` nach.

> **@RestController oder REST-API?**
>
> Schauen Sie doch mal in das Beispiel https://github.com/springbootbuch/bootifultodos_todos, in dem Spring Data REST verwendet wird, um nicht nur JSON über HTTP als API zu definieren, sondern »richtige« Representational State Transfer (REST)-APIs zu gestalten.

Eine weitere Möglichkeit, URLs auf Methoden abzubilden, lernen Sie in Kapitel 14 kennen. Zusammen mit Spring WebFlux wurde funktionales Routing eingeführt. Funktionales Routing erlaubt Ihnen, auf komplexe Controller-Strukturen zu verzichten und Lambdas beziehungsweise einzelne Funktionen direkt als Handler zu registrieren.

Content Negotiation und ViewResolver   Unter Content Negotiation (Inhaltsvereinbarung) versteht man die Abstimmung über die Inhalte und deren Form der angefragten HTTP-Ressource auf Basis der Möglichkeiten und Vorzüge des Clients. Sie können mit Spring Web MVC sehr leicht verschiedene Ansichten für verschiedene Inhaltstypen definieren. Zur Methode `index` in Listing 8–1 gehören mehrere Views. Views beschränken sich im Spring-Web-MVC-Modul nicht nur auf Templates in einer beliebigen Sprache, sondern können auch direkt als Java-Klasse implementiert werden. Spring Web MVC stellt dazu ein Interface und abstrakte Klassen bereit. Im Beispiel wurde zusätzlich zum Thymeleaf-Template eine View implementiert, die CSV-Daten rendert:

Listing 8–7
FilmsCsvView

```
@Component("films.csv")
public class FilmsCsvView extends AbstractView {

    public FilmsCsvView() {
        super.setContentType("text/csv");
    }
```

```java
@Override
protected void renderMergedOutputModel(
    Map<String, Object> model,
    HttpServletRequest request,
    HttpServletResponse response
) throws Exception {
    final List<Film> films = (List<Film>)
        model.getOrDefault("films", new ArrayList<>());
    response.setContentType(UTF_8.name());
    // Schreibe Film als CSV
    response.flushBuffer();
    }
}
```

Diese Komponente trägt den Namen "films.csv" und verhält sich wie eine normale Spring Bean. Die View hat den Inhaltstyp "text/csv". Wird die URL /films nun mit dem Header Accept: text/csv angefragt, so wird das entsprechende CSV-Dokument ausgeliefert, wie der entsprechende Test zeigt:

```java
@Test
public void indexCSVShouldWork() throws Exception {
    mockMvc
        .perform(get("/films").accept("text/csv"))
        .andExpect(status().isOk())
        .andExpect(view().name("films"))
        .andExpect(content().string(""
            + "test;2017\n"
            + "test2;2017\n"
        ));
}
```

Listing 8–8
Automatische Content Negotiation in Aktion

Der sogenannte ContentNegotiatingViewResolver stellt fest, dass der Client eine spezifische Repräsentation der Film-Ressource ohne Wildcards angefragt hat, und liefert diese aus. Eine Anfrage kann auch mehrere akzeptierte Inhaltstypen mit unterschiedlichen Gewichten beinhalten. Falls dies der Fall ist, wird – wenn mehrere Views zur Auswahl stehen – diejenige ausgewählt, die am ehesten passt.

Die Content-Negotiation funktioniert auch über Suffixe. Spring Web MVC führt im Normalfall ein Pattern-Matching der URLs mit dem Ant-Pattern ".*" durch, so dass /films auch auf /films.* abgebildet wird und damit films.csv genauso passt. Das Spring-Framework kennt einige Contenttypen, sie können eigene Contenttypen und insbesondere das Verhalten aber konfigurieren:

Listing 8–9
Konfiguration einiger
Spring-Web-MVC-
Aspekte

```
@Configuration
public class WebConfig implements WebMvcConfigurer {

    @Override
    public void configureContentNegotiation(
        ContentNegotiationConfigurer configurer
    ) {
        configurer
            .mediaType("csv", MediaType
                .parseMediaTypes("text/csv").get(0))
            .favorParameter(false)
            .favorPathExtension(true)
            .useRegisteredExtensionsOnly(true);
    }

    @Override
    public void addCorsMappings(CorsRegistry reg) {
        reg.addMapping("/api/**").allowedOrigins("*");
    }

    @Override
    public void addViewControllers(
        ViewControllerRegistry reg) {
        reg
            .addViewController("/")
            .setViewName("forward:/films");
    }
}
```

Natürlich ist die CSV-View hier nur ein Beispiel. Ein weiterer Anwendungsfall sind zum Beispiel APIs, die je nach Anfrage mit JSON- oder XML-Daten antworten.

Listing 8–9 nutzt dazu das Java-8-Interface `WebMvcConfigurer`, um die Content Negotiation zu konfigurieren. Mit dieser Konfiguration können Sie die URL `/films.csv` im Browser aufrufen. Darüber hinaus wird beispielhaft die Cross-Origin Resource Sharing (CORS) Registry angepasst und ein sogenannter View Controller registriert, der jedweden Aufruf direkt an eine View delegiert, in diesem Fall eine View, die an eine andere URL delegiert (erkennbar am Präfix `forward:`. Dabei findet die Verarbeitung serverseitig statt: Spring ermittelt, welcher Handler für die nach dem Doppelpunkt angegebene URL zuständig ist, und ruft diesen auf. Am Client ist kein Redirect feststellbar.

Wenn Ihnen diese kleine Einführung in Spring Web MVC Lust auf mehr gemacht hat, könnten Sie das Beispiel um Backend-Methoden und Views erweitern, die Details zu Filmen anzeigen, den Checkout implementieren und vieles mehr. Als eines der ursprünglichen Kernmodule des Spring-Frameworks ist Spring Web MVC extrem umfangreich und deckt sehr viele der Bedürfnisse eines Webframeworks ab. Auch hier gilt: Schauen Sie bitte in die Referenzdokumentation. Denken Sie an den Hinweis, dass Sie einerseits auch mit reinem Spring-Framework nur noch selten auf XML-Konfiguration zurückgreifen müssen und zum anderen kaum je Klassen überschreiben müssen, die nicht explizit dazu gedacht sind. In der Regel gibt es Stellen, die extra dafür vorgesehen sind, Konfiguration anzupassen.

8.1.3 Spring Web MVC automatisch konfigurieren

Das Beispiel des vorherigen Abschnitts erfordert innerhalb einer Spring-Boot-Anwendung keine zusätzliche Konfiguration, im Gegenteil. Während Sie in klassischen Spring-Anwendungen das Dispatcher-Servlet entweder über `web.xml`-Dateien (Servlet-Deployment-Deskriptoren) oder mit einem oder mehreren `WebApplicationInitializer`n (vgl. dazu auch Unterabschnitt 18.3.2) manuell konfigurieren müssten, nimmt Ihnen der `spring-boot-starter-web` diese Aufgabe in einer Spring-Boot-Anwendung komplett ab.

Der Starter nutzt per Default nur einen `WebApplicationContext` (siehe Kasten auf Seite 132), konkret eine Instanz vom Typ `ServletWebServer-ApplicationContext`. Dieser Kontext lädt und initiiert ebenso wie die anderen Implementierungen eines `ApplicationContext` Ihre Konfiguration und Komponenten, ist aber auf das Deployment der Anwendung zusammen mit einem eingebetteten Servlet-Container zugeschnitten. Der Starter konfiguriert weiterhin alle wesentlichen Aspekte von Spring Web MVC. Die Entscheidung, im Rahmen von Spring Boot mit dem Starter Web nur einen Kontext zu definieren, ist durchaus nachvollziehbar: Spring-Boot-Anwendungen werden primär als Fat Jar mit eingebettetem Application-Container deployt. Innerhalb des Containers ist das `DispatcherServlet` auf die Root-URL abgebildet und auch für die Auslieferung statischer Ressourcen konfiguriert. Die Anwendung repräsentiert einen einzigen Kontext und ist auch als solcher konfiguriert.

Zusätzlich zu den Defaults des Frameworks konfiguriert `spring-boot-starter-web` folgende Funktionen:

 `ContentNegotiatingViewResolver`, ein Resolver, der Views entsprechend des angefragten MimeTypes auflöst

▨ `BeanNameViewResolver`, ein Resolver, der Views nach Bean-Namen auflöst und dabei alle Beans, die direkt oder indirekt das Interface `View` implementieren, in Betracht zieht

▨ Handler für statische Inhalte und sogenannte WebJars

▨ automatische Registrierung von Beans, die eines der Interfaces `Converter`, `GenericConverter`, `Formatter`, `MessageCodesResolver` oder `ConfigurableWebBindingInitializer` implementieren

▨ einige sinnvolle `HttpMessageConverter`, zum Beispiel für JSON (wenn Jackson auf dem Klassenpfad ist) oder für XML-Formate

Das Projekt *webmvc* des vorherigen Abschnitts nutzt zum Beispiel die automatische Konfiguration des `ContentNegotiatingViewResolver` und verzichtet dadurch auf den `WebMvcConfigurer` und dessen `configure-ContentNegotiation`-Schnittstelle. Das Mimetype-Mapping wird durch Propertys konfiguriert:

Listing 8–10
Auszug aus
WebMvcProperties

```
spring.mvc.content-negotiation.media-types.atom =
↪  application/atom+xml
spring.mvc.content-negotiation.media-types.csv = text/csv
```

Automatische
MVC-Konfiguration
abschalten

Möchten Sie nur die passenden Abhängigkeiten des Starters nutzen und komplett auf die automatische Konfiguration verzichten, reicht es aus, eine `@Configuration` Bean zu definieren und diese mit `@EnableWebMvc` zu annotieren.

8.1.4   Eingebetteten Webcontainer nutzen

Spring-Boot-Anwendungen werden oft als autonome Artefakte (Executable Jar oder Fat Jar) und nicht innerhalb eines Servlet-Containers deployt. Diese Artefakte müssen also nicht nur ausführbar sein, sondern auch einen eingebetteten Servlet-Container mitbringen.

Oben erwähnter `ServletWebServerApplicationContext` ist Teil dieses Konzeptes, konkrete Implementierungen – die Sie in der Regel nicht direkt ansprechen müssen – stehen für Apache Tomcat[1], Undertow[2] und Jetty[3] als Teil entsprechender Starter zur Verfügung. `spring-boot-starter-tomcat` ist direkte Abhängigkeit von `spring-boot-starter-web`, somit wird per Default Tomcat genutzt.

---

[1] http://tomcat.apache.org

[2] http://undertow.io

[3] http://www.eclipse.org/jetty/

Sie können eine Spring-Boot-Anwendung auch in einen Stand-alone-Container deployen, ohne die anderen Fähigkeiten des `spring-boot-starter-web` zu verlieren. In Abschnitt 18.3 wird das Beispiel *helloword_war* zu diesem Thema ausführlich besprochen.

Der Starter beinhaltet eine vollständig konfigurierte Instanz eines Containers, die an Port 8080 auf Anfragen wartet, unabhängig vom verwendeten Container. Der Port wird über die Eigenschaft `server.port` konfiguriert, die zwei magische Werte hat: Mit dem Wert 0 konfigurieren Sie einen zufälligen, freien Port, mit dem Wert −1 schalten Sie den Listener des Containers ab, die Servlet-Umgebung wird dabei dennoch gestartet.

Server-Port

Die Servlet-Umgebung wird grundsätzlich immer gestartet, wenn die entsprechenden Bibliotheken auf dem Klassenpfad sind. Benötigen Sie diese, möchten aber den Start der Servlet-Umgebung vollständig verhindern, so schalten Sie diese mit der Eigenschaft `spring.main` `.web-application-type = NONE` ab.

Sofern möglich können Sie Aspekte des Containers technologieunabhängig unter dem Präfix `server.*` mit den Ihnen bekannten Mitteln externer Konfiguration parametrisieren. Dazu gehören insbesondere

Container deklarativ konfigurieren

`server.address` die zu nutzende Netzwerkadresse

`server.compression.*` Konfiguration der serverseitigen Response-Komprimierung

`server.error.*` Konfiguration von Fehlermeldungen, per Default wird nur eine Whitelabel-Fehlerseite angezeigt

`server.servlet.*` Konfiguration des Dispatcher-Servlets und des Kontextpfads

`server.session.*` Parameter des Session-Managements, insbesondere in Hinblick auf Cookies

`server.ssl.*` Konfiguration aller notwendigen Einstellungen hinsichtlich des SSL Key- und Truststores

Containerspezifische Parameter stehen in den entsprechenden Namespaces zur Verfügung. Benötigen Sie darüber hinausgehende, sehr spezielle programmatische Anpassungen, steht Ihnen das Interface `WebServerFactoryCustomizer` zur Verfügung. Listing 8–11 zeigt, wie Sie es benutzen können:

Listing 8–11
Container
programmatisch
konfigurieren

```
@Component
public class ContainerCustomization implements
WebServerFactoryCustomizer<TomcatServletWebServerFactory> {

    @Override
    public void customize(
        TomcatServletWebServerFactory server
    ) {
        server.addConnectorCustomizers(connector -> {
            connector.setProxyName("myproxy");
            connector.setProxyPort(80);
        });
    }
}
```

Im Beispiel werden spezielle Proxy-Einstellungen Tomcats konfiguriert. Als Typparameter des Interface stehen passende Klassen für die anderen Container des folgenden Abschnitts zur Verfügung.

Andere Container nutzen

Für Undertow und Jetty stehen Starter zur Verfügung, die in Ihrem Buildfile parallel zum `spring-boot-starter-web` eingebunden werden müssen. `spring-boot-starter-tomcat` muss als Abhängigkeit ausgeschlossen werden. Die Projekte https://github.com/springbootbuch/helloworld_on_undertow sowie https://github.com/springbootbuch/helloworld_on_jetty demonstrieren dies. Die Vorgehensweise ist in beiden Projekten gleich, wobei erstgenanntes Projekt Maven nutzt, das zweite Gradle, um in beiden Werkzeugen den Ausschluss von Abhängigkeiten zu demonstrieren:

Listing 8–12
Einen anderen
Container als Tomcat
nutzen (Maven-Version,
aus helloworld_
on_undertow)

```
<dependencies>
    <dependency>
        <groupId>org.springframework.boot</groupId>
        <artifactId>spring-boot-starter-web</artifactId>
        <exclusions>
            <exclusion>
                <groupId>
                    org.springframework.boot</groupId>
                <artifactId>
                    spring-boot-starter-tomcat</artifactId>
            </exclusion>
        </exclusions>
    </dependency>
```

```
<dependency>
    <groupId>org.springframework.boot</groupId>
    <artifactId>
        spring-boot-starter-undertow</artifactId>
</dependency>
</dependencies>
```

Analog der Austausch der Starter in einem Gradle-Buildfile:

```
dependencies {
    compile("org.springframework.boot:spring-boot-starter-web") {
        exclude group: 'org.springframework.boot', module:
        ↪ 'spring-boot-starter-tomcat'
    }
    compile "org.springframework.boot:spring-boot-starter-jetty"
}
```

Listing 8–13
Einen anderen
Container als Tomcat
nutzen (Gradle-Version,
aus helloworld_
on_jetty)

Die automatische Konfiguration von Spring Boot stellt eine Vielzahl spezifischer Propertys zur Konfiguration von Undertow und Jetty zur Verfügung, die sich in den Namensbereichen server.undertow.* sowie server.jetty.* befinden. Falls Sie statt des Anhangs A der Referenzdokumentation Java-Code bevorzugen, um die möglichen Optionen kennenzulernen, schlagen Sie im JavaDoc der Klassen Server-Properties und ServerProperties.Undertow beziehungsweise Server-Properties.Jetty nach.

Programmatisch können Sie ähnlich wie bei der Benutzung des Tomcat-Containers verfahren und eine Bean des Typs WebServer-FactoryCustomizer nutzen oder komplett auf die automatische Konfiguration verzichten, indem Sie Ihre eigenen Beans – in diesem Fall eine UndertowServletWebServerFactory oder JettyServletWebServerFactory – bereitstellen. Üblicherweise bietet Ihnen die SPI über WebServerFactory-Customizer alle Möglichkeiten, die Sie benötigen.

Zusätzliche Servlets und Servletfilter nutzen

Sie können zusätzliche Servlets und Servletfilter in einer Spring-Boot-Anwendung nutzen, sowohl in einem eingebetteten Container als auch in einem Stand-alone-Container. Dabei haben Sie mehrere Optionen:

- Alle Beans im Kontext, die javax.servlet.Servlet oder javax .servlet.Filter implementieren, werden automatisch registriert, Servlets unter ihrem Namen (/name), Filter unter /*.
- Alternativ annotieren Sie diese Klassen mit @WebServlet oder @Web-Filter und aktivieren Sie mit einer Konfigurationsklasse die Suche nach Servletkomponenten mittels @ServletComponentScan.

Über die Registries `ServletRegistrationBean` beziehungsweise `FilterRegistrationBean` können Sie alle Aspekte der zusätzlichen Servlets und Filter kontrollieren.

> Servletfilter repräsentieren Glieder einer Kette, die vor und nach dem eigentlichen Servlet ausgeführt wird, das eine bestimmte Anfrage behandelt. Ein Filter kann dabei die Verarbeitung der Kette in jede Richtung abbrechen oder Anfrage oder Antwort gezielt bearbeiten.

`@WebServlet` und `@WebFilter` sind Annotationen der Servlet API 3.0. Sie sollten diese Annotationen nur dann benutzen, wenn Sie planen, Ihre Anwendung sowohl in einem eingebetteten als auch in einem Stand-alone-Container zur Verfügung zu stellen und in Ihren Servlet-Komponenten keine Objekte aus dem Spring-Kontext benötigen: `@ServletComponentScan` wird nur innerhalb eines eingebetteten Containers durchgeführt, in einem Stand-alone-Container werden die Mechanismen der Umgebung genutzt. `@ServletComponentScan` eignet sich insbesondere, wenn Sie Bibliotheken Dritter benutzen und explizit das Package angeben.

Für eigene Filter bietet sich die erste Option an. Sie funktioniert gleichermaßen in eingebetteten als auch in Stand-alone-Containern, insbesondere können Sie in beiden Fällen Beans über Dependency Injection aus dem Kontext nutzen:

Listing 8–14
Automatische
Registrierung von
Servlets und Filtern

```
@Component
public class DemoFilter implements Filter {
    private final Provider<ShoppingCart> shoppingCart;

    public DemoFilter(
        Provider<ShoppingCart> shoppingCart) {
        this.shoppingCart = shoppingCart;
    }

    // Init und Destroy der Übersicht
    // halber nicht gezeigt

    @Override
    public void doFilter(
        ServletRequest request,
        ServletResponse response,
        FilterChain chain
    ) throws IOException, ServletException {
        chain.doFilter(request, response);
```

```
        LOG.info(
            "Shopping cart is {}empty",
            shoppingCart.get()
                .getContent().isEmpty() ? "" : "not "
        );
    }
}
```

Das Tomcat-Basisverzeichnis konfigurieren

Tomcat benötigt – auch in der eingebetteten Variante – ein temporäres Verzeichnis, insbesondere, wenn Sie Datei-Uploads verarbeiten oder JSPs nutzen. Dieses Verzeichnis konfigurieren Sie über `server.tomcat .basedir`. Falls Sie keine JSPs verwenden und nur sicherstellen wollen, dass Uploads in einem definierten Verzeichnis gespeichert werden, konfigurieren Sie dieses über `spring.servlet.multipart.location`, da diese Lösung gleichermaßen für alle eingebetteten Container funktioniert.

8.1.5   Statische Inhalte ausliefern

Das Dispatcher-Servlet ist auf die URL / abgebildet. Damit statische Ressourcen ausgeliefert werden können, konfiguriert Spring Boot für Sie automatisch einen `ResourceHttpRequestHandler`, der nicht nur die Auslieferung von Ressourcen aller Art inklusive denen aus dem Klassenpfad ermöglicht, sondern auch automatisch Caching statischer Ressourcen. Spring Boot konfiguriert die folgenden Verzeichnisse für den Handler:

```
/static
/public
/resources
/META-INF/resources
```

In einem Standard-Maven- oder -Gradle-Projekt würden Sie diese Verzeichnisse unter `src/main/resources` ablegen. Sie können diese Liste mit der Eigenschaft `spring.mvc.static-path-pattern` überschreiben. Vermeiden Sie die Benutzung von `src/main/webapp`, falls Sie nicht beabsichtigen, Ihre Anwendung als War-Datei auszuliefern. Ohne zusätzliche Maßnahmen wird dieses Verzeichnis nicht mit einbezogen, falls Sie ein Fat Jar bauen.

WebJars

Falls Sie größere Frontend-Module mit Ihrer Anwendung ausliefern, werden Sie kurzfristig auf JavaScript-Packet-Manager stoßen. Diese funktionieren in der Regel zwar gut, erfordern aber die Kenntnis von weiteren Werkzeugen. Mit WebJars[4] existiert eine weitere Möglichkeit, JavaScript- und CSS-Inhalte zu paketieren und auszuliefern. Der Vorteil: Sie können die Versionen über Ihr Build-Management-Tool konfigurieren und verwalten die benutzten JavaScript-Bibliotheken analog zu Java-Bibliotheken. Spring Boot bildet automatisch alle Anfragen auf die URL `/webjars/**` auf einen WebJars-Resolver ab und erlaubt zusätzlich versionsagnostische URLs, falls `org.webjars:webjars-locator-core` auf dem Klassenpfad ist.

Cache-Busting und andere Content-Strategien

Spring Web MVC hat einige interessante Funktionen zur Verarbeitung statische Ressourcen, unter anderem eine Kaskade von Resolvern. Das bedeutet, dass die Anfrage nach einer statischen Ressource, zum Beispiel nach `/style-d0942d86f7cc7c6c08a81bb92526e601.css`, von mehreren Resolvern beantwortet wird: Zuerst wird in diesem Fall eine Versionsnummer entfernt und die Anfrage an den nächsten Resolver weitergegeben. Dieser löst die Datei im Verzeichnis statischer Ressourcen oder im Klassenpfad auf. Der umgekehrte Weg funktioniert analog, nur dass die Versionsnummer basierend auf dem Inhalt der Datei generiert und dem Pfad angehängt wird. Dieses Verhalten müssen Sie explizit einschalten:

Listing 8–15
Konfiguration der Resource Chain

```
spring.resources.chain.strategy.content.enabled = true
spring.resources.chain.strategy.content.paths=/**
```

Die in Abschnitt 8.2 beschriebenen Template-Sprachen kennen die von Spring Boot bereitgestellten `ResourceUrlProvider`. Das bedeutet, dass Sie in Ihrem HTML-Template nicht obigen Namen für Ihr Stylesheet verwenden müssen, sondern lediglich `style.css` referenzieren: Die erweiterte URL wird automatisch generiert. Die Propertys-Datei aus Listing 8–15 finden Sie im Projekt *webmvc*.

In einigen Szenarien ist die Generierung einer Nummer über den Inhalt der Datei nicht sinnvoll. Sie können stattdessen die `fixed`-Strategie nutzen:

Listing 8–16
Konfiguration der Resource Chain mit festen Versionen

```
spring.resources.chain.strategy.fixed.enabled=true
spring.resources.chain.strategy.fixed.paths=/js/lib/
spring.resources.chain.strategy.fixed.version=v42
```

8.1.6 JSON-Serialisierung und -Deserialisierung steuern

In Listing 8–4 und an vielen anderen Stellen in diesem Buch werden Spring-Web-MVC-Methoden genutzt, um HTTP-Schnittstellen zu definieren, die JSON ausliefern. Der `spring-boot-starter-web` ist direkt

---

[4] http://www.webjars.org

abhängig von Jackson[5], einer Bibliothek zur Verarbeitung von JSON-Daten. Spring Boot registriert automatisch einen HTTP-Message-Converter, der Jackson nutzt, um Objekte nach JSON zu serialisieren und deserialisieren. Der Converter nutzt eine zentrale Instanz des Jackson-`ObjectMapper`, den Sie natürlich auch für eigene Zwecke injizieren lassen können.

Die Rückgabe der API in Listing 8–4 könnte »schöner« sein. Die Klasse `Film` ist wie folgt definiert:

```
public class Film {
    private final String id;

    private final String title;

    private final Year releaseYear;

    private Cover cover;
}
```

Listing 8–17
Film.java

Das Feld `releaseYear` wird von Jackson standardmäßig als Struktur serialisiert (`{"value":2005,"leap":false}`), nicht unbedingt das, was in die API gehört. Das Jackson-Modul `jackson-datatype-jsr310` beinhaltet die Jackson-Supportklassen für JSR-310-Date-Typen (weitere Java-8-spezifische Klassen werden mit `jackson-datatype-jdk8` unterstützt). In einer Spring-Boot-Anwendung reicht die Deklaration der entsprechenden Abhängigkeit, damit das Jackson-Modul registriert wird.

Möchten Sie auf die Serialisierung eines der Attribute der Klasse verzichten, zum Beispiel auf das Cover eines Films, könnten Sie das über Jackson-Annotationen in der Klasse `Film` realisieren, würden damit aber ihre Fachlichkeit mit technologiespezifischen Annotationen belasten. Stattdessen können Sie mit `@JsonComponent` eigene `JsonSerializer` sowie `JsonDeserializer` als spezialisierte `@Component` registrieren, ohne eigene Jackson-Module kreieren zu müssen:

---

[5] https://github.com/FasterXML/jackson

Listing 8–18
FilmSerializer.java

```
@JsonComponent
public class FilmSerializer
        extends JsonSerializer<Film> {

    @Override
    public void serialize(
        Film film,
        JsonGenerator gen,
        SerializerProvider serializers
    ) throws IOException, JsonProcessingException {
        gen.writeStartObject();
        gen.writeObjectField("id", film.getId());
        gen.writeObjectField("title", film.getTitle());
        gen.writeObjectField(
            "releaseYear", film.getReleaseYear());
        gen.writeEndObject();
    }
}
```

Durch den Automatismus halten Sie die Klasse `Film` frei von Jackson-Annotationen, Sie setzen weder `@JsonIgnore` noch `@JsonSerialize` ein, um das Format wie in Listing 8–19 zu definieren:

Listing 8–19
Angepasste
JSON-Serialisierung

```
{
    "id": "some-id",
    "releaseYear": 1997,
    "title": "Bandits"
}
```

Benötigen Sie unterschiedliche JSON-Ansichten derselben Klasse, so könnten Sie zum Beispiel `@JsonView` nutzen, mit dem Nachteil, sich wieder an ein Framework zu binden. Überlegen Sie stattdessen, ob passende fachliche Aggregate, Entitäten oder Wertobjekte nicht die bessere Wahl sind.

Auch hier die Frage nach dem Test: Möchten Sie die Klasse `Film-Serializer` als Unittest testen oder einen Integrationstest durchführen? Da die Klasse im Kontext eines Jackson-ObjectMappers genutzt wird, sollten Sie den Integrationstest wählen. Spring Boot bietet hier den `@JsonTest` als schlanken Integrationstest beziehungsweise sogenannten »Test-Slice« (siehe Unterabschnitt 15.3.4). Dieser Test-Slice stellt die automatische Konfiguration des ObjectMappers analog zur Anwendung zur Verfügung:

Listing 8–20
FilmSerializerIT.java

```java
@RunWith(SpringRunner.class)
@JsonTest
public class FilmSerializerIT {

    @Autowired
    private JacksonTester<Film> json;

    @Test
    public void testSomeMethod() throws IOException {
        final Film film = new Film(
            "some-id", "Bandits", Year.of(1997));
        assertThat(json.write(film))
            .isEqualToJson("/film.json");
    }
}
```

Listing 8–20 demonstriert neben @JsonTest ebenfalls den JacksonTester, eine Utility-Klasse, mit der sehr einfach Formate überprüft werden können. Die Methode write gibt einen Assert4J-Assertion-Provider zurück, der automatisch die Klassenpfad-Ressource film.json liest und zum Vergleich heranzieht.

Viele weitere Jackson-Features können Sie über Propertys deklarativ konfigurieren, Tabelle 8–1 zeigt die Abbildung von Jackson-Konstanten auf Spring Propertys.

Beispiel	Erklärung
com.fasterxml.jackson.databind .DeserializationFeature	spring.jackson.deserialization .<feature_name>=true|false
com.fasterxml.jackson.databind .SerializationFeature	spring.jackson.serialization .<feature_name>=true|false
com.fasterxml.jackson.databind .MapperFeature	spring.jackson.mapper .<feature_name>=true|false
com.fasterxml.jackson.core .JsonGenerator.Feature	spring.jackson.generator .<feature_name>=true|false
com.fasterxml.jackson.core .JsonParser.Feature	spring.jackson.parser .<feature_name>=true|false
com.fasterxml.jackson.annotation .JsonInclude.Include	spring.jackson .default-property-inclusion= always|non_null|non_absent| non_default|non_empty

Tab. 8–1
Konfiguration von
Jackson mit Propertys

Spring Boot schaltet Jacksons Eigenschaft `FAIL_ON_UNKNOWN_PROPERTIES` per Default auf `false`. Damit ignoriert Jackson global alle unbekannten Eigenschaften bei der Deserialisierung. Das hat dieselbe Auswirkung, als wenn Sie `@JsonIgnoreProperties(ignoreUnknown = true)` auf Klassenebene nutzen. Möchten Sie, dass unbekannte Propertys zu einem Fehler führen, konfigurieren Sie Jackson wie in Listing 8–21:

Listing 8–21
*Konfiguration der
Deserialisierung*

```
spring.jackson.deserialization.fail-on-unknown-properties = true
```

*Jackson ohne Spring
Web MVC nutzen*

Um Jackson zur Verarbeitung von JSON-Daten zu nutzen, sei es in verschiedenen Konvertern oder als Import-Format, können Sie den `spring-boot-starter-json` als Abhängigkeit deklarieren. Sein Vorteil: Sie bekommen alle für Jackson notwendigen Abhängigkeiten transitiv und müssen diese nicht einzeln zusammensuchen. Ansonsten konfiguriert dieser Starter insbesondere eine Instanz des `JsonComponentModule`, mit dem Komponenten wie in Listing 8–18 automatisch als Beans registriert werden. Setzen Sie nur den JSON-Starter ohne Spring Web MVC ein, so müssen Sie Ihren `ObjectMapper` allerdings selber entsprechend konfigurieren:

Listing 8–22
*Manuelle Registrierung
des Spring-Json-
Component-Moduls
mit Jackson*

```
@Bean
ObjectMapper objectMapper(
        final JsonComponentModule jsonComponentModule
) {
        final ObjectMapper objectMapper = new ObjectMapper();
        objectMapper.registerModule(jsonComponentModule);
        return objectMapper;
}
```

8.1.7   Hochgeladene Dateien verarbeiten

Webbrowser nutzen sogenannte HTTP-Multipart-Requests, um Dateien zusammen mit anderen Daten auf einen Webserver hochzuladen. Das Spring-Framework unterstützt die Verarbeitung hochgeladener Dateien sowohl über die aktuelle Servlet-API als auch über die ältere Variante mittels Apache Commons Fileupload. Die Schnittstelle wird über das Interface `MultipartResolver` realisiert. Spring Boot trifft auch an dieser Stelle eine Entscheidung und konfiguriert per Default die Unterstützung der Servlet 3+-API für Sie. Damit können Sie ohne weitere Konfiguration, wie in Listing 8–23 dargestellt, hochgeladene Dateien verarbeiten:

```
@PostMapping("/addCover")
public String addCover(
        @RequestParam String id,
        @RequestParam Part cover
) throws IOException {
    Film film = filmService.getFilm(id);
    Path coverImage = Files.createTempFile("cover", ".jpg");
    Files.copy(
        cover.getInputStream(),
        coverImage,
        StandardCopyOption.REPLACE_EXISTING);
    film.setCover(new Cover(
        coverImage.toString(),
        md5DigestAsHex(cover.getInputStream())
    ));
    return "redirect:/films";
}
```

Listing 8–23
Multipart-Request mit
Part aus der Servlet-API
(FilmCoverController
.java)

Sie können das Verhalten des MultipartResolver über die Optionen in Tabelle 8–2 steuern. Listing 8–24 zeigt exemplarisch den Umgang mit diesen Dateien und einen weiteren Aspekt von Spring Web MVC, den Typ ResponseEntity. ResponseEntity bietet vollständig gekapselten Zugriff auf Header aller Art sowie weitere hilfreiche Funktionen. Im Beispiel werden der ETag-Support und die Möglichkeiten des Cache-Control aufgezeigt. Alternativ könnten Sie auch einen Parameter vom Typ HttpServletResponse oder OutputStream in die Methode injizieren

Beispiel	Erklärung
spring.servlet.multipart.enabled	Schaltet den Multipart-Support ein oder aus, Default ist true
spring.servlet.multipart .file-size-threshold	Konfiguriert, ab welcher Größe Uploads in ein temporäres Verzeichnis geschrieben werden, Default ist 0
spring.servlet.multipart.location	Optionales, temporäres Verzeichnis
spring.servlet.multipart .max-file-size	Maximale Größe eines Parts, Default ist 1MB
spring.servlet.multipart .max-request-size	Maximale Größe des gesamten Multipart-Request, Default ist 10MB
spring.servlet.multipart .resolve-lazily	Flag, ob die Inhalte erst bei Zugriff aufgelöst werden sollen oder nicht, Default ist false

Tab. 8–2
Konfiguration des
MultipartResolver

lassen und den Inhalt der Datei direkt in diesen schreiben. Damit wären Sie zwar einerseits unabhängig von der Spring-API, hätten andererseits aber erheblichen Mehraufwand.

Listing 8–24
Benutzung von
ResponseEntity und
Ressourcen

```java
@GetMapping("/{id}/cover")
public ResponseEntity<Resource> showCover(
    @PathVariable String id
) throws IOException  {
    Film film = filmService.getFilm(id);

    final Resource cover;
    final String etag;
    CacheControl cacheControl = CacheControl.noCache();
    if(film.getCover() == null) {
        cover = new ClassPathResource(
            "/reel.jpg");
        etag = md5DigestAsHex(cover.getInputStream());
    } else {
        cover = new PathResource(
            Paths.get(film.getCover().getPath()));
        cacheControl = CacheControl.maxAge(30, DAYS);
        etag = film.getCover().getHash();
    }

    return ResponseEntity
        .ok()
        .cacheControl(cacheControl)
        .lastModified(cover.lastModified())
        .eTag(etag)
        .contentType(MediaType.IMAGE_JPEG)
        .body(cover);
}
```

Während ich für das Design fachlicher Objekte, wie beispielsweise der Film-Klasse und der zugehörigen Services, empfehle, auf framework-spezifischen Code zu verzichten (exemplarisch dargestellt in Unterabschnitt 8.1.6), ist die Grenze in Controller-Methoden weniger eindeutig: Ihre Controller sind in der Regel stark mit dem Spring Web MVC verwoben, spätestens dann, wenn Sie nicht nativ mit der Servlet-API interagieren wollen. Gerade Convenience-Methoden wie der Umgang mit Caching oder HTTP-Headern vereinfacht Ihre Arbeit an dieser Stelle sehr.

8.1.8 Zusätzliche Scopes beherrschen

Zusätzlich zu den in Unterabschnitt 3.1.1 genannten Gültigkeitsbereichen »Singleton« und »Prototype« sind die folgenden Scopes innerhalb einer beliebigen Instanz eines `WebApplicationContext` verfügbar:

request Beans in diesem Scope werden für jeden Request neu instanziiert und nach Ende des Requests verworfen. Sie können `@Component` mit `@RequestScope` annotieren, um sie im Request-Scope zu verwalten.

session Beans im Session-Scope werden für eine HTTP-Session instanziiert und nach dem Ende der Sessions verworfen. Für sie steht `@SessionScope` zur Verfügung.

application Beans im Application-Scope verhalten sich ähnlich wie Singleton Beans, mit dem Unterschied, dass sie zum einen im `ServletContext` außerhalb des Containers sichtbar sind und zum anderen nur eindeutig pro `DispatcherServlet` sind. In einer Spring-Boot-Anwendung werden Sie `@ApplicationScope` eher selten verwenden, da das `DispatcherServlet` dort eine eher untergeordnete Rolle spielt (siehe Kasten auf Seite 132).

websocket Dieser Scope bindet Beans an den Lebenszyklus einer Websocket-Verbindung.

Gültigkeitsbereiche sind so lange leicht zu handhaben, bis Sie unterschiedliche Gültigkeitsbereiche mischen. Ein klassisches Beispiel: Sie verwalten in Ihrer Webanwendung einen Warenkorb in einer Bean, die den Scope `session` hat, und speichern diese damit automatisch in einer HTTP-Session bis zum Abschluss des Kaufes. Zum Bestellvorgang soll dieser Warenkorb von einem Service verarbeitet werden, und zwar der Warenkorb, der zur Session gehört, in der der Benutzer die Bestellung ausgeführt hat. Würde der Spring-Container die erstbeste Instanz der Warenkorb-Bean als Kollaborateur oder Parameter in den Controller oder Service injiziieren, so würde der Controller immer nur mit diesem Objekt arbeiten. Stattdessen werden Proxy Beans genutzt. Diese Proxys delegieren Aufrufe an die im Kontext einer Session oder eines Requests entsprechend gültigen Beans.

Abhängigkeiten in unterschiedlichen Scopes

Berücksichtigen Sie, dass Sie keine als `final` deklarierten Klassen im request- oder session-Scope mit Proxy-Modus `TARGET_CLASS` nutzen können. Falls Ihre Klassen ein Interface implementieren, können Sie `proxyMode = ScopedProxyMode.INTERFACES` angeben, alternativ `ScopedProxyMode.NO`. Letztere Möglichkeit ist zusammen mit `ObjectFactory` (»natives« Spring) oder `Provider` (JSR 330) oftmals die bessere Variante, da beide das Verhalten der Kollaborateure explizit zum Ausdruck bringen.

Automatische Proxys

Während Sie die Proxy-Konfiguration selber vornehmen müssen, wenn Sie nur Spring Web MVC nutzen, übernehmen Spring Boot und die Scope-Annotationen für Sie automatisch die Konfiguration von Proxys. Daher ist es wichtig, die unterschiedlichen und unterschiedlich langen Gültigkeitsbereiche sowie die automatischen Proxys zu kennen, um das Verhalten des Spring-Containers nachvollziehen zu können. Ein Beispiel zur Verwendung von Beans innerhalb unterschiedlicher Scopes finden Sie in folgendem Abschnitt.

Mit Session- und Requestscopes umgehen

Zur Klasse `Film` und den zugehörigen Services aus den vorherigen Beispielen kommt nun die in Listing 8–25 dargestellte Bean `ShoppingCart`, die das Thema Scopes aufgreift:

Listing 8–25
ShoppingCart.java

```java
@Component
@SessionScope
public class ShoppingCart {
    private final List<Film> filmsToRent
        = new ArrayList<>();

    public void add(final Film film) {
        this.filmsToRent.add(film);
    }

    public void removeById(final String id) {
        this.filmsToRent
            .removeIf(film -> film.getId().equals(id));
    }

    public List<Film> getContent() {
        return Collections
            .unmodifiableList(filmsToRent);
    }
}
```

`ShoppingCart` ist mit `@SessionScope` annotiert. `@SessionScope` schaltet – genau wie `@RequestScope` – automatisch den Proxy-Modus der markierten Komponente von `DEFAULT` auf `TARGET_CLASS`. Die Konstanten sind in `ScopedProxyMode` definiert. Ein von `NO` beziehungsweise `DEFAULT` abweichender Wert führt zur Instanziierung einer Proxy Bean für die ursprüngliche Komponente im angegebenen Scope: Beans, die von der `ShoppingCart` abhängig sind, erhalten nicht die ursprüngliche Bean, son-

dern einen Proxy, der alle Aufrufe an die im entsprechenden Scope gebundene Bean delegiert.

Diese Bean können Sie entweder ganz normal als Abhängigkeit über
Constructor Injection, @Autowired oder JSR 330 @Inject nutzen. Eine
weitere Möglichkeit stellt das folgende Listing dar. Die ShoppingCart
Bean wird explizit über eine Factory zur Verfügung gestellt:

```
@Controller
public class ShopController {

    private final FilmService filmService;

    private final ObjectFactory<ShoppingCart> shoppingCart;

    public ShopController(
        FilmService filmService,
        ObjectFactory<ShoppingCart> shoppingCart
    ) {
        this.filmService = filmService;
        this.shoppingCart = shoppingCart;
    }

    @PostMapping("/cart/{id}")
    public String addToCart(
        @PathVariable String id
    ) {
        this.shoppingCart.getObject()
            .add(this.filmService.getFilm(id));
        return "redirect:/films";
    }
}
```

Listing 8–26
ShopController.java

Alternativ können Sie hier auch das JSR-330-Interface Provider nutzen,
wenn javax.inject auf dem Klassenpfad ist:

```
private final Provider<ShoppingCart> shoppingCart;

public ShopControllerAlt(
    Provider<ShoppingCart> shoppingCart) {
    this.shoppingCart = shoppingCart;
}
```

Listing 8–27
ShopControllerAlt.java

Probieren Sie im Beispiel ruhig einige Alternativen aus. In Ihren Projekten entscheiden Sie sich bitte wieder für eine Variante. Oftmals ist es

eine gute Idee, so wenig Annotationen und frameworkspezifische Elemente wie möglich zu nutzen.

8.2   Template Engines

Auch wenn viele aktuelle Webanwendungen als Single-Page-Applications (SPA) mit einem der zahlreichen JavaScript-Frameworks entwickelt werden, gibt es immer noch gute Gründe, serverseitig gerenderte HTML-Seiten auszuliefern. Sei es als »Grundlage« einer SPA-Anwendung (der Client wird vor initialisiert) oder als Webseite, die je nach Endgerät schrittweise verbessert wird (»Progressive Enhancement« im Gegensatz zu »Graceful Degradation«).

Spring Boot trifft eine Auswahl aus der Vielzahl verfügbarer Template-Engines:

- Thymeleaf
- Groovy
- Freemarker
- Mustache

Für diese Template-Engines stehen gleichnamige Starter zur Verfügung. Die Starter konfigurieren die jeweils passenden `ViewResolver` und die von der jeweiligen Technologie benötigte Infrastruktur. Ebenfalls konfiguriert werden `ResourceUrlProvider` und `ResourceUrlEncodingFilter`, die jeweils zur Generierung und Auflösung von URLs statischer Inhalte genutzt werden.

Innerhalb der jeweiligen Templates können Sie dann mit den Mitteln der Template-Sprache auf Ihr Modell zurückgreifen, das Sie in einen Controller wie beispielsweise in Listing 8–1 gefüllt haben. In der Regel stehen darüber hinaus zusätzlich die von der Anwendung bereitgestellten Messagesources (siehe Kasten »Internationalisierung« auf Seite 162), Conversion Services und mehr innerhalb der Templates zur Verfügung.

Darüber hinaus variieren natürlich die Features der genannten Template-Sprachen, und damit die Unterstützung seitens Spring und Spring Boot.

JSP

JavaServer Pages, kurz JSPs, sind keine reguläre Template-Engine, sondern eine sehr spezialisierte Programmiersprache, die es erlaubt, Java-Code mit HTML zu mischen. JSP-Seiten werden mittels eines Compilers in Java-Quelltext umgewandelt und anschließend kompiliert: Hinter jeder Seite steckt ein Servlet. Während JSPs in Stand-alone-Containern gut unterstützt sind, funktionieren sie in der Regel innerhalb eines eingebetteten Containers nur mit Einschränkungen:

- Die eingebetteten Varianten von Tomcat und Jetty unterstützen JSPs nur aus einer ausführbaren War-Datei.

- Undertow unterstützt keine JSPs.

Da JSPs seitens Oracle seit Java EE 6 als deprecated gelten, sollten Sie eine der hier vorgestellten Template-Engines als Alternative für serverseitig gerenderte Webseiten in Betracht ziehen.

Die Starter konfigurieren Spring Web MVC jeweils so, dass Templates im Klassenpfad unter `classpath:/templates` gesucht werden. Diesen Pfad können Sie selbstverständlich über Propertys anpassen. Für Thymeleaf, Groovy und Mustache nutzen Sie `spring.xxx.prefix`, für Freemarker `spring.freemarker.templateLoaderPath`. Mit der entsprechenden `*.suffix`-Eigenschaft bestimmen Sie die Dateiendung.

Template-Pfade konfigurieren

Während Sie für eine reine API in der Regel nur einen definierten HTTP-Statuscode als Fehler zurückgeben wollen und dafür zum Beispiel Exceptions mit `@ResponseStatus` nutzen können, so möchten Sie Ihren Nutzern vielleicht eher sprechende Seiten zeigen. Diese Error-Seiten können sowohl statischer als auch dynamischer Natur sein. Listing 8–28 zeigt, wie alle 404-Fehler mit einer statischen HTML-Seite und alle Fehler im Bereich 500 mit einem dynamischen Thymeleaf-Template behandelt werden:

Error-Seiten anpassen

```
src/
 +- main/
    +- resources/
       +- public/
          +- error/
          |  +- 404.html
       +- templates/
          +- error/
          |  +- 5xx.html
```

Listing 8–28
Verzeichnisse für statische und dynamische Fehlerseiten

Templates cachen

Im Folgenden lernen Sie zwei ausgewählte Template-Sprachen in aller Kürze kennen: Thymeleaf[6] sowie die Groovy Markup-Template-Engine[7].

Gerade in der Frontend-Entwicklung ist ein schnelles Feedback wichtig. Sie möchten in der Regel nicht darauf warten, dass Ihre Anwendung komplett neu startet, um das Ergebnis Ihrer Änderungen an einem Template zu sehen. In produktiven Betrieb hingegen soll Ihre Anwendung keine wertvolle Zeit damit verschwenden, Templates bei jedem Seitenaufruf neu zu verarbeiten. Thymeleaf, Groovy-Templates und Freemarker sind daher gleichermaßen in der Lage, die genutzten Templates zu cachen. Spring Boot bietet unter dem Schlüssel `spring.xxx.cache` die passende Eigenschaft, um den Cache ein- und auszuschalten. In Abschnitt 7.1 haben Sie die devtools kennengelernt, die nicht nur Ihre Klassen zur Laufzeit neu laden, sondern auch statische Inhalte und Templates austauschen können. Falls Sie die devtools nutzen, können Sie auf ein manuelles Setzen der Cache-Option verzichten: Die devtools konfigurieren diesen Wert entsprechend, je nachdem, ob Sie sich in der Entwicklungs- oder Produktionsumgebung befinden.

8.2.1   Thymeleaf-Templates nutzen

Natürliche Templates verwenden

Thymeleaf wurde aus mehreren Gründen als Beispiel für eine moderne Server-Side Java Template Engine in diesem Buch ausgewählt: Thymeleaf setzt zum einen extrem auf Templates in »natürlicher« Sprache und zum anderen ist die Spring-Integration hervorragend. Natürliche Sprache heißt in diesem Fall, dass die Templates sowohl in der eigentlichen Engine als auch in einem Browser funktionieren. Ein enormer Vorteil zum Beispiel gegenüber JSP-Seiten. Im Idealfall könnten Sie mit Thymeleaf die Vorlagen Ihrer Designer 1:1 übernehmen und bräuchten Sie nur noch um entsprechende Sprachkonstrukte anreichern.

Sowohl das Beispielprojekt *webmvc* als auch *bootifultodos_todos* nutzen den `spring-boot-starter-thymeleaf`, der sämtliche Abhängigkeiten und die notwendige Konfiguration mitbringt. Listing 8–29 aus *webmvc* zeigt einige der Funktionen Thymeleafs:

Listing 8–29
HTML-Formular mit Thymeleaf

```
<!DOCTYPE html>
<html xmlns="http://www.w3.org/1999/xhtml"
      xmlns:th="http://www.thymeleaf.org"
      th:lang="${#locale.language}">
```

---

[6] http://www.thymeleaf.org

[7] http://docs.groovy-lang.org/docs/next/html/documentation/ template-engines.html#_the_markuptemplateengine

```
<head>
  <meta charset="utf-8" />
  <title>New</title>
  <link rel="stylesheet"
        href="style.css" th:href="@{/style.css}"
  />
</head>
<body>
  <form action="" th:action="@{/films/}"
        th:object="${filmForm}"
        method="POST"
  >
    <label for="title" th:text="#{title}">title</label>
    <input type="text" th:field="*{title}" />
    <br />
    <label for="releaseYear"
           th:text="#{releaseYear}">releaseYear</label>
    <input type="date" th:field="*{releaseDate}" />
    <br />
    <button type="submit">Submit</button>
  </form>
</body>
</html>
```

Dieses Formular wird an ein Modellattribut namens `filmForm` gebunden, das ein Controller zur Verfügung stellt. Innerhalb des Form-Tags können dann Member der Klasse referenziert werden. Sie sehen an vielen Tags eine Wiederholung von Attributen, zum Beispiel im `<link>`-Tag, dem `<form>`-Tag und den `<label>`-Tags: einmal ohne, einmal mit th-Präfix. Über dieses Präfix werden die natürlichen Templates realisiert. Verschiedene syntaktische Elemente wie `${}`, `@{}` und `#{}` stellen Thymeleaf-Funktionen dar (Zugriff auf Beans, Generierung von URLs und Zugriff auf Messagesources).

Wie sieht der entsprechende `@Controller` nun aus? Sie haben verschiedene Möglichkeiten, den Namen einer View anzugeben. Der Name der View entspricht in diesem Fall dem Namen des Templates. Gehen wir von folgendem Controller aus, dessen Methoden alle auf den Pfad "/films" abgebildet werden.

```
@Controller
@RequestMapping(path = "/films")
public class FilmController {
}
```

Listing 8–30
Grundgerüst des Film-Controllers

Die expliziteste Möglichkeit, sowohl View und Model anzugeben, ist die Benutzung der Klasse `ModelAndView`. Im Beispiel wird der vollständige Pfad des Templates angegeben, Sie können aber auch explizit eine Instanz der Klasse Thymeleaf-View erzeugen, analog zu den View-Klassen, die unter dem Stichwort Content Negotiation vorgestellt wurden:

Listing 8–31
Explizite Angabe von
Model und View

```
@GetMapping("/new")
ModelAndView filmForm() {
        final Map<String, Object> model =
                new HashMap<>();
        model.put("filmForm", new FilmForm());
        return new ModelAndView("films/new", model);
}
```

Weniger explizit ist die Rückgabe eines Strings. Dieser wird im Falle eines `@Controller` nicht als HTTP-Antwort zurückgegeben, sondern als Name eines Templates interpretiert:

Listing 8–32
Explizite Angabe des
Model und implizierte
View

```
@GetMapping("/new")
String filmForm(final Model model) {
        model.addAttribute("filmForm", new FilmForm());
        return "films/new";
}
```

Sie sollten die Rückgabe von Strings in Controller-Methoden nicht mischen, sprich: Trennen Sie bitte Controller, die eine Weboberfläche rendern, von Controllern, die eine HTTP-API implementieren. Vollständig implizit ist schlussendlich diese Variante:

Listing 8–33
FilmController.java

```
@GetMapping("/new")
FilmForm filmForm() {
    return new FilmForm();
}
```

Der Name des Templates leitet sich in diesem Fall aus dem zusammengesetzten Pfad ("/films" + "/new") ab, der Name des einzigen Modelattributs aus dem Namen der Methode.

Egal für welche Variante Sie sich entscheiden, nutzen Sie diese wenn möglich konsistent; ein Richtig oder Falsch gibt es nicht, wohl aber Varianten, die mehr Überraschungen bereithalten als andere.

An zwei Stellen des Templates im obigen Beispiel werden URLs benutzt: beim Link zum Stylesheet und bei der URL des Formulars. Diese URLs werden automatisch so umgeschrieben, dass sie zum Servlet-
Kontext passen, und im Falle des Stylesheets wird die Versionsnummer
(siehe Unterabschnitt 8.1.5) angefügt.

Thymeleafs
Spring-Integration

Darüber hinaus haben Sie schon einige Methoden der Klasse `Film`-
`Controller` aus dem Projekt *webmvc* gesehen, die nicht nur die üblicherweise von einem Browser unterstützten HTTP-Verben `GET` und `POST`
verwenden, sondern zum Beispiel `DELETE` für Methoden zum Löschen
von Daten. Damit Sie in Formularen nicht nur `POST` nutzen können,
stellt Spring den sogenannten `HiddenHttpMethodFilter` zur Verfügung:
Er wertet in `POST`-Anfragen ein Formularfeld namens `_method` aus und
ist in einer Spring-Boot-Anwendung vorkonfiguriert. Nutzen Sie nun
die entsprechenden Thymeleaf-Methoden zur Definition eines HTML-
Formulars, wird das versteckte Feld mit generiert:

```
<tr th:each="film : ${@shoppingCart.content}">
    <td th:text="${film.title}">
        Einer flog über das Kuckucksnest
    </td>
    <td>
        <form th:action="@{/cart/{id}(id=${film.id})}"
            method="POST" th:method="DELETE">
            <button type="submit">Delete</button>
        </form>
    </td>
</tr>
```

Listing 8–34
Korrekte HTTP-Verben
mit Thymeleaf

Gleiches gilt unter anderem für den CSRF-Schutz, falls Sie `spring-`
`boot-starter-security` auf dem Klassenpfad haben. Thymeleaf generiert
dann in Formularen ohne weitere Konfiguration die entsprechenden
Token-Parameter.

Listing 8–34 zeigt zusätzlich zu einem Formular eine Thymeleaf-
Iteration. Diese Iteration kann mit der Kombination aus Spring 5,
Spring WebFlux und Thymeleaf 3 vollständig eventgesteuert ablau-
fen. Thymeleaf unterstützt das reaktive Programmiermodell in Spring
WebFlux innerhalb einer Spring-Boot-Anwendung automatisch. Dieses
Buch greift dieses Thema in Kapitel 14 wieder auf.

Reactive Server-Side
Templates

> **Internationalisierung**
>
> Der Spring-Container unterstützt Internationalisierung durch das Interface `MessageSource`. Spring Boot erkennt ein Java-Resourcebundle der Form `messages.properties` automatisch in Ihrer Anwendung und konfiguriert damit eine Instanz des Typs `ResourceBundleMessageSource`. Beachten Sie, dass es nicht ausreicht, nur die sprachspezifische Ressource zu definieren (zum Beispiel `messages_de.properties`), Sie benötigen mindestens ein Basebundle. Sie können über die Konfigurationseigenschaft `spring.messages.basename` den Namen ändern oder weitere Bundles hinzufügen. Java vor Java 9 unterstützt offiziell keine UTF-8-Bundles, Spring hingegen schon und erwartet per Default Bundles in UTF-8 oder dem in `spring.messages.encoding` spezifiziertem Encoding. Standardmäßig nutzt Spring Boot das System-Locale, wenn kein passendes Bundle für ein angefragtes Locale gefunden wurde.
>
> Sie können eine injizierte Instanz der `MessageSource` nutzen, um mittels Java auf ein Bundle zuzugreifen. Template-Sprachen bieten in der Regel eine Syntax an, um Texte zu internationalisieren. In einem Thymeleaf-Template greifen Sie mittels `#{label}` auf die Übersetzung des Textes `label` im angefragten Locale zu.

Thymeleaf erweitern   Sie können Thymeleaf sehr einfach über eigene Dialekte erweitern. Im Kapitel »Die Magie hinter Spring Boot« wird genau das im Projekt *custom_starter* gemacht. Sie müssen allerdings dafür keinen Starter schreiben: Die automatische Konfiguration Thymeleafs über den Starter berücksichtigt alle relevanten Beans, sprich alle eigenen Dialekte, Konverter und anderes, und bezieht diese ohne weiteren Aufwand in die Konfiguration mit ein. Seit Spring Boot 2.0 ist allerdings Thymeleaf 3 die Default-Version von Thymeleaf. In der Regel ist eine Migration der Templates problemlos, Erweiterungen müssen allerdings oftmals überarbeitet werden.

Das Beispielprojekt *webmvc* beinhaltet einige Beispiele für Thymeleaf-Seiten, die Sie sehr einfach für eigene Experimente erweitern können.

8.2.2   Groovy-Templates verwenden

Legen Sie Wert auf eine Template-Engine in Ihrer Spring-Boot-Anwendung, deren Templates in Bytecode kompiliert werden, sollten Sie einen Blick auf die Markup-Template-Engine aus dem Groovy-Templates-Projekt werfen. Sie verhält sich weniger wie eine traditionelle Template-Sprache, sondern vielmehr wie eine DSL-Sprache mit einer Builder-Syntax.

Der `spring-boot-starter-groovy-templates` stellt alle notwendigen Abhängigkeiten zur Verfügung und konfiguriert den Spring-Kontext entsprechend. Im Groovy-Beispiel *helloworld_groovy* aus Abschnitt 16.1 wird dieser Starter als zusätzliche Abhängigkeit definiert:

```
dependencies {
    compile "org.springframework.boot:spring-boot-starter-groovy-
    ↪  templates"
}
```

Listing 8–35
build.gradle

Anschließend können Groovy-Templates analog zu anderen unterstützten Template-Engines verwendet werden. Listing 8–36 zeigt ein Template, das auf eine Liste von Personen aus dem Controller zugreift:

```
// Handler-Methode in Groovy
@GetMapping("/people")
def people() {
    [listOfPeople: [
        new Person(name: "Ada Lovelace"),
        new Person(name: "Fran Allen"),
        new Person(name: "Grace Hopper"),
    ]]
}
// Und das passende Template
yieldUnescaped '<!DOCTYPE html>'
html(lang:'en') {
    head {
        title('Famous people in IT')
    }
    body {
        ul {
            listOfPeople.each { person ->
                li(person.name)
            }
        }
    }
}
```

Listing 8–36
build.gradle

Sie können Groovy-Templates natürlich auch mit einer Java-basierten Spring-Boot-Anwendung einsetzen.

8.2.3   Ausblick

In einer Spring-Boot-Anwendung stehen Ihnen einige sehr unterschiedliche Template-Sprachen im Zusammenspiel mit Spring Web MVC zur Verfügung, die alle ihre Vor- und manchmal auch Nachteile haben.

Fest steht: Server-Side Rendering gehört sicherlich nicht der Vergangenheit an, im Gegenteil. Auch aktuelle Konzepte wie ein reaktives Programmiermodell werden unterstützt. Als eigenes Experiment könnten Sie die Templates des *webmvc*-Projektes hernehmen und als Groovy-Templates oder in einer der anderen unterstützten Template-Engines umsetzen. Denken Sie einfach nur daran, den entsprechenden Starter in Ihre Anwendung aufzunehmen. Dabei können Sie auch mehrere Template-Starter mischen. Spring Boot konfiguriert per Default unterschiedliche Anhänge für unterschiedliche Engines, so dass die verschiedenen View Resolver sich nicht gegenseitig behindern. Im Einzelnen sind das:

Thymeleaf `.html`
Groovy `.tpl`
Freemarker `.ftl`
Mustache `.mustache`

8.3   Über WebSockets kommunizieren

Mit dem Starter `spring-boot-starter-websocket` profitieren Sie von der automatischen Konfiguration des WebSockets-Supports von Spring, die gleichermaßen für Tomcat, Jetty und Undertow in den aktuellen Versionen vorliegt. Bei diesem Starter müssen Sie zusätzlich zum Einbinden des Starters eine der Annotationen `@EnableWebSocket` oder `@EnableWeb-SocketMessageBroker` auf einer `@Configuration`-Klasse deklarieren. Letztere können Sie benutzen, um WebSockets als Transport für Protokolle höherer Ebene zu nutzen.

Das WebSocket-Protokoll ist kein Application-Layer-Protokoll, sondern nur eine dünne Schicht über dem TCP-Protokoll, das einen Byte-Stream in einen Stream von Nachrichten umwandelt. Als solches ist es in der Regel nicht geeignet, um komplexe Szenarien mit ihm abzubilden. Das Spring-Framework bietet daher vollständigen Support für das STOMP-Protokoll, das explizit als Sub-Protokoll im WebSocket-RFC vorgesehen ist. Annotationen wie `@MessageMapping` sowie `@SendTo` helfen dabei, Ihre Anwendung zu strukturieren.

Listing 8–37 aus dem Beispielprojekt https://github.com/springbootbuch/websockets zeigt die minimale Konfiguration, die Sie tätigen müssen, um einen funktionsfähigen WebSocket anbieten zu können:

```
@Configuration
@EnableWebSocket
public class WebSocketConfig
    implements WebSocketConfigurer {

    @Override
    public void registerWebSocketHandlers(
        WebSocketHandlerRegistry registry)
    {
        registry.addHandler(
            new TextWebSocketHandler() {
            @Override
            protected void handleTextMessage(
                WebSocketSession session,
                TextMessage message
            ) throws Exception {
                session.sendMessage(
                    new TextMessage(
                        "Hello, " + message.getPayload()));
            }
        }, "/greeting");
    }
}
```

Listing 8–37
Konfiguration eines
WebSocket-Handlers

Die Referenzdokumentation beschreibt das Thema WebSockets sehr ausführlich, insbesondere wie Sie WebSockets tatsächlich für Anwendungsprotokolle nutzen können.

8.4   JAX-RS nutzen

Sie haben auch innerhalb einer Spring-Boot-Anwendung die Möglichkeit, auf JAX-RS, die Java API for RESTful Web Services, zurückzugreifen, um HTTP-Schnittstellen anzubieten. Spring Boot unterstützt Jersey als JAX-RS-Implementierung über einen eigenen Starter, den spring-boot-starter-jersey; er wird im Beispielprojekt https://github.com/springbootbuch/jaxrs genutzt.

Den @RestController aus Listing 8–4 können Sie damit sehr einfach als JAX-RS-Komponente nachbauen:

Listing 8–38
REST-Endpunt mit
JAX-RS/Jersey

```
@Component
@Path("/api/films")
public class FilmRestEndpoint {

    private final FilmService filmService;

    public FilmRestEndpoint(
        FilmService filmService
    ) {
        this.filmService = filmService;
    }

    @GET
    public List<Film> index() {
        return filmService.getFilms();
    }
}
```

Jersey-Endpunkte müssen manuell registriert werden, wie Listing 8–39 zeigt, verhalten sich ansonsten aber wie »normale« Spring-Komponenten. In Listing 8–38 wird sowohl Constructor Injection ohne Annotationen als auch die automatische Konvertierung eines Objektes nach JSON über Jackson unterstützt. Der Jackson-Provider für JAX-RS ist Teil des Starters und wird von Spring Boot automatisch konfiguriert. Alle in Unterabschnitt 8.1.6 erwähnten Anpassungen funktionieren also auch in einer mit Spring Boot realisierten JAX-RS-Anwendung.

Listing 8–39
Manuelle
Registrierung von
JAX-RS-Endpunkten

```
@Component
public class JerseyConfig extends ResourceConfig {

    public JerseyConfig() {
        register(FilmRestEndpoint.class);
    }
}
```

spring-boot-starter-jersey kann zum Beispiel in Migrationsszenarien genutzt werden; eine generelle Empfehlung soll an dieser Stelle nicht ausgesprochen werden. Sobald Sie serverseitig gerenderte Webseiten ausliefern möchten, führt aktuell kein Weg an Spring Web MVC in einer Spring-Boot-Anwendung vorbei. Ohne guten Grund sollten Sie dann allerdings keine Anwendung mit gemischten Endpunkten entwickeln und stattdessen auf Spring Web MVC setzen.

9   Security

Security ist ein essenzielles Thema und wird leider dennoch oft als etwas betrachtet, das im Nachgang »schnell« ergänzt werden kann. Das Ergebnis ist entsprechend: nicht sicher. Leider ist Security aber auch ein komplexes Thema, das nicht nebenbei erlernt werden kann. Das gilt an dieser Stelle nicht nur im Allgemeinen, sondern auch im Hinblick auf das Projekt Spring Security, einem komplexen, aber sehr flexiblen Projekt, das Sie praktisch auf jedes Szenario anpassen können.

Zwei Kernaspekte des Themas Security sind Authentifizierung und Autorisierung. Eine Entität oder *principal* – das kann sowohl eine reale Person als auch ein Programm sein – authentisiert sich gegenüber einem System durch Behauptung seiner Identität und den Nachweis dieser Behauptung. Der Nachweis erfolgt beispielsweise durch Kenntnis einer Information (Passwort), ein Token, ein persönliches, biometrisches Merkmal oder eine Kombinationen davon. Das System überprüft diese Behauptung und authentifiziert dadurch die Entität. Eine erfolgreich authentifizierte Entität ist anschließend autorisiert, bestimmte Aktionen durchzuführen.

Authentifizierung und Autorisierung

Natürlich betrifft das Thema Security auch die Erkennung und die Abwehr von Attacken. Das *Open Web Application Security Project* (OWASP) listet auf seiner Webseite unter »Attacken« über 60 mögliche Angriffsvektoren auf Webseiten auf, darunter bekanntere wie Session Fixation, Cross-Site Request Forgery (CSRF) oder Cross-Site Scripting (XSS), aber auch Themen wie Angriffe über Unicode Encoding oder Log Injection.

Abwehr von Attacken

Diese Themen und noch mal viel mehr sind Bestandteil des Spring-Security-Projekts, das von Spring Boot durch den `spring-boot-starter-security` unterstützt wird.

Auch wenn Sie nach der Lektüre dieses Kapitels in der Lage sein sollten, Ihre Anwendung abzusichern, nehmen Sie sich die Zeit, die Spring-Security-Referenz zumindest zu überfliegen und machen Sie sich vertraut mit einigen der Attacken, die OWASP auflistet. Seien Sie skeptisch bei Konfigurationstipps, die Konfigurationsklassen als nötig definieren oder in die Default-Filterchain eingreifen.

9.1 Minimale Autokonfiguration

Während der `spring-boot-starter-security` in Spring-Boot-1-Anwend-ungen noch etliche Annahmen getroffen hat und viele Konfigurationsei-genschaften bereitstellte, diese Annahmen zu überschreiben, so wurde dieses Verhalten mit Spring Boot 2 grundsätzlich geändert. Falls Sie Spring Boot Security 2 über den Starter einbinden, werden alle Web-Endpunkte – inklusive der Actuator-Endpunkte – geschützt. Der Starter stellt dabei einen Default-Benutzer bereit, dem – je nach angefragtem Inhaltstyp – Basic- oder Form-Login angeboten wird. Dieses Verhalten entspricht dem Standardverhalten von Spring Security. Damit stellt die-ser Starter, der im Folgenden auch als Spring Boot Security 2 bezeichnet wird, nur eine minimale Autokonfiguration zur Verfügung.

Jegliche Konfiguration, die über die Abschaltung der vollständigen HTTP-Sicherheit mittels `security.basic.enabled = false` (für den Fall, dass Sie zum Beispiel nur Methodensicherheit nutzen möchten) und der Bereitstellung eigener Zugangsdaten hinausgeht, erfordert das Vorhan-densein einer Bean vom Typ `WebSecurityConfigurerAdapter`. Sobald eine solche Bean im Kontext vorhanden ist, bewirkt der Starter lediglich ein grundsätzliches `@EnableWebSecurity` und stellt darüber hinausgehen-de Autokonfiguration ein. Diese Entscheidung wurde getroffen, damit Sie sich als Entwickler explizit mit der Konfiguration von Security be-schäftigen müssen. Die Gefahr, etwas falsch zu konfigurieren oder von übrig gebliebenen Fragmenten der automatischen Konfiguration über-rascht zu werden, ist im Bereich Security mit größerem Risiko verbun-den.

`WebSecurityConfigurerAdapter` ist eine abstrakte Klasse und stellt Schnittstellen zur Verfügung, die als Parameter einen Builder zur Kon-figuration von Spring Security erhalten.

9.2 Die Grundlagen verstehen

Spring Security nutzt folgende Hauptbestandteile, um die Themen Au-thentifizierung und Autorisierung zu realisieren:

- Der `SecurityContextHolder` realisiert den Zugriff auf den `Security-Context`.
- Der `SecurityContext` beinhaltet die `Authentication`-Instanz sowie ge-gebenenfalls Request-spezifische Informationen.
- `Authentication` repräsentiert einen erfolgreich authentifizierten Prin-cipal.
- Ein oder mehrere `GrantedAuthority`-Instanzen beschreiben die Rech-te einer `Authentication`.

Eine Instanz des `UserDetailsService` stellt eine Schnittstelle bereit, um mittels eines Benutzernamens oder eines Zertifikats die `User-Details` zu ermitteln, deren Authentizität überprüft wird.

Der `SecurityContextHolder` ist zentrales Element von Spring Security. In der Standardkonfiguration speichert diese Klasse alle Informationen, insbesondere über den aktuellen Principal in einem `ThreadLocal`: Damit stehen diese Informationen innerhalb des ausführenden Threads immer zur Verfügung. Spring Security trägt weiterhin Sorge dafür, dass der `ThreadLocal` nach Ablauf eines Requests bereinigt wird.

Damit ist auch klar, dass Spring Security nicht für alle Arten von Anwendungen ohne zusätzliche Konfiguration gleichermaßen gut geeignet ist: Anwendungen, in denen jeder Thread demselben Principal zugeordnet wird, zum Beispiel in einer JavaFX-Anwendung, oder reaktive Anwendungen, in denen Principals einer Kette von Ereignissen und nicht einzelnen Threads zugeordnet werden müssen, müssen gesondert betrachtet werden. In diesem Kapitel werden wir nur über Spring Security im Webkontext sprechen, allerdings sind die im Folgenden vorgestellten Konzepte unabhängig vom `SecurityContextHolder` gültig.

9.2.1 Authentifizierung

Spring Security ermöglicht Authentifizierung über folgende Technologien, die entweder Teil des Spring-Security-Projekts sind oder von Dritten bereitgestellt werden:

- HTTP-Basic-Authentifizierung
- HTTP-Digest-Authentifizierung
- HTTP X.509 client certificate exchange
- LDAP
- Form-based-Authentifizierung
- OpenID-Authentifizierung
- Java Authentication and Authorization Service (JAAS)
- und viele weitere mehr

Abbildung 9–1 zeigt die Kernkomponenten von Spring Security. Die Authentifizierung wird an Provider delegiert, die vollständig initialisierte `Authentication`-Objekte zurückgeben oder eine Exception werfen, wenn die Authentifizierung nicht erfolgreich war.

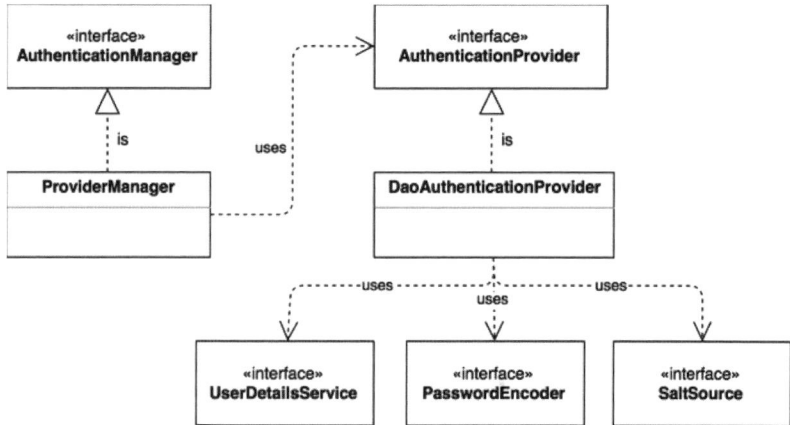

Spring Security stellt eine ganze Reihe von Implementierungen des AuthenticationProvider bereit, sowohl intern als auch über externe Module. So gibt es LDAP-, OpenID- oder Keycloak-spezifische Implementierungen. Der im Bild gezeigte DaoAuthenticationProvider ist eine der ältesten Implementierungen. Er nutzt einen UserDetailsService, um Benutzerdaten aus verschiedenen Quellen zu laden. Das Projekt selber stellt eine In-Memory- sowie eine Jdbc-Implementierung zur Verfügung.

Der spring-boot-starter-security konfiguriert für Sie einen AuthenticationManager mit einem In-Memory-UserDetailsService. Dieser Service enthält genau einen Benutzer. Ebenfalls konfiguriert werden Ereignisse, die über den in Abschnitt A.1 beschriebenen Mechanismus veröffentlicht werden. Zu den veröffentlichten Ereignissen gehören unter anderem AuthenticationSuccessEvent und AbstractAuthenticationFailureEvent, Letzteres in verschiedenen Ausprägungen. Zugriffe auf Ressourcen durch einen authentifizierten Principal ohne entsprechende Berechtigung lösen Access-Denied-Ereignisse aus.

9.2.2 Autorisierung

Autorisierung beziehungsweise die Durchsetzung von Berechtigungen wird üblicherweise als querschnittlicher Aspekt einer Anwendung betrachtet; innerhalb von fachlichem Code sollten explizite Abfragen, ob eine bestimmte Aktion erlaubt ist oder nicht, vermieden werden. Spring Security realisiert das in Hinblick auf Methodenaufrufe über Springs AOP-Support (siehe Abschnitt 3.2) und für HTTP-Requests über Standard-Servlet-Filter.

Abbildung 9–2 zeigt die Komponenten von Spring Security, die an der Entscheidungsfindung, ob ein Principal für ein bestimmtes Objekt autorisiert ist, beteiligt sind. Es wird eine von mehreren Implementie-

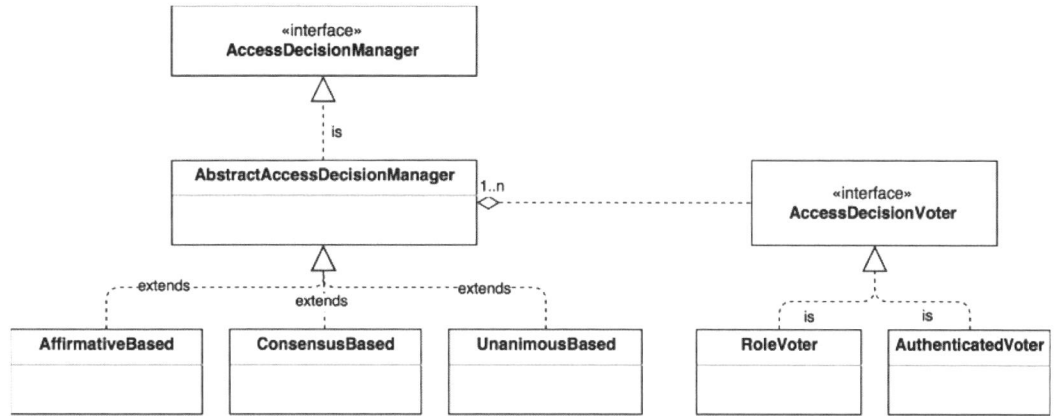

Abb. 9–2
Entscheidungsfindung

rungen des `AccessDecisionManager` genutzt, um zu entscheiden, ob ein
Principal, repräsentiert durch ein `Authentication`-Objekt, Zugriff auf
ein gesichertes Objekt hat oder nicht. Dabei kann die Entscheidung
einheitlich, bestätigend oder über einen Konsens erfolgen. Wie eine
Entscheidung getroffen wird, hängt dabei von einem oder mehreren
`AccessDecisionVoter` ab. Diese Objekte können zum Beispiel auf den
Authentifizierungsstatus oder die Rollen eines Principals zugreifen.

    `spring-boot-starter-security` nutzt dieselbe Default-Konfiguration
wie Spring Security und stellt für Ihre Anwendung einen `Affirmative-`
`Based AccessDecisionManager` zur Verfügung, der sowohl `RoleVoter` als
auch `AuthenticatedVoter` nutzt.

9.2.3   Spring Security und Spring Web MVC

Spring Securitys Integration mit Spring Web MVC basiert vollständig
auf dem Servlet-Standard, sowohl in Bezug auf das Füllen des `Security-`
`ContextHolder` als auch hinsichtlich der Autorisierung von HTTP-
Requests. Es findet keine Unterscheidung von Client-Typen statt; es
ist irrelevant, ob ein Request von einem Benutzer aus einem Browser
heraus gestartet wurde oder aus einer anderen Anwendung stammt:
Spring Securitys Content-Negotiation-Strategie entscheidet darüber, ob
HTTP-Basic oder ein Formular-Login angeboten wird.

    Spring-Security-Filter sind nicht entworfen worden, um als eigen-
ständige Servlet-Filter genutzt zu werden, sondern als Teil ein oder
mehrerer `SecurityFilterChains`, die die benötigten Servlet-Filter in einer internen Liste verwalten und in der korrekten Reihenfolge anwenden. Eine einzelne Bean vom Typ `FilterChainProxy` verwaltet die einzelnen Filterketten. Außerhalb des Spring-Kontexts als Schnittstelle zur

Servlet-API wird üblicherweise nur ein Servlet-Filter konfiguriert. Ein `DelegatingFilterProxy` leitet die Aufrufe an die `FilterChainProxy` durch.

`spring-boot-starter-security` nutzt automatisch die korrekte Reihenfolge der zu konfigurierenden Filter für alle URLs einer Anwendung. Unterschiedliche URL-Muster können jedoch sehr unterschiedliche Anforderungen an ihre Konfiguration haben. Sie können diese Konfiguration sehr leicht anpassen, ohne auf sinnvolle Standards verzichten zu müssen. In der Konfiguration von Zugriffsrechten auf bestimmte URL-Muster können Sie dabei sämtliche Spring-Security-Ausdrücke nutzen. Die Möglichkeiten reichen hierbei von der Abfrage, ob die Seite von einem anonymen Benutzer, einem »Remember-Me«-Benutzer oder einem Benutzer mit bestimmten Rollen aufgerufen wird. Die Spring-Security-Referenzdokumentation listet die möglichen Ausdrücke im Abschnitt *Expression-Based Access Control* auf.

Was ist mit Sessions? Spring Security sieht vier unterschiedliche Vorgehensweisen hinsichtlich der Session-Erstellung vor:

- `ALWAYS` Erstellt bei jedem Zugriff eine Session, unabhängig davon, ob es notwendig wäre oder nicht
- `IF_REQUIRED` Erstellt nur dann eine Session, wenn diese aufgrund der Konfiguration in einer speziellen Situation benötigt wird
- `NEVER` Spring Security wird niemals eine Session erstellen, aber eine vorhandene nutzen und gegebenenfalls Informationen auslesen.
- `STATELESS` Es wird keine Session erstellt.

Ob Ihre Spring-Boot-Anwendung vollständig `STATELESS` oder je nach Bedarf eine Session anbietet, hängt dabei vom Client beziehungsweise vom angefragten Inhaltstyp ab.

Der Starter konfiguriert Ihre Anwendung als `STATELESS`: Die Authentifizierung muss entsprechend bei jedem Request erneut durchgeführt werden (der Default über HTTP-Basic-Authentifizierung) oder über eine der zahlreichen Token-basierten Lösungen.

9.2.4 Methodensicherheit

Spring Security unterstützt sowohl JSR-250-Annotationen, Springs eigene, ältere `@Secured`-Annotation und die aktuellen `@Pre`- und `@Post`-Annotationen:

- `@PreAuthorize` dient zur Feststellung, ob eine Methode überhaupt aufgerufen werden darf oder nicht, und wird somit vom Aspekt vor dem Aufruf ausgewertet. Ihnen stehen für den Ausdruck die Methodenparameter zur Verfügung.

@PostAuthorize wird genutzt, wenn Sie den Rückgabewert einer Funktion selber nutzen wollen, um zu entscheiden, ob die Funktion aufgerufen werden durfte oder nicht. Hier steht zusätzlich zu den Parametern das returnObject zur Verfügung.

@PostFilter Dient dazu, Collections, die von einer Funktion zurückgegeben werden, zu filtern. Dem SpEL-Ausdruck steht mit filterObject jeweils das gerade betrachtete Objekt in der Collection zur Verfügung.

@PreFilter Für den seltenen Fall, dass Sie vor dem Aufruf der Methode Dinge filtern wollen

In diesen Annotationen können Sie zum einen die Ausdrücke der eingebauten Spring-Security-Expression sowie fast beliebige SpEL-Ausdrücke mit Zugriff auf den Security-Kontext verwenden und Ihre Anwendung damit absichern. Ein Beispiel finden Sie in Unterabschnitt 9.3.8. Weiterhin existieren Integrationen mit anderen Spring-Projekten, beispielsweise zu Spring Data REST, wie in Unterabschnitt 9.3.8 gezeigt.

Die Methodensicherheit über Annotationen wird vom spring-boot-starter-security nicht automatisch konfiguriert. Sie müssen diese explizit mit @EnableGlobalMethodSecurity auf einer beliebigen @Configuration-Klasse aktivieren. @EnableGlobalMethodSecurity stellt genau wie @EnableCaching oder @EnableAsync die Attribute mode und proxyTargetClass zur Verfügung, die zur Konfiguration des Proxy-Modes dienen, der in Unterabschnitt 11.2.1 kurz erläutert wird.

Wichtiger hier sind die drei boolschen Attribute jsr250Enabled, prePostEnabled sowie securedEnabled. Alle drei sind per Default false. Möchten Sie rein gegen den Java-Standard JSR 250 programmieren, so setzen Sie jsr250Enabled auf true und nutzen unter anderem @RolesAllowed, @DenyAll oder @PermitAll jeweils parametrisiert mit Rollen als Methodenannotationen. prePostEnabled aktiviert hingegen die Verarbeitung der oben beschriebenen deutlich mächtigeren Spring-Annotationen. Auf secureEnabled sollten Sie verzichten; in diesem Fall haben die Spring-eigenen Annotationen (@Secured und andere) keine Vorteile mehr gegenüber dem JSR-250.

9.2.5   Sicherheit auf HTTP-Header-Ebene

Spring Security kann im Hinblick auf Websicherheit viele sinnvolle HTTP-Header zu Responses hinzufügen. Dazu gehören:

Cache-Control: Wichtig, weil moderne Browser auch gesicherte Seiten innerhalb einer Session cachen können und damit noch geschützte Inhalte nach Ende der Session bereitstellen könnten

▥ Content-Type-Options: Die richtige Einstellung verhindert hier, dass Browser versuchen, den Inhaltstyp einer Datei automatisch zu ermitteln, und dabei von Dateien hereingelegt werden, die mehrere Inhaltstypen vorspielen

▥ HTTP Strict Transport Security (HSTS): Stellt sicher, dass ein Browser eine mit HTTPS gesicherte Webseite auch dann über HTTPS anspricht, wenn das Protokoll bei der Anfrage nicht explizit definiert wird

▥ X-Frame-Options: Verhindert das ungewollte Einbetten der betreffenden Seite in Iframes

▥ X-XSS-Protection: Schaltet explizit den browsereigenen Schutz vor X-XSS-Attacken ein

Der Spring-Boot-Starter schaltet diesen Schutz ein, so dass die Antwort-Header Ihrer Anwendung mindestens folgende Attribute enthalten:

Listing 9–1
Default HTTP-Header

```
Cache-Control: no-cache,no-store,max-age=0,must-revalidate
Pragma: no-cache
Expires: 0
X-Content-Type-Options: nosniff
Strict-Transport-Security: max-age=31536000; includeSubDomains
X-Frame-Options: DENY
X-XSS-Protection: 1; mode=block
```

Schutz vor
CSRF-Attacken

Weiterhin wird der Schutz Spring Securitys vor Cross-Site-Request-Forgery-Attacken durch den Starter aktiviert. Als CSRF-Attacke wird ein Eingriff bezeichnet, bei dem einem Benutzer, der an einer Webseite angemeldet ist, ein HTTP-Aufruf untergeschoben wird, der eine nicht gewollte Aktion durchführt. Dabei wird von der Tatsache Gebrauch gemacht, dass HTTP per se stateless ist, unabhängig davon ob die Anwendung auf dem Server stateless oder stateful ist: Ein eingehender Request muss immer Anmeldeinformationen übermitteln, sei es per Token, einer Session-ID oder Ähnlichem. Ist ein Benutzer also gegen einen Server authentifiziert, so wird diese Information üblicherweise auch übertragen, unabhängig davon, ob die Anfrage absichtlich gestellt oder durch eine Attacke ausgeführt wird. Eine Anwendung kann durch ein *synchronizer token* geschützt werden. Dieses Token stellt eine zufällig generierte Information da, die bei jeder Anfrage mit übertragen werden muss, um vom Server verifiziert zu werden.

Der Starter konfiguriert den Schutz für alle Anfragen, die nicht über das HTTP-Verb GET übermittelt werden.

9.3 Anwendungsbeispiele

> **Quelltext**
>
> Die überwiegende Menge der im Folgenden genutzten Beispiele finden Sie
> im Projekt *security* auf GitHub: https://github.com/springbootbuch/security;
> die unterschiedlichen Konfigurationen sind dabei über Profile realisiert. Das
> Projekt stellt die URL http://localhost:8080/api/greeting als API und ein Web-
> Frontend unter http://localhost:8080 zur Verfügung.

9.3.1 Die Standardkonfiguration nutzen

Um Ihre Anwendung pauschal abzusichern, fügen Sie `spring-boot-starter-security` als Abhängigkeit hinzu. Der Default-Benutzer hat den Namen `user` und ein zufällig generiertes Passwort, das während des Starts im Log ausgegeben wird:

```
2017-05-08 15:40:57.716  INFO 66108 ---
    [ restartedMain] b.a.s.
    AuthenticationManagerConfiguration :


Using default security password:
    f3607803-bec6-4653-af38-9227978e853e
```

Listing 9–2
Ausgabe des
generierten Passworts

Eine gute Designentscheidung: Würde Spring Boot ein Standardpasswort wählen, so wäre die Wahrscheinlichkeit, sehr viele Spring-Boot-Anwendungen mit diesem Passwort zu finden, ziemlich hoch. Diese Stelle ist übrigens einer der wenigen Momente, in denen Spring Boot ein Passwort im Klartext ausgibt. Sowohl im Log als auch insbesondere in den Actuator-Endpunkten (siehe Kapitel 17) werden Passwörter, die Spring Boot als solche erkennt, »geschwärzt« als Sternchen ausgegeben.

Die API und auch das Web-Frontend können nun nur noch per HTTP-Basic-Auth aufgerufen werden:

```
curl -v -H "Accept: application/json" \
http://localhost:8080/api/greeting
< HTTP/1.1 401
...
< X-Frame-Options: DENY
< WWW-Authenticate: Basic realm="Realm"
< Content-Type: application/json;charset=UTF-8
...
```

Listing 9–3
Zugriff ohne
Authentifizierung
nicht möglich

```
{
    "error": "Unauthorized",
    "message": "Full authentication is required to access this
    ↪ resource",
    "path": "/api/greeting",
    "status": 401,
    "timestamp": 1505134341240
}
```

In Listing 9–3 ebenfalls dargestellt ist die Authentifizierungsmethode: Der Server bietet an, den Benutzer über HTTP-Basic zu authentifizieren, da im Listing explizit der Inhaltstyp JSON angefragt wurde. Spring Boot verlässt sich an dieser Stelle auf das Standardverhalten von Spring Security. Geben Sie keinen Inhaltstypen an oder rufen Sie obige URL in einem Browser auf, so erstellt Spring Security eine Session und leitet die Anfrage auf ein generiertes Standardformular zum Login um:

Listing 9–4
Redirect nach Content
Negotiation

```
curl -v -H "Accept: application/html" \
http://localhost:8080/api/greeting
< HTTP/1.1 302
...
< X-Content-Type-Options: nosniff
< X-XSS-Protection: 1; mode=block
< Cache-Control: no-cache, no-store, max-age=0, must-revalidate
< Pragma: no-cache
< Expires: 0
< X-Frame-Options: DENY
< Set-Cookie: JSESSIONID=71931A5381D5CFC37D1C7F13F6A3C1C9; Path=/;
↪ HttpOnly
< Location: http://localhost:8080/login
< Content-Length: 0
```

Beachten Sie bitte, dass das Passwort bei jedem Neustart – auch durch die devtools – neu generiert wird. Konfigurieren Sie Benutzernamen und Passwort wie folgt:

Listing 9–5
Properties-Datei
des Profiles
simple-customization

```
spring.security.user.name = leser
spring.security.user.password = aendermich

spring.security.user.roles = USER, ADMIN
```

Diese Konfiguration steht dem Beispielprojekt im Profil simple-customization zur Verfügung. Starten Sie das Projekt entsprechend, um mit

```
curl -u leser:aendermich http://localhost:8080/api/greeting
```

die API aufzurufen. Innerhalb der API wird der aktuelle Principal in den Controller injiziert und der Name des Principals als Rückgabe genutzt:

```
@GetMapping("/greeting")
public String getGreeting(
    final Principal principal)
{
    return String.format(
        "Hello, %s.",
        Optional.ofNullable(principal)
            .map(Principal::getName)
            .orElse("Anonymous"));
}
```

Listing 9–6
Ausgabe des aktuellen Principals

Um den Principal auszugeben, ist keine weitere Konfiguration notwendig, allerdings werden wir Listing 9–6 noch einmal aufgreifen. Beachten Sie bitte, dass der Principal `null` sein kann, wenn die in Frage kommende URL auch anonym aufgerufen werden kann. In Listing 9–5 sehen Sie ebenfalls die Konfiguration zusätzlicher Rollen. Die Default-Rolle des Standardbenutzers ist `USER`, hier kommt noch `ADMIN` hinzu.

Die Klasse `Principal` stammt aus dem Java-EE-Package `java.security` und ist sehr einfach gehalten. Sie müssen es auf Ihre eigene `UserDetails`-Klasse casten, wenn Sie eine spezielle Implementierung benötigen. Eine Alternative ist die Verwendung der Annotation `@AuthenticationPrincipal` auf Parameterebene. Spring Boot registriert für Sie automatisch einen zusätzlichen Resolver, der den Principal auf die konkrete Klasse auflöst.

9.3.2   Methodensicherheit aktivieren

Die Methodensicherheit wird rein deklarativ wie in Listing 9–7 aktiviert:

```
@Configuration
@EnableGlobalMethodSecurity(prePostEnabled = true)
public class MethodSecurityConfig {
}
```

Listing 9–7
MethodSecurityConfig

Listing 9–8 zeigt einige Beispiele der in Unterabschnitt 9.2.4 erwähnten Spring-eigenen Pre- und Postauthorize-Annotationen. Sie werden hier in einem `@Service` und nicht direkt in einem `@Controller` genutzt:

Listing 9–8
GreetingService

```
@Service
public class GreetingService {
    @PreAuthorize("hasRole('SUPERADMIN')")
    public String superAdminGreeting() {
        return "Secret greeting";
    }

    @PostFilter(
        "filterObject.contains(authentication.name)"
    )
    public List<String> greetings() {
        return Stream.of(
            "Hello, Reader.",
            "Guten Tag, leser."
        ).collect(toList());
    }
}
```

Im Beispielprojekt wird dieser Service ebenfalls durch die Klasse `Api-`
`Controller` genutzt. Versuchen Sie nun eine Controller-Methode aufzurufen, die die Methode `superAdminGreeting` nutzt, reagiert der Server mit
HTTP 403: Forbidden. Sie sind authentifiziert, aber nicht autorisiert.

9.3.3 Gesicherte URLs und Methoden testen

Im einführenden Beispiel haben Sie bereits `@WebMvcTest` kennengelernt.
`@WebMvcTest` ist ein »Test-Slice«, ein Konzept, das in Kapitel 15 im
Detail besprochen wird. `@WebMvcTest` aktiviert Spring Security automatisch auch während des Tests, wenn es auf dem Klassenpfad ist.
Mit dem Attribut secure könnten Sie das Verhalten abschalten. Auch
wenn das die »einfachere« Möglichkeit wäre, so wäre sie nicht richtig. Springs `MockMvc` und die `MockMvcRequestBuilders` bieten die Methode
`#principal()`, die den Principal des Requests füllt. Dies reicht aber nicht
aus, wenn Sie Spring Boots Standardkonfiguration für Security nutzen,
da kein Security-Kontext gefüllt wird.

Stattdessen fügen Sie bitte `org.springframework.security:spring-`
`security-test` als Testabhängigkeit in Ihrem Build-System hinzu. Diese Bibliothek bietet einige hilfreiche Klassen, so wie `SecurityMockMvc-`
`RequestPostProcessors`. Diese Request-Prozessoren erlauben es unter anderem, deklarativ den Security-Kontext zu füllen, sichtbar in Zeile 15
in Listing 9–9:

```
1  @RunWith(SpringRunner.class)
2  @WebMvcTest
3  @MockBean({GreetingService.class, UserRepository.class})
4  public class ApiControllerTest {
5
6      @Autowired
7      private MockMvc mvc;
8
9      @Test
10     public void getGreetingShouldWork()
11         throws Exception
12     {
13         mvc.perform(
14                 get("/api/greeting")
15                     .with(user("Tester")))
16             .andExpect(
17                 content().string("Hello, Tester.")
18             );
19     }
20 }
```

Listing 9–9
ApiControllerTest

Die Art und Weise des Tests ist unabhängig von der tatsächlich konfigurierten oder implementierten Security: Die Methoden sind deklarativ geschützt, ebenso wie die URLs. An keiner Stelle wurde eine Annahme darüber getroffen, in welcher Art und Weise der Principal definiert ist.

Auf ähnliche Art können unter Zuhilfenahme einiger Annotationen aus dem spring-security-test-Modul Methoden getestet werden, die über Prä- und Postannotationen geschützt sind. Listing 9–10 zeigt den Test des Service aus Listing 9–8:

```
@RunWith(SpringRunner.class)
@SpringBootTest(webEnvironment = NONE)
@WithMockUser(
    username = "test",
    roles = {"USER", "ADMIN"}
)
public class GreetingServiceTest {

    @Autowired
    private GreetingService greetingService;

    @Rule
    public ExpectedException expectedException
        = none();
```

Listing 9–10
GreetingServiceTest

```
@Test
public void secretGreetingShouldBeProtected() {
    expectedException
        .expect(AccessDeniedException.class);
    greetingService.superAdminGreeting();
}


@Test
@WithMockUser(username = "Reader")
public void filteredGreetingsShouldWork() {
    assertThat(
        greetingService.greetings(),
        contains("Hello, Reader."));
    }
}
```

Ihnen stehen folgende Annotationen zur Verfügung, um den Security-Kontext zu füllen. Die Annotationen sind sowohl auf Klassenebene eines Testes als auch auf Methodenebene anwendbar.

- `@WithAnonymousUser` Zugriff als anonymer Benutzer
- `@WithMockUser` Zugriff als angegebener Benutzer mit definierten Rollen
- `@WithUserDetails` Zur Angabe eines `UserDetailsService` speziell für den Test
- `@WithSecurityContext` Ermöglicht das komplett eigenständige Füllen des Security-Kontexts

Auch im Hinblick auf Sicherheit gibt es keine Gründe, auf Integrationstests zur verzichten oder im Test eine andere Konfiguration zu nutzen, als schlussendlich in der Anwendung genutzt wird.

9.3.4   Eine eigene Benutzerverwaltung anbinden

In der Regel möchten Sie mehr als einem Benutzer Zugriff auf Ihre Anwendung erlauben, so dass die Konfiguration eines einzelnen Benutzers nicht hinreichend ist. Bevor wir zur Authentifizierung über Dritte kommen, betrachten wir zuerst das übliche Szenario, in dem oftmals eine bestehende Benutzerverwaltung angebunden werden soll. Das funktionale Interface, das Sie implementieren und als Bean bereitstellen müssen, ist der `UserDetailsService`. Listing 9–11 zeigt die Implementierung der einzigen Methode `UserDetails loadUserByUsername(String username)` als Java-8-Lambda-Ausdruck:

```
@Configuration
public class CustomUserDetailsServiceConfig {

    @Bean
    public UserDetailsService userDetailsService(
        final UserRepository userRepository
    ) {
        return username -> userRepository
            .findOneByLogin(username)
            .map(entity -> new User(
                entity.getLogin(),
                entity.getHashedPassword(),
                // Ihre Rollen hier
                new ArrayList<>()))
            .orElseThrow(() ->
                new UsernameNotFoundException(username))
        );
    }
}
```

Listing 9–11
*Eigener
UserDetailsService*

Es ist nicht nötig, dass Sie Klassen überschreiben oder anderweitig in die Konfiguration von Spring Security eingreifen. Spring erkennt Ihre UserDetailsService Bean und nutzt diese für die automatische Konfiguration.

Im Beispiel wird ein Spring Data JPA Repository genutzt, das einen Benutzer aus einer relationalen Datenbank anhand des Logins selektiert. Die Rückgabe ist vom Typ Optional<UserEntity>. Diese JPA-Entität wird auf die Spring-eigene Klasse User, eine Implementierung des Spring-Interface UserDetails, abgebildet. Sie können dieses Interface sehr leicht selber implementieren und genau steuern, ob ein Account zum Beispiel gesperrt ist oder nicht. Wichtig ist nur, dass Sie bitte nicht Ihre JPA-Entitäten von diesem Interface ableiten. Andernfalls würden Sie gegebenenfalls Entitäten, die noch mit einer Datenbank-Session assoziiert sind, in Ihren Security-Kontext speichern.

9.3.5 Passwörter sicher speichern

Spring Security 5 bringt einen modernen Mechanismus mit, um Passwörter sicher zu speichern. Per Default hasht Spring Security Passwörter mit BCrypt und erwartet Passwort-Hashes in diesem Format.

Während in grauer Vorzeit Passwörter oftmals als Klartext in Datenbanken gespeichert wurden, so werden sie heutzutage hoffentlich in der Regel als Einweg-Hash abgespeichert. Ein Einweg-Hash ist das Ergebnis der Anwendung einer nicht umkehrbaren Funktion auf einen

*Ein dauerhaftes
Wettrüsten*

Eingabewert. Die eingesetzten Security-Technologien müssen dann das vom Benutzer während der Anmeldung eingegebene Passwort ebenfalls hashen und das Ergebnis mit dem gespeicherten Wert vergleichen.

Eine Zeit lang galten unterschiedliche Einweg-Hash-Funktionen wie MD5, SHA-1 und SHA-256 als sicher. Mittlerweile gibt es aber umfangreiche Regenbogentabellen (Tabellen, die die Suche nach dem Originalwert eines Hashes sehr schnell ermöglichen) sowie effizientere Algorithmen und schnellere Hardware, so dass die genannten Funktionen als kompromittiert betrachtet werden müssen.

Sogenannte adaptive Einweg-Hash-Funktionen wie BCrypt, PBKDF2 und SCrypt sind heute das Mittel der Wahl, sichere Hashes zu generieren. Diese Funktionen können so parametrisiert werden, dass die Berechnung eines Hashes absichtlich länger dauert. Damit wird es einem Angreifer schwer gemacht, in kurzer Zeit viele verschiedene Eingabewerte auszuprobieren.

Die sichere Speicherung von Passwörtern ist also eine fortwährende Aufgabe, und Spring Security muss folgende Themen adressieren:

▨ Alte Password-Hashes können oftmals nicht ohne Weiteres migriert werden, aber es ist dennoch sinnvoll und notwendig, dass die Anwendungen, die die Daten nutzen, aktuelle Security-Software einsetzen.

▨ Die Best Practices für die sichere Speicherung von Passwörtern werden sich wieder ändern.

▨ Ein Framework wie Spring Security kann nur beschränkt oft Breaking Changes einführen.

Dem Interface `PasswordEncoder` fallen die Aufgaben zu, Klartextpasswörter zu hashen sowie die Hashwerte von Passwörtern zu verifizieren. Die Standard-Implementierung einer neuen Spring-Boot-Anwendung mit Spring Security ist vom Typ `DelegatingPasswordEncoder`. Dieser Typ erlaubt es der Anwendung,

▨ Passwörter in mehreren unterschiedlichen Formaten zu validieren,

▨ in Zukunft neue Formate bereitzustellen,

▨ eine konkrete Implementierung für neue Hashes zu nutzen.

Damit dieser Mechanismus funktionieren kann, nutzt der `Delegating-PasswordEncoder` Passwort-Hashes in folgendem Format: `{idDesHashes}` `PasswortHash`. Dem Hash wird also die ID eines konkreten Passwort-Encoders vorangestellt.

Spring Boot Security 2 nutzt folgende Instanz des Delegating-Passwort-Encoders:

```
@Bean
public PasswordEncoder passwordEncoder() {
    return PasswordEncoderFactories
        .createDelegatingPasswordEncoder();
}
```

Der Encoder in Listing 9–12 unterstützt unter anderem Plaintext-Passwörter, LDAP-Hashes, MD4 und MD5, SHA-1 und SHA-256 (mit und ohne Salz), PBKDF2, SCrypt und BCrypt. Letzterer wird als Standard auch für die Kodierung neuer Passwörter genutzt. Listing 9–13 zeigt, wie Sie eine eigene Instanz konfigurieren, die auf unsichere Hashes und Plaintext verzichtet und PBKDF2 als Default nutzt:

```
 1  @Bean
 2  public PasswordEncoder customDelegatingEncoder() {
 3      final String idForEncode = "pbkdf2";
 4      final Pbkdf2PasswordEncoder defaultEncoder
 5          = new Pbkdf2PasswordEncoder();
 6
 7      final Map<String, PasswordEncoder> encoders
 8          = new HashMap<>();
 9      encoders.put(
10          idForEncode, defaultEncoder);
11      encoders.put(
12          "bcrypt", new BCryptPasswordEncoder());
13      encoders.put(
14          "scrypt", new SCryptPasswordEncoder());
15
16      final DelegatingPasswordEncoder rv =
17          new DelegatingPasswordEncoder(idForEncode, encoders);
18      rv.setDefaultPasswordEncoderForMatches(
19          defaultEncoder);
20      return rv;
21  }
```

Listing 9–13
Angepasster
Passwort-Encoder

Listing 9–13 macht die Funktionsweise deutlich: In Zeile 3 wird eine ID deklariert, deren zugehöriger Encoder der Default-Encoder für neue Hashes ist. Sie wird in Zeile 17 zusammen mit allen unterstützten Encodern genutzt. Das Setzen eines Standard-Passwort-Encoders in Zeile 18 ist optional. Er wird immer dann benötigt, wenn Ihr Passwort-Hash in einem Format ohne ID-Präfix vorliegt oder eine unbekannte ID nutzt. Falls kein Default gesetzt ist, führt dieser Fall ansonsten zur Auslösung einer Exception.

Vorhandene Passwörter   Im Anhang werden im Abschnitt »Modernisierte Speicherung von Passwörtern« auf Seite 436 einige Methoden beschrieben, wie Sie die Passwörter Ihrer bestehenden Benutzerverwaltung auf das neue Format migrieren können. Falls Sie keine Möglichkeit haben, Ihre Passwort-Hashes zu modifzieren, oder das nicht wollen, dann können Sie, wie in Listing 9–14 gezeigt, einen einzelnen Encoder als Bean konfigurieren.

Listing 9–14
Verzicht auf
Delegating-Encoder

```
@Bean
public PasswordEncoder fixedPasswordEncoder() {
    return new StandardPasswordEncoder();
}
```

Der hier gezeigte Encoder ist deprecated, und das aus gutem Grund: SHA-256 gilt seit geraumer Zeit als unsicher, und Sie sollten Ihre Passwörter wenn möglich durch Berechnung neuer Hashes migrieren.

Benutzername und Passwort über Properties konfigurieren

Sie können mit den Properties `spring.security.user.name` und `spring.security.user.password` einen einzelnen Benutzer für Ihre Anwendung konfigurieren. Falls Sie das Passwort ohne ID-Präfix angeben, nimmt Spring Boot an, dass Sie `{noop}`, also ein Plaintext-Passwort, wünschen. Haben Sie ein Präfix angegeben oder einen speziellen Password-Encoder definiert, so wird das Passwort wie angegeben genutzt, gegebenenfalls also als Passwort-Hash.

9.3.6   HTTP-Sicherheit anpassen

Klare
Verantwortlichkeiten   Für die im Folgenden vorgestellte Konfiguration gilt das Gleiche wie bereits in Unterabschnitt 9.3.3 kurz erwähnt: Der Schutz von URLs ist genau wie die Methodensicherheit unabhängig vom tatsächlich genutzten Authentifizierungsmanager und Benutzerschema. Gleiches gilt natürlich auch für die genannten Aspekte untereinander.

Listing 9–15 zeigt die Konfiguration von Authentifizierungsmethoden (es wird HTTP-Basic genutzt), das Abschalten einiger HTTP-Header-Funktionen sowie die Deklaration von URL-Sicherheit. Beachten Sie, dass sämtliche Defaults von Spring Boot und Spring Security hinsichtlich der Websicherheit damit abgeschaltet werden.

Listing 9–15
Konfiguration von
HTTP-Sicherheit

```
@Configuration
public class CustomHttpSecurityConfig
    extends WebSecurityConfigurerAdapter {

    @Override
    protected void configure(HttpSecurity http)
        throws Exception
    {
        http
            .httpBasic()
            .and()
            .csrf().disable()
            .headers()
                .frameOptions().disable()
                .cacheControl().disable()
            .and()
            .antMatcher("/**")
            .authorizeRequests()
                .antMatchers("/api/admin/**")
                .authenticated()
                .antMatchers(HttpMethod.GET, "/api/**")
                .permitAll();
    }
}
```

Die »fluid«-API ist auf dem ersten Blick sehr einfach zu lesen, hat aber insbesondere in Bezug auf die Eindeutigkeit von Methodennamen und wieder in Bezug auf die Reihenfolge einige Tücken. Im Beispiel sehen Sie zweimal den Aufruf der Methode `antMatcher`. Der Aufruf auf dem `HttpSecurity`-Objekt bestimmt, auf welche URLs HTTP-Sicherheit überhaupt angewandt wird. Unterhalb von `authorizeRequests` bestimmen sie im Gegensatz dazu, mit welchen Rechten der Zugriff auf diese URLs erlaubt ist oder nicht. Zusätzlich zu den ANT-Pfad-Matchern gibt es Matcher, die auf reguläre Ausdrücke passen oder sich wie die Spring-Web-MVC-Matcher verhalten.

Weiterhin ist die Reihenfolge der Definition der Matcher extrem wichtig: Die Matcher sollten absteigend nach ihrer Spezifität geordnet werden, sprich die Muster, die eine URL am genauesten beschreiben und die wenigsten Wildcards nutzen, geben Sie bitte zuerst an. Die Spring Security Filterchain wird beim ersten Match eines Musters aufhören, nach weiteren Treffern zu suchen. Wenn Sie in Listing 9–15 die Muster /api/admin/** und /api/**" und die zugeordnete Aktion vertauschen würden, hätten Sie nicht die Admin-Seiten geschützt, sondern

Reihenfolge der
Matcher beachten

für alle Benutzer freigegeben, da /api/** vor dem spezifischen Muster greifen würde.

Spring Boot Security 2 stellt die automatische Konfiguration vollständig ein, sobald Sie eine Instanz eines WebSecurityConfigurer in Ihrer Anwendung haben, um eventuellen Fehlkonfigurationen vorzubeugen. Denken Sie also bitte daran, alle Aspekte, die Sie für Ihr konkretes Szenario benötigen, zu konfigurieren, wenn Sie – wie hier gezeigt – HTTP-Sicherheit anpassen.

9.3.7   Form-Login und Webintegration nutzen

Listing 9–16 zeigt, wie Sie ein normales HTTP-Form-Login realisieren können, ohne dass Sie sich auf die Content Negotiation von Spring Boot Security 2 verlassen müssen:

Listing 9–16
Konfiguration von
HTTP-Sicherheit

```
@Configuration
public class FormLoginConfig
    extends WebSecurityConfigurerAdapter {
    @Override
    protected void configure(HttpSecurity http)
        throws Exception
    {
        super.configure(http);
        http
            .formLogin()
            .and()
            .sessionManagement()
                .sessionCreationPolicy(IF_REQUIRED)
                .sessionFixation()
                    .newSession();
    }
}
```

Automatische
Login-Formulare

Beachten Sie dabei, dass in diesem Fall die Default-Methode der abstrakten Basisklasse aufgerufen wird: Alle URLs werden geschützt. Ferner wird die Anwendung so konfiguriert, dass sie stateful ist. Falls benötigt, wird eine HTTP-Session erstellt. Bestehende Sessions werden nach einem Login neu erstellt, um Angriffe durch Session-Fixation zu umgehen. Falls Sie keine weitere Konfiguration betreiben, stellt Spring Security Ihnen automatisch ein einfaches Login-Formular zur Verfügung. Sie selber müssen keinen Code zum Handling des Formulars schreiben.

formLogin() konfiguriert zusätzlich eine Logout-URL, per Default /logout. Diese URL kann ohne zusätzliche Konfiguration nur mit dem HTTP-Verb POST aufgerufen werden. Damit ist es einem Angreifer nicht möglich, sie ungewollt über einen irreführenden Link auszuloggen. Nun sind allerdings alle HTTP-Verben durch Spring Security zusätzlich durch ein CSRF-Token geschützt – eine gute Gelegenheit, Ihnen die Integration von Thymeleaf mit Spring-Security zu zeigen. Ein Formular wie in Listing 9–17 erzeugt automatisch den korrekten, versteckten Formularparameter:

```
<form method="POST" th:action="@{/logout}">
    <button type="submit">Logout</button>
</form>
```

Listing 9–17
Logout-Formular mit
Thymeleaf und
automatischem
CSRF-Token

Es wird zusätzlich ein verstecktes Formularelement der Form `<input type="hidden" name="_csrf" value="xxx">` generiert. Falls Sie eine andere Template-Sprache nutzen, steht das Token auch in der Bean `_csrf` zur Verfügung.

Sie können sowohl die URL der Login-Seite als auch die der Logout-Seite anpassen. Änderungen an der Login-Seite führen ebenfalls dazu, dass die URL, die das Formular entgegennimmt, angepasst wird:

```
http
    .formLogin()
        .loginPage("/anmelden")
    .and()
    .logout()
        .logoutUrl("/abmelden")
```

Listing 9–18
Konfiguration von
HTTP-Sicherheit

Die Standardparameter für den Benutzernamen und das Passwort lauten `username` and `password`, können aber an dieser Stelle auch geändert werden.

9.3.8   Spring Data Repositorys absichern

Für Spring Data Repositorys gibt es im Modul `org.springframework .security:spring-security-data` eine sehr schöne Integration mit Spring Security, die allerdings nicht automatisch aktiviert wird. Fügen Sie bitte in Ihrem mit Spring Security abgesicherten Projekt das oben genannte Modul hinzu und stellen eine Bean vom Typ `SecurityEvaluation- ContextExtension` wie in Listing 9–19 gezeigt zur Verfügung. Anschließend aktivieren Sie wie in Unterabschnitt 9.3.2 beschrieben die globale Methodensicherheit:

Listing 9–19
Erweiterung
spring-security-data

```
@Bean
public SecurityEvaluationContextExtension
    securityEvaluationContextExtension() {
    return new SecurityEvaluationContextExtension();
}
```

Im Beispielprojekt *bootifultodos_todos* wird diese Erweiterung genutzt, um Spring-Data-REST-Repositorys abzusichern, sowohl mit den bereits bekannten `Pre`- und `Post`-Annotationen, aber auch innerhalb der `@Query`-Annotation. Mit obiger Erweiterung können Sie auch in Datenbankabfragen den aktuellen Principal nutzen:

Listing 9–20
Benutzerspezifische
Elemente beim Anlegen
und Abfragen

```
@RestResource(path = "todos", rel = "todos")
public interface TodoRepository
    extends Repository<Todo, Long> {

    @PreAuthorize("(#entity.userId ?: authentication.name) ==
    ↪   authentication.name")
    Todo save(Todo entity);

    @PostAuthorize("(returnObject.orElse(null)?.userId ?:
    ↪   authentication.name) == authentication.name")
    Optional<Todo> findOne(Long id);

    @Query("Select e from #{#entityName} e where e.userId =
    ↪   ?#{authentication.name}")
    List<Todo> findAll();
}
```

Der Vorteil gegenüber der `@PostFilter` liegt darin, dass nicht erst alle benutzerspezifischen Elemente geladen und dann gefiltert, sondern nur die tatsächlich gültigen selektiert werden.

9.3.9 OAuth 2 nutzen

OAuth ist gerade im Hinblick auf Microservices und APIs eine wichtige Spezifikation beziehungsweise ein wichtiges Authentifizierungsframework: Es erlaubt, Services im Namen von anderen Entitäten, in der Regel einem Anwender, tätig zu werden und Ressourcen zu nutzen. Es kann damit als delegierendes Authentifizierungsframework angesehen werden. OAuth bietet einige verschiedene Authentifizierungsabläufe (*authentication flow* an: *authorization code*, *implicit*, *resource owner password credentials* und *client credentials*) an. Das Ergebnis dieser

Flows ist in der Regel ein OAuth-Token. OAuth 2 sieht aber auch die Nutzung von JSON Web Tokens (JWT) vor.

Die Unterstützung von OAuth innerhalb des Spring-Ökosystems verteilt sich auf Spring Security und Spring Boot. Seit Spring Security 5 ist OAuth ein Bürger erster Klasse innerhalb von Spring Security, und der Protokollfluss (siehe Kasten OAuth auf Seite 190) ist Teil des Kernmoduls. Die automatische Konfiguration von OAuth durch Spring Boot 2 selbst wird erst wieder mit Spring Security 5.1 möglich sein. Zum Erscheinungstermin dieses Buches lag eine Vorabversion eines Hilfsprojekts, Spring Security OAuth Boot 2 Autoconfig[1], vor. Dieser Starter beinhaltet die bisherigen Abhängigkeiten zu *Spring Security OAuth* unter den Koordinaten org.springframework.security.oauth: org.springframework.security.oauth und die notwendigen Konfigurationsklassen.

Die notwendigen Abhängigkeiten für die folgenden Beispiele zeigt Listing 9–21.

```
<dependency>
    <groupId>org.springframework.boot</groupId>
    <artifactId>spring-boot-starter-security</artifactId>
</dependency>
<dependency>
    <groupId>
        org.springframework.security.oauth.boot
    </groupId>
    <artifactId>
        spring-security-oauth2-autoconfigure
    </artifactId>
</dependency>
```

Listing 9–21
Abhängigkeiten für OAuth mit Spring Boot 2 und Spring Security 5

Spring Security stellt die Annotationen @EnableAuthorizationServer und @EnableResourceServer sowie @EnableOAuth2Client und @EnableOAuth2Sso zur Verfügung. Die beiden erstgenannten Annotationen stellen jeweils einen Authorization beziehungsweise Resource Server zur Verfügung, die beiden letztgenannten hingegen deklarieren Ihre Anwendung als OAuth-Client beziehungsweise konfigurieren Single Sign-on (SSO) über OAuth.

Annotationen für Authorization und Resource Server

---

[1] https://github.com/spring-projects/spring-security-oauth2-boot

OAuth

OAuth wird seit 2006 entwickelt und als OAuth 2.0 durch die Internet Enginee-ring Task Force (IETF) standardisiert. OAuth 2.0 wurde 2012 final verabschiedet und beschreibt ein vollständiges Authentifizierungsframework, das einen Pro-tokollfluss zwischen unterschiedlichen Rollen vorsieht:

Resource Owner Die Entität, die Zugriff auf geschützte Ressourcen gewäh-ren kann; oftmals eine Person (User)

Resource Server Beinhalt die geschützten Ressourcen und kann anhand von *Access Token* Zugriff auf diese gewähren. Access Token repräsentieren ei-ne delegierte Autorisierung

Client Eine Anwendung oder ein Prozess, der im Namen des Resource-Owners auf geschützte Ressourcen zugreifen möchte

Authorization Server Der Authorization Server authentisiert den Resour-ce Owner und autorisiert schlussendlich einen Client im Namen des Resource-Owners, Ressourcen in seinem Namen zu nutzen.

Die Details und auch die konkrete Implementierung von OAuth sind au-ßerhalb der Zielsetzung dieses Kapitels. Eine sichere Implementierung eines OAuth-Servers ist keine Aufgabe, die leichtfertig nebenbei wahrgenommen werden sollte.

JWT

Das JSON-Web-Token-Format (JWT) beschreibt im Gegensatz zu OAuth 2 kein komplettes Authentifizierungsframework, sondern spezifiziert ein For-mat zum Austausch und zur Verifizierung von Behauptungen (*claims*). Ein JWT besteht dabei aus einem Header, dem Payload und einer Signatur. Der Payload beinhaltet dabei üblicherweise die zu verifizierende Behauptung, beispiels-weise die Identität des Benutzers.

Authorization Server anbieten

Sie können mit einer Annotation auf einer Konfigurationsklasse einen Authorization Server anbieten:

Listing 9–22
Aktivieren eines
Authorization Server

```
@Configuration
@EnableAuthorizationServer
class AuthorizationServerConfig {
}
```

Dieser Authorization Server unterstützt out of the box nur einen einzigen Client, den Sie über die Eigenschaften in Listing 9–23 konfigurieren:

```
security.oauth2.client.client-id = springboot
security.oauth2.client.client-secret = buch
```

Listing 9–23
Konfiguration der
gültigen Clients

Vergessen Sie das, generiert Spring Boot einen Client und ein zufälliges Passwort für Sie. Der Authorization Server ist nun erreichbar, die ID und das Passwort des Clients werden per HTTP-Basic-Auth übergeben, Benutzername und Passwort des Resource Owner über POST-Parameter. Sie können mit den üblichen Mitteln von Spring Security konfiguriert werden.

```
curl springboot:buch@localhost:8080/oauth/token \
  -d grant_type=password \
  -d username=user \
  -d password=pwd \
  -d scope=read,write
{
    "access_token": "a6121c71-xxxx",
    "expires_in": 43174,
    "refresh_token": "99ddbecc-xxxx",
    "scope": "read,write",
    "token_type": "bearer"
}
```

Listing 9–24
Generierung eines
Tokens

In der Regel hat Ihre API aber mehrere Clients. Sie können diese über eine Bean vom Typ ClientDetailsService bereitstellen, sie wird automatisch geladen. Der AuthorizationServerConfigurer bietet eine programmatische Alternative, die Sie zum Beispiel mit eigenen Konfigurationseigenschaften kombinieren und wie folgt nutzen können:

```
@Configuration
@EnableAuthorizationServer
class AuthorizationServerConfigAlt extends
    AuthorizationServerConfigurerAdapter {

    @Override
    public void configure(
        ClientDetailsServiceConfigurer clients
```

Listing 9–25
Mehrere OAuth-Clients
unterstützen

```
) throws Exception {
   clients.inMemory()
       .withClient("springboot")
           .authorizedGrantTypes("password")
           .secret("{noop}buch")
           .scopes("all")
       .and()
       .withClient("leser")
           .authorizedGrantTypes("password")
           .secret("{noop}leser")
           .scopes("read");
   }
}
```

Beachten Sie bitte die Nutzung des noop-Passwort-Encoders. Die Passwörter der hier konfigurierten Clients werden mit denselben Mechanismen wie Benutzerpasswörter kodiert (vergleiche dazu auch Unterabschnitt 9.3.5).

Resource Server anbieten

Um das in Listing 9–24 erzeugte Token verwenden zu können, benötigen Sie einen Resource Server. Dies kann, muss aber nicht dieselbe Anwendung wie der Authorization Server sein. Der eigentliche Resource Server ist schnell bereitgestellt:

Listing 9–26
Aktivieren eines
Resource Server

```
@Configuration
@EnableResourceServer
class ResourceServerConfig {
}
```

Damit können Sie eines der in Listing 9–24 generierten Token nutzen:

Listing 9–27
Benutzung des
Access-Tokens

```
curl -H "Authorization: Bearer a6121c71-xxxx" \
  http://localhost:8080/api/greeting
```

Falls Sie einen separaten Authorization Server nutzen, konfigurieren Sie entweder über security.oauth2.resource.user-info-uri die URL, die die Benutzerinformationen zu einem Token zurückgibt, oder über security.oauth2.resource.token-info-uri eine URL zur Überprüfung des Tokens.

Um den Schutz Ihrer Ressourcen wie in Listing 9–15 zu konfigurieren, steht Ihnen die Klasse ResourceServerConfigurerAdapter zur Verfügung:

```
@Configuration
@EnableResourceServer
static class ResourceServerConfigAlt extends
    ResourceServerConfigurerAdapter {

    @Override
    public void configure(
        final HttpSecurity http) {
        // Ihre Konfiguration hier
    }
}
```

Listing 9–28
Anpassung der
Konfiguration des
Resource Server

Token speichern

Setzen Sie die bis hierhin vorgestellte Konfiguration ein, werden Sie feststellen, dass die Token Ihrer Clients nach einem Neustart der Anwendung ungültig geworden sind: Die Token des Authorization und Resource Server werden nur in-Memory gespeichert. Verantwortlich für das Speichern von Token (sowohl Authentication-Token als auch Refresh-Token) ist eine Instanz des TokenStore. Es stehen mehrere Implementierungen zur Verfügung, unter anderem ein einfacher Jdbc-TokenStore sowie der RedisTokenStore. Beans vom Typ TokenStore werden automatisch erkannt und benutzt. Listing 9–29 zeigt die Verwendung des JdbcTokenStore. Bitte beachten Sie, dass Sie das Schema separat anlegen müssen, zum Beispiel über eine der in Unterabschnitt 10.2.2 vorgestellten Methoden:

```
@Bean
public TokenStore tokenStore(
    final DataSource dataSource
) {
    return new JdbcTokenStore(dataSource);
}
```

Listing 9–29
Bereitstellung eines
TokenStore

Falls Sie JWT-Token nutzen, konfigurieren Sie analog eine Bean vom Typ JwtTokenStore. Dieser Store liest alle benötigten Daten direkt aus den JWT-Token selber und speichert keine weiteren Daten. Er benötigt dieselbe Instanz der Klasse JwtAccessTokenConverter, mit der JWT-Token erzeugt wurden.

OAuth-Clients nutzen

Sie können Spring-Security-OAuth natürlich auch nutzen, um sich als Client gegenüber einem Authorization Server Dritter zu authentisieren. Listing 9–30 zeigt die dazu notwendige Annotation @EnableOAuth2-

`Client`. Eine Konfigurationsklasse mit dieser Annotation weist Spring Boot an, mit den Konfigurationseigenschaften in Listing 9–32 Beans vom Typ `OAuth2ProtectedResourceDetails` sowie `OAuth2ClientContext` bereitzustellen. Mit diesen Beans können Sie dann ein `OAuth2RestTemplate` wie in Listing 9–30 gezeigt erzeugen:

Listing 9–30
OAuth-fähiges
Rest-Template erzeugen

```
@Configuration
@EnableOAuth2Client
public class OAuthClientConfig {

    @Bean
    public OAuth2RestTemplate oauth2RestTemplate(
        OAuth2ProtectedResourceDetails resourceDetails,
        OAuth2ClientContext clientContext
    ) {
        return new OAuth2RestTemplate(
            resourceDetails, clientContext);
    }
}
```

Beachten Sie bitte, dass Sie ein Rest-Template mit dieser Konfiguration nur innerhalb einer Webanwendung benutzen können: Spring leitet den Benutzer beim ersten Aufruf des Rest-Templates auf die entsprechende Seite zur Autorisierung um. Sollten Sie das Template innerhalb des Backends als Service nutzen wollen, erzeugen Sie das Template bitte mit einer Instanz der Klasse `ResourceOwnerPasswordResourceDetails` sowie einem dedizierten OAuth-Kontext.

SSO mit OAuth

`@EnableOAuth2Client` stellt zwei Funktionen bereit: einen OAuth-Client und die eigentliche Authentifizierung über einen Servlet-Filter. Sie können daher mit dieser Annotation immer nur einen externen Dienst zum Single Sign-on nutzen. Möchten Sie Ihren Benutzern mehrere verschiedene Login-Varianten anbieten, müssen Sie auf diese Annotation verzichten und stattdessen mehrere OAuth-Clients und die zugehörigen Filter vom Typ `OAuth2ClientAuthenticationProcessingFilter` manuell konfigurieren. Listing 9–31 zeigt, wie Sie mit einem Provider SSO über OAuth konfigurieren. Die Konfigurationsklasse ist dabei unabhängig von einem spezifischen OAuth-Provider. Wichtiger im folgenden Listing ist die Tatsache, dass `@EnableOAuth2Client` auf einer Instanz eines `WebSecurityConfigurer` diesen nutzt, um genau die Filterchain zu konfigurieren, die zum OAuth Authentication Processor gehört. Im Beispiel wird sichergestellt, dass die Filterchain auf den Root-Pfad matcht (/**), alle Requests authentifiziert, aber die Index- sowie eine Login- und Logout-Seite freigeschaltet sind.

```
@Configuration
@EnableOAuth2Sso
public class OAuthSsoConfig
    extends WebSecurityConfigurerAdapter {

    @Override
    protected void configure(
        HttpSecurity http) throws Exception {
        http
            .antMatcher("/**")
                .authorizeRequests()
            .antMatchers("/", "/login**")
                .permitAll()
            .anyRequest()
                .authenticated()
            .and()
                .logout()
                .logoutSuccessUrl("/")
                .permitAll();
    }
}
```

Listing 9–31
Konfiguration
von OAuth SSO
mit Login- und
Logout-Funktionalität

Den Client konfigurieren Sie wie gewohnt über eine Konfigurationsdatei oder Umgebungsvariablen. Das Beispiel in Listing 9–32 zeigt die Konfiguration exemplarisch für Google, für andere Provider müssen Sie die entsprechenden URLs zur Autorisierung und Bereitstellung der Token anpassen.

```
security.oauth2.client.client-id = Your Google Client ID
security.oauth2.client.client-secret = Your Google Secret
security.oauth2.client.access-token-uri = \
  https://www.googleapis.com/oauth2/v4/token
security.oauth2.client.user-authorization-uri = \
  https://accounts.google.com/o/oauth2/v2/auth
security.oauth2.client.client-authentication-scheme = \
  query
security.oauth2.client.scope = openid, email

security.oauth2.resource.user-info-uri = \
  https://www.googleapis.com/oauth2/v3/userinfo
```

Listing 9–32
OAuth-Client-
Konfiguration über
Propertys

Deutlich erkennbar ist, dass die Konfigurationseigenschaften des OAuth-Client genutzt und um `security.oauth2.resource.user-info-uri` ergänzt werden. Diese URL wird benötigt, um dem Resource Server eine Möglichkeit zu geben, die vom Authorization Server gelieferten Informationen in einen gültigen Principal umzuwandeln.

9.4 Ausblick

Das Thema Sicherheit wird leider oft stiefmütterlich behandelt: »Wir können das immer noch einbauen.« Oftmals führt aber genau diese Haltung dazu, dass im Nachgang Fehler gemacht werden oder die Schwierigkeiten des nachträglichen Einbaus den Eindruck erwecken, dass Security generell schwierig ist.

Mit der automatischen Konfiguration von Spring Boot Security 2 können Sie fachliche Anforderungen von Anfang an absichern und die eigentliche Konfiguration außerhalb Ihrer Fachlogik vornehmen. Denken Sie aber bei vom Standard abweichenden Anforderungen daran, erhöhte Sorgfalt bei der Konfiguration walten zu lassen, wenn Sie Dinge überschreiben: Im besten Fall sperren Sie sich aus der Anwendung aus, im schlimmsten Fall erliegen Sie dem Trugschluss, Ihre Anwendung abgesichert zu haben, obwohl ihre Konfiguration fehlerhaft ist.

Eine weitere Aufgabenstellung, die Ihnen begegnen wird, ist die Absicherung mehrerer Services und die Propagation einer einmal erfolgten Authentifizierung innerhalb und zwischen diesen Diensten. Schauen Sie doch einmal in das Spring-Projekt *Spring Session*.

Sie können Spring-Boot-Anwendungen auch auf Servlet-Ebene absichern. An dieser Stelle setzt zum Beispiel die Integration von Spring Boot mit Red Hats Projekt Keycloak[2] an. Keycloak ist ein Projekt zum zentralen Identitätsmanagement und Single Sign-On für Webservices und Webanwendungen. Keycloak wird ebenfalls durch einen Starter von Spring Boot unterstützt.

Das andere Extrem hinsichtlich Security ist, alles selber machen zu wollen: angefangen von kryptografischen Algorithmen bis hin zur Framework- oder Servlet-Integration. Falls Sie nicht gerade ein ausgewiesener Kryptografiespezialist sind oder täglich Authentifizierungs- und Autorisierungs-Flows spezifizieren, sollten Sie darüber nicht nachdenken und stattdessen vielleicht lieber ein Loggin-Framework schreiben. Ihre Kunden werden es Ihnen danken.

---

[2] http://www.keycloak.org

10 Persistenz

Kaum eine Anwendung kommt ohne eine persistente Datenhaltung aus. So vielfältig die Struktur möglicher Daten ist, so vielfältig sind die Möglichkeiten, diese Daten zu speichern und insbesondere abzufragen.

10.1 Spring Data

Spring Data wird Ihnen sowohl in Abschnitt 10.2 »Relationale Datenbanken« als auch in Abschnitt 10.3 »NoSQL-Technologien« begegnen und spiegelt in seiner Vielfalt die Möglichkeiten, Daten zu speichern, wider. Spring Data besteht aus dem Kernmodul Spring Data Common und mehr als zehn weiteren Modulen, mit denen höchst unterschiedliche Datenspeicher auf konsistente Weise angesprochen werden können. Spring Data bietet eine wesentliche Vereinfachung bei der Implementierung von Repositorys und vereinheitlicht sowohl Transaktionen als auch Exception-Handling über verschiedene Frameworks hinweg.

So unterschiedlich die nutzbaren Datenbanken auch sind, so konsistent ist der Ansatz von Spring Data: Es gibt in der Regel ein *Template, das eine Low-Level-API zur Verfügung stellt, sowie eine High-Level-Abstraktion, die nach dem Repository Pattern[1] implementiert ist. Das Repository Pattern entstammt dem Buch *Patterns of Enterprise Application Architecture* von Martin Fowler und kapselt den Zugriff auf Objekte von der eigentlichen Datenzugriffsschicht. Das Programmiermodell aller Spring Data Repositorys kann damit sehr ähnlich gehalten werden. Unabhängig von der zugrunde liegenden Datenbanktechnologie ermöglicht Spring Data, polyglotte Persistenz auf konsistente und meistens problemlose Art und Weise zu realisieren. Gerade ein Thema wie Domain-driven Design (DDD) profitiert ungeheuer von Spring Data: Sie können Datenspeicher passend zu Ihrer Fachlichkeit auswählen und sprechen diese dennoch auf gleiche Art und Weise an.

Polyglotte Persistenz

Einsatzgebiete

Die Spring-Data-Projekte können alle ohne oder mit nur wenig Konfiguration in Spring-Boot-Anwendungen genutzt werden. Für alle steht ein Startermodul bereit, und die notwendige Konfiguration kann

---

[1] https://de.wikipedia.org/wiki/Repository_(Entwurfsmuster)

in der Regel über die in Kapitel 4 beschriebenen Möglichkeiten erledigt werden.

Möchten Sie direkt zu Spring Data und Spring Data JPA weiterlesen, so springen Sie bitte auf Seite 220 in den Abschnitt JPA.

10.2   Relationale Datenbanken

Im Folgenden werden wir uns detailliert mit dem Zugriff auf relationale Datenbanken beschäftigen. Dazu gehören grundlegende Dinge wie die eigentliche Datenbankverbindung, repräsentiert durch eine Datasource, Datenbankinitialisierung und -migration und natürlich Transaktionen.

Im Sinne einer logischen Reihenfolge – Öffnen einer Datenbankverbindung, Prüfung von Preconditions hinsichtlich des Schemas – habe ich mich dazu entschieden, erst über Datasources und Datenbankinitialisierung zu sprechen. Möchten Sie direkt mit einer Abfrage starten, springen Sie bitte in den Unterabschnitt 10.2.4. Dort erfahren Sie mehr über das `JdbcTemplate`, Spring Data JPA und jOOQ.

jOOQ in Abschnitt 10.2.4 steht aktuell außerhalb des Konzeptes von Spring Data, sprich es gibt keine Spring-Data-Repository-Abstraktion auf einem jOOQ-Kontext. Natürlich kann jOOQ dennoch innerhalb eines `@Repository` genutzt werden, zielt aber nicht darauf ab, SQL-Abfragen hinter einer Fassade zu verbergen. Es ist vielmehr ein wichtiger Baustein, um komplexe, analytische Abfragen mit Spring Boot realisieren zu können.

Spring-Boot-Starter, die einen wie auch immer gearteten Bezug zu relationalen Datenbanken haben, hängen üblicherweise von `spring-boot-starter-jdbc` ab. Die Anwesenheit dieses Starters und seiner Abhängigkeiten ist notwendig für die Konfiguration einer Datasource.

10.2.1   Datasources

Unter dem Präfix `spring.datasource` werden sämtliche relevanten Einstellungen der primären `DataSource` Bean konfiguriert. Eine Bean des Typs `DataSource` ist Grundlage aller Starter im Zusammenhang mit relationalen Datenbanken bzw. aller Starter, die auf `spring-boot-starter-jdbc` basieren.

DataSource

Das Interface `javax.sql.DataSource` repräsentiert eine Factory, die physikalische Verbindungen zu Datasources herstellt, die es repräsentiert. Während der Standard `java.sql.DriverManager` in der Regel nur dedizierte Datenbankverbindungen bereitstellt, so ist die Datasource explizit darauf ausgelegt, in Szenarien verwendet zu werden, in denen zumindest Connection Pooling eine wichtige Rolle spielt und teilweise auch verteilte Transaktionen.

Innerhalb eines klassischen Application-Servers werden Datasources üblicherweise zentral definiert, konfiguriert und anschließend über die JNDI-API in die Anwendung gegeben. Spring Boot nutzt zur Konfiguration der primären Datasource den bereits vorgestellten Mechanismus der externen Konfiguration. Bei Bedarf können Sie diesen übrigens auch nutzen, um eine JNDI-Datasource zu konfigurieren.

Die Klassen `DataSourceAutoConfiguration` und `DataSourceProperties` im Package `org.springframework.boot.autoconfigure.jdbc` geben die Eigenschaften vor, die konfiguriert werden können. Sie können diese in der Referenzdokumentation nachschlagen. Im Alltag werden die in Tabelle 10–1 beschriebenen Eigenschaften die wichtigste Rolle spielen:

Im Anhang »Erweiterte Konfiguration von Datasources« wird ausführlich beschrieben, wie Sie Ihre Datasource beliebig konfigurieren und auch die automatische Konfiguration über Propertys komplett »ausschalten« können, indem Sie die `DataSource` Bean selber definieren. Spring Boot wird unabhängig davon ihre Datasource-Bean überall dort benutzen, wo es erforderlich ist, inklusive der Datenbankinitialisierung und -migration und im Kontext verteilter Transaktionen.

Connection Pooling

Spring Boot nutzt für Produktionsdatenbanken – sprich alle Nicht-In-Memory-Datenbanken – automatisch Connection Pools und wählt dabei per Default HikariCP aus. Alternativ können Sie die Pooling DataSource des Tomcat-Projektes, `tomcat-jdbc`, oder Commons DBCP2 nutzen. Sie konfigurieren den Typ des Connection Pool über die Eigenschaften `spring.datasource.type`.

Alle unterstützten Connection Pools können über dedizierte Eigenschaften unterhalb von `spring.datasource` »getunt« werden. `spring.datasource.tomcat.max-active = 42` setzt zum Beispiel die maximale Anzahl gleichzeitig aktiver Verbindungen auf 42. Die Präfixe der Konfiguration lauten `spring.datasource.tomcat.*`, `spring.datasource.hikari.*` und `spring.datasource.dbcp2.*`. Bezüglich möglicher Eigenschaften schlagen Sie bitte in der jeweiligen Dokumentation Ihres Connection Pools nach.

Tuning

Tab. 10–1
Konfiguration
der primären
javax.sql.DataSource

Name	Beschreibung
`spring.datasource.url`	JDBC-URL der Datenbank. Falls sie gesetzt ist, wird – unabhängig vom Vorhandensein einer In-Memory-Datenbank – auch diese Verbindung genutzt.
`spring.datasource.username` sowie `password`	Authentifizierungsdaten des Datenbankbenutzers, falls nicht über die JDBC-URL angegeben
`spring.datasource.driver-class-name`	Vollqualifizierter JDBC-Treiber, wird per Default aus der URL ermittelt und ist zusammen mit einem JDBC-4.0-Treiber unnötig
`spring.datasource.name`	Name der Datasource (Default ist `testdb`), mit `spring.datasource.generate-unique-name=false` kann ein eindeutiger Name generiert werden
`spring.datasource.initialization-mode`	Konfiguration, ob das Schema der Datenbank mit »schema.sql« sowie die Daten mit »data.sql« – jeweils falls vorhanden – initialisiert bzw. aktualisiert werden sollen. Der Default ist `embedded`. Damit werden nur In-Memory-Datenbanken initialisiert. Weitere Optionen sind `never` und `always`
`spring.datasource.schema-username` und `schema-password` bzw. `spring.datasource.data-username` und `data-password`	Separate Benutzerdaten für die Ausführung der Schema bzw. des Datenskripts
`spring.datasource.continue-on-error`	Programmausführung fortsetzen, wenn bei der Initialisierung ein Fehler auftrat (`false`)

In-Memory-Datenbanken

Aktuell beinhaltet Spring Boot Unterstützung von drei verschiedenen In-Memory-Datenbanken: H2 Database Engine, HSQLDB (Hyper-SQL DataBase) sowie Apache Derby, der offiziellen Java-Datenbank *Java DB*. SQLite wird nicht out of the box unterstützt, allerdings können Sie die notwendige Datasource wie im vorherigen Abschnitt beschrieben auch manuell konfigurieren und mit dem JdbcTemplate oder jOOQ nutzen; für Hibernate gibt es keinen passenden Dialekt.

Unterstützung für In-Memory-Datenbanken bedeutet, dass Spring
Boot versucht, eine eingebettete Datenbank zu starten und zu nutzen,
wenn mindestens `spring-jdbc` als direkte oder transitive sowie eine der
drei genannten Datenbanken als Abhängigkeiten deklariert sind und
keine Datenbank-URL konfiguriert wurde. Listing 10–1 zeigt die Abhängigkeiten, die notwendig sind, um eine H2-Datenbank im eingebetteten Modus zu betreiben:

```
<dependency>
    <groupId>org.springframework.boot</groupId>
    <artifactId>spring-boot-starter-jdbc</artifactId>
</dependency>
<dependency>
    <groupId>com.h2database</groupId>
    <artifactId>h2</artifactId>
    <scope>runtime</scope>
</dependency>
```

Listing 10–1
Abhängigkeiten für H2

Um HSQLDB oder Apache Derby zu nutzen, muss `com.h2database:h2`
gegen `org.hsqldb:hsqldb` beziehungsweise gegen `org.apache.derby:derby`
ausgetauscht werden.

Quelltext

embedded_h2 auf GitHub:
   https://github.com/springbootbuch/embedded_h2

Das Beispielprojekt *embedded_h2* zeigt die Verwendung von H2 zusammen mit den Spring-Boot-Entwicklungswerkzeugen (devtools). Im
Beispielprojekt kann eine Tabelle `spring_data_modules` über eine HTTP-
Schnittstelle unter http://localhost:8080/springDataModules abgerufen
werden.

H2-Konsole

Durch Deklaration des `spring-boot-starter-web` und der devtools
als weitere Abhängigkeiten steht zusätzlich zur eingebetteten H2-Daten-
bank die H2-Konsole unter http://localhost:8080/h2-console bereit.
Der Name der eingebetteten Testdatenbank ist per Default `testdb`, die
JDBC-URL zur internen Testdatenbank ist für H2 also `jdbc:h2:mem:`
`testdb`. Die Konsole kann hilfreich sein, um Datenbankänderungen zu
debuggen beziehungsweise außerhalb der Anwendung einzusehen. Sie
ist allerdings explizit nur zur Verwendung während der Entwicklung
vorgesehen und nicht zur Produktion geeignet. Sind die `devtools` auf
dem Klassenpfad, so wird die Konsole nur dann freigeschaltet, wenn die
`devtools` ebenfalls aktiv sind. Falls Spring Security auf dem Klassenpfad

ist, so ist die URL der H2-Konsole über HTTP-Basic-Authentication geschützt.

Über die Konfigurationseigenschaft `spring.h2.console.enabled = true` kann die H2-Konsole erzwungen werden, über `spring.h2.console.path` kann der relative Pfad festgelegt werden.

Nutzen von In-Memory-Datenbanken

Die In-Memory-Datenbanken können für Tests und Entwicklungszwecke genutzt werden, aber auch in Fällen, in denen Sie eine beschränkte Menge an Daten strukturiert zur Laufzeit im Speicher der aktuellen JVM-Instanz ablegen möchten.

Das Projekt *bootifultodos_feiertage* aus Kapitel 15 nutzt zum Beispiel H2, um die Liste der deutschen Bundesländer sowie die in ihnen gültigen Feiertage zur Laufzeit im Speicher zu halten. Die Menge an Daten ist beschränkt, der Zugriffsweg bekannt und einfach. Bei Bedarf könnte mit einer richtigen Datenbank relativ schnell mengenmäßig skaliert werden.

10.2.2   Datenbankinitialisierung und -migration

In der Regel treffen Sie auf drei unterschiedliche Szenarien, wenn Sie Anwendungen mit Datenbankzugriff entwickeln:

- Greenfield-Projekt: Sie können mit »Ihrer« Datenbank machen, was Sie wollen.
- Brownfield-Projekt: Es existiert bereits ein Schema, aber Sie dürfen es in beschränktem Maße ändern und erweitern.
- Datensilo: Jegliche Änderung der Datenbank ist tabu.

Erschwert werden diese Szenarien in der Regel durch Autorisierungsschemata, die verhindern, dass der Datenbanknutzer Ihrer Anwendung beliebige Data Definition Language (DDL)-Skripte ausführen darf. Im Folgenden lernen Sie mehrere Techniken kennen, die Ihnen bei dieser Herausforderung helfen können. Beachten Sie, dass die in diesem Abschnitt dargestellten Werkzeuge in der Regel nur dann sinnvoll anwendbar sind, wenn Ihre Anwendung exklusiven Zugriff auf die Datenbank hat und nicht im Rahmen einer Migration das Schema derart verändert, dass andere Programme damit nicht mehr zurechtkommen.

Datenbankinitialisierung mit dem Spring »DataSourceInitializer«

Das Spring-Framework selber stellt mit dem `DataSourceInitializer` eine Komponente zur Verfügung, die als *InitializingBean* und *DisposableBean* (siehe Kasten auf Seite 424) eine Datasource initialisieren und »aufräumen« kann. Der `DataSourceInitializer` delegiert die eigentliche

Aufgabe an eine Implementierung des `DatabasePopulator`. Dieser arbeitet mit SQL-Skripten, die während des Startes Ihrer Anwendung ausgeführt werden.

Der `DataSourceInitializer` wird über den `spring-boot-starter-jdbc` zur Verfügung gestellt und automatisch mit der primären Datasource konfiguriert.

Per Default wird `schema.sql` für DDL sowie `data.sql` für reine Datenskripte angenommen. Für das DDL-Skript wird ebenfalls überprüft, ob die Ressource `schema-${platform}.sql` existiert. `${platform}` ist durch die Eigenschaft `spring.datasource.platform` definiert. Ein einfacher Weg, um gegebenenfalls mehrere unterschiedliche Zieldatenbanken zu unterstützen. Achtung: Wenn Sie sich mit den Propertys auf Klassenpfad-Ressourcen beziehen, müssen Sie Ihre Skripte in der Form `classpath:/pfad/zum/skript.sql` angeben.

Datenbanken und Microservices

Datenbanken in Microservice-Architekturen stellen Datenbankentwickler vor einige Herausforderungen. Während in klassischen Datenbankarchitekturen Redundanzen verpönt sind und Schemata durch Überführung in eine möglichst hohe Normalform (siehe https://de.wikipedia.org/wiki/Normalisierung_(Datenbank)) redundanzfrei gehalten werden, so sind sie in Microservice-Architekturen stellenweise erwünscht.

In einer »guten« Microservice-Architektur findet man eine Datenbank pro Service wieder beziehungsweise vermeidet tunlichst eine Integration von Services über eine gemeinsame Datenbank. Das Muster wird *Database per Service* genannt und es verfolgt das Ziel, Services nur locker zu koppeln. Persistente Daten eines Service stehen nach außen nur über dessen API zur Verfügung, die Datenbank wird integraler Bestandteil des Service. Änderungen am Schema dieser Datenbank betreffen keine weiteren Dienste. Ein weiterer Vorteil dieses Ansatzes ist Wahlfreiheit in Bezug auf den Typ der Datenbank, denn nicht immer passt eine bestimmte oder überhaupt eine relationale Datenbank. Natürlich hat *Database per Service* auch Nachteile: Abfragen, die Daten mehrerer Dienste zusammenbringen sollen, können nicht per Datenbank-Join implementiert werden, und Operationen über die Daten mehrerer Dienste hinweg sind als verteilte Transaktionen schwieriger zu steuern.

Die Initialisierung einer relationalen Datenbank über den Spring-Mechanismus ist in einigen Fällen syntaktisch eingeschränkt, unter anderem in Bezug auf das Format der SQL-Skripte. Herstellerspezifische Dialekte werden nicht unterstützt. Einfach hingegen ist die Konfiguration eines anderen Datenbankbenutzers zur Ausführung der Schema- und Datenskripte: In Tabelle 10–1 werden `spring.datasource` `.schema-username`, `spring.datasource.schema-password` sowie die Pendants mit data im Namen beschrieben. Konfigurieren Sie hier – falls nötig – einen Datenbankbenutzer, der Änderungen am Schema vornehmen darf.

Datenbankinitialisierung mit Hibernate

Spring Data JPA nutzt Hibernate als Default-JPA-Implementierung. Damit steht bei Verwendung des Starters, der im Abschnitt »JPA« auf Seite 220 im Detail erklärt wird, die im Rahmen des JSR 338 definierte JPA-Spezifikation 2.1 zur Verfügung, die einen »standardisierten und portablen Weg aufzeigt, um Datenbankschemata zu generieren«.

Schema-Eigentümer

Die Datenbankinitialisierung mit JPA-Mitteln nutzt Ihr Domain-Model, um daraus ein Schema abzuleiten. Daraus ergibt sich zwangsweise die Frage nach dem »Eigentümer« des Schemas: Leiten Sie das Schema aus Ihrem Domain-Model ab, so ist dieses der Eigentümer oder anders ausgedrückt: Ihr Domain-Model ist die treibende Kraft. In einem *Database per Service*-Szenario ist das eine funktionierende Lösung. Sobald Sie aber aus irgendwelchen Gründen mehrere Anwendungen über eine Datenbank integrieren, sollten Sie von der pauschalen Generierung eines Schemas aus JPA-Entitäten absehen. Darüberhinaus stellen Datenbankmigrationen, die über neue Spalten hinaus gehen, Hibernate oftmals vor größere Schwierigkeiten.

Die JPA-2.1-Spezifikation sieht vier Varianten der Datenbankinitialisierung vor:

none Das Schema wird nicht verändert.
create Das Schema wird komplett neu erstellt.
drop-create Das existierende Schema wird gelöscht und neu erstellt.
drop Das existierende Schema wird gelöscht.

Hibernate fügt die Werte update und validate hinzu. Der erste Wert soll das Schema aktualisieren, der zweite validieren.

Per Default ist das Feature über spring.jpa.generate-ddl = false abgeschaltet. Das Verhalten wird über die Eigenschaft spring.jpa .hibernate.ddl-auto bestimmt. Falls Sie diesen Wert nicht explizit setzen, trifft Spring Boot folgende Annahme für Sie: In-Memory-Datenbanken (Seite 200 ff.) werden automatisch mit create-drop initialisiert, alle anderen nicht.

Je nach Szenario sind die Initialisierungsmöglichkeiten mittels JPA sinnvoll, gerade aber create-drop sollte in Produktionsdatenbanken mit Vorsicht genossen werden.

Sie sollten nicht versuchen, Ihr Schema mit Hibernate, Spring JDBC
oder den im Folgenden erwähnten Werkzeugen gleichzeitig zu initialisieren. Falls Sie `DataSourceInitializer` nutzen, so konfigurieren Sie
bitte JPA mit `spring.jpa.hibernate.ddl-auto = validate`. Damit stellen Sie sicher, dass nur eine bestimmte Menge DDL-Skripte laufen,
aber Ihr Schema auch zu den Entitäten passt. Das Projekt *bootifulto-
dos_feiertage* zeigt in seiner Konfiguration ein entsprechendes Beispiel
mit der Kombination aus JPA-Validierung und Flyway. Spring Boot
sorgt dafür, dass zuerst die Initialisierung über Spring JDBC oder andere Werkzeuge und dann erst die Initialisierung beziehungsweise Validierung über JPA erfolgt.

Migrationswerkzeuge

Die bis hierhin vorgestellten Methoden beschränken sich im Wesentli-   *Motivation*
chen auf die Initialisierung einer Datenbank, d. h. auf die vollständige
Erstellung eines Schemas, und sehen ein Update nur vor, wenn Sie es
explizit codieren (und die Skripte über Spring ausführen) oder Sie sich
auf ein Hibernate-spezifisches Blackbox-»Update« verlassen, das nicht
den Anforderungen an eine saubere Datenmigration entspricht.

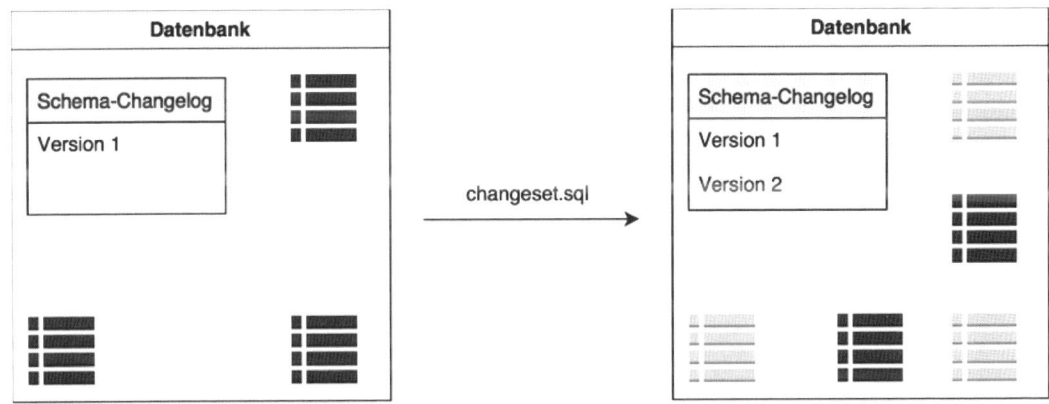

Als Migration wird die Änderung eines Datenbankschemas inklusive   **Abb. 10–1**
Datenbankprozeduren, Funktionen und Packages und gegebenenfalls   *Ablauf einer*
von Inhalten von einer definierten Version in eine neue Version be-   *Datenbankmigration*
zeichnet. In der Regel findet eine Art von Audit statt, das nachhält,
welcher Benutzer welches Skript zu welchem Zeitpunkt gestartet hat.
Die aktuelle »Version« der Datenbank wird dabei üblicherweise in einer Schematabelle festgehalten. Abbildung 10–1 stellt schematisch den
Ablauf dar.

Migrationen finden in der Regel automatisiert statt und sind nur
dann als Ganzes erfolgreich, wenn alle Teilschritte erfolgreich waren.

Spring Boot unterstützt zwei Werkzeuge zur Datenbankmigration: Flyway von Boxfuse[2] sowie Liquibase[3]. Unterstützen heißt hier für Sie, dass Spring Boot beide Werkzeuge während des Starts ausführen kann. Dabei greifen natürlich wieder die Überlegungen zum *Database per Service*-Pattern: Ist Ihre Anwendung der Herr über das Schema, gibt es wenig gute Gründe gegen den Einsatz eines solchen Werkzeugs innerhalb der Anwendung. Falls nicht, können Sie beide Werkzeuge auch stand-alone nutzen.

Flyway
Sie integrieren Flyway über die Abhängigkeit `org.flywaydb:flyway-core` in Ihr Projekt. Flyway führt alle Migrationen aus, die im Verzeichnis `classpath:db/migration` liegen. Über die Eigenschaft `spring.flyway.locations` kann das Verzeichnis geändert und um weitere Verzeichnisse ergänzt werden. Eine sehr nützliche Funktion – gerade wenn Sie Flyway zusammen mit JPA einsetzen – ist der Platzhalter `${vendor}`:

Listing 10–2
Vendor-Platzhalter für spezifische Migrationen

```
spring.flyway.locations=db/migration/{vendor}
```

Mit ihm realisieren Sie herstellerspezifische Migrationen, JPA abstrahiert anschließend über Ihr Schema.

Flyway-Migrationen liegen in der Regel als SQL-Dateien vor, die tatsächlich auch herstellerspezifische SQL-Dialekte beinhalten können. Namenskonventionen entnehmen Sie bitte der entsprechenden Referenz. Listing 10–3 zeigt die Version 1 des Datenbankschemas des Projektes *bootifultodos_feiertage*:

Listing 10–3
V0001__Create_table_bundeslaender.sql

```
create table bundeslaender (
    nummer          smallint primary key,
    kuerzel         varchar(8) not null,
    name            varchar(32) not null
);
```

Darüber hinaus können Migrationen auch als Implementierungen des Interface `FlywayCallback` vorliegen. Beans dieses Typs werden automatisch erkannt und ausgeführt; sie können im Umgang mit binären Daten und komplexen, programmatischen Migrationen hilfreich sein. Eine Übersicht über alle Konfigurationsmöglichkeiten von Flyway innerhalb von Spring Boot finden Sie in der Klasse `FlywayProperties`.

Liquibase
Liquibase ist ein Migrationswerkzeug, das 2006 entstand. Es unterstützt zahlreiche Formate (XML, YAML, JSON und SQL) und bildet damit eine Vielzahl komplexer Funktionen ab. Liquibase spricht von *changes* beziehungsweise *refactorings* innerhalb von Changesets. Diese Changes werden im XML- oder YAML-Format in einer abstrak-

---

[2] https://flywaydb.org
[3] http://www.liquibase.org

ten Syntax hinterlegt, die die jeweiligen SQL-Dialekte der unterstützten Datenbanken abstrahiert. Der Vorteil, der mit höherer Komplexität erkauft wird, ist die Möglichkeit, Migrationen nicht nur in eine Richtung betreiben, sondern auch wieder zurückrollen zu können.

Spring Boot konfiguriert das Master-Changeset von Liquibase per Default als db/changelog/db.changelog-master.yaml. In Listing 10–4 sehen Sie die Konfiguration des Projektes *cloud_foundry*:

```
# Configure Masterchangeset
spring.liquibase.change-log = \
classpath:db/changelog/db.changelog-master.sql
--liquibase formatted sql


--changeset msimons:1
create table greetings (
    id                 serial primary key,
    value              varchar(1024) not null,
    CONSTRAINT greetings_uk UNIQUE (value)
);
--rollback drop table greetings;


--changeset msimons:2
insert into greetings(value) values('Mirëdita');
insert into greetings(value) values('Sawubona');
--rollback delete from greetings;
```

Listing 10–4
Liquibase-Konfiguration und Changeset

Eine Übersicht über alle Konfigurationsmöglichkeiten von Liquibase finden Sie in der Klasse LiquibaseProperties.

Beide Werkzeuge werden vom Spring Boot Actuator (Kapitel 17) erkannt. Unter /actuator/flyway beziehungsweise /actuator/liquibase finden Sie die Liste und den Status bisheriger Migrationen im JSON-Format. Listing 10–5 zeigt exemplarisch wieder das Ergebnis der *bootifultodos_feiertage*:

Actuator-Schnittstellen

```
[
    {
        "migrations": [
            {
                "checksum": -1185985830,
                "description": "Create table bundeslaender",
                "executionTime": 1,
                "installedOn": "2017-03-21T16:47:48.549+0000",
                "script": "V0001__Create_table_bundeslaender.sql",
                "state": "SUCCESS",
```

Listing 10–5
Actuator-Endpunkt für Flyway-Migrationen

```
                    "type": "SQL",
                    "version": "0001"
            }        ],
        "name": "flyway"
    }
]
```

Datenbankinitialisierung und Sicherheitsaspekte

Falls Sie eine der hier gezeigten Möglichkeiten nutzen, Datenbanken zu initialisieren, denken Sie kurz über mögliche Sicherheitslücken nach, die entstehen, wenn Sie denselben Datenbankbenutzer zur Laufzeit der Anwendung wie zur Initialisierung nutzen. Könnten in Ihrem Code eventuell doch Lücken sein, die sich für SQL-Injections eignen? Ein Datenbankbenutzer, der jedes Objekt innerhalb seines Schemas ändern kann, hat dann natürlich freie Hand. Separate Accounts für unterschiedliche Zwecke verkleinern die Auswirkung von Lücken an dieser Stelle.

Die Spring-eigenen Werkzeuge, Flyway und Liquibase, unterstützen ohne »Hacks« einen dedizierten Benutzer während Datenbankinitialisierung und Migration.

Sowohl Flyway als auch Liquibase verfügen über separate Eigenschaften zur Konfiguration von Benutzer, Passwort sowie URL und ermöglichen damit, einen separaten Benutzer zur Migration zu nutzen. Alternativ können Sie auch die in Anhang B vorgestellten Techniken zur Definition einer zweiten Datasource nutzen und diese zusätzlich mit @Flyway-DataSource oder @LiquibaseDataSource annotieren. Die Datasource wird dann im entsprechenden Werkzeug genutzt.

10.2.3   Transaktionen

Transaktionen und das ACID-Prinzip

Ein Transaktionssystem beziehungsweise eine Transaktion garantiert für eine Folge von Datenbankoperationen die vier Eigenschaften des ACID-Prinzips:

Atomic   Eine Transaktion ist unteilbar und wird entweder ganz oder gar nicht durchgeführt. Bei einem Abbruch im Verlauf einer Transaktion werden vorhergehende Änderungen rückgängig gemacht.

Consistent   Ein konsistenter Datenbestand – insbesondere auf Fremdschlüssel – ist auch nach Durchführung einer Transaktion konsistent

Isolated   Gleichzeitig stattfindende Transaktionen beeinflussen sich nicht gegenseitig.

Durable   Änderungen einer Transaktion sind dauerhaft gespeichert.

Grundlagen des Spring-Transaktionsmanagements

Spring Boot verlässt sich – wie an vielen Stellen – auf das Transaktions-management von Spring. Das Spring-Framework stellt auch hier eine einheitliche Abstraktion über unterschiedliche Werkzeuge und verein-heitlicht unter anderem das Programmiermodell mit und für

- Java Transaction API (JTA)
- JDBC
- Java Persistence API (JPA)
- Java Data Objects
- jOOQ

Das Spring-Framework setzt in erheblichem Maße auf deklarative Transaktionen. Dabei kommen wieder die Ideen der aspektorientier-ten Programmierung (siehe Abschnitt 3.2) zum Tragen. Schaffen Sie sich in diesem Abschnitt einen grundlegenden Überblick über Springs Transaktionsmanagement.

Deklarative Transaktionen

Globale Transaktionen finden in der Regel mit mehreren transak-tionalen Ressourcen statt. Ressourcen sind dabei nicht auf relationa-le Datenbanken beschränkt, sondern beinhalten auch Message-Queues und Ähnliches. Im Java-EE-Umfeld wird zur Verwaltung dieser Trans-aktionen JTA und JNDI eingesetzt. Das Programmiermodell ist in klas-sischen Szenarien an Java EE und EJBs gebunden und stark invasiv. Ebenso invasiv sind allerdings Transaktionen, die auf direktem JDBC-Code basieren, sprich auf manuellen Commits und Rollbacks. Darüber hinaus verhindern sie effektiv, dass betreffender Code jemals innerhalb verteilter Transaktionen genutzt werden kann.

Globale oder lokale Transaktionen?

Das Spring-Framework begegnet dieser Herausforderung mit ei-nem deklarativen Ansatz: Eine Implementierung des Interface Platform-TransactionManager steht als reguläre Bean im Kontext zur Verfügung. Der Transaktionsmanager repräsentiert eine Strategie, wie eine Trans-aktion durchzuführen ist. #commit und #rollback arbeiten auf einem TransactionStatus, der anhand einer Definition (TransactionDefinition) mit folgenden Aspekten definiert wird:

Entscheidung nicht in der Geschäftslogik treffen!

- Isolation: Kann diese Transaktion das Ergebnis anderer, offener Transaktionen sehen?
- Propagation: Wie werden verschachtelte Transaktionen gehand-habt? Wird eine bestehende Transaktion suspendiert, fortgesetzt oder wird das Verhalten gar nicht berücksichtigt?
- Read-only: Als read-only markierte Transaktionen können in ver-schiedenen Datenbanken optimiert werden.

Time-outs: Sollen (zu) lang laufende Transaktionen abgebrochen werden?

Die jeweils ausgewählte Implementierung eines Transaktionsmanagers setzt die geforderten Eigenschaften um und sollte als querschnittlicher Aspekt außerhalb des fachlichen Codes stehen.

Wie sehen nun deklarative Transaktionen aus? Listing 10–6 zeigt ein einfaches Beispiel aus dem in Unterabschnitt 10.2.4 beschriebenem Beispielprojekt:

Listing 10–6
Verwendung von
@Transactional

```
@Transactional
public void doInsert() {
    this.jdbcTemplate.update(
        "Insert into actor(first_name, last_name) "
            + "values(?, ?)",
        "Chuck", "Norris"
    );
}
```

Die Annotation @Transactional steuert über mehrere Attribute das Verhalten der Transaktion. Die Attribute sind nach den oben beschriebenen Grundprinzipien benannt. Falls Sie mehr als einen Transaktionsmanager im Kontext haben oder dieser einen ungewöhnlichen Namen hat, ist für Sie das Attribut transactionManager relevant. @Transactional kann nicht nur auf Methodenebene, sondern auch auf Klassenebene sowie auf ganze Mengen von Klassen angewandt werden, wenn man XML-Konfiguration nutzt.

Automatisches
Rollback

Deklarative Transaktionen können automatisch zurückgerollt werden. Dies passiert immer dann, wenn innerhalb einer transaktionalen Methode eine Unchecked Exception geworfen wird. Listing 10–7 zeigt ein Beispiel.

Listing 10–7
@Transactional und
Unchecked Exception

```
@Transactional(propagation = Propagation.REQUIRES_NEW)
public void tryInsert() {
    this.jdbcTemplate.update(
        "Insert into actor(first_name, last_name) "
            + "values(?, ?)",
        "Chuck", "Norris"
    );
    throw new RuntimeException("Some error here...");
}
```

Spring und Exceptions

Im Spring-Framework werden bevorzugt Unchecked Exceptions genutzt. Unchecked Exceptions sind alle Exceptions, die von `RuntimeException` erben. Sie müssen nicht deklariert werden und es muss kein Code vorgesehen werden, der sie abfängt. Die Idee des ursprünglichen Sprachdesigns war es, zwischen falscher Verwendung (zum Beispiel einer Dereferenzierung von `null`) und nicht vorhersagbarem Verhalten (zum Beispiel unerwartete I/O-Probleme) zu unterscheiden. Nach einer hitzigen Debatte in den letzten Jahren, hat sich die Haltung etabliert, Checked Exceptions nur dann zu nutzen, wenn ein Fehlerfall aufgrund äußerer Einflüsse, wie zum Beispiel Netzwerkproblemen, nicht zu vermeiden ist, aber der Client-Code sich davon erholen kann.

Spring unterstützt diese Philosophie seit langem. Letzten Endes sind alle Arten von Exceptions, die ein Transaktionsmanager werfen kann, fatal und daher Unchecked Exceptions. Der Benutzer kann sich entscheiden, ein Recovery zu versuchen, muss es aber nicht.

Darüber hinaus sollten typische Exceptions einer technischen Schicht nicht in Geschäftslogik weitergegeben werden. Leider ist zum Beispiel die Java-eigene `SQLException` eine Checked Exception und Sie finden immer wieder Code, der diese Exception mit `throws` durch alle Layer hinweg weiterreicht. Spring bietet das Interface `PersistenceExceptionTranslator` an. Es dient dazu, bestimmte Checked Exceptions abzufangen und in eine passende `DataAccessException` zu kapseln. Spring Boot per Default konfiguriert automatisch die für die ausgewählte Technologie notwendigen Instanzen.

Das Beispiel 10–7 nutzt darüber hinaus propagation zur Steuerung, wenn eine bestehende Transaktion genutzt oder für diese Methode eine neue Transaktion eröffnet werden soll. Fachlich ist dies hier unsinnig und nur notwendig, um Ihnen im Test dieser Methode das erfolgreiche Zurückrollen zu zeigen:

```
@RunWith(SpringRunner.class)
@JdbcTest(
    includeFilters = @Filter(value = Service.class))
@AutoConfigureTestDatabase(replace = NONE)
public class TransactionExamplesServiceIT {

    @Autowired
    private TransactionExamplesService exampleService;

    @Autowired
    private JdbcTemplate jdbcTemplate;

    @Test
    @Rollback(false)
```

Listing 10–8
Transaktionale Tests

```
public void tryInsertShouldWork() {
    try {
        examplesService.tryInsert();
    } catch(RuntimeException e) {
        assertThat(e.getMessage(),
            is("Some error here..."));
    }
    assertThat(
        countRowsInTableWhere(
            jdbcTemplate,
            "actor", "first_name like 'Chuck%'"),
        is(0));
}

@Test
public void doInsertShouldWork() {
    examplesService.doInsert();
    assertThat(
        countRowsInTableWhere(
            jdbcTemplate,
            "actor", "first_name like 'Chuck%'"),
        is(1));
    }
}
```

Sie sehen einen transaktionalen Test. Die Annotation @JdbcTest (mehr zu Test-Slices finden Sie in »Explizite Tests technischer Schichten« auf Seite 315) beinhaltet @Transactional und markiert Ihren Test als solchen. Per Default werden alle Transaktionen eines Tests nach Ende der Methode zurückgerollt. @Rollback kann das Default-Verhalten ändern. Für die Methode tryInsertShouldWork ist nun propagation interessant: Der Test läuft innerhalb einer Transaktion; ohne REQUIRES_NEW in Listing 10–7 würde die fachliche Logik in derselben Transaktion ablaufen, die dann erst zurückrollen würde, wenn der Test testen würde, ob das Rollback erfolgreich war.

Eine Möglichkeit, deklarative Transaktionen auf einer tieferen Ebene zu nutzen und zum Beispiel manuelle Savepoints zu nutzen, ist das TransactionTemplate. Eine Instanz existiert, weitere können unter Nutzung der TransactionManager Bean instanziiert werden. Die zentrale Methode ist #execute mit dem Parameter TransactionCallback:

```
public long countSomething() {
    return this.transactionTemplate.execute(t ->
        this.jdbcTemplate.queryForObject(
                "select count(*) from actor", Long.class)
    );
}
```

Listing 10–9
TransactionTemplate
im Einsatz

Transaktionsmanager mit Spring Boot

Spring-Boots Autokonfiguration stellt automatisch – anhand der auf dem Klassenpfad verfügbaren Klassen – einen passenden Transaktionsmanager zur Verfügung. Der Transaktionsmanager ist oft ein lokaler Transaktionsmanager (DataSourceTransactionManager oder Hibernate-TransactionManager), kann aber natürlich auch ein JtaTransaction-Manager sein. Letzteren setzen Sie zum Beispiel ein, um Operationen auf Datenbanken und auf JMS-Message-Queues (vergleiche Kapitel 12) in einer Transaktion durchzuführen. Die recht ausführlichen Konfigurationsmöglichkeiten der jeweiligen Transaktionsmanager würden den Rahmen dieses Buches sprengen.

Für Sie als Spring-Boot-Entwickler ist es wichtig zu wissen, dass Sie zusammen mit @SpringBootApplication (oder explizit mit @Enable-TransactionManagement) und den passenden Startern sehr schnell auch komplexe Szenarien zumindest in Hinsicht auf die Infrastruktur in den Griff bekommen.

Es stehen mehrere Starter für kommerzielle sowie Open-Source-JTA-Implementierungen zur Verfügung:

`spring-boot-starter-jta-atomikos` Atomikos

`spring-boot-starter-jta-bitronix` Bitronix

`spring-boot-starter-jta-narayana` Narayana

Seitens Spring Boot reicht es aus, die entsprechenden Starter mit in den Klassenpfad aufzunehmen. Alle Starter haben die Konfiguration der Transaktionslogs (über `spring.jta.log-dir`) sowie die für die Koordination verteilter Transaktionen notwendige, eindeutige ID (über `spring.jta.transaction-manager-id`) gemein. Dedizierte Einstellungen werden über `spring.jta.<name>.properties` vorgenommen.

Spring-Boot-Anwendungen, die als War- oder EAR-Datei in einen kompatiblen Java-EE-Server deployt werden, versuchen über bekannte JNDI-Namen, einen Transaktionsmanager sowie XA-kompatible Datasources zu konfigurieren. Falls das nicht gelingt, stellen Sie den Namen der Datasource über `spring.datasource.jndi-name` ein. Alle anderen identifizierenden Informationen werden dann ignoriert.

10.2.4 Datenbankzugriff

Spring Boot hilft Ihnen also dabei, eine skalierbare Datenbankverbindung zu einer oder zu mehreren Datenbanken aufzubauen, diese Datenbanken zu initialisieren und zu migrieren. Leider kann es Ihnen nicht die Entscheidung abnehmen, auf welche Art und Weise Sie mit Ihrer Datenbank interagieren. Die Auswahl der möglichen Werkzeuge und Abstraktionsebenen ist ähnlich groß wie beim Thema Logging in Kapitel 6.

Im Folgenden stelle ich Ihnen drei Möglichkeiten vor, mit einer relationalen Datenbank zu interagieren, die alle durch offizielle Starter unterstützt werden.

Quelltext

Die Beispiele dieses Abschnitts liegen alle im Projekt *database_examples*, das Sie auf GitHub finden: https://github.com/springbootbuch/database_examples. Im Projekt werden zu Demozwecken sowohl das JdbcTemplate, jOOQ als auch Spring Data JPA genutzt. Nicht unbedingt eine Kombination, die sich für jedes Projekt im Alltag empfiehlt. Sie wird hier zur Gegenüberstellung verschiedener, technologischer Ansätze genutzt.

Die Beispiele nutzen eine PostgreSQL-Portierung der *Sakila sample database* von Oracle: den *pagila*-DVD-Rentalstore. Das Sakila-Datenbankschema (siehe https://dev.mysql.com/doc/sakila/en/sakila-structure.html) bildet einen DVD-Verleih ab und wird unter anderem zum Benchmarking von MySQL genutzt.

Um das Projekt bauen zu können, benötigen Sie Docker. Starten Sie zuerst mit ./mvnw docker:start die PostgreSQL-Datenbank, bevor Sie das Projekt mit ./mvnw clean verify bauen.

Im Beispiel wird eine Teilmenge des Schemas genutzt: Schauspieler (*actor*), Filme (*film*), die Relation zwischen den beiden Tabellen sowie die Sprache der Filme, um verschiedene Abfragen darzustellen (Abb. 10–2 zeigt den relevanten Teil des Schemas).

Beachten Sie bitte, dass alle Tests im Projekt gegen die »echte« Datenbank laufen; die Tests sind konfiguriert mit spring.test.database.replace = NONE (siehe dazu auch Unterabschnitt 15.3.4).

Für jede der drei vorgestellten Technologien gilt: Sie werden über die automatische Konfiguration mit der primären Datasource instanziiert. Nutzen Sie mehrere Datasources, müssen Sie die entsprechende Konfiguration und Instanziierung bei Bedarf selber vornehmen und gehen dazu analog der Konfiguration im Beispiel B–6 (siehe Anhang) vor. Auch hier gilt: Die automatische Konfiguration hört in der Regel dann auf, wenn zu konfigurierende Beans bereits im Spring-Kontext vorhanden sind (vergleiche Kapitel 5).

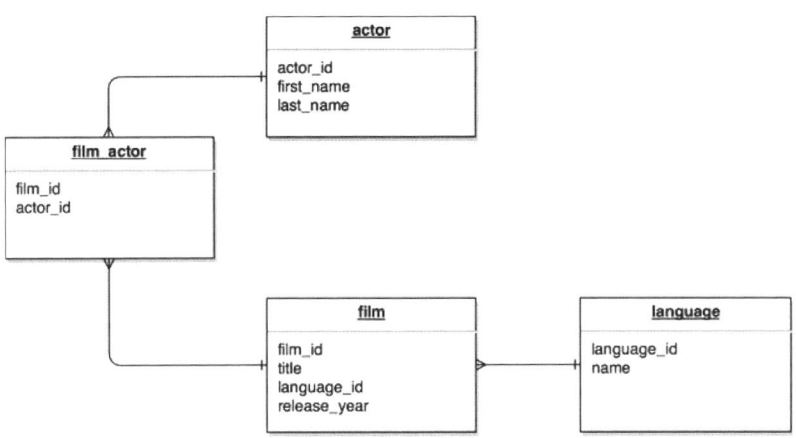

Abb. 10–2
Schema der
Beispieldatenbank

Zur Bezeichnung von Repositorys: Ich empfehle in »echten« Projekten Entitäten als XXXEntity und das zugehörige Repository als XXXRepository zu bezeichnen. In den Beispielen wurde aus Gründen der Übersichtlichkeit – sowohl bei
eigenen Repositorys als auch bei den Spring Data Repositorys – immer noch
der Typ des Repositorys im Namen mitgeführt.

JdbcTemplate

Eine Instanz des JdbcTemplate steht Ihnen automatisch zur Verfügung,
wenn Sie den Starter spring-boot-starter-jdbc benutzen. Das Jdbc-
Template ist zentraler Bestandteil der Spring-JDBC-Kernpakete. Es über-
nimmt die Erstellung und Bereinigung von Ressourcen und führt Ihre
Statements aus. Ihre Anwendung kümmert sich um das Handling der
Ergebnisse.

Einige Beispiele zur Verwendung haben Sie bereits im Abschnitt 10.2.3 »Transaktionen« kennengelernt. Es stehen unter Verwendung des spring-boot-starter-jdbc sowohl eine Instanz des Jdbc-
Templates als auch des NamedParameterJdbcTemplate zur Verfügung, die
Sie sofort innerhalb Ihrer Komponenten verwenden können:

```
@Repository
public class FilmJdbcRepository {
    private final JdbcTemplate jdbcTemplate;

    public FilmJdbcRepository(
        JdbcTemplate jdbcTemplate) {
        this.jdbcTemplate = jdbcTemplate;
    }
```

Listing 10–10
Selektion aller Filme mit
JdbcTemplate

```
public List<Film> findAll() {
    return this.jdbcTemplate.query(
        "Select title, release_year from film",
        (rs, rowNum) ->
            new Film(
                rs.getString("title"),
                Year.of(rs.getInt("release_year"))))
    );
}
}
```

Im Beispiel 10–10 sehen Sie eine Komponente `FilmJdbcRepository`, die ein `JdbcTemplate` nutzt, um alle Filme aus der Pagila-Datenbank abzufragen. Das Handling der SQL-Exception übernimmt das `JdbcTemplate`. Der Lambda-Ausdruck ist ein sogenannter `RowMapper`, der Zeilen des Ergebnisses in ein Objekt transformiert. `FilmJdbcRepository` wurde nicht als `@Component`, sondern als `@Repository` deklariert. `@Repository` aktiviert den bereits erwähnten Übersetzungsmechanismus für infrastrukturspezifische Exceptions.

Unnötige Arbeit vermeiden!

`Select * from...` oder einzelne Spalten? In Listing 10–10 wurden bewusst nur die benötigten Spalten selektiert. Die Tabelle `film` ist eine recht breite Tabelle mit 14 Spalten. 12 Spalten werden selektiert und direkt wieder verworfen – ein nicht zu unterschätzender Speicheroverhead innerhalb der Datenbank. Mit Plain-JDBC und jOOQ ist dieses Problem recht einfach zu lösen, mit JPA beziehungsweise Hibernate müssen Sie auf aufwendige Lösungen wie Lazy Columns oder Fetch-Graphen zurückgreifen.

Sie können ohne Schwierigkeiten mit Platzhaltern (?) in Queries arbeiten oder auch benannte Parameter nutzen. Dennoch arbeiten Sie im Wesentlichen mit SQL-Strings im Quelltext, mit allen Vorteilen, aber in der Regel auch Nachteilen.

jOOQ

jOOQ versucht unter anderem dieses Problem zu lösen. Es steht für »Java Object Oriented Querying« und ist laut Hersteller Data Geekery GmbH[4] ein Framework zur Erzeugung von typsicheren Abfragen. Dazu stellt jOOQ für unterschiedliche Datenbankschemas eine interne, Domain-spezifische Sprache (DSL) zur Verfügung. Diese DSL ist Java-basiert und dient innerhalb von Programmcode zur Generierung

---

[4] http://www.datageekery.com

datenbank- und schemaspezifischer Statements. jOOQ könnte auch ohne Schema genutzt werden, allerdings ist es dann nur noch im Hinblick auf die Verwendung von SQL-Sprachmitteln, nicht aber im Hinblick auf Tabellen und Spalten typsicher.

jOOQ steht für eine Vielzahl von Open-Source-Datenbanken unter Apache-2.0-Lizenz zur Verfügung. Für den Einsatz mit kommerziellen, Enterprise-Grade-Datenbanken muss eine kommerzielle Lizenz erworben werden. Beide Ausgaben von jOOQ können gleichermaßen einfach mit Spring Boot verwendet werden. Möchten Sie die kommerzielle Version von jOOQ nutzen, so müssen Sie die Gruppen-ID org.jooq.pro für alle Abhängigkeiten und das Maven-Plugin verwenden sowie die offene Version vom spring-boot-starter-jooq ausschließen:

Dual-Licensed

```xml
<dependency>
    <groupId>org.springframework.boot</groupId>
    <artifactId>spring-boot-starter-jooq</artifactId>
    <exclusions>
        <exclusion>
            <groupId>org.jooq</groupId>
            <artifactId>jooq</artifactId>
        </exclusion>
    </exclusions>
</dependency>
<dependency>
    <groupId>org.jooq.pro</groupId>
    <artifactId>jooq</artifactId>
    <version>${jooq.version}</version>
</dependency>
```

Listing 10–11
Verwendung der kommerziellen jOOQ-Version mit dem Spring-Boot-Starter

---

Kernkonzept: Codegenerator

jOOQ wird üblicherweise mit dem jOOQ-Codegenerator genutzt. Der Codegenerator liest das Informationsschema Ihrer Datenbank und generiert Java-Klassen, die mit Ihren Tabellen, Spalten, Prozeduren und anderen Datenbankstrukturen korrespondieren. Das Datenbankschema ist in der Regel die treibende Kraft und daher immens wichtig. Falls möglich, prüfen Sie, ob Ihre Anwendung Eigentümer des Schemas ist und Sie gefahrlos Migrationen wie in Unterabschnitt 18.3.2 einsetzen können, damit die generierten Klassen zur genutzten Datenbankinstanz passen.

Die generierten Klassen werden zusammen mit dem sogenannten DSL-Context genutzt: Er kann Statements jeder Art generieren, sie ausführen und die Ergebnisse auf Objekte abbilden.

Der Codegenerator steht als Stand-alone-Modul und als Maven-Plugin zur Verfügung sowie über einen kleinen Umweg auch für Gradle. Passend zu den anderen Projekten wurde im Beispielprojekt das jOOQ-Maven-Plugin als Build-Plugin in Maven konfiguriert, um das jOOQ-Java-Schema zu generieren. Für die anderen Wege sei auf die jOOQ-Dokumentation verwiesen:

Listing 10–12
jOOQ-Maven-Plugin

```xml
<properties>
  <build.datasource.url>
    jdbc:postgresql://localhost:5432/pagila
  </build.datasource.url>
  <build.datasource.username>spring</build.datasource.username>
  <build.datasource.password>spring</build.datasource.password>
</properties>

<build>
  <plugins>
    <plugin>
      <groupId>org.jooq</groupId>
      <artifactId>jooq-codegen-maven</artifactId>
      <executions>
        <execution>
          <phase>generate-sources</phase>
          <goals><goal>generate</goal></goals>
        </execution>
      </executions>
      <configuration>
        <jdbc>
          <driver>org.postgresql.Driver</driver>
          <url>${build.datasource.url}</url>
          <user>${build.datasource.username}</user>
          <password>${build.datasource.password}</password>
        </jdbc>
        <!-- Detaillierte Konfiguration
             von Quellen und Ziel -->
      </configuration>
    </plugin>
  </plugin>
  </plugins>
```

Falls Sie sich fragen, warum in diesem Beispiel die Datenbankverbindung bereits im POM definiert wird: Die Verbindung wird bereits zur Buildzeit benötigt, damit jOOQ Quelltexte generieren kann. In der application.properties wird diese Datenbankverbindung über

Maven-Platzhalter referenziert (siehe »Filterung von Ressourcen« in Abschnitt 2.1):

```
spring.datasource.url = @build.datasource.url@
spring.datasource.username = @build.datasource.username@
spring.datasource.password = @build.datasource.password@
```

Listing 10–13
Referenzierung von
Maven-Propertys

Das Beispielprojekt nutzt Flyway zur Datenbankmigration, und zwar sowohl zur Build- als auch zur Laufzeit. Damit wird sichergestellt – falls die Anwendung wie in diesem Fall die Datenhoheit hat –, dass das generierte Schema immer zu dem der Datenbank und umgekehrt passt.

Dieselbe Abfrage aus Listing 10–10 wird im Repository in Listing 10–14 durch jOOQ nun typsicher im Hinblick auf Tabellen, Spalten und SQL-Nutzung:

```
@Repository
public class FilmJOOQRepository {
    private final DSLContext ctx;

    public FilmJOOQRepository(DSLContext ctx) {
        this.ctx = ctx;
    }

    public List<Film> findAll() {
        return this.ctx
            .select(FILM.TITLE, FILM.RELEASE_YEAR)
            .from(FILM)
            .fetch(r -> new Film(
                r.get(FILM.TITLE),
                Year.of(r.get(FILM.RELEASE_YEAR)))
            );
    }
}
```

Listing 10–14
Selektion aller Filme mit
jOOQ

Bei Abfragen dieser Art spielt jOOQ seine Stärken nur dann aus, wenn Sie wie hier nur wenige Spalten einer Tabellen benötigen. Nutzen Sie für einfache Selects, die alle Spalten lesen, lieber JPA zusammen mit Spring Data JPA wie im nächsten Abschnitt beschrieben. Was aber, wenn Sie eine Liste aller Schauspieler und die nach Sprache gruppierte Anzahl aller durch sie besetzten Filme ermitteln möchte? Eine notorisch schwierige Aufgabe mit JPA durch die sogenannte n:m-Beziehung zwischen den Tabellen *film* und *actor*. Mit jOOQ schreiben Sie die Abfrage fast wie in »natürlichem« SQL:

Listing 10–15

Beispiel einer
komplexeren Abfrage
mit jOOQ
(JOOQExampleQueries
.java)

```
ctx
    .select(ACTOR.LAST_NAME, LANGUAGE.NAME, count())
    .from(ACTOR)
        // Nutzen Sie den SQL Standard
        // "USING", wenn die gejointen Spalten
        // in beiden Tabellen gleich heißen
        .join(FILM_ACTOR).using(ACTOR.ACTOR_ID)
        .join(FILM).using(FILM_ACTOR.FILM_ID)
        .join(LANGUAGE).using(FILM.LANGUAGE_ID)
    .groupBy(ACTOR.LAST_NAME, LANGUAGE.NAME)
    .fetch().intoMap(ACTOR.LAST_NAME);
```

Sie können Ihre jOOQ-Konfiguration durch Bereitstellung einer oder mehrerer der folgenden SPI-Klassen als Bean anpassen, dazu gehören der `ConnectionProvider` oder `TransactionProvider` sowie `RecordMapper-Provider` und verschiedene Listener, die auf Events reagieren.

JPA

Spring Data JPA wird durch den `spring-boot-starter-jpa` bereitgestellt, als JPA-Implementierung kommt Hibernate zum Einsatz. Ihre primäre Datasource wird automatisch zur Instanziierung einer JPA-EntityManagerFactory genutzt, die von Spring Data JPA benötigt wird. Diese Factory ist so konfiguriert, dass JPA-Entitäten ohne die Notwendigkeit einer `persistence.xml` gefunden werden. Die EntityManagerFactory können Sie – wie alle anderen Beans auch – durch eine eigene Instanz ersetzen. Ebenfalls automatisch genutzt wird der Default-Transaktionsmanager.

Innerhalb einer Spring-Boot-Anwendung, die `spring-boot-starter-jpa` nutzt, steht automatisch ein `EntityManager` zur Verfügung, der threadsafe ist. Sie müssen also weder die `EntityManagerFactory` noch die `@PersistenceContext`-Annotation bemühen, um Zugriff auf einen EntityManager zu erhalten. Er kann über Constructor Injection, `@Autowired` oder auch `@Inject` genutzt werden. Sie erhalten in der Regel einen Proxy, der bei Bedarf zum Zeitpunkt des Zugriffs auf den EntityManager eine neue Instanz über die Factory erzeugt.

Kernkonzept: JDK-Proxys

Das zentrale Interface mit der höchsten Abstraktion über die unterschiedlichen Datenspeicher ist das Repository-Interface. Ein Repository »verwaltet« in der Regel genau eine fachliche Klasse und ist daher mit dem Typ dieser Klasse und dem Typ der eindeutigen ID einer Instanz dieser Klasse typisiert. Repository ist insbesondere ein Marker-Interface, das dem automatischen Discovery dient. CrudRepository sowie weitere, noch spezialisiertere Interfaces stellen darüber hinaus CRUD-Methoden (Create, Read, Update, Delete) und einige andere bereit.

Für sehr viele Anwendungsfälle müssen Sie zu den Repository-Interfaces keine Implementierungen zur Verfügung stellen: Spring Data generiert zur Laufzeit dynamische JDK-Proxys. Es findet keine Codegenerierung oder Bytecode-Manipulation statt. Vielmehr werden Methodenaufrufe auf Repositorys mit einem MethodInterceptor abgefangen, und es wird wie folgt vorgegangen, um Abfragen oder Methoden auszuführen:

1. Falls es zum Repository eine konkrete Implementierung mit passender Methode gibt, wird diese genutzt.

2. Falls die Methode eine Abfrage repräsentiert, wird versucht, die Definition der Abfrage zu ermitteln. Eine Abfrage kann direkt auf der Methode mit @Query oder über JPA Named Queries definiert sein. Falls keines davon zutrifft, versucht Spring Data, aus dem Namen der Methode eine Abfrage zu erstellen.

3. Falls keiner der obigen Fälle zutrifft, muss die Methode über eine der Spring-Data-Basisklassen (im Falle von JPA ist dies SimpleJpaRepository) implementiert sein.

Mit der Annotation @EnableJpaRepositories können Sie die JPA *Erweiterte* Repositorys manuell aktivieren und konfigurieren. Per Default suchen *Konfiguration* Spring Data JPA und der zugehörige EntityManager nach Repositorys und Entitäten ausgehend vom Package, in dem die mit @SpringBoot-Application annotierte Klasse liegt. Falls das ungeeignet ist, können Sie das Package mit dem Attribut basePackages festlegen. Weitere wichtige Attribute finden Sie in Tabelle 10–2.

Attribut	Funktion
`value`, `basePackages` und `basePackageClasses`	Konfiguration des Basispackage
`includeFilters` und `excludeFilters`	Konfiguration der ein- und ausgeschlossenen Klassen
`entityManagerFactoryRef`	Bean-Name der zu nutzenden EntityManagerFactory (default: `entityManagerFactory`)
`transactionManagerRef`	Bean-Name des zu nutzenden Transaktionsmanagers (default: `transactionManager`)
`enableDefaultTransactions`	Sollen Spring Data JPA Repositorys automatisch Transaktionen nutzen? (default: `true`)

Wie sieht nun die einfache Abfrage aus Listing 10–10 und Listing 10–14 aus? Sie benötigen zunächst eine JPA-Entität:

```java
@Entity
@Table(name = "film")
public class FilmEntity implements Serializable {

    @Id
    @GeneratedValue(strategy = GenerationType.IDENTITY)
    @Column(name = "film_id")
    private Integer id;

    private String title;

    @ManyToOne(optional = false)
    @JoinColumn(name = "language_id")
    private LanguageEntity language;

    private Integer releaseYear;

    @ManyToMany
    @JoinTable(
        name = "film_actor",
        joinColumns = @JoinColumn(name = "film_id"),
        inverseJoinColumns = @JoinColumn(name = "actor_id")
    )
    private final Set<ActorEntity> actors = new HashSet<>();
```

```
protected FilmEntity() {
}

public FilmEntity(String title, LanguageEntity language) {
    this.title = title;
    this.language = language;
}

// Getter und Setter aus Gründen
// der Übersicht weggelassen
}
```

Durch die automatische Konfiguration des Spring-Data-JPA-Starters werden JPA-Entitäten, die sich unterhalb des Package befinden, in dem Ihre mit @SpringBootApplication annotierte Klasse liegt, automatisch gefunden und im EntityManager registriert. Entitäten in anderen Packages können Sie – unabhängig davon, ob die Klassen im selben Projekt liegen oder Teil eines Jar-Archivs sind – mit @EntityScan auf einer Konfigurationsklasse registrieren. Gleiches gilt für die Repositorys im Folgenden, allerdings verwenden Sie dazu @ComponentScan.

Falls Sie eine Sammlung älterer Hibernate-Entitäten haben und diese mit Hibernate-XML-Dateien (hbm.xml) konfiguriert haben, können Sie die Spring-Boot-Konfiguration spring.jpa.properties.* benutzen, um den Ort der Hibernate-XML-Dateien durch spring.jpa.properties.hibernate.ejb.cfgfile anzugeben.

Das einfachste Repository mit dem größten Funktionsumfang, das Sie deklarieren können, ist ein Repository, das von JpaRepository ableitet:

```
public interface FilmJpaRepository
    extends JpaRepository<FilmEntity, Integer> {
}
```

Listing 10–17
FilmJpaRepository.java

JpaRepository stellt eine Vielzahl an Methoden bereit, die direkt nutzbar sind. Listing 10–18 zeigt in einem @DataJpaTest einige davon, zum Beispiel die Methoden findAll, count, save und delete:

```
@RunWith(SpringRunner.class)
@DataJpaTest
public class FilmJpaRepositoryIT {


    @Autowired
    private FilmJpaRepository filmRepository;
```

Listing 10–18
FilmJpaRepositoryIT
.java

```
@Autowired
private LanguageRepository languageRepository;

@Test
public void findAllShouldWork() {
    final List<FilmEntity> films
        = filmRepository.findAll();
    assertThat(films.size(), is(greaterThan(0)));
}


@Test
public void createShouldWork() {
    long cnt = filmRepository.count();
    languageRepository
        .findOneByName("English")
        .map(l -> new FilmEntity("Æon Flux", l))
        .ifPresent(filmRepository::save);
    assertThat(
        filmRepository.count(), is(cnt + 1));
}
}
```

Die Methoden sind mehrfach überladen; es existieren Varianten, die eine Abfrage über ein Beispiel erlauben, paginierte Ergebnisse zurückgeben und die Angabe einer Sortierung ermöglichen.

Zurückhaltende Schnittstellen

In Listing 10–17 erbt das Spring Data JPA Repository für die Tabelle Filme vom Interface `JpaRepository`. Das ist einerseits praktisch, da sehr viele – teils sehr praktische – Methoden auf diesem Interface deklariert sind, andererseits aber auch gefährlich: Ihre API wird recht schnell geschwätzig – sie werden keine Möglichkeit mehr haben, Methoden nicht mehr anzubieten, wenn das Repository erst einmal den Weg in Ihre Codebasis gefunden hat. Eine alternative Möglichkeit ist, nur von `Repository` oder von `CrudRepository` zu erben. Im ersten Fall müssen Sie alle benötigten Methoden selber deklarieren, im zweiten stellt das Repository Standard-CRUD-Methoden bereit. Listing 10–19 zeigt ein Beispiel mit `Repository`:

Listing 10–19
Film-Simple-Jpa-Repository.java

```
public interface FilmSimpleJpaRepository
    extends Repository<FilmEntity, Integer> {

    Optional<FilmEntity> findById(Integer id);


    Stream<FilmEntity> findAll();
```

```
    long countAllByTitleLike(String name);
}
```

Die Methode `findOne` existiert auch so im Repository aus Listing 10–17, muss aber hier explizit angegeben werden. `findAll` existiert ähnlich, nutzt aber hier den Java-8-Stream-Typ, um die Liste aller Ergebnisse als Stream zurückzugeben. `countAllByTitleLike` zeigt schlussendlich, wie SQL-Query-Methoden aus Funktionsnamen generiert werden können. Auch hier noch einmal ein Ausschnitt aus dem Test `FilmSimpleJpaRepositoryIT.java`, um zu veranschaulichen, dass kein Code generiert oder geschrieben werden muss, um diese Repositorys zu nutzen:

Listing 10–20
Ausschnitt des
Testcodes

```
@Test
public void findOneShouldWork() {
    Optional<FilmEntity> film;

    film = filmRepository.findById(-1);
    assertThat(film.isPresent(), is(false));

    film = filmRepository.findById(1);
    assertThat(film.isPresent(), is(true));
}


@Test
public void findAllShouldWork() {
    try (
        Stream<FilmEntity> stream =
            filmRepository.findAll()
    ) {
        stream.map(FilmEntity::getTitle)
            .forEach(LOG::debug);
    }
}


@Test
public void countAllByTitleLikeShouldWork() {
    assertThat(
        filmRepository
            .countAllByTitleLike("A%"),
        is(46L));
}
```

Eine Funktionsdeklaration der Form `findAllByTitleOrderByReleaseYear(String title)` würde analog eine Liste von Filmen mit passendem

Titel finden, sortiert nach Jahr. Sie können in diesen Deklarationen auch auf mehrere Attribute abfragen. Beachten Sie jedoch bitte, dass der Funktionsname ab einer gewissen Länge eher unhandlich wird und oftmals nicht mehr die gewünschte Intention preisgibt.

Der Funktionsumfang von Spring Data im Allgemeinen und von Spring Data JPA im Speziellen ist umfangreich und würde den Rahmen dieses Buchs sprengen. Die Referenzdokumentation[5] ist ausführlich und stellt jedes der hier gezeigten Features im Detail vor. Dort erfahren Sie mehr über QueryDSL-Support, Transaktionen, asynchrone Repository-Methoden, Streaming von Ergebnissen und über die leichte Erweiterbarkeit der Repositorys mit eigenen Implementierungen.

Ich möchte diesen Abschnitt mit einem komplexeren Beispiel abschließen, das die Java Persistence Query Language (JPQL) nutzt. Die Klasse MoreExamplesRepository zeigt eine JPQL-Abfrage innerhalb der @Query-Annotation:

Listing 10–21
JPQL-Abfragen

```
@Query(""
    + " Select film from #{#entityName} film "
    + " where :actor member of film.actors"
)
List<FilmEntity> findAllByActor(ActorEntity actor);
```

Sie könnten diese Abfrage auch in einer »normalen« Named Query aufschreiben, würden dann aber auf die Möglichkeit verzichten, mit einer SpEL-Expression den Namen der abgefragten Entität anzugeben. Um den benannten Parameter actor nutzen zu können, benötigten Sie entweder zusätzlich die Annotation @Param oder den Compiler-Switch -parameters, der die Namen von Funktionsparametern im Bytecode verfügbar macht. In Spring-Boot-Projekten auf Basis von Maven, die das Parent-POM nutzen, ist dies der Standard.

Der Test dieser Methode zeigt darüber hinaus, wie Sie mit Spring Data *queries-by-example* durchführen können:

Listing 10–22
Queries by example

```
@Test
public void findAllByActorShouldWork() {
    Example<ActorEntity> example = Example.of(
        new ActorEntity("FAY", "WINSLET"),
        ExampleMatcher.matching()
            .withIgnoreCase()
            .withMatcher("firstName", m -> m.startsWith())
            .withMatcher("lastName", m -> m.exact())
    );
```

---

[5] https://docs.spring.io/spring-data/jpa/docs/current/reference/html/

```
actorRepository
    .findOne(example)
    .map(filmRepository::findAllByActor)
    .get()
    .stream()
    .map(FilmEntity::getTitle)
    .forEach(LOG::debug);
}
```

Sie sind in der Verwendung von Spring Data JPA im Grunde genommen nur durch die Komplexität Ihrer Abfragen eingeschränkt, sollten aber bedenken, dass es eine Grenze gibt, bis zu der JPQL-Code verständlich ist. Die besondere Stärke der Kombination Spring Data und JPA auf Basis von Hibernate liegt eher auf einfach bis mittelkomplexen Abfragen auf der einen Seite und trivial durchführbaren Inserts und Updates, bei denen die Vorteile einer einmal durchgeführten Abbildung von relationalen Inhalten auf Objekte deutlich werden.

Der Todo-Service aus dem Projekt *bootifultodos_todos* aus Abschnitt 19.4 zeigt einige weitere Details von Spring Data JPA.

10.3   NoSQL-Technologien

Im einleitenden Teil »Spring Data« dieses Kapitels haben Sie bereits die Namen zahlreicher Spring-Data-Projekte kennengelernt. Etliche der offiziell von Pivotal unterstützten Module und noch mehr der Community-Module dienen der Kommunikation mit NoSQL-Stores der unterschiedlichsten Art. Es würde den Umfang dieses Buches sprengen, auf die Details jedes dieser Module einzugehen. Im Folgenden werden Sie daher nur exemplarisch die Module *Spring Data MongoDB* und *Spring Data Redis* kennenlernen.

10.3.1   Spring Data MongoDB

In diesem Abschnitt werden Sie lernen, wie Sie aus einer Spring-Boot-Anwendung mit der MongoDB interagieren können. Ich werde Ihnen eine grundlegende Einführung der Spring Data MongoDB Repositorys geben sowie einige Beispiele zur Benutzung des `MongoTemplate` zeigen.

Quelltext

Sie finden den Quelltext dieses Abschnittes unter https://github.com/springbootbuch/mongo. Im Projekt *mongo* wird wie im vorherigen Abschnitt ein Film verwaltet.

Sie benötigen `spring-boot-starter-data-mongodb` in den Abhängigkeiten Ihres Projektes, um die notwendige Autokonfiguration auszulösen. Falls Sie lokal Zugriff auf eine MongoDB-Instanz haben, ist keine weitere Konfiguration notwendig. Der Starter konfiguriert die Verbindung über die Eigenschaften in Listing 10–23, stellt eine Instanz des `Mongo-Template` zur Verfügung und instanziiert Ihre Repositorys.

Listing 10–23
Default-Konfiguration
von Spring Data
MongoDB

```
spring.data.mongodb.database = test
spring.data.mongodb.host = localhost
spring.data.mongodb.username =
spring.data.mongodb.password =
spring.data.mongodb.port = 27017
# Url der MongoDB (Exklusiv zu obigen Eigenschaften)
spring.data.mongodb.uri = mongodb://localhost/test
# Flag, ob MongoDB-Repositorys aktiv sind oder nicht
spring.data.mongodb.repositories.enabled = true
```

MongoDB

MongoDB ist eine seit 2007 in der Entwicklung befindliche dokumentenorientierte NoSQL-Datenbank. MongoDB speichert »Dokumente« als JSON-Text in sogenannten Collections. Anfragen an die Datenbank werden in der Regel als JavaScript-Funktionen formuliert und können triviale Selects ebenso wie komplexe MapReduce-Funktionen darstellen.

Die spezifischen Repositorys für MongoDB verhalten sich sehr ähnlich wie die Spring Data JPA Repositorys. Das `CrudRepository` steht ebenso zur Verfügung wie eine `@Query`-Annotation (letztere ist nicht identisch mit der gleichnamigen aus Spring Data JPA, erfüllt aber den gleichen Zweck).

Um Objekte mit MongoDB-Repositorys verwalten zu können, müssen diese speziell ausgezeichnet werden. Während im Kontext JPA die standardisierte Annotation `@Entity` dafür zur Verfügung steht, führt Spring Data MongoDB dafür eine eigene Annotation ein, das `@Document`:

Listing 10–24
Beispiel für ein
@Document

```
@Document(collection = "films")
public class Film {

    private String id;

    private final String title;

    private final Integer releaseYear;
```

```
    private final List<Actor> actors = new ArrayList<>();

    public Film(String title, Integer releaseYear) {
        this.title = title;
        this.releaseYear = releaseYear;
    }
}
```

In `@Document` können Sie über das Attribut `collection` angeben, in welcher Collection das Dokument gespeichert wird. Das Dokument selber wird über eine Instanz des Interface `MongoConverter` in ein JSON-Dokument abgebildet.

Das _id-Feld

MongoDB erfordert ein Feld `_id` für jedes Dokument. Spring Data MongoDB geht dabei wie folgt vor, um diese Anforderung mit dem Default-Konverter `MappingMongoConverter` zu erfüllen und eine Eigenschaft der Klasse zu identifizieren, die auf `_id` abgebildet wird:

1. Ein Feld, das mit `@Id` aus Spring Data annotiert ist, wird auf `_id` abgebildet.
2. Ein Feld mit dem Namen `id` wird auf `_id` abgebildet.

Falls kein Feld identifiziert werden kann, wird eine implizite ID genutzt, die aber nicht abgebildet wird und dementsprechend nicht für Abfragen genutzt werden kann.

Sie können zu diesem Dokument ein Repository wie in Listing 10–25 deklarieren:

```
public interface FilmMongoRepository
    extends MongoRepository<Film, String> {
}
```

Listing 10–25
Einfaches
MongoDB-Repository

Spring Boot unterstützt mit *Flapdoodle* auch für MongoDB eine eingebettete Datenbank, falls Ihnen keine lokale MongoDB-Installation zur Verfügung steht:

```
<dependency>
    <groupId>de.flapdoodle.embed</groupId>
    <artifactId>de.flapdoodle.embed.mongo</artifactId>
    <scope>test</scope>
</dependency>
```

Listing 10–26
Embedded MongoDB

Flapdoodle stellt MongoDB als eingebettete In-Memory-Variante zur Verfügung. `@DataMongoTest` ist ein spezieller Test-Slice, der in einem Test nur die technische Infrastruktur für MongoDB zur Verfügung stellt und Flapdoodle automatisch hochfährt, wenn es auf dem Klassenpfad ist (mehr dazu in Unterabschnitt 15.3.4). Sie können das oben definierte Repository also ohne Weiteres sofort testen und benutzen:

Listing 10–27
Test des
MongoDB-Repository

```
@RunWith(SpringRunner.class)
@DataMongoTest
public class FilmMongoRepositoryTest {

    @Autowired
    private FilmMongoRepository filmRepository;

    @Test
    public void filmShouldBeSaved() {
        Film film = filmRepository.save(
            new Film("Der wilde wilde Westen",
            1974));
        assertThat(film.getId(), is(notNullValue()));
        assertThat(film.getReleaseYear(),
            is(1974));
    }
}
```

Im Kapitel 14 »Reaktive Programmierung« werden Sie weitere Beispiele für Spring Data MongoDB Repositorys finden. In diesem Abschnitt möchte ich Ihnen noch Beispiele für das MongoTemplate zeigen. Probieren Sie doch einmal aus, das FilmMongoRepository um eigene Abfragemethoden zu erweitern.

Repository Populator

Um einige Beispiele zu haben, benötigen Sie Testdaten. Für MongoDB steht mit der Klasse Jackson2RepositoryPopulatorFactoryBean eine Möglichkeit zur Verfügung, eine MongoDB ähnlich wie relationale Daten mit einem initialen Schema zu füllen. Listing 10–28 zeigt einen Ausschnitt aus der Klasse MongoTemplateExamplesTest des Beispielprojekts *mongo*:

Listing 10–28
MongoDB-
Initialisierung

```
@TestConfiguration
public static class PopulatorConfiguration {
    @Bean
    public Jackson2RepositoryPopulatorFactoryBean
        repositoryPopulator(final ObjectMapper objectMapper)
    {
        final Jackson2RepositoryPopulatorFactoryBean factory
            = new Jackson2RepositoryPopulatorFactoryBean();
        factory.setMapper(objectMapper);
        factory.setResources(new Resource[]{
            new ClassPathResource("data.json")}});
```

```
        return factory;
    }
}
```

Sie konfigurieren als Ressourcen eine oder mehrere JSON-Dateien, die Ihre Daten als Objekte innerhalb eines Arrays aufzählen.

Mit dem `MongoTemplate` haben Sie alle Möglichkeiten, direkt mit Ihrem NoSQL-Store zu interagieren. Listing 10–29 zeigt eine Abfrage aller Filme eines Schauspielers mit Domain-specific-Language (DSL)-Methoden der Klassen `Query` und `Criteria`:

```
List<Film> films = this.mongoTemplate
    .find(query(where("actors.lastName").is("GUINESS")),
        Film.class);
```

Listing 10–29
Direkte Nutzung des MongoTemplate

Insbesondere werden Map-Reduce-Operationen sowie die Aggregate-Pipeline von MongoDB mit einer lokalen DSL komfortabel unterstützt. Listing 10–30 zeigt eine Pipeline, die die unterschiedlichen Schauspieler über alle Filme ermittelt. Die Methoden sind über statische Imports der Klasse `Aggregation` verfügbar:

```
Aggregation agg = Aggregation.newAggregation(
    unwind("actors"),
    group("firstName", "lastName")
        .addToSet("actors")
        .as("uniqueActors"),
    unwind("uniqueActors"),
    replaceRoot("uniqueActors")
);
AggregationResults<Actor> results = mongoTemplate
    .aggregate(agg, "films", Actor.class);
List<Actor> distinctActors = results.getMappedResults();
```

Listing 10–30
DSL für das Aggregation-Framework

Dasselbe Ergebnis erhalten Sie, wenn Sie über das MongoTemplate direkt auf die Collection zugreifen und die `distinct`-Methode nutzen. Achtung: Sie steigen dabei auf das Level des MongoDB-Treibers hinab und werden danach nicht mehr von Spring Data MongoDB unterstützt:

```
List<Actor> distinctActors = mongoTemplate
    .getCollection("films")
    .distinct("actors", Actor.class)
    .into(new ArrayList<>());
```

Listing 10–31
Direkter Zugriff auf MongoDB-Collections

Falls Sie den MongoDB-Treiber in dieser Form nutzen, müssen Sie dafür sorgen, dass Ihre Klassen serialisiert und deserialisiert werden können. Sie können in Ihrer Konfiguration dazu einfach eine Instanz der `MongoClientOptions` bereitstellen. Die automatische Spring-Boot-Konfiguration wird dies – wie in anderen vergleichbaren Fällen – erkennen und diese Optionen nicht durch eigene Beans ersetzen.

Im Test `MongoTemplateExamplesTest` wird diese Möglichkeit genutzt, um einen eigenen »Codec«, eine Beschreibung des Mongo-Treibers für eine Klasse, zur Verfügung zu stellen:

Listing 10–32
Mögliche Anpassung
des MongoClient

```
@Bean
public MongoClientOptions mongoClientOption() {
    final CodecRegistry defaultCodecRegistry =
        MongoClient.getDefaultCodecRegistry();
    final Codec<Document> defaultDocumentCodec =
        defaultCodecRegistry.get(Document.class);

    final CodecRegistry codecRegistry =
        CodecRegistries.fromRegistries(
            defaultCodecRegistry,
            fromCodecs(new ActorCodec(defaultDocumentCodec))
        );

    return MongoClientOptions
        .builder()
        .codecRegistry(codecRegistry)
        .build();
}
```

Die Möglichkeiten von Spring Data MongoDB sind vielfältig. Komplett außen vor gelassen wurden Inserts, Updates, Deletes, räumliche Abfragen mit GEO-JSON-Dokumenten sowie Volltextsuche: Raum, für ein eigenes Buch. Lernen Sie im nächsten Abschnitt stattdessen einige weitere Spring-Data-Module kennen.

10.3.2   Weitere Spring-Data-Module

Für Redis (Key-Value-Store), Neo4j (Graphen-Datenbank), Apache Solr, Elasticsearch (im weitesten Sinne Suchmaschinen), Cassandra (Zeitreihen-Datenbank), LDAP und Couchbase stehen Starter zur Verfügung, die für die genannten Datastores automatische Konfiguration der Infrastruktur, entsprechende Templates sowie Repositorys zur Verfügung stellen. In der Regel teilen sich die Starter eine gemeinsame Infrastruktur über Spring Data Commons mit Spring Data JPA. Für eigene Experimente könnten Sie die Spring-Data-JPA-Beispiele aus dem Projekt *database_examples* nutzen: Kopieren Sie die JPA-Entität `Film`-`Entity` und ersetzen die JPA-Annotation `@Entity` zum Beispiel mit `@Node`-

`Entity`, um Filme und Schauspieler in einem Neo4j-Repository abzu-
legen und Beziehungen anhand von Graphen zu erforschen, oder mit
`@SolrDocument`, um Filme in Apache Solr zu speichern und durchsuch-
bar zu machen. Für Interaktionen, die näher am eigentlichen Datastore sind, stehen `Neo4jTemplate` und `SolrTemplate` zur Verfügung. Die
entsprechenden Starter, die Sie als Abhängigkeit deklarieren, heißen
`spring-boot-starter-data-neo4j` beziehungsweise `spring-boot-starter-
data-solr`. Das Thema Spring Data Redis wird in Abschnitt 12.3 auf-
gegriffen. Redis hat einige interessante Funktionen, die über einen Key-
Value-Store hinausgehen, von denen Sie die Messaging-Funktion kennenlernen werden, die sehr leicht über das `RedisTemplate` nutzbar ist.

Ein Projekt soll im Kontext des Kapitels nicht unerwähnt bleiben: *Spring Data REST*
Spring Data REST. Spring Data REST stellt im Gegensatz zu den anderen Spring-Data-Modulen keinen weiteren Datastore zur Verfügung,
sondern nutzt vielmehr die Repository-Abstraktion der anderen Module aus, um auf einfache Weise REST-APIs auf Basis der Domain
der Anwendung zu veröffentlichen. Die Standardmethoden der CRUD-
Repositorys sowie Ihre eigenen Methoden in erweiterten Interfaces werden dabei derart über Webschnittstellen veröffentlicht, dass sie Level 3
des *Richardson'schen Maturity Model* genügen:

1. Schnittstellen werden als Ressourcen veröffentlicht, nicht als »Methodenaufrufe« eines einzelnen Endpunktes.
2. Es werden möglichst passende HTTP-Verben aus den verfügbaren
   Verben (u. a. `GET`, `POST`, `PUT`, `PATCH` und `DELETE`) ausgewählt und es
   wird sorgsam darauf geachtet, sichere und unsichere sowie idem-
   potente und nicht-idempotente Operationen zu unterscheiden und
   entsprechende HTTP-Response-Codes zu verwenden.
3. Schnittstellen sollen auffindbar (»discoverable«) und navigierbar
   sein, indem sie Hyperlinks als Steuerung der Schnittstelle nutzen. Jeder Aufruf einer Ressource beinhaltet in der Antwort »hypermedia
   controls«. Hypermedia controls sind Links, die die nächste Aktion beschreiben. Die Idee dahinter wird manchmal als Hypermedia
   as the Engine of Application State (HATEOAS) bezeichnet, eine
   Implementierung der Struktur als Hypertext Application Language
   (HAL).

Spring Data REST erfüllt mit seinen Schnittstellen diese drei Eigenschaften. Sie können es zusammen mit den Spring-Data-Modulen JPA,
MongoDB, Neo4j, Solr, Cassandra und Gemfire nutzen. Innerhalb einer Spring-Boot-Anwendung reicht es, `spring-boot-starter-data-rest`
zu deklarieren, um in den Genuss einer »echten« REST-API zu kommen.

Testen Sie doch einmal, ob Sie die Spring Data JPA Repositorys aus dem Beispielprojekt *database_examples* in Abschnitt 10.2.4 als REST-API veröffentlichen können, ohne auch nur einen einzigen `@RestController` selber schreiben zu müssen. Das Repository aus Listing 10–17 bietet sich dafür an. Der Todo-Service aus Abschnitt 19.4 zeigt einige weitere, interessante Details von Spring Data REST, zum Beispiel Zugriffsschutz und angepasste Abfragen.

10.4   Fazit

In diesem Kapitel haben Sie einen Überblick über die von Spring Boot unterstützten Datenbanktechnologien bekommen. Indem Sie die entsprechenden Starter in Ihrem Projekt einbinden, nutzen Sie die automatische Konfiguration von Spring Boot und erhalten in der Regel mindestens die notwendige Low-Infrastruktur – sowohl für relationale Datenbanken als auch für NoSQL-Stores. Dazu kommen Template-Instanzen und in der Regel Spring Datas Repository-Abstraktion.

Sie haben unter anderem gesehen, dass Spring Data JPA im Zusammenspiel mit Spring Boot dazu führt, dass ORM-Technologien wie Hibernate oder allgemein JPA »Spaß« machen können: Zum einen können Sie in den meisten Fällen komplett auf XML-Konfiguration verzichten, zum anderen sehen Sie direkt einen Vorteil von objektrelationalen Mappern: Spaltendefinitionen, Abfragen und anderes können direkt mit dem Repository-Pattern weiterverwendet werden.

Falls das nicht ausreicht oder Sie lieber SQL schreiben, so stehen mit Springs JdbcTemplate und jOOQ zwei unterschiedlich stark abstrahierende Technologien zur Verfügung.

Auch wenn sich die Schnittstellen im Bereich der NoSQL-Technologien stark unterscheiden, gibt es gerade durch die Unterstützung von Spring Data komfortable und konsistente Schnittstellen unterschiedlich hoher Abstraktion (XXXTemplate oder entsprechende Repositorys).

Probieren Sie doch für eigene Experimente zum Beispiel die automatisierte Datenbankmigration mit High-Level-Tools aus und generieren anschließend ein jOOQ-DSL-Modell. Oder Sie testen die Abstraktion der Spring Data Repositorys, um gezielt Datenbanken beziehungsweise NoSQL-Stores (siehe Abschnitt 10.3) passend zu Ihrer Fachlichkeit auszuwählen.

11 Caching

Tim Bray, Co-Author der XML-Spezifikation, schrieb 2005 in seinem Blog: »There are only two hard things in Computer Science: cache invalidation and naming things«. Das Spring-Framework nimmt Ihnen immerhin den ersten Teil dieser Aussage und einige weitere Aufgabenstellungen mit Bezug zu Caching ab. Die Dinge, die Sie zwischenspeichern wollen, müssen Sie allerdings meistens immer noch selber benennen.

Warum eigentlich einen Cache verwenden?

Es gibt zwei grundsätzliche Ziele von Caching: eine Verringerung der Zugriffszeit sowie eine Reduzierung der Anzahl Zugriffe auf ein langsames Medium. Die Verwendung von Buffern für den zweiten Anwendungsfall kann einen ähnlichen Effekt haben, ist aber eine grundsätzlich andere Herangehensweise. Ein Buffer akkumuliert Daten zwischen einem langsamen und einem schnellen Medium, um sie dem schnellen Medium am Stück zur Verfügung zu stellen. Der Kernunterschied: Beim Buffering weiß in der Regel eine Seite, dass ein Buffer genutzt wird.

Caches hingegen sind für Sender und Empfänger transparent; keiner der beiden Seiten ist bewusst, dass ein Zwischenspeicher genutzt wird.

Genau dieses Prinzip wird auch in der Cache-Abstraktion von Spring fortgesetzt: Es ist keine gute Idee, in Ihrem fachlichen Code Logik unterzubringen, einen Cache zu füllen oder zu lesen. Was machen Sie, wenn Sie von heute auf morgen den Cache-Typ wechseln sollen?

11.1 Aspekte eines Cache

Im Folgenden finden Sie einen kurzen Überblick über Aspekte und Fragen, mit denen Sie sich beschäftigen sollten, wenn Sie in Ihrer Anwendung intensiv Caching einsetzen wollen:

- Lokalität: Setzen Sie Caches in der VM ein, in der auch die Anwendung läuft? Kann Ihr Cache von der Nähe zu Datenquellen und Senken profitieren? Benötigen Sie geclusterte Caches mit echter Datenreplikation, die immer alle Daten beinhalten, oder können Sie mit verteilten Caches doch besser skalieren und agieren?

- Konsistenz: Müssen und können Sie sicherstellen, dass Daten über mehrere Caches hinweg konsistent sind, oder ist es akzeptabel, dass Inkonsistenzen über kurze Zeit existieren?

- Welche Daten sind gute Kandidaten für einen Cache? Das Schreiben eines Cache-Eintrags ist aufwendig, egal welche Form eines Cache Sie wählen. Sie können nur profitieren, wenn Sie Daten zwischenspeichern, die oft gelesen werden und dabei aufwendig zu ermitteln sind.

- Security: Nachdem Sie Ihre Anwendung abgesichert haben, sollten Sie besser nicht die Nutzdaten in einem Cache vorhalten, der keine Authentifizierung bietet.

Die obigen Punkte deuten die Komplexität des Themas nur an und erlauben die Vermutungen, dass es in der Regel weder eine gute Idee ist, einen Cache – außer im Rahmen von Forschung & Entwicklung – von Grund auf neu zu entwickeln noch seine eigene Logik mit der Logik des Cache zu verzahnen.

> **Quelltext**
>
> Die Quelltexte der Beispiele in diesem Kapitel finden Sie in diesem Repository: https://github.com/springbootbuch/caching.

11.2 Deklaratives Caching

Caching ist ein querschnittliches Thema der Softwareentwicklung und wurde bereits als Beispiel in Abschnitt 3.2 thematisiert. Sie als Entwickler implementieren keine eigene Logik, um Ergebnisse in einen Cache zu schreiben oder aus diesem zu lesen, sondern deklarieren, dass ein Cache genutzt wird, analog zu Transaktionen und Methodensicherheit. Sie können sich selber sehr schnell von den Vorteilen des deklarativen Vorgehens überzeugen, indem Sie das Beispielprojekt klonen und den Cache-Provider austauschen. Ihre eigene Logik und die Deklarationen, dass ein Cache genutzt wird, bleiben vom Austausch unberührt.

Das Spring-Framework selber bietet fünf Annotationen, um deklaratives Caching zu realisieren:

`@Cacheable` Schreibt Einträge in den Cache

`@CacheEvict` Löscht Einträge aus dem Cache

`@CachePut` Schreibt Einträge in den Cache, führt aber die Methode immer aus

`@Caching` Wrapper-Annotation um mehrere `@CacheEvict`- oder `@Cache-Put`-Annotationen

`@CacheConfig` Konfiguriert Caches für eine Klasse

Spring unterstützt darüber hinaus auch die Annotationen aus dem JSR 107 *JCache Java temporary caching API*.

Springs Cache-Abstraktion basiert auf den Interfaces `CacheManager` und `CacheResolver`. `CacheManager` ist ein SPI, über das unterschiedlichste Implementierung angebunden werden können. Der `CacheResolver` benutzt den konfigurierten `CacheManager`, um einzelne Caches für verschiedene Anfragen aufzulösen. Hinzu kommt noch eine Instanz des Interface `KeyGenerator`. Sie wird benötigt, um die Frage der Benennung von Cache-Einträgen zu beantworten.

11.2.1   Caching aktivieren

Der Caching-Mechanismus ist Teil des Spring-Frameworks, der Starter `spring-boot-starter-cache` bringt keine eigenen Klassen ins Spiel. Sie aktivieren Caching mit der Annotation `@EnableCaching` auf einer `@Configuration`-Klasse oder Ihrer `@SpringBootApplication`-Hauptklasse.

```
@SpringBootApplication
@EnableCaching
public class Application {
}
```

Listing 11–1
@EnableCaching in Application.java

`@EnableCaching` hat zwei wichtige Attribute: `mode` und `proxyTargetClass`. `mode` kann die Werte `PROXY` und `ASPECTJ` annehmen, wobei `PROXY` der Default ist. Sie konfigurieren damit, ob »echte« Aspekte oder nur Proxys genutzt werden. Die Auswirkungen der Entscheidung wurden bereits in Abschnitt 3.2 sowie im Hinblick auf Transaktionen erörtert: Verschachtelte Methodenaufrufe innerhalb einer Klasse können nicht gecacht werden, da die Proxys nur von außen aufgerufen ihre Funktion ausüben können.

Proxys oder Aspekte?

Mit dem boolschen Attribut `proxyTargetClass` steuern Sie, ob Ihre Proxys Standard-JDK-Proxys oder Subklassen-Proxys auf CGLIB-Basis sind. Beachten Sie, dass diese Einstellung auch für die Themen Transaktionen und asynchrone Methoden gilt.

JDK-Proxys oder CGLIB-Proxys

Tiefergehende Konfigurationen erfordern eine Instanz des Interface `CachingConfigurer` beziehungsweise der Klasse `CachingConfigurerSupport`. Sie können gezielt die Default-Instanzen des `CacheManager`, `CacheResolver` und `KeyGenerator` überschreiben.

Die Annotationen aus obiger Aufzählung haben alle die Attribute `cacheManager`, `cacheResolver` und `keyGenerator`. Sie können also gezielt die Konfiguration je Anwendungsfall ändern.

Ein triviales, jedoch sinnvolles Beispiel finden Sie in der Berechnung der Feiertage eines deutschen Bundeslandes aus dem Bootifultodos-Projekt:

Listing 11–2
Einfaches
@Cacheable-Beispiel

```
@Cacheable(
    cacheNames = "feiertagsCache",
    key = "{#bundesland.nummer,#jahr}"
)
public List<FeiertagsDatum> feiertageIn(
    final Bundesland bundesland, final int jahr
) {
    // Implementierung nicht dargestellt
}
```

Die Liste von Feiertagsdaten wird in einem Cache mit dem Namen `feiertagsCache` unter einem aus Bundeslandnummer und Jahr zusammengesetzten String gespeichert. Sie können in den Attributen der Annotation auf die Werte der Parameter zugreifen.

Schlüsselgenerierung

Spring geht wie folgt vor, um Einträge im Cache zu benennen:

- `SimpleKey.EMPTY`, falls die Methode keine Parameter hat
- den Parameter selber, falls die Methode einen Parameter hat
- eine `SimpleKey`-Instanz, falls es mehrere Parameter gibt

Beachten Sie, dass der Methodenname nicht Teil des Cache-Keys wird. Mehrere Methoden ohne Parameter mit unterschiedlichen Rückgabewerten, die `@Cacheable` mit gleichen Cache-Namen sind, würden ihre Ergebnisse gegenseitig überschreiben.

11.3   Caching mit Spring Boot

Cache-Provider

Welche Aufgaben übernimmt nun Spring Boot für Sie im Bereich Caching? Spring Boot konfiguriert für Sie den `CacheManager`, wenn es keinen gibt, und einen `CacheResolver`, wenn es keinen Resolver mit dem Namen `cacheResolver` findet, und benutzt dabei in absteigender Priorität folgende Implementierungen:

den generischen Spring-Cache, wenn im Kontext eine Bean vom Typ `org.springframework.cache.Cache` existiert

- JCache (JSR-107)-kompatible Caches
- EhCache 2.x
- Hazelcast
- Infinispan
- Couchbase
- Redis
- Caffeine
- Eine einfache, auf einer `ConcurrentHashMap` basierende Strategie

Falls Sie zum Beispiel Couchbase und Redis auf dem Klassenpfad haben und Redis nutzen wollen, können Sie die Konfigurationseigenschaft `spring.cache.type` nutzen, um den Typ des Cache zu erzwingen. Der Wert `none` schaltet Caching ab, auch wenn `@EnableCaching` genutzt wurde.

Die Details der einzelnen Implementierungen weichen teilweise in ihrer minimalen Konfiguration voneinander ab. Konsultieren Sie im Zweifelsfall bitte die Referenzdokumentation. Beachten Sie, dass Sie die benutzten Cache-Namen für die meisten Implementierungen im Vorfeld über die entsprechenden Konfigurationsdateien oder Instanzen von `CacheManagerCustomizer` definieren müssen.

11.4   Beispiele und Sonderfälle

Im Folgenden finden Sie einige Beispiele für den Umgang mit deklarativem Caching in Spring. Denken Sie bei eigenen Projekten an die Einleitung des Kapitels: Caching richtig umzusetzen ist schwierig. Es gilt, zahlreiche Fragen zu beantworten. Caching einer oder mehrerer Methoden führt nicht automatisch zu schnelleren Antwortzeiten und geringerem Speicherverbrauch. Die Beispiele demonstrieren insbesondere die Mächtigkeit und Flexibilität des Caching-Mechanismus.

Listing 11–3 zeigt einige der Möglichkeiten der `@Cacheable`-Annotation.

```
@Cacheable(
    cacheNames = "films",
    condition = "#title.length() < 16",
    unless = "#result?.releaseYear?.value < 1976")
public Optional<Film> findFilm(final String title) {
    Film film = null;
    // Besorge Film
```

Listing 11–3
Verwendung
@Cacheable

```
    return Optional.ofNullable(film);
}
```

Mit dem Attribut `condition` können Sie eine Bedingung in SpEL-Notation vorgeben, die bestimmt, ob der Cache genutzt wird oder nicht. Sie können dabei auf die Parameter entweder per Namen oder per Index zugreifen. Ebenso stehen im Kontext Variablen wie `root.methodName` und `root.target` zur Verfügung. Mit `unless` definieren Sie eine nachgelagerte Bedingung. Beachten Sie die schöne Unterstützung von `Optional` sowie den *safe navigation operator* `?` der SpEL: Das Ergebnisobjekt ist vom Typ `Film`, kann aber `null` sein, wenn das `Optional` leer war. Im Beispiel wird das Ergebnis also in den Zwischenspeicher geschrieben, wenn der Parameter `title` höchstens 15 Zeichen lang war und das Jahr des Films nicht vor 1976 ist.

Listing 11–4 demonstriert, wie Sie Einträge ebenfalls deklarativ aus dem Cache löschen. Es wird derselbe Cache mit `cacheNames` konfiguriert und der Schlüssel wird wieder aus den Parameternamen generiert:

Listing 11–4
Verwendung von
@CacheEvict

```
@CacheEvict(cacheNames = "films")
public void udpateFilm(final String title) {
    // Aktualisiere den Film...
}
```

Die Verwendung von `@CachePut` erschließt sich nicht auf den ersten Blick. Sie verwenden diese Annotation zum expliziten Füllen eines Cache. Der Rückgabewert der Funktion wird in den Cache geschrieben, in Listing 11–5 unter dem Schlüssel `#title`.

Listing 11–5
Verwendung von
@CachePut

```
@CachePut(cacheNames = "films", key = "#title")
public Film insertFilm(
        final String title, final Year year) {
    // Speichere den Film
    return new Film(title, year);
}
```

11.4.1 Cachen von 3rd-Party-Abhängigkeiten

An dieser Stelle möchte ich Ihnen noch ein Beispiel für die XML-Konfiguration von Spring zeigen, das durchaus nützlich ist. Gerade das Thema Caching ist oftmals auch relevant für Komponenten, auf deren Sourcecode Sie keinen Zugriff haben.

Gegeben sei eine Methode `public List<Film> findAllFilms(final Year releaseYear)` in einer Klasse `de.springbootbuch.caching.LegacyComponent`. Diese Klasse liegt außerhalb Ihrer Kontrolle, Sie möchten aber das Ergebnis der Methode im Cache `film` unter dem Schlüssel `releaseYear` speichern. Das gelingt mit folgender XML-Konfiguration:

```xml
<!-- XML Namespaces nicht dargestellt -->
<beans>

    <!-- Definition  und -->
    <cache:advice id="cacheAdvice" cache-manager="cacheManager">
        <cache:caching cache="films">
            <cache:cacheable
                method="findAllFilms"
                key="#releaseYear"/>
        </cache:caching>
    </cache:advice>

    <!-- Anwendung des Cache -->
    <aop:config>
        <aop:advisor
            advice-ref="cacheAdvice"
            pointcut="execution(*
            ↪    de.springbootbuch.caching.LegacyComponent.*(..))"
        />
    </aop:config>
</beans>
```

Listing 11–6
Deklaratives Caching mit XML-Konfiguration

Klassische Spring-XML-Konfiguration lässt sich wie in Listing 4–21 sowie im Beispiel *container_example* in Unterabschnitt 3.1.2 gezeigt sehr einfach parallel zur automatischen Konfiguration nutzen. Der Import dieser XML-Konfiguration in eine Spring-Boot-Anwendung erfolgt mit `@ImportResource("classpath:/legacy-cache-config.xml")` und kann parallel zu obigen Annotationen genutzt werden. Die XML-Konfiguration benötigt zusätzlich `org.aspectj:aspectjweaver` auf dem Klassenpfad.

Obwohl diese Art der Konfiguration deutlich verboser ist, als nur Annotationen zu nutzen, ist sie gerade für externe Bibliotheken innerhalb Ihrer Anwendung ausgesprochen nützlich und unterstützt alle Funktionen, die die Annotationen auch bieten.

11.4.2   Synchrones Caching

Die Berechnung in Listing 11–2 ist nicht übermäßig kompliziert und skaliert linear mit der Anzahl der Feiertage. Was aber, wenn Ihre Berechnung so lange dauert, dass sie in der Zwischenzeit erneut aufgerufen wird? Wenn der erste Aufruf das Ergebnis liefert und dieses in den Cache geschrieben wird, läuft der zweite noch und ersetzt sofort das Ergebnis des ersten. Passiert das mehrfach, wird das Caching ad absurdum geführt und kann zu Speicherüberläufen führen. Die @Cacheable-Annotation verfügt über das Attribut sync. sync = true weist den zugrunde liegenden Cache-Provider an, den Cache-Eintrag zu sperren, bis die erste Berechnung erfolgt ist. Alle anderen Zugriffe warten in dieser Zeit, bis der Eintrag im Cache auftaucht:

```
@Cacheable(
    sync = true,
    cacheNames = "synchedCachingDemo",
    key = "#root.methodName")
public int computeSomethingSynced()
    throws InterruptedException {
    int nextInt = ThreadLocalRandom
        .current().nextInt(1000, 3000);
    Thread.sleep(nextInt);
    return nextInt;
}
```

Alle vom Spring-Framework offiziell unterstützten Implementierungen des Interface CacheManager unterstützen diese Funktion. Allerdings ist sie optional; Implementierungen Dritter steht es frei, diese Funktion zu unterstützen.

11.4.3 Caching von Web-Controller-Methoden

Bitte nutzen Sie @Cacheable nicht auf Methoden von @Controller- und @RestController-Klassen, die auf URLs abgebildet sind. Während es zwar technisch möglich ist, laufen Sie dennoch Gefahr, mit dem HttpServlet-Stack zu kollidieren und schwer zu debuggende Fehler zu verursachen, insbesondere wenn Request-spezifische Parameter ihren Weg in den Cache-Key finden. Machen Sie sich stattdessen besser damit vertraut, welche Möglichkeiten Ihnen das HTTP-Protokoll selber in Bezug auf Caching bietet, und wie Spring Ihnen hilft, diese zu nutzen.

12 Messaging

In diesem Kapitel werden einige der Möglichkeiten Spring-Boots dargestellt, um mit nachrichtenorientierten Middleware-Systemen zusammenzuarbeiten. Nachrichtenorientierte Systeme – oder auch Message Oriented Middleware (MOM) – haben unter anderem das Ziel, eine verlässliche, lose gekoppelte und meistenteils asynchrone Kommunikation zwischen den Komponenten eines Softwaresystems zu ermöglichen. Im Java-Umfeld hat sich insbesondere die Java Message Service (JMS) API für verschiedene Projekte und Produkte durchgesetzt. Hinzu kommen neuere Protokolle wie das Advanced Message Queuing Protocol (AMQP) und Konzepte wie Apache Kafka, die sich gezielt mit der kontinuierlichen Verarbeitung von Datenströmen beschäftigen.

Diese Technologien und Ideen sind aus vielen Gründen für moderne Systeme relevant: Systeme, die über MOM kommunizieren, können widerstandsfähiger sein als Systeme, die direkt miteinander kommunizieren: Fällt ein Gesprächspartner aus, so ist das Messaging-System in der Lage, Nachrichten zwischenzuspeichern. Microservices haben nicht nur öffentliche HTTP-Schnittstellen, sondern sollen auch untereinander orchestriert, aber nicht »hart« über feste Schnittstellen verbunden werden (auch ein HTTP-Aufruf stellt letzten Endes in diesem Zusammenhang einen entfernten Funktionsaufruf dar). Wird hingegen über Nachrichten ohne gemeinsame Schnittstelle kommuniziert, ist eine lose Kopplung einfacher zu erreichen.

Widerstandsfähige, lose gekoppelte Systeme

Geräte des Internet of Things (IoT) erzeugen oftmals erhebliche Datenmengen, für deren Übertragung ein effizientes Protokoll notwendig ist. Softwaresysteme, die sich intensiv mit dem Thema Event Sourcing beschäftigen und detailliert die Änderungen an fachlichen Objekten nachvollziehbar in einem Journal speichern, benötigen Speichersysteme, die explizit mit diesem Ziel gebaut wurden und Nachrichten nicht nur schnell entgegennehmen, sondern auch speichern können. Versand und Empfang von Domain-Events sind weitere Themen, die in idealer Weise über asynchrone Messaging-Systeme implementiert werden können und es Ihnen erlauben, Microservices lose gekoppelt miteinander kommunizieren zu lassen.

Aktuelle Anforderungen realisieren

> **Domain-Event**
>
> Domain-Events zeichnen im Kontext von DDD Ereignisse auf, die eine dauer-
> hafte Auswirkung auf die Domain haben. Die komplette Kette von Ereignissen
> kann dazu genutzt werden, jede Veränderung innerhalb der Domain zu rekon-
> struieren. Sind verschiedene Kontexte an einem Ereignis interessiert, kann es
> notwendig sein, die Struktur der Ereignisse zwischen Kontexten zu teilen, al-
> lerdings können Sie ohne geteilten Code Ihre Kontexte besser voneinander
> abgrenzen.

*Kommunikations-
muster*

Sie können mindestens fünf verschiedene Kommunikationsmuster identifizieren, die sich entlang zweier Dimensionen unterscheiden. Zum
einen kann in der Kardinalität, zum anderen in der Synchronizität unterschieden werden:

One-to-one Partner kommunizieren 1:1 miteinander.

One-to-many Ein Partner kommuniziert mit vielen anderen.

Synchronous Eine Nachricht wird synchron beantwortet.

Asynchronous Der sendende Partner wartet nicht auf eine Antwort, die
gegebenenfalls sehr viel später gesendet wird.

Die sich daraus ergebenden Kommunikationsmuster sind sehr unterschiedlich: Während One-to-one-Nachrichten sowohl synchron als
auch asynchron ausgetauscht werden können, zum Beispiel über
Request-Response-Pattern sowie auch über asynchrone Antworten
oder Benachrichtigungen, so sind One-to-many-Szenarien üblicherweise asynchron. Gesetzte Muster sind dabei Publish/Subscribe (Pub/Sub)
und Publish/Async-responses. In Pub/Sub-Szenarien werden Nachrichten üblicherweise zu einem Thema (Topic) veröffentlicht, und interessierte Abonnenten können die Nachrichten verarbeiten.

Spring und Messaging

Das Spring-Framework selbst bietet breite Unterstützung für die
JMS-API sowie für AMQP. AMPQ wird dabei nicht nur über die
JMS, sondern direkt über das Spring-Projekt Spring AMQP unterstützt.
Spring Boot hilft Ihnen durch Starter sowie automatische Konfiguration
bei der Nutzung dieser Messaging-Systeme.

Das Beispiel

Als thematisch übergreifendes Beispiel für den Versand von Nachrich-
ten wird in den folgenden Abschnitten noch einmal auf den Pagila-
DVD-Rentalstore aus Kapitel 10 zurückgegriffen, der im Kasten auf
Seite 214 in »Datenbankzugriff« beschrieben wurde. Es könnte einen
REST-Service geben, der ausgeliehene Filme entgegennimmt und die
Rückgabe vermerkt:

```java
@PostMapping("/returnedFilms")
@ResponseStatus(HttpStatus.NO_CONTENT)
public void returnFilm(
    @RequestBody ReturnedFilm returnedFilm
) {
    final FilmInStore filmInStore =
        this.inventoryRepository
            .save(new FilmInStore(returnedFilm.getTitle()));
    // Nachricht hier verschicken...
}
```

Listing 12–1
RentalController.java

Der zurückgegebene Film wird in einem Repository gespeichert. Anhand des Listings ist völlig undurchsichtig, ob ein JPA oder ein anderes Repository genutzt wird, für das Beispiel ist es irrelevant. Interessant ist, wie der Kommentar mit Leben gefüllt werden kann.

Auf der sendenden Seite, im Projekt *film_rental*, soll ein Ereignis wie in Listing 12–2 ausgelöst und versandt werden:

```java
public class FilmReturnedEvent implements Serializable {

    private final Integer inventoryId;
    private final String title;

    public FilmReturnedEvent(
        Integer inventoryId, String title
    ) {
        this.inventoryId = inventoryId;
        this.title = title;
    }
}
```

Listing 12–2
FilmReturnedEvent.java

Die empfangende Seite sei ein Projekt *payment_service*. Dort gibt es einen Event-Receiver wie in Listing 12–3 gezeigt:

```java
public class FilmReturnedEventReceiver {

    private static final Logger LOG = LoggerFactory
        .getLogger(FilmReturnedEventReceiver.class);

    public void filmReturned(FilmReturnedEvent event) {
        LOG.info(
            "Film '{}' returned, billing customer...",
            event.title
        );
    }
}
```

Listing 12–3
*FilmReturned-
EventReceiver.java*

Das `FilmReturnedEvent` des Payment-Service sieht leicht anders aus als das versandte Event in Listing 12–2. Im Kontext des Payment-Service ist die interne ID uninteressant. Das Beispiel ist natürlich konstruiert, aber es veranschaulicht, wie Sie mit Spring zwei Services ohne gemeinsamen Code sehr lose koppeln können, ohne Spring-Infrastrukturklassen oder -annotationen in Ihrer Geschäftslogik zu haben:

Listing 12–4
FilmReturned-
EventReceiver.java

```java
public class FilmReturnedEvent {

    final String title;

    public FilmReturnedEvent(String title) {
        this.title = title;
    }
}
```

Die beiden Services als unterschiedliche Bounded-Kontexte sollen über Domain-Events miteinander kommunizieren und keinerlei Code teilen.

12.1   Über JMS kommunzieren

Was ist JMS?   Java Message Service, kurz JMS, ist eine API beziehungsweise eine Spezifikation von Java EE 7 zur Ansteuerung einer MOM. Es stehen etliche quelloffene sowie kommerzielle Implementierungen zur Verfügung. JMS unterstützt mehrere Nachrichtentypen, zu denen Textnachrichten ebenso wie binäre Nachrichten, aber insbesondere Objektnachrichten gehören. Da JMS eine Java-Spezifikation ist, werden mit Objektnachrichten serialisierte Java-Objekte ausgetauscht.

> **Quelltext**
>
> Den Quelltext für diesen Abschnitt finden Sie als Projekt *messaging_jms* auf Github unter https://github.com/springbootbuch/messaging_jms. Um die Kommunikation zwischen unterschiedlichen Anwendungen real zu zeigen, wird ein eigenständiger JMS-Server benötigt. Mit `./mvnw docker:start` können Sie komfortabel eine Apache-ActiveMQ-Instanz starten. ActiveMQ bietet eine Weboberfläche zur Administration, die Sie über http://localhost:8161/ admin/ erreichen.
>
> Im Modul *simple* finden Sie die einleitenden Beispiele, und die beiden Module (*film_rental* und *payment_service*) korrespondieren mit dem oben skizzierten Beispiel. Der imaginäre Filmverleih könnte zum Beispiel auf den Daten der JPA- und MongoDB-Beispiele beruhen. Er nutzt den Payment-Service, um ausgeliehene Filme abzurechnen.

Um Springs JMS-Unterstützung in einer Spring-Boot-Anwendung zu nutzen, reicht es in der Regel aus, die notwendigen Abhängigkeiten, zum Beispiel Apache ActiveMQ oder Apache Artemis, auf dem Klassenpfad zu haben. Spring Boot konfiguriert die notwendige Infrastruktur sowie ein `JmsTemplate` für Sie. Falls Sie ungewöhnliche Clients benutzen, kann es notwendig sein, auf einer Konfigurationsklasse `@EnableJms` zu deklarieren.

Die einfachste Möglichkeit ist aber auch in diesem Fall ein Starter: `spring-boot-starter-activemq` stellt in Ihrer Anwendung alle notwendigen Abhängigkeiten zur Benutzung von Apache ActiveMQ bereit, `spring-boot-starter-artemis` analog für Apache Artemis.

12.1.1   JMS-Grundlagen kennen

In Abschnitt 10.2.4 haben Sie bereits das `JdbcTemplate` des Spring-Frameworks kennengelernt. Spring möchte mit dem `JmsTemplate` eine ähnliche Vereinfachung der Programmierung der JMS-API erreichen. Dabei ist das `JmsTemplate` nur ein Teil der Lösung: Während das `JmsTemplate` zum Erzeugen von Nachrichten und zum synchronen Empfang von Nachrichten genutzt wird, so dienen verschiedene Listener-Implementierungen zur asynchronen Reaktion auf eingehende Nachrichten. Dabei ermöglichen Spring-Infrastrukturklassen und Annotationen, dass Sie ganz normale Beans als *message-driven* POJOs verwenden können.

Im Folgenden wird mehrfach von Queues und Topics die Rede sein. Queues und Topics entkoppeln Sender und Empfänger voneinander. Wir sprechen in der 1:1-Kommunikation in der Regel über Queues und in der Publish/Subscribe-Kommunikation über Topics.

Abb. 12–1
Queues und Topics

Das `JmsTemplate` benötigt eine `ConnectionFactory`. Diese `Connection-Factory` ist Teil der JMS-Spezifikation und ist die allgemeine Schnittstelle zur JMS-API. In unserem Fall verbindet sie die JMS-API und das `JmsTemplate`.

Das Spring-Framework stellt zwei verschiedene Implementierungen der `ConnectionFactory` zur Verfügung: die `SingleConnectionFactory` und die `CachingConnectionFactory`. Letztere Implementierung ist hilfreich, um JMS-Sessions sowie Nachrichtenerzeuger und -konsumenten nicht bei jeder Nutzung des `JmsTemplates` neu zu instanziieren.

Dynamische Bestimmung der Nachrichtenziele

Die konkreten Ziele (*Destinations*) von Nachrichten – unabhängig ob Queue oder Topic – sind oftmals erst zur Laufzeit bekannt. Das `JmsTemplate` delegiert die Auflösung einer Destination an einen `DestinationResolver` und nutzt per Default einen dynamischen DestinationResolver. Dieser Resolver löst in der Default-Konfiguration Queues auf beziehungsweise versucht diese zu erzeugen. Das Verhalten kann über die Eigenschaft `pubSubDomain` der genutzten `JmsTemplate`-Instanz geändert werden, hat dann aber Auswirkungen auf alle Stellen, an denen diese Instanz genutzt wird. Falls Sie also sowohl mit Queues als auch mit Topics interagieren müssen, ist es empfehlenswert, mehrere Instanzen des JMS-Templates zu nutzen.

Message-driven POJOs

Die Erstellung von Message-driven POJOs ist ein häufiger Anwendungsfall. Message-driven POJOs sind Beans, deren Methoden als Reaktion auf eingehende Nachrichten aufgerufen werden. Haben diese Methoden einen von `void` abweichenden Rückgabewert, so wird dieser Wert in der Regel an eine andere Queue oder ein anderes Topic verschickt. Spring realisiert Message-driven POJOs über *message listener container*. Diese Container agieren als Dispatcher, empfangen Nachrichten aus einer JMS-Destination und steuern mit diesen die POJOs, die als Listener registriert wurden. Auch hier bietet Spring wieder eine einfachere Implementierung (den `SimpleMessageListenerContainer`) sowie auch eine mit mehr Funktionen (den `DefaultMessageListenerContainer`). Während der einfache Container eine feste Anzahl JMS-Sessions während des Starts anlegt, kann der Default-Container zur Laufzeit hinsichtlich der Ressourcen angepasst werden. Auch für die Message-Listener-Container gilt: Per Default horchen sie an Queues. Möchten Sie auf Topics reagieren, sollten Sie für Topic-Listener einen zweiten Container einrichten.

Nachrichten per Einschreiben: Transaktionen

Mithilfe des `JmsTransactionManager` können Anwendungen, die Springs JMS-Funktionen nutzen, ebenfalls von Springs Transaktionsmechanismus, der in Unterabschnitt 10.2.3 beschrieben wurde, profitieren. Dieser Transaktionsmanager arbeitet auf einer einzelnen JMS ConnectFactory und funktioniert auch mit dem `SimpleMessageListenerContainer`. Dabei werden native JMS-Transaktionen eingesetzt. Benötigen Sie hingegen verteilte Transaktionen, müssen Sie einen `JtaTransactionManager` sowie den `DefaultMessageListenerContainer` einsetzen.

Beachten Sie, dass sich Ihr Code deutlich unterscheiden kann, je nachdem ob Sie Ihre Spring-basierende JMS-Anwendung mit lokalen

Transaktionen oder innerhalb einer verwalteten Java-EE-Umgebung einsetzen.

12.1.2 Einen JMS-Broker konfigurieren

JMS sieht zwei Betriebsmodi vor: als eigenständiger oder als eingebetteter Prozess. Falls Sie keine weitere Konfiguration vornehmen, konfiguriert der ActiveMQ-Starter automatisch einen eingebetteten JMS-Broker innerhalb derselben VM. Dieser Broker kann dann natürlich auch nur innerhalb dieser Anwendung genutzt werden. Sie können ihn abschalten, indem Sie anstatt der eingebetteten URL (`vm://localhost`) eine Alternative konfigurieren:

Eingebetteter JMS-Broker

```
spring.activemq.broker-url = tcp://192.168.1.210:9876
spring.activemq.user = user
spring.activemq.password = password
```

Listing 12–5
Konfiguration des ActiveMQ Brokers

Falls Sie wie im Beispiel den ActiveMQ Server auf dem Default-Port auf demselben Host wie die Client-Anwendung betreiben, können Sie auch die Eigenschaften `spring.activemq.in-memory = false` nutzen, obige URL wird dann automatisch auf `tcp://localhost:61616` gesetzt. Sie können allgemeine JMS-Eigenschaften unter dem Präfix `spring.jms` und spezielle Apache-ActiveMQ- oder Artemis-Optionen unter `spring.activemq` beziehungsweise `spring.artemis` konfigurieren.

Konfigurations-eigenschaften

12.1.3 JmsTemplate und Listener verstehen

Der Starter instanziiert ein `JmsTemplate`, das Sie insbesondere zum Versand von Nachrichten nutzen werden:

```
public class GreetingService {

    private final JmsTemplate jmsTemplate;

    public GreetingService(JmsTemplate jmsTemplate) {
        this.jmsTemplate = jmsTemplate;
    }

    public void sendGreeting(final String greeting) {
        this.jmsTemplate.send("greetings-topic", session
            -> session.createTextMessage(greeting)
        );
    }
}
```

Listing 12–6
Einfache Benutzung des JMSTemplate

Das Beispiel nutzt die send-Methode, die als Callback einen Message-Creator erwartet, den Sie beliebig als anonyme Klasse, Funktionsreferenz oder wie im Beispiel als Lambda implementieren können. Mit dem Message-Creator haben Sie die volle Freiheit, Ihre JMS-Nachrichten im korrekten Format zu nutzen. Spring JMS bietet darüber hinaus das Interface MessageConverter an, das Sie ähnlich wie die entsprechenden Converter in Spring Web MVC nutzen können, um Ihre Nachrichten generell in ein bestimmtes Zielformat zu konvertieren oder zu lesen. Converter-Instanzen werden als @Component automatisch von Spring Boot erkannt.

Was nutzt es nun, wenn Nachrichten verschickt werden und keiner sie hört? Ihre einfachste Möglichkeit, sie asynchron zu verarbeiten, ist die Benutzung von @JmsListener:

Listing 12–7
Annotierte
Message-Listener mit
@JmsListener

```
@Component
public class AnnotedGreetingListener {

    @JmsListener(destination = "greetings-topic")
    @SendTo("responses-queue")
    public String onGreeting(final String greeting) {
        LOG.info("Received greeting {}", greeting);
        return "Hello from Spring";
    }
}
```

Sie können wie im Beispiel nur die Nutzlast der Nachrichten als Parameter deklarieren, aber auch alle Formen von javax.jms.Message und org.springframework.messaging.Message, die JMS-Session selbst sowie Nachrichten-Header, die Sie mit der @Header-Annotation extrahieren können. Die Rückgabewerte von Non-Void-Methoden wie im Beispiel werden entweder wie gezeigt an eine über @SendTo explizit angegebene Destination geschickt oder aber an die Antwortadresse, die im Header der empfangenen Nachricht angegeben wurde.

@JmsListener ist sehr praktisch, um schnell Message-driven POJOs zu erstellen, koppelt aber Ihr POJO über die Annotation stark an das Spring-Framework. Alternativ können Sie Ihre Message-Listener programmatisch über eine Bean registrieren, die JmsListenerConfigurer implementiert. Dieser wird – ebenso wie die @JmsListener Beans – von Spring Boot automatisch erkannt:

Listing 12–8
Programmatische
Registrierung

```
public class ListenerConfig
        implements JmsListenerConfigurer {

    @Override
```

```java
public void configureJmsListeners(
    JmsListenerEndpointRegistrar registrar
) {
    final MessageListenerAdapter adapter
        = new MessageListenerAdapter(
            new GreetingListener());
    adapter
        .setDefaultListenerMethod("onGreeting");
    adapter
        .setDefaultResponseQueueName("responses-queue");

    final SimpleJmsListenerEndpoint rv
        = new SimpleJmsListenerEndpoint();
    rv.setId("greetingsEndpoint");
    rv.setMessageListener(adapter);
    rv.setDestination("greetings-topic");

    registrar.registerEndpoint(rv);
}

public static class GreetingListener {

    private static final Logger LOG = LoggerFactory
        LOG.info("Received greeting {}", greeting);
        return "Hello from Spring";
    }
}
}
```

Im Beispiel sehen Sie auch die Verwendung von Springs `Message-`
`ListenerAdapter`. Er ist hilfreich, wenn Sie weiterhin von automatischen
Konvertierungsservices Gebrauch machen wollen. Alternative können
Sie auch einen JMS-`MessageListener` einsetzen und die Nachricht selbst
verarbeiten.

Nun werden Grüße aber oft in eine Runde gerichtet. Von den beiden konfigurierten Listenern reagiert aktuell immer nur einer; Spring
spricht die Destination `"greetings"` als Queue an. Ändern Sie die Spring-
Boot-Konfiguration wie folgt, um das Verhalten zu ändern:

```
spring.jms.pub-sub-domain = true
```

Listing 12–9
Pub/Sub als Default

Diese Änderung hat ebenso Auswirkungen auf das `JmsTemplate` wie auf
die Listener-Container. Auch hier gibt es verschiedene Möglichkeiten,
einzugreifen. Spring Boot erkennt Beans vom Typ `DestinationResolver`

automatisch. Sie können sehr einfach ein namensbasiertes Routing implementieren:

Listing 12–10
Namensbasiertes
Routing über
DestinationResolver-
Bean

```
@Bean
public DestinationResolver destinationResolver() {
    return (session, destinationName, pubSubDomain) -> {
        if (destinationName.endsWith("queue")) {
            return session.createQueue(destinationName);
        } else if (destinationName.endsWith("topic")) {
            return session.createTopic(destinationName);
        }
        throw new RuntimeException(
            "Invalid destination: " + destinationName);
    };
}
```

Darüber hinaus geht die automatische Konfiguration von Spring Boot aus dem Weg, wenn Sie eigene Instanzen des JmsTemplate und der Jms-ListenerContainerFactory bereitstellen. Damit haben Sie die Möglichkeit, unterschiedliche Instanzen zu nutzen, um entweder mit Queues oder Templates zu sprechen:

Listing 12–11
Mehrere JmsTemplates

```
@Bean
public JmsTemplate topicJmsTemplate(
    ConnectionFactory connectionFactory
) {
    JmsTemplate jmsTemplate
        = new JmsTemplate(connectionFactory);
    jmsTemplate.setPubSubDomain(true);
    return jmsTemplate;
}

@Bean
public JmsTemplate queueJmsTemplate(
    ConnectionFactory connectionFactory
) {
    return new JmsTemplate(connectionFactory);
}
```

Achten Sie darauf, die Instanzen im Anschluss per Namen zu referenzieren. Die JmsListenerContainerFactory ist relevant für das korrekte Funktionieren der Message-driven POJOs. Sie können mit folgender Konfiguration die automatische Konfiguration von Spring Boot über die

etwas sperrig bezeichnete Klasse `DefaultJmsListenerContainerFactory-`
`Configurer` übernehmen:

```
@Bean
public JmsListenerContainerFactory<?> topicContainerFactory(
    DefaultJmsListenerContainerFactoryConfigurer configurer,
    ConnectionFactory connectionFactory
) {
    DefaultJmsListenerContainerFactory containerFactory
        = new DefaultJmsListenerContainerFactory();

    configurer
        .configure(containerFactory, connectionFactory);
    containerFactory.setPubSubDomain(true);
    return containerFactory;
}
```

Listing 12–12
Listener-Container

Diese Instanz können Sie zum Beispiel in `@JmsListener` referenzieren:

```
@JmsListener(
    destination = "greetings-topic",
    containerFactory = "topicContainerFactory"
)
public void onGreeting(final String greeting) {
    LOG.info("Received greeting {}", greeting);
}
```

Listing 12–13
Angepasster
@JmsListener

Spring delegiert die Serialisierung von Objekten an einen `Message-`
`Converter`, per Default an einen `SimpleMessageConverter`. Dieser Konverter ist in der Lage, zwischen Strings und Text-Messages, Byte-
Arrays und Byte-Messages sowie Maps und Map-Messages zu konvertieren, nutzt aber darüber hinaus für komplexere Objekte Javas
Serialisierungsmechanismus. Falls Sie also ein Ereignis wie am Anfang beschrieben zwischen zwei Services über JMS austauschen wollen,
muss die Klasse sowohl im sendenden als auch in allen empfangen-
den Systemen vorliegen. Spring Boot erkennt alle Beans, die `Message-`
`Converter` implementieren, und registriert diese automatisch mit der
JMS-Konfiguration. Es stehen Implementierungen über JAXB, Castor
und auch für JSON zu Verfügung. Im Beispielprojekt *messaging_jms*
wird der `MappingJackson2MessageConverter` genutzt. Sowohl im Modul
film_rental als auch im Modul *payment_service* zeigt Listing 12–14 die
Konfiguration:

Welches Format zur
Serialisierung nutzen?

Listing 12–14
Einsatz eines speziellen
MessageConverter

```
1  @Bean
2  MessageConverter filmReturnedEventConverter(
3      final ObjectMapper objectMapper
4  ) {
5      MappingJackson2MessageConverter converter
6          = new MappingJackson2MessageConverter();
7      converter.setObjectMapper(objectMapper);
8      converter.setTargetType(MessageType.TEXT);
9      converter.setTypeIdPropertyName("eventType");
10     final Map<String, Class<?>> t
11         = new HashMap<>();
12     t.put("FilmReturnedEvent",
13         FilmReturnedEvent.class);
14     converter.setTypeIdMappings(t);
15     return converter;
16 }
```

Unser `MappingJackson2MessageConverter` wird in Zeile 7 mit einer dedizierten Instanz eines `ObjectMapper` parametrisiert. Dieser `ObjectMapper` wurde wie auf Seite 150 beschrieben mit einem `JsonComponentModule` konfiguriert. Das Modul lädt innerhalb des *payment_service* einen angepassten JSON-Deserializer, der wie eingangs gefordert einige Attribute des Events ignoriert. Die eigentlichen Event-Klassen können so freibleiben von Spring-Code. Der Deserializer funktioniert analog zu Listing 8–19 auf Seite 148.

Wesentliche Konfiguration des Konverters findet aber aber in den Zeilen 8 bis 14 statt. Der Konverter soll JMS-Textnachrichten erzeugen. In den Headern der Nachricht soll unter der Eigenschaft `eventType` der Name der Klasse angegeben werden. Mit den Type-Mapping in den Zeilen 10 bis 14 wird dann schlussendlich eine Abbildung von Klassennamen auf Klassen festgelegt. Denken Sie daran, dass die Event-Klasse `FilmReturnedEvent` zwar in beiden Modulen oder Services gleich heißt, aber nicht identisch ist. Auf sendender Seite bedeutet diese Konfiguration, dass für ausgehende Objekte die Konstante `"FilmReturnedEvent"` in den Header geschrieben wird, auf empfangender Seite wird dieselbe Konstante auf den lokalen Klassennamen abgebildet.

Der Rest der Konfiguration des Filmbeispiels zeigt eine Kombination der Ideen, die innerhalb dieses Abschnitts vorgestellt wurden, um die eingangs geforderten Randbedingungen zu realisieren:

```
@Bean
MessageListenerAdapter filmReturnedEventListener(
    final MessageConverter filmReturnedEventConverter,
    final FilmReturnedEventReceiver filmReturnedEventReceiver
) {
    final MessageListenerAdapter adapter
        = new MessageListenerAdapter(
            filmReturnedEventReceiver);
    adapter
        .setDefaultListenerMethod("filmReturned");
    adapter
        .setMessageConverter(filmReturnedEventConverter);
    return adapter;
}


@Bean
JmsListenerConfigurer jmsListenerConfigurer(
    MessageListenerAdapter filmReturnedEventListener
) {
    return registrar -> {
        final SimpleJmsListenerEndpoint rv
            = new SimpleJmsListenerEndpoint();
        rv.setId("returned-film-events-receiver");
        rv.setMessageListener(filmReturnedEventListener);
        rv.setDestination("returned-film-events");

        registrar.registerEndpoint(rv);
    };
}
```

Listing 12–15
Funktionalitäten kombinieren: Listener und Configurer mit eigenem Konverter

Spring Boot berücksichtigt auch hier Ihre Beans in der automatischen Konfiguration. Der Controller aus Listing 12–1 wird wie folgt ergänzt:

```
jmsTemplate.convertAndSend(
    "returned-film-events",
    new FilmReturnedEvent(
        filmInStore.getId(),
        filmInStore.getTitle()
    )
);
```

Listing 12–16
Automatische Konvertierung einer Nachricht mit dem JmsTemplate

Sie sehen, dass nun die convertAndSend-Methode aufgerufen wird. Das Ereignis wird automatisch in das gewünschte Format konvertiert. Starten Sie nun sowohl den ActiveMQ-Docker-Container als auch die beiden Projekte, können Sie mit dem Aufruf des Film-Rental-Service das Ereignis im Payment-Service auslösen:

Listing 12–17
Aufruf des
Rental-Service

```
curl -X "POST" "http://localhost:8080/returnedFilms" \
    -H "Content-Type: application/json; charset=utf-8" \
    -d $'{
  "title": "One Flew Over the Cuckoo\'s Nest"
}'
```

12.2   AMQP nutzen

Was ist AMQP?   AMQP steht für Advanced Message Queuing Protocol und ist wie JMS ein offener Standard. AMQP ist aber im Gegensatz zu JMS, das letzten Endes nur eine API beschreibt, ein binäres Netzwerkprotokoll auf Anwendungsebene und unabhängig von einer Programmiersprache. In AMQP-Systemen ist das Nachrichtenformat fest vorgegeben. AMQP sieht weitere Messaging-Modelle zusätzlich zu Queues (Direct Messages) und Topics vor: Fanout (eine Nachricht wird ausgehend von einer zentralen Stelle an mehrere Queues verteilt) und Routing über Header.

> **Quelltext**
>
> Das Projekt *messaging_amqp* steht auf Github unter https://github.com/springbootbuch/messaging_amqp zur Verfügung und ist analog zu *messaging_jms* aufgebaut. Das Projekt benötigt einen AMQP-Server, Sie können eine RabbitMQ-Instanz mit ./mvnw docker:start starten. RabbitMQ bietet eine Weboberfläche zur Administration, die Sie über http://localhost:15672 erreichen.

Implementierungen   Es stehen sowohl kommerzielle als auch freie Implementierungen für AMQP zur Verfügung. Das Beispielprojekt *messaging_amqp* nutzt einen Docker-Container mit RabbitMQ von Pivotal.

AMQP 0.9.1 oder 1.0?   Das standardisierte AMQP-1.0-Protokoll ist trotz gleichen Namens und kaum geänderter Version ein vollständig anderes Protokoll als AMQP 0.9.1. Spring Boot unterstützt mit dem Spring-AMQP-Projekt AMQP 0.9.1.

Um AMQP in Ihrer Spring-Boot-Anwendung zu nutzen, benötigen Sie den Starter spring-boot-starter-amqp. Läuft Ihr AMQP-Server auf Ihrem lokalen Computer auf dem Default-Port, ist keine weitere Konfiguration notwendig, und Sie können direkt eine Instanz des AmqpTemplate zum Versenden von Nachrichten oder AmqpAdmin zur Konfiguration von Queues und anderem nutzen. Der RentalController des Beispiels kann analog zum JMS-Beispiel ergänzt werden:

```
amqpTemplate.convertAndSend(
    "returned-film-events",
    new FilmReturnedEvent(
        filmInStore.getId(),
        filmInStore.getTitle()
    )
);
```

Listing 12–18
Automatische
Konvertierung einer
Nachricht mit dem
AmqpTemplate

Sie können die Instanz des `AmqpTemplate` auch als `RabbitTemplate` referenzieren. Das `AmqpTemplate` ist ein Interface, `RabbitTemplate` die Implementierung. Der Starter verhält sich analog. Er basiert auf dem Spring-AMQP-Projekt, das aus der AMQP-Abstraktion einerseits und der Rabbit-Implementierung andererseits besteht. Daher wundern Sie sich bitte nicht, dass Sie den AMQP-Starter über Propertys mit dem Präfix `spring.rabbitmq` konfigurieren:

```
spring.rabbitmq.username = admin
spring.rabbitmq.password = secret
spring.rabbitmq.template.retry = true
spring.rabbitmq.listener.simple.retry.enabled = true
```

Listing 12–19
AMQP-Starter wird über
spring.rabbitmq-
Propertys konfiguriert.

Eine vollständige Liste von Eigenschaften finden Sie im Anhang A der Spring-Boot-Referenzdokumentation beziehungsweise in der Klasse `RabbitProperties`.

Auch der AMQP-Starter berücksichtigt eine Vielzahl von Beans, die für AMQP relevant sind, automatisch. Dazu gehören unter anderem `Queue` (aus dem AMQP-Core-Package), AMQP `MessageConverter` und `RabbitListenerConfigurer`:

```
@Bean
Queue returnFilmEventsQueue() {
    return new Queue("returned-film-events", true);
}


@Bean
MessageConverter filmReturnedEventConverter() {
    return new Jackson2JsonMessageConverter();
}
```

Listing 12–20
Einige vom
AMQP-Starter
automatisch erkannte
Beans

Interessant ist die Entscheidung, per Default einen Message-Konverter einzusetzen, der ebenfalls Java-Serialisierung nutzt, um Objekte zu transportieren. Der in Listing 12–20 genutzte `Jackson2JsonMessage-Converter` lässt sich ähnlich wie in Listing 12–14 gezeigt anpassen.

Falls Sie Ihre Message-driven POJOs über Annotationen steuern wollen, so nutzen Sie `@RabbitListener` auf `@Component`-Klassen.

JMS oder AMQP?   Einer der großen Vorteile von AMQP gegenüber JMS ist die Cross-Plattform-Kompatibilität. Klienten in anderen Programmiersprachen als Java können problemlos mit AMQP interagieren, solange die Nachrichten nicht als Java-Objekte serialisiert werden. In Zusammenhang mit JMS-Brokern können Sie Interoperabilität nur über Bridges erreichen. AMQP hat weiterhin ein differenzierteres Routing-Modell als JMS. Nachrichten werden nicht direkt in Queues oder Topics verschickt, sondern über eine dritte Instanz (eine sogenannte *Exchange*); das Routing ist damit nicht mehr an den eigentlichen Nachrichtentransport gekoppelt. AMQP implementiert alle JMS-Funktionalitäten, so dass gegebenenfalls ein Parallelbetrieb möglich ist. Möchten Sie Ihre Anwendung in der Cloud auf einer Platform-as-a-Service (PaaS) nutzen, spielt die Verfügbarkeit von Diensten eine weitere Rolle.

12.3   Redis als Messaging-System verwenden

Redis ist eine In-Memory-Datenbank der Familie der NoSQL-Datenbanken, die ursprünglich als Schlüssel-Werte-Speicher entstand. Redis ist dabei aber so flexibel in den unterstützten Lese- und Schreiboperationen, dass sich vielfältige weitere Anwendungsmöglichkeiten ergeben, zum Beispiel als Cache oder als sehr schnelle, allerdings nicht persistente Implementierung eines Pub/Sub-Musters. Spring Boot unterstützt Redis zwar über einen Starter aus dem Spring-Data-Projekt (`spring-boot-starter-data-redis`), aber an dieser Stelle wird kein weiteres Beispiel für ein Repository gezeigt, sondern für die Verwendung eines »nativen« Templates, in dem Fall des `RedisTemplate`.

Quelltext

Den Quelltext des Redis-Beispiels finden Sie unter https://github.com/springbootbuch/redis_pubsub. Das Projekt ist ähnlich strukturiert wie *messaging_jms*.

Die Benutzung der Methode `convertAndSend` des `RedisTemplate` sieht exakt so aus wie die gleichnamige Methode des `JmsTemplate`, und Sie können den Controller in Listing 12–1 wie folgt ergänzen:

Listing 12–21
convertAndSend mit
dem RedisTemplate

```
redisTemplate.convertAndSend(
    "returned-films-events",
    new FilmReturnedEvent(
        filmInStore.getId(),
        filmInStore.getTitle()
    )
);
```

Das Ereignis Listing 12–2 wird in diesem Fall in einem Redis-Channel (»Kanal«) veröffentlicht, dem Pendant eines Topics. Sie können Ihr RedisTemplate ebenfalls so parametrisieren, dass Sie unabhängig von der Bytecode-Repräsentation Ihrer Klassen sind und Ihre Services locker über Redis koppeln können. Listing 12–22 zeig Ihnen wie. Die Instanz der `RedisConnectionFactory` wird Ihnen dabei von Spring Boot und dem Starter automatisch zur Verfügung gestellt. Der `Jackson2Json`-`RedisSerializer` serialisiert Objekte in eine JSON-Struktur:

```
@Bean
public RedisTemplate redisTemplate(
    RedisConnectionFactory connectionFactory
) {
    final RedisTemplate<String, String> redisTemplate
        = new RedisTemplate<>();
    redisTemplate.setConnectionFactory(connectionFactory);
    redisTemplate.setDefaultSerializer(
        new Jackson2JsonRedisSerializer<>(
            FilmReturnedEvent.class)
    );
    return redisTemplate;
}
```

Listing 12–22
Konfiguration des
RedisTemplate

Mit Spring Data Redis stellt ebenfalls ein `MessageListenerAdapter` zur Verfügung, mit dem POJOs »message-driven« werden. Außerdem können Sie auch Redis mit den passenden Serializern so konfigurieren, dass Sie Ihre Ereignisse in einem mehr oder weniger neutralen Format austauschen und auf gemeinsame Klassen zwischen den Diensten verzichten können.

Damit der Payment-Service auf die Ereignisse reagiert, nutzen Sie die Supportklassen, die Ihnen der Starter ebenfalls zur Verfügung stellt. Hier finden Sie die Idee der `MessageListenerContainer` wieder:

```
@Bean
MessageListenerAdapter eventReceiverAdapter(
    FilmReturnedEventReceiver eventReceiver,
    ObjectMapper objectMapper
) {
    final MessageListenerAdapter adapter
        = new MessageListenerAdapter(
            eventReceiver, "filmReturned");
    final Jackson2JsonRedisSerializer<FilmReturnedEvent>
        serializer = new Jackson2JsonRedisSerializer<>(
            FilmReturnedEvent.class);
```

Listing 12–23
Konfiguration von
Redis-Listenern

```
        serializer.setObjectMapper(objectMapper);
        adapter.setSerializer(serializer);
        return adapter;
}


@Bean
RedisMessageListenerContainer messageListenerContainer(
        MessageListenerAdapter eventReceiverAdapter,
        RedisConnectionFactory connectionFactory
) {
        RedisMessageListenerContainer container
            = new RedisMessageListenerContainer();
        container.setConnectionFactory(connectionFactory);
        container.addMessageListener(
            eventReceiverAdapter,
            new PatternTopic("returned-films-events")
        );
        return container;
}
```

Spring Data Redis ist natürlich in erster Linie ein Datenspeicher, aber gerade dieses Beispiel zeigt die Flexibilität der Mischung aus dünner Abstraktion (Repositorys) auf einem spezifischen Store einerseits und komfortabel zu bedienender API mit Nähe zu nativer Schnittstelle andererseits.

Spring Data Redis zeigt darüber hinaus sehr eindrucksvoll, dass architektonische Konzepte wie die Listener-Container modulübergreifend konsistent im Spring-Ökosystem genutzt werden und Spring Boot korrekt mit entsprechenden Beans umgehen kann.

12.4   Apache Kafka anbinden

Streaming Platform Apache Kafka bezeichnet sich selbst als »distributed streaming platform«, mit den Zielen, Datenströme ähnlich wie Messaging-Systeme zu veröffentlichen und zu abonnieren, effizient in Echtzeit zu bearbeiten und darüber hinaus in verteilten Clustern zu speichern. Use-Cases neben Messaging sind Metriken, Event Sourcing, Aktivitätsverfolgung und Log-Aggregierung.

Spring Boot und Kafka Für Kafka stellt Spring Boot keinen eigenen Starter zur Verfügung. Es reicht, `org.springframework.kafka:spring-kafka` als Abhängigkeit einer Spring-Boot-Anwendung zu deklarieren, damit Spring Boot Spring Kafka automatisch konfiguriert. Sie konfigurieren einzelne Details über `spring.kafka`. Die Konfigurationsklasse `KafkaProperties` stellt dabei nicht alle Kafka-Eigenschaften zur Verfügung. Falls Sie eine spezielle Verbindungseigenschaft konfigurieren müssen, die nicht verfügbar ist, so nutzen Sie `spring.kafka.properties.foo.bar = baz`, um die Kafka-Eigenschaft `foo.bar` auf den Wert `baz` zu setzen.

Sie finden die Konzepte aus Spring JMS und AMQP auch für Kafka wieder: Spring Boot konfiguriert für Sie automatisch ein `KafkaTemplate`, berücksichtigt Methoden von Beans, die mit `@KafkaListener` annotiert sind und erkennt Message-Listener-Container.

Im GitHub-Account des Spring-Boot-Buchs finden Sie einen Fork von Eberhard Wolffs Microservices-Demo (https://github.com/ springbootbuch/microservice-kafka), der nicht nur die Konfiguration und die Benutzung von Kafka demonstriert, sondern auch eine moderne Microservice-Architektur vorstellt.

12.5   Ausblick: Spring Cloud Stream

Mit dem Projekt Spring Cloud Stream steht ein Projekt aus Pivotals Cloud-Portfolio zur Verfügung, das die Abstraktionen `Message`, `MessageChannel`, `MessageHandler` sowie entsprechende Hilfsklassen aus dem Spring-Framework-Modul `spring-messaging` nutzt, um ein Framework zur Erstellung von message-driven Microservices zu erstellen. Cloud Stream übernimmt dabei die Konfiguration unterschiedlicher Message-Broker und schafft mit sinnvollen Defaults eine Basis für Anwendungen, die um Datenströme zentriert sind.

Quelltext

messaging_cloudstream ist auf GitHub verfügbar: https://github.com/ springbootbuch/messaging_cloudstream.

Spring Cloud Stream steht sowohl für RabbitMQ als auch Apache Kafka zur Verfügung. Um es in Ihrer Spring-Boot-Anwendung zu nutzen, müssen Sie zum einen das Dependency Management von Spring Cloud importieren und zum anderen die entsprechenden Abhängigkeiten deklarieren. Im Beispiel habe ich mich für die RabbitMQ-Variante entschieden, die über dieselben Eigenschaften wie der `spring-boot-starter-amqp` konfiguriert wird.

```
<dependencyManagement>
    <dependencies>
        <dependency>
            <groupId>org.springframework.cloud</groupId>
```

Listing 12–24
Spring-Cloud-Stream-Abhängigkeiten

```
            <artifactId>
                spring-cloud-dependencies
            </artifactId>
            <version>${spring-cloud.version}</version>
            <type>pom</type>
            <scope>import</scope>
        </dependency>
    </dependencies>
</dependencyManagement>


<dependencies>
    <dependency>
        <groupId>org.springframework.cloud</groupId>
        <artifactId>
            spring-cloud-starter-stream-rabbit
        </artifactId>
    </dependency>
</dependencies>
```

Channels als
Programmiermodell

Das zentrale Programmiermodell von Spring Cloud sind Channel. Channel werden ähnlich wie einfache Repositorys in Spring Data als Interfaces deklariert und zur Laufzeit vom Container zur Verfügung gestellt. Spring Cloud stellt die Channel Source, Processor und Sink als Library-Interfaces zur Verfügung:

Listing 12–25
Source und Sink

```
public interface Source {
        String OUTPUT = "output";

        @Output(Source.OUTPUT)
        MessageChannel output();
}


public interface Sink {
        String INPUT = "input";

        @Input(Sink.INPUT)
        SubscribableChannel input();
}
```

Diese Interfaces müssen Sie nicht selbst implementieren, allerdings müssen Sie Ihre Spring-Boot-Anwendung um eine Annotation ergänzen: @EnableBinding. In Listing 12–26 sehen Sie die Hauptanwendungsklasse des Film-Rental-Service aus dem Beispiel dieses Kapitels:

```
@SpringBootApplication
@EnableBinding(Source.class)
public class Application {
}
```

Listing 12–26
@EnableBindung

Sie können nun eine Instanz von Source per Konstruktor-Injection oder per @Autowired benutzen:

```
final Message<FilmReturnedEvent> message
    = MessageBuilder
        .withPayload(new FilmReturnedEvent(
            filmInStore.getId(),
            filmInStore.getTitle()
    )).build();
source.output().send(message);
```

Listing 12–27
Spring Cloud Channel
nutzen

Sie können Ihre Channels über beliebig viele weitere Interfaces dieser Art deklarieren.

In dieser Variante des Beispiels fehlt die manuelle Konfiguration des entsprechenden JSON-Converters. Spring Cloud Stream sieht dafür Konfigurationseigenschaften vor. Ebenfalls über eine Konfiguration kann definiert werden, auf welches Topic die logische Verbindung "output" des Beispiels eigentlich abgebildet werden soll:

*Konfigurations-
gesteuerte Ziele und
Inhalte*

```
spring.cloud.stream.bindings.output.destination = \
  returned-film-events
spring.cloud.stream.bindings.output.content-type = \
  application/json
```

Listing 12–28
*Konfiguration des
Content-Type und der
Destination*

Auf der Empfängerseite sieht die Konfiguration ähnlich aus, mit dem Unterschied, dass die Konstante "input" des Interface Sink genutzt wird. Sie können Ihre Message-Handler über subscribe am Input-Channel anmelden oder @StreamListener benutzen. Spring Boot erkennt diese Annotation automatisch innerhalb von Beans:

```
@StreamListener(Sink.INPUT)
public void filmReturned(FilmReturnedEvent event) {
}
```

Listing 12–29
@StreamListener
nutzen

Warum sollten Sie mit Spring Cloud Stream eine weitere Abstraktion nutzen? Zum einen sind Sie damit unabhängiger von der tatsächlichen Middleware, aber interessanter sind die Entkoppelung der Channels von tatsächlichen Queues und das automatische Handling unterschiedlicher Content-Typen. Falls Sie das Spring-Projekt Spring Integration nutzen, werden Sie sich sehr schnell zurechtfinden, da Spring Cloud Stream auf diesem Projekt basiert. Sehr hilfreich ist auch das Modul

*Warum Spring Cloud
Stream?*

org.springframework.cloud:spring-cloud-stream-test-support. Es stellt in @SpringBootTest-Klassen einen MessageCollector zur Verfügung, der alle Nachrichten eines Channels sammelt, ohne dass eine Middleware während des Tests benötigt wird. Spring Boot erkennt die Anwesenheit der Klassen und konfiguriert diese automatisch, so dass sie über @Autowired zur Verfügung stehen:

Listing 12–30
Channel testen

```
@Test
public void aMessageShouldBeSend() throws Exception {
    mvc.perform(
        post("/returnedFilms")
            .contentType(MediaType.APPLICATION_JSON)
            .content(json)
    ).andExpect(status().isNoContent());

    Message<String> received = (Message<String>)
        messageCollector
            .forChannel(source.output())
            .poll();

    assertThat(
        objectMapper.readTree(received.getPayload())
            .get("title").asText(),
        equalTo("test")
    );
}
```

Reaktive Channels

Darüber hinaus unterstützt Spring Cloud Stream das reaktive Programmiermodell, und Sie können zusammen mit Spring WebFlux vom Frontend bis zum Backend vollständig reaktiv arbeiten.

13 E-Mail

Dieses kurze Kapitel ist dem Starter `spring-boot-starter-mail` gewidmet. Dieser Starter bringt alle notwendigen Abhängigkeiten mit, um JavaMail zusammen mit dem E-Mail-Modul des Spring-Frameworks zu nutzen. Das Spring-Framework selbst stellt sowohl die Klasse `Mail-Sender` als auch `JavaMailSender` zur Verfügung. Erstere ist ausreichend, um einfache Nachrichten zu verschicken, `JavaMailSender` bietet alle Möglichkeiten der JavaMail-API.

13.1 Mit Spring Boot E-Mails verschicken

Quelltext

Sie finden das Beispielprojekt *email* unter der Adresse https://github.com/springbootbuch/email. Das Projekt nutzt einen eingebetteten E-Mail-Server und »verschickt« beim Start über `./mvnw spring-boot:run` eine einzelne E-Mail.

Um mit Spring Boot E-Mails zu verschicken, müssen Sie den Starter `spring-boot-starter-mail` als Abhängigkeit deklarieren und mindestens den E-Mail-Host konfigurieren:

```
spring.mail.host = localhost
spring.mail.port = 41209
spring.mail.test-connection = true
```

Listing 13–1
Konfiguration der
MailProperties

Spring Boot stellt danach automatisch eine Instanz des `JavaMailSender` zur Verfügung. Das Flag `spring.mail.test-connection` ist per Default `false`. Setzen Sie es wie gezeigt auf `true`, schlägt der Start der Anwendung fehl. Spring unterstützt zusätzlich zu intern verwalteten E-Mail-Sitzungen auch Sitzungen über JNDI, wenn Sie die Eigenschaft `spring.mail.jndi-name` entsprechend konfigurieren und Ihre Anwendung in einem Application-Server läuft.

Zum Spring-Framework selbst gehört das funktionale Interface `MimeMessagePreparator`, das in Listing 13–2 genutzt wird, um eine Multipart-E-Mail zu generieren, die sowohl einen HTML- als auch einen Plaintext-Teil enthält:

Listing 13–2
E-Mails mit
JavaMailSender
verschicken

```
this.mailSender.send(mimeMessage -> {
    final MimeMessageHelper message =
        new MimeMessageHelper(
            mimeMessage, true, UTF_8.name()
        );
    message.setFrom("hallo@springbootbuch.de");
    message.setTo("leser@springbootbuch.de");
    message.setSubject("Danke!");
    message.setText(
        "Danke, dass Ihr mein Buch lest!",
         "<html>"
        + "<h1>Hallo!</h1>"
        + "<p>Danke, dass ihr mein Buch lest!</p>"
        + "</html>"
    );
});
```

Die Klasse `MimeMessageHelper` stammt dabei ebenfalls aus Spring selbst und vereinfacht den Umgang mit der JavaMail-API ungemein. Empfänger- und Absenderadressen können als einfache Strings angegeben werden, und die Erstellung von Multipart-E-Mails wie im Beispiel ist sehr einfach.

Sollten Sie HTML-E-Mails aus Ihrer Anwendung verschicken müssen, so können Sie dieses Beispiel hier mit einer der in Abschnitt 8.2 vorgestellten Template-Engines kombinieren. Diese eignen sich auch hervorragend für solche Zwecke.

14 Reaktive Programmierung

Seit der Version 5 des Spring-Frameworks unterstützt Spring reaktive Programmierung und bietet Integrationen auf unterschiedlichen Ebenen. Reaktive Programmierung ist ein Programmierparadigma, das sich an Datenflüssen orientiert und aus Spring-Sicht eine Möglichkeit darstellt, um effizient mit Ressourcen umzugehen.

> Diese Einleitung wurde beigetragen von Mark Paluch, einem Ingenieur des Spring-Data-Teams bei Pivotal. Mark ist maßgeblich involviert bei der Entwicklung reaktiver Spring Data Repositorys und darüberhinaus Mitglied der CDI 2.0 Expert Group.

Heutige Programmiermodelle, wie sie beispielsweise mit Spring Web MVC üblich sind, treffen bestimmte Annahmen zum Umgang von Ressourcen. Für Webanwendungen bedeutet dies, dass ein Anwendungsserver der Anwendung einen Thread bereitstellt, der so lange durch die Anwendung belegt bleibt, bis die jeweilige Aufgabe erledigt ist. Anschließend kann der Thread wieder freigegeben werden. Wenn der fachliche Code Aufrufe zu entfernten Systemen oder Datenbanken beinhaltet, können Threads sehr lange blockiert bleiben, und es ergibt sich oft ein ressourcenintensives Szenario.

Effizientere Nutzung von Ressourcen

Reaktive Programmierung dreht dieses Prinzip um: Reaktive Programmiermodelle reagieren auf Bereitschaft und Verfügbarkeit von Ressourcen. Anwendungen können vorhandene Ressourcen effizienter nutzen und treffen weniger Annahmen zur Ressourcenbelegung. Innerhalb einer Anwendung, die dem Paradigma der reaktiven Programmierung folgt, bestimmen asynchrone Datenflüsse die Programmierung. Die Anwendung reagiert auf Daten, wenn diese als Ereignis im Strom der Daten auftauchen.

Bausteine

Das Spring-Framework setzt auf Project Reactor. Reactor ist ein Open-Source-Projekt, das auf der Reactive-Streams-Spezifikation basiert. Im Spring-Projektportfolio finden sich reaktive Implementierungen für Webanwendungen, Datenbankzugriff, Security und Stream-orientierte Datenverarbeitung. Mit diesen Bausteinen können Sie Anwendungen durchgängig reaktiv entwickeln und damit von einer verbesserten Skalierbarkeit und Stabilität profitieren.

Anwendungsfälle bestimmen

Sie können Anwendungsfälle für reaktive Programmierung zum Beispiel anhand von Infrastrukturanforderungen ableiten und sich dabei stärker an Skalierbarkeit und Stabilität orientieren als am absoluten Durchsatz. Microservice-Architekturen tendieren zu einem höheren Speicher- und CPU-Ressourcenbedarf als monolithische Systeme. Reaktive Anwendungen erlauben dem Laufzeitsystem, die vorhandenen Ressourcen effizienter zu nutzen. Inhaltlich sind ereignisgesteuerte Systeme ein Anwendungsfall.

Umgang mit einer großen Anzahl gleichzeitiger Verbindungen

Anwendungsszenarien, in denen es zu vielen gleichzeitigen und manchmal auch langsamen Verbindungen – zum Beispiel von mobilen Endgeräten – kommt, sind in imperativen Programmiermodellen an die Ressourcenverwaltung der einzelnen Anwendungscontainer gebunden. In diesem Fällen eliminiert eine reaktive Infrastruktur den Bedarf an exklusiv belegten Threads.

Leichtgewichtige, langlebige Verbindungen

Push- und Server-sent-Events sowie HTTP-Duplex-Kommunikation über WebSockets sind ein idealer Anwendungsfall: Spring Web-Flux stellt serverunabhängige APIs für Server-sent Events und Web-Sockets bereit und ermöglicht damit eine Verringerung des Ressourcenbedarfs für langlebige Verbindungen dieser Art.

Szenarien, bei denen Datenflüsse – zum Beispiel Streaming – im Vordergrund stehen, profitieren ebenfalls vom reaktiven Programmiermodell: Eine Datenquelle wird nicht blockweise über Paging- oder Batching-Operationen geladen und verarbeitet, sondern repräsentiert einen Stream, dessen Elemente verarbeitet werden können, sobald sie zur Verfügung stehen. Schlussendlich zielt das reaktive Programmiermodell auf größere Skalierbarkeit und stabilere Anwendungen ab anstatt auf höhere Geschwindigkeit, insbesondere im Kontext vieler langsamer Verbindungen, unbegrenzter Datenströme oder langsamer Upstream-Services.

Skalierbarkeit und Stabilität

Und in Zukunft nur noch Reactive?

Der Spring Web-Stack und der reaktive Web-Stack sind zwei unterschiedliche Säulen von Spring 5. Sie haben an der Oberfläche einige Gemeinsamkeiten, sind aber trotzdem unabhängig voneinander. Jürgen Höller, Spring-Framework Lead, brachte im September 2016 im »Software Engineering Radio-Podcast« klar zum Ausdruck, dass Spring Web MVC auch in Zukunft fester und gepflegter Bestandteil von Spring sein wird. Reaktive Programmierung wird für einen Teil und eine bestimmte Art von Diensten extrem wichtig sein, aber nicht pauschal für Anwendungen aller Art.

Auch wenn in diesem Kapitel das Thema Spring-WebFlux prominent behandelt wird, ist die Geschichte »Reactive« dort noch nicht zu Ende. Sie zieht sich bis in das Modul spring-core und wird – als optionale Alternative – ebenso in den Modulen Spring Data und Spring Security angeboten. In Zukunft wird sie wohl eine erhebliche Rolle in vielen der Spring-Cloud-Projekte spielen.

14.1   Reactive Streams und Project Reactor

Im Zentrum der reaktiven Programmierung stehen *Publisher* und *Subscriber*. Die Publisher stellen die Datenströme zur Verfügung, Subscriber reagieren asynchron auf einzelne Elemente dieser Datenströme. Als dritter Baustein stehen *Processors* zur Verfügung. Ein Processor stellt eine Funktion höherer Ordnung auf den Elementen eines Streams dar. Sie verändert weder Publisher noch Subscriber. Ohne einen aktiven Subscriber wird ein Publisher keine Daten veröffentlichen, und ein Processor wird keine Daten verarbeiten.

Back-Pressure entsteht in Situationen, in denen der Publisher schneller Daten erzeugt und veröffentlicht, als ein Subscriber verarbeiten kann. Der »Überdruck« entsteht dabei auf Seite des Publishers. Anstatt nun die Last auf den Subscriber abzuwälzen und Daten auf Subscriber-Seite zwischenzuspeichern und damit effektiv eine limitierte, Blocking Queue zwischen Publisher und Subscriber zu bauen, soll auch dieser Back-Pressure nichtblockierend gehandhabt werden. Zu diesem Zweck kann der Subscriber die Menge an Daten, die er verarbeiten kann, an den Publisher zurückkommunizieren und so den Datenfluss steuern.

Was ist Back-Pressure?

Die Kommunikation zwischen den Publishern und Subscribern ist aufgrund obiger Prämisse nicht mehr alleine als Push-Strategie von Publisher zu Subscriber ausgelegt, sondern auch als Pull-Strategie von Subscriber an Publisher. Ein Subscriber fragt eine bestimmte Menge an Elementen an und der Publisher veröffentlicht mindestens diese Menge.

Strategien kombinieren

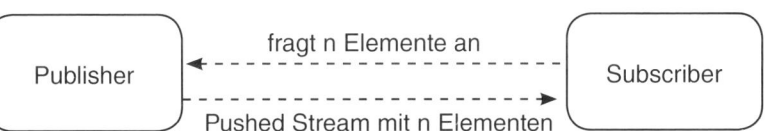

Abb. 14–1
Verhältnis zwischen Publisher und Subscriber

Die *Reactive Streams*-Initiative hat das Ziel, einen Standard für Datenflüsse diese Art sowohl für die JVM als auch für JavaScript-Umgebungen zu definieren. Zum Aufgabenbereich der Initiative gehört die Definition einer minimalen Menge an Interfaces, um asynchrone Streams mit nichtblockierendem Back-Pressure zu implementieren. Das Ergebnis der Reactive-Streams-Initiative für die JVM wurde 2015 als Version 1 der *Reactive Streams for the JVM* veröffentlicht. Reactive Streams sehen die folgenden Interfaces vor:

Die Daten müssen fließen...

Publisher Verantwortlich für das Veröffentlichen von Daten an alle angemeldeten Subscriber

Subscriber Meldet sich an einem Publisher an und wird mittels Callbacks über neue Daten informiert

Subscription Beschreibt das Verhältnis und den Datenfluss zwischen Publisher und Subscriber

Processor Ein Processor reagiert auf Elemente, die zwischen Publisher und Subscriber fließen, und transformiert sie.

Abb. 14–2
Interfaces der Reactive
Streams

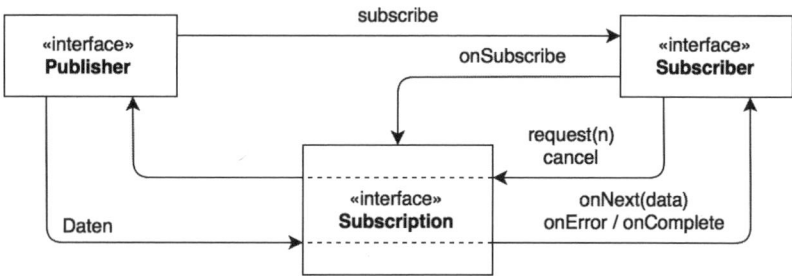

Diese Interfaces sind Teil der *Flow-API* des JDK 9. Die API ist überschaubar groß und verführt schnell zum Versuch, Teile selber zu implementieren. Dabei ist aber schnell übersehen, dass noch keine Aussage über Thread Pools und dergleichen gemacht wurde. Die Reactive-Streams-Spezifikation ist vielmehr eine API, die Interoperabilität zwischen unterschiedlichen Anbietern gewährleisten soll, und nicht zur Implementierung im eigenen Anwendungscode gedacht. RxJava[1] und Project Reactor[2] zählen zu den aktuell verfügbaren Implementierungen. Sowohl RxJava als auch Project Reactor sind vollumfänglich auf Java 8 lauffähig.

Project Reactor   Project Reactor ist eine Implementierung der Reactive-Streams-Spezifikation beziehungsweise der Flow-API und bietet zwei Implementierungen des Publisher an: Flux und Mono sind kombinierbare, asynchrone Sequenzen, die entweder n Elemente oder 0 beziehungsweise 1 Element enthalten. Die Abbildungen 14–3 und 14–4 zeigen jeweils beide Publisher, die von einem Processor in einen neuen Publisher transformiert werden. Die Abbildungen repräsentieren Zeitleisten und werden mitunter auch als *Marble-Diagramm* bezeichnet.

Falls im Vorfeld feststeht, dass entweder keins oder höchstens ein Element veröffentlicht wird, sollten Sie den Publisher Mono<T> verwenden. Möchten Sie nur das Ende einer Verarbeitungskette (»completion«) signalisieren, verwenden Sie Mono<Void>.

---

[1] http://reactivex.io
[2] https://projectreactor.io

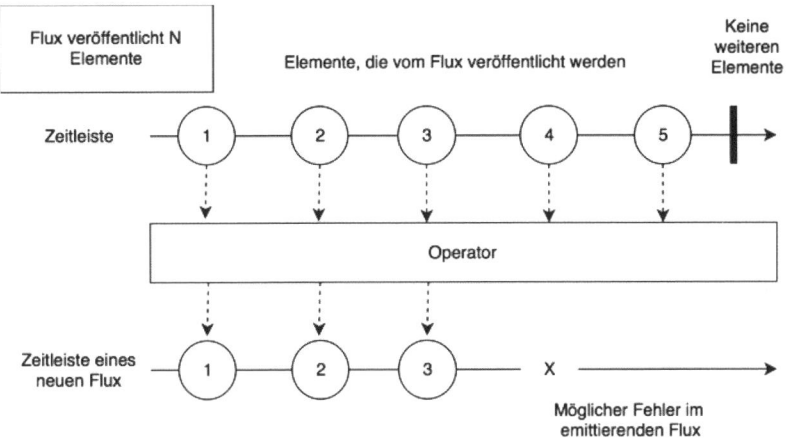

Abb. 14–3
Zeitleiste eines Flux mit Processor

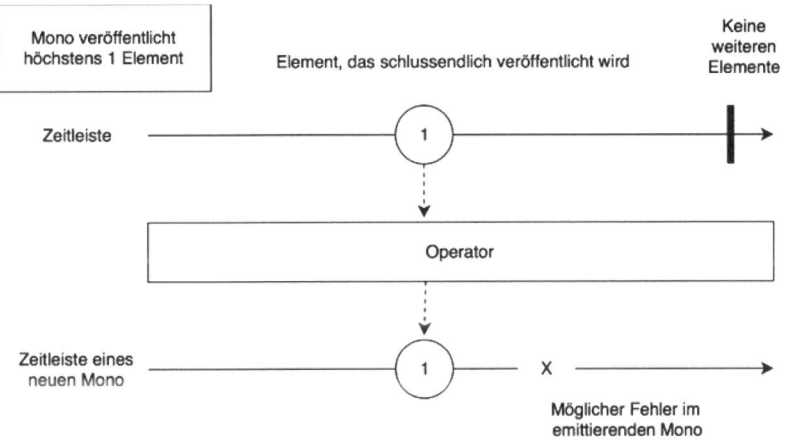

Abb. 14–4
Zeitleiste eines Monos mit Processor

Project Reactor schreibt kein Concurrency-Modell vor, sondern überlässt die Wahl des richtigen Modells Ihnen. Zu diesem Zweck steht ein zusätzliches Interface, der `Scheduler`, zur Verfügung. Scheduler ermöglichen Kontextwechsel, um definierten Arbeitseinheiten einen Thread zuzuordnen. Sie als Entwickler wählen mithilfe der `Schedulers`-Factory-Klasse einen passenden Scheduler aus. Dabei stehen Ihnen Scheduler zur Verfügung, die auf dem aktuellen Thread arbeiten, einen einzelnen, wiederbenutzbaren Thread nutzen, Threads aus einem elastischen Pool auswählen oder einen Worker-Pool benutzen.

Hilfe zur Selbsthilfe

Zur Veranschaulichung dieser Datentypen sehen Sie nun einige kurze Beispiele, die Sie im Beispielprojekt *reactive/filmstore* in der Klasse `ReactiveTypesDemo` wiederfinden. Listing 14–1 zeigt ein Mono, das nur den Text `"Hallo, Welt!"` beinhaltet. Die Erzeugung des Monos führt zu

Einige konkrete Beispiele

keiner Reaktion, erst der Aufruf der `subscribe`-Methode löst den Datenfluss aus:

Listing 14–1
Einfachstes Mono

```
Mono.just("Hallo, Welt!")
    .subscribe(LOG::info);
```

Natürlich können reaktive Datentypen auf vielfältige Art und Weise kombiniert werden. Die folgenden zwei Beispiele zeigen die sehr umständliche Verkettung mehrerer Strings zu einem sowie die Verknüpfung eines Monos mit einem Flux, das schlussendlich drei Werte ausgibt:

Listing 14–2
Einige Operationen auf
reaktiven Datentypen

```
Mono.just("Hallo")
    .flatMap(s -> Mono.just(s + ", Welt!"))
    .subscribe(LOG::info);
```

```
Mono.just("Hallo").concatWith(Flux.just(",", "Welt"))
    .subscribe(LOG::info);
```

Sie können Flux-Instanzen wie im obigen Beispiel mit einer festen Menge von skalaren Werten, aber auch auf Basis von Arrays und anderen iterierbaren Datenstrukturen erzeugen. Eine weitere Möglichkeit ist die Generierung von Werten in bestimmten Intervallen:

Listing 14–3
Unterschiedliche Flux

```
Flux.just("Guten Tag", "Bonjour", "Ciao")
    .subscribe(LOG::info);
```

```
Flux.interval(Duration.ofMillis(1L))
    .subscribeOn(Schedulers.parallel())
    .take(5)
    .map(l -> Long.toString(l))
    .subscribe(LOG::info);
```

Das zweite Flux generiert in einem Intervall von einer Millisekunde Long-Werte. Davon werden fünf dem Flux entnommen und als String ausgegeben. Dabei sehen Sie, dass wir Parallelität explizit fordern müssen.

Die Reactor-API ist sehr umfangreich, und die obigen Beispiele sind nur ein kleiner Ausschnitt der Möglichkeiten, mit denen Sie Datenflüsse konstruieren können. Einige weitere Demonstrationen werden Sie im Verlauf des Kapitels noch sehen, aber ich empfehle einen Blick in die Dokumentation von Project Reactor.

Spring 5 und reaktive
Programmierung

Spring 5 unterstützt das reaktive Programmiermodell auf Basis von Reactive Streams: Parallel zu Spring Web MVC steht Spring Web-Flux zur Verfügung. Spring WebFlux ist lauffähig auf allen Servlet-3.1-

Umgebungen und inhärent asynchronen Umgebungen wie Netty, Jetty und Undertow. Dabei wird Project Reactor per Default und ohne zusätzliche Abhängigkeiten als Implementierung von Reactive Streams unterstützt. Möchten Sie RxJava nutzen, so sind zusätzliche Abhängigkeiten notwendig.

Viele weitere Spring-Projekte, zum Beispiel Spring Data, haben zusätzliche reaktive Schnittstellen bereitgestellt. Das ist immer dann möglich, wenn es nichtblockierende, asynchrone Treiber und Protokolle zu Services Dritter gibt.

Weitere Spring-Projekte

Bevor wir uns im nächsten Abschnitt mit einigen Möglichkeiten reaktiver Programmierung mit Spring Boot 2 und Spring 5 beschäftigen, sollten Sie einen kurzen Blick auf die recht einfache Spezifikation der reaktiven Streams unter http://www.reactive-streams.org sowie die Referenz von Projekt Reactor werfen.

14.2 WebFlux-Modul

Das WebFlux-Modul ist ein neuer Baustein im Spring-Framework und steht im Spring-Stack auf Augenhöhe mit dem Spring-Web-MVC-Modul zur Verfügung. Abbildung 14–5 stellt den neuen Spring-5-Stack dar. Auf der linken Seite sehen Sie den traditionellen Stack, der auf der aktuellen Servlet-API beruht, rechts den reaktiven Stack. Auf oberster Ebene sehen Sie zwei unterschiedliche Programmiermodelle: das aus Spring Web MVC bekannte, auf Annotationen basierende Modell und ein neues, funktionales Modell, in dem Sie URLs als Routen zu einzelnen Funktionen (Handlern) registrieren.

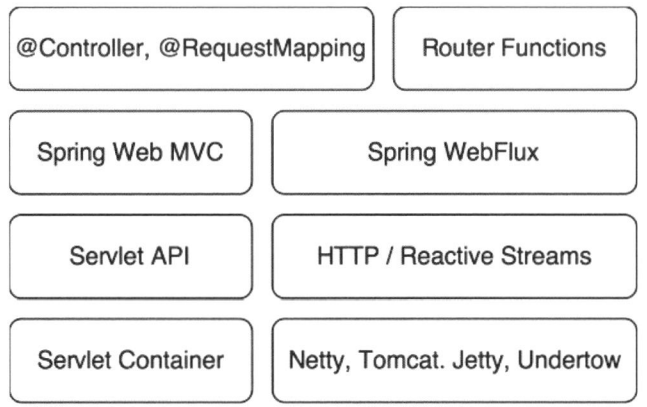

Abb. 14–5
WebFlux-Modul
existiert parallel zu
Spring Web MVC

Das WebFlux-Modul ist sowohl in einem klassischem Servlet-Container als auch in komplett asynchronen Laufzeitumgebungen lauffähig. Ein Servlet-Container muss dabei die nicht blockierende Servlet 3.1 API unterstützen. Anstelle klassischer `HttpServletRequest` und `HttpServlet-Response` werden reaktive Request- und Response-Klassen genutzt, die Daten nicht als `InputStream` oder `OutputStream` zur Verfügung stellen, sondern als `Flux`.

Setzen Sie die klassischen Annotationen ein, so erkennen Sie nur an den Argumenten Ihrer Funktionen und den Rückgabetypen, dass Sie den reaktiven Stack nutzen: Es werden dieselben Annotationen genutzt. Die funktionale Registrierung von Routen in Form von Lambdas oder Methoden-Handles wirkt auf den ersten Blick ungewöhnlich, ist aber ausgesprochen elegant. Können Sie in Ihrer Umgebung Kotlin einsetzen, können Sie die Eleganz der Sprache hervorragend mit Springs Router-Funktionen kombinieren und sehr leichtgewichtig spezialisierte, reaktive Dienste in Ihrer Systemlandschaft anbieten.

Quelltext

Auch für dieses Kapitel greife ich wieder das Film-Store-Beispiel auf. Sie finden unter https://github.com/springbootbuch/reactive ein Maven-Projekt *reactive* mit drei Modulen:

▪ *filmstore* nutzt ein reaktives Spring-Data-Repository auf MongoDB-Basis, um über einen REST-Controller Informationen über Filme bereitzustellen sowie diese Filme zu »streamen«. Der *filmstore* nutzt dabei das klassische annotationsgetriebene Modell. Darüber hinaus wird der reaktive HTTP-Client `WebClient` vorgestellt, der Ereignisse an den *watchednow*-Service pusht.

▪ *watchednow* nutzt das neue, funktionale Programmiermodell, um diese Ereignisse entgegenzunehmen und in einer eigenen MongoDB-Instanz zu speichern. Diese Ereignisse können fortlaufend als Event-Stream aus der Datenbank abgerufen werden.

▪ Das Modul *client* setzt den Prozess schlussendlich in Gang: Es ruft die Liste aller Filme als Flux ab und »streamed« einen davon.

Um den Datenfluss zu sehen, öffnen Sie am besten drei Konsolenfenster und navigieren zu den einzelnen Projekten. Starten Sie zuerst mit `./mvnw spring-boot:run` den *filmstore*, dann *watchednow* und zu guter Letzt den *client*. Im Chrome-Browser können Sie nun `http://localhost:8081/api/watchedRightNow` öffnen und sehen eine sich fortlaufend aktualisierende Liste von Server-sent Events.

Um mit Ihrer reaktiven Anwendung zu beginnen, nutzen Sie wie gewohnt einen Starter:

```
<dependency>
    <groupId>org.springframework.boot</groupId>
    <artifactId>spring-boot-starter-webflux</artifactId>
</dependency>
```

Listing 14–4
Reaktiver Starter

Mit dem WebFlux-Modul erhalten Sie als Abhängigkeit automatisch Project Reactor inklusive der Reactive Streams, aber auch Spring Web. Der WebFlux-Starter ist weiterhin abhängig von `spring-boot-starter-reactor-netty`. Spring WebFlux nutzt also standardmäßig Netty als Grundlage reaktiver Protokolle.

Netty ist ein asynchrones Framework für ereignisgesteuerte Netzwerkanwendungen. Mit Netty können Server für neue Protokolle geschrieben werden, die es ermöglichen, dass Anwendungen effektiv und effizient für ihren jeweiligen Einsatzzweck miteinander kommunizieren. Dabei können über Netty bestehende Protokolle, aber auch angepasste Varianten oder gänzlich neue über TCP und UDP übertragen werden.

Was ist Netty?

Falls Sie stattdessen eine der anderen unterstützten Umgebungen verwenden möchten, schließen Sie den Reactor-Netty-Starter als Abhängigkeit aus und nutzen stattdessen `spring-boot-starter-tomcat`, `spring-boot-starter-undertow` oder `spring-boot-starter-jetty`.

14.2.1   Klassische Annotationen verwenden

Verwenden wir das Mono aus Listing 14–1 als Rückgabewert eines klassisch anmutenden Spring-Controllers:

```
@RestController
public class DemoRestController {
    @GetMapping("/helloworld")
    public Mono<String> getGreeting(
        @RequestParam(defaultValue = "World") String name
    ) {
        return Mono.just("Hello")
            .flatMap(s -> Mono
                .just(s + ", " + name + "!\n")
            );
    }
}
```

Listing 14–5
Klassische
Spring-Web-MVC-
Annotationen mit
reaktiven Datentypen

Bis auf den Rückgabewert der Methode ist kein Unterschied zu erkennen. Die Methode wird allerdings vollständig blockadefrei ausgeführt. Sie können http://localhost:8080/helloworld wie gewohnt in Ihrem Browser oder per cULR aufrufen. Beide Typen von Rückgabewerten – sowohl Mono als auch Flux – werden unterstützt.

Auf Clientseite ändert sich zunächst einmal nichts. Die hier definierten URLs können mit ganz normalen Browsern und anderen HTTP-Clients abgerufen werden, solange sich Server und Client auf ein gemeinsames Protokoll einigen können und Erwartungshaltungen in Hinsicht auf Content-Typen und Ähnliches übereinstimmen.

Request-Parameter (@RequestParam) und Pfadvariablen (@PathVariable) unterstützen keine reaktiven Datentypen. Möchten Sie an Controller-Methoden, die mittels klassischem Request-Mapping abgebildet wurden, reaktive Inhalte übergeben, so muss dies wie in Listing 14–6 erfolgen:

Listing 14–6
Reaktive Daten als Parameter nutzen

```
1 @PostMapping("/manygreetings")
2 public Flux<String> getGreetings(
3     @RequestBody Mono<String> name
4 ) {
5     return name
6         .flatMapMany(n -> Flux.generate(s -> s.next(n)))
7         .zipWith(Flux.range(1, 23))
8         .map(t -> "Hello, " + t.getT1() + "\n");
9 }
```

Inhaltlich passiert in der Methode Folgendes: In Zeile 6 wird aus dem Mono ein Flux: Ein einzelnes Element wird auf viele abgebildet. Dabei wird die generate-Methode der Klasse Flux genutzt, um eine unendliche Reihe von Elementen zu erzeugen. Diese Reihe wird in Zeile 7 mit einer endlichen Liste der Zahlen von 1 bis 23 vereinigt: Es entstehen Tupel, die wiederum in einen String umgewandelt werden. Die zip-Methode hört auf, sobald einer der Publisher terminiert. Dies ist der Fall, wenn 23 Zahlen erzeugt wurden.

Listing 14–7 zeigt ein explizites Streaming von Daten. Das Flux im Beispiel erzeugt jede Sekunde eine Nachricht. Rufen Sie die URL im Browser oder per cURL auf, so sehen Sie einen kontinuierlichen Strom von Daten, der erst dann abbricht, wenn die Verbindung geschlossen wird. Bis dahin wird allerdings kein Thread blockiert:

Listing 14–7
Explizite Deklaration von Server-sent Events

```
@GetMapping(
    path = "/streamgreetings",
    produces = MediaType.TEXT_EVENT_STREAM_VALUE
)
public Flux<String> streamGreetings() {
    return Flux.interval(Duration.ofSeconds(1))
        .log()
        .map(i -> String.format("Hello (%d)", i));
}
```

Server-sent Events

Controller- oder Handlermethoden, die reaktive Typen zurückgeben, eignen sich besonders gut, um Server-sent Events (SSE) zu erzeugen. SSE und die damit verbundene Server-sent EventSource-API sind Teil der HTML5-Spezifikation. Sie beschreibt einen einseitigen Kommunikationsweg, über den ein Server ereignisgesteuert neue Daten über einen einmalig geöffneten Kommunikationskanal an einen Client schicken kann.

Im Spring-Framework sind dafür folgende MIME-Typen definiert, die von modernen Browsern, JavaScript-Clients und cURL verstanden werden:

- `application/stream+json` Objekte werden einzeln als JSON-Objekte serialisiert und Spring flusht den Stream nach jedem Element. Dieser Transportweg eignet sich für Server-zu-Server-Kommunikation, zum Beispiel mit dem in Abschnitt 14.2.2 vorgestellten `WebClient`.

- `text/event-stream` Objekte werden einzeln als Server-sent Events serialisiert und dabei per Default als JSON-Daten kodiert. Auch hier wird nach jedem Objekt ein Flush durchgeführt. Dieser Transportweg eignet sich für die Server-zu-Browser-Kommunikation, allerdings unterstützt der `WebClient` auch SSE.

Falls Sie explizit keine Server-sent Events nutzen möchten, deklarieren Sie für das Attribut `produces` in den entsprechenden Mapping-Annotationen den Medientyp `application/json`. Collections werden dabei weiterhin asynchron verarbeitet, Daten werden aber erst dann als Antwort geschrieben, wenn die Quelle ein Complete-Event signalisiert. Falls Sie keinen Medientyp angeben, werden SSE nur dann erzeugt, wenn der Client diese explizit nachfragt. Falls Sie also auf Nummer sicher gehen wollen, spezifizieren Sie bitte den Medientyp von Anfang an.

14.2.2 Datenquellen

Spring Data

Im Spring-Umfeld stehen mit dem Spring Data Release-Train »Kay« mehrere reaktive Datenquellen zur Verfügung:

- MongoDB
- Redis
- Apache Cassandra
- Couchbase

Im Gegensatz zu über JDBC angebundenen relationalen Datenbanken stehen für diese Datenbanken nichtblockierende, asynchrone Treiber zur Verfügung. JDBC ist inhärent synchron und belegt pro Verbindung einen Thread.

Die Benutzung von reaktiven Repositorys funktioniert analog zu normalen Repositorys, wie sie in Abschnitt 10.1 vorgestellt wurden. Dabei können Sie reaktive Repositorys auf zwei Arten nutzen: Sie deklarieren entweder Ihre Repository-Interfaces pauschal als Ableitung von `ReactiveCrudRepository` oder sogar als konkretes `ReactiveMongoRepository`. Sie haben aber auch die Möglichkeit – wie bereits in Abschnitt 10.2.4 dargestellt –, nur das `Repository`-Interface zu nutzen und Methoden zu definieren, die reaktive Datentypen zurückgeben. Dabei dürfen Sie für Parameter sowohl normale Parameter als auch reaktive Parameter benutzen.

Im Modul *filmstore* des Beispielprojekts *reactive* finden Sie zum Beispiel das Repository `FilmRepository`:

Listing 14–8
Reaktives Spring Data Repository

```
public interface FilmRepository
        extends ReactiveMongoRepository<Film, String> {
}
```

Alle Repositorys, die von einem reaktiven Interface erben, stellen reaktive CRUD-Methoden zur Verfügung, die in Controllern oder Handlern wie oben gezeigt genutzt werden können:

Listing 14–9
Nutzung eines reaktiven Repositorys in einem Controller

```
@GetMapping("/api/films")
public Flux<Film> getAll() {
    return filmRepository
        .findAll(Sort.by("title").ascending());
}
```

Beachten Sie, dass in diesem Fall in der Regel alle Methoden reaktiv ausgeführt sind. Listing 14–10 zeigt einen Ausschnitt der Klasse `Film-RepositoryPopulator` aus dem Modul *filmstore*. Gegeben sei ein Array mit Filmen, die in einem Repository gespeichert werden sollen:

Listing 14–10
Reaktive Datenverarbeitung

```
 1  final Film[] films = loadFilms();
 2
 3  this.filmRepository
 4      .deleteAll()
 5      .thenMany(Flux.just(films))
 6      .flatMap(f -> this.filmRepository.save(f))
 7      .doOnNext(f ->
 8          LOG.info("Film '{}' (id={}) saved",
 9              f.getTitle(), f.getId()))
10      .blockLast();
```

In Zeile 4 wird der Inhalt des Repositorys gelöscht. Diese Methode gibt ein `Mono<Void>` zurück. `thenMany` wartet, bis der Publisher (das Mono) das Signal gibt, dass keine weiteren Elemente vorliegen, und startet dann den neuen Publisher: ein Flux aller Filme. Jeder Film wird gespeichert und das Ergebnis ausgegeben. Der abschließende Aufruf der blockLast-Methode ist zwingend notwendig, da die Verarbeitungskette nur dann in Gang gesetzt wird, wenn es mindestens einen Subscriber gibt.

In Listing 14–15 auf Seite 282 finden Sie ein Repository, das explizit reaktive Methoden deklariert.

Das Beispielprojekt zu diesem Kapitel nutzt durchgehend Mongo-DB, die anderen reaktiven Spring Data Stores verhalten sich analog. Zusätzlich zu den reaktiven Repositorys stehen reaktive Templates zur Verfügung.

Reactive WebClient

Spring 5 stellt im Modul WebFlux das Interface WebClient zur Verfügung. WebClient ist eine Alternative zum klassischen RestTemplate und stellt nichtblockierende, reaktive Schnittstellen zur Verfügung, um HTTP-Anfragen durchzuführen. Dabei werden Anfrage und Antwort nicht als InputStream beziehungsweise OutputStream behandelt, sondern als Flux<DataBuffer>. Diese Buffer müssen Sie allerdings in der Regel nicht selbst deserialisieren. WebClient kann JSON-, XML- und SSE-Daten serialisieren und deserialisieren.

Im Modul *client* des Beispielprojekts *reactive* wird eine Instanz des WebClient genutzt, um die Liste der Filme, die durch Listing 14–9 bereitgestellt wird, zu lesen und eine weitere Kette von Ereignissen zu starten. Listing 14–11 und Listing 14–12 finden Sie in der Klasse Application im Modul *client*. Sie können den WebClient mit oder ohne Basis-URL konfigurieren.

```
@Bean
WebClient webClient() {
    return WebClient
        .create("http://localhost:8080/api")
        .mutate()
        .filter(basicAuthentication("spring", "boot"))
        .build();
}
```

Listing 14–11
Konfiguration des
WebClient

Durch Konfiguration einer Basis-URL vermeiden Sie Wiederholungen und String-Konstanten. Sie können beliebig viele Instanzen für unterschiedliche Services konfigurieren, die dann unter jeweils eigenen Namen als Beans verfügbar sind.

Der WebClient ist in der Lage, Anfragen auf unterschiedlichste Art und Weise zu filtern. Zu diesem Zweck steht die ExchangeFilterFunction als funktionales Interface zur Verfügung. Instanzen dieses Interface können zu komplexeren Spezifikationen verkettet werden. Die Methode basicAuthentication stammt aus der Hilfsklasse ExchangeFilter-Functions und erweitert die Anfrage um Basic Authentication. Ähnliche Mechanismen können für erweiterte Authentifzierungsmaßnahmen bereitgestellt werden. Durch mutate() erzeugen Sie einen Builder auf Basis der bisherigen Informationen, den Sie Ihren Bedürfnissen entsprechend anpassen können.

Zusätzlich zur Liste der Filme sei eine Methode gegeben, die Filme streamt. Listing 14–12 zeigt, wie mehrere URLs in einem nicht blockierenden Prozess ohne Verwendung etlicher Callbacks abgerufen und die Ergebnisse verarbeitet werden:

Listing 14–12
Nutzung des WebClient

```
1  client
2      .get().uri("/films")
3      .retrieve().bodyToFlux(Film.class)
4      .filter(film ->
5          film.getTitle().toLowerCase(Locale.GERMAN)
6              .contains("goldfinger"))
7      .flatMap(film ->
8          client.get()
9          .uri("/films/{id}/stream", film.getId())
10         .retrieve()
11         .bodyToFlux(Film.class))
1      .subscribe(film ->
2          LOG.info("Streaming {}...", film.getTitle())
3      );
```

Die Liste der Filme wird in Zeile 2 abgerufen. Das Ergebnis wird daraufhin aus dem Flux<DataBuffer> der Antwort extrahiert und weiterverarbeitet. Die filter-Methode in Zeile 4 ähnelt sehr dem Java-8-Filter des Streams-Interface, ist aber hier auf Flux definiert. Das einzelne Element wird in den Zeilen 7 bis 11 auf eine Menge von Elementen abgebildet. Auch hier wird wieder der WebClient genutzt, um die erwähnte Streaming-Methode aufzurufen.

Die Streaming-Methode möchte ich Ihnen natürlich auch nicht vorenthalten. Sie finden diese in der Klasse FilmRestController im Modul *filmstore*. Natürlich streamt die Methode in der aktuellen Form keinen Film, macht aber auf vielfältige Art und Weise von reaktiver Verarbeitung Gebrauch:

```
@GetMapping(
    path = "/api/films/{id}/stream",
    produces = MediaType.TEXT_EVENT_STREAM_VALUE)
public Flux<Film> stream(@PathVariable String id) {
    return filmRepository.findById(id)
        .flatMapMany(film ->
            Flux.<Film>generate(sink -> sink.next(film)))
        .zipWith(Flux.interval(Duration.ofSeconds(1)))
        .doOnNext(this::publishWatchedFilm)
        .map(Tuple2::getT1);
}
```

Listing 14–13
Kombination reaktiver
Repositorys mit dem
WebClient (1)

Aus dem reaktiven Repository wird ein `Mono<Film>` abgerufen. Das einzelne Objekt wird auf eine potenziell unendliche Menge an Objekten ähnlich Listing 14–6 abgebildet. `doOnNext` ist neu: Diese Methode wird für jedes Element aufgerufen, das die Kette passiert, aber erst dann, wenn der Datenfluss in Gang gesetzt wurde. Um die große Menge verschachtelter Lambdas zu vermeiden, wird im Beispiel eine Methodenreferenz genutzt:

```
void publishWatchedFilm(Tuple2<Film, Long> t) {
    client
        .post().uri("/api/filmWatched")
        .accept(MediaType.TEXT_EVENT_STREAM)
        .body(Mono.just(t.getT1()), Film.class)
        .retrieve().bodyToFlux(FilmWatchedEvent.class)
        .subscribe(event ->
            LOG.info("Watched {} for {}s",
                event.getTitle(), t.getT2())
        );
}
```

Listing 14–14
Kombination reaktiver
Repositorys mit dem
WebClient (2)

Hier wird mithilfe des `WebClient` der Film an einen Dienst übergeben, der einen Service der Art »Welche Filme werden gerade gesehen?« bereitstellt. Auch hier wird die Verarbeitungskette erst dann in Gang gesetzt, wenn eine Subscription vorhanden ist. Da es sich hierbei um ein neues `Flux` handelt, das nicht vom Aufruf der URL angestoßen wird, geschieht die Subscription explizit. Die Implementierung des aufgerufenen Service werden Sie in Unterabschnitt 14.2.3 sehen.

Messaging

In Abschnitt 12.5 im Kapitel Messaging wurde Spring Cloud Stream vorgestellt. Spring Cloud Stream ermöglicht Ihnen, reaktive Message-Handler zu definieren. Verschiedene Stores, zum Beispiel Redis und

MongoDB, unterstützen darüber hinaus nicht blockierende, kontinuierliche Abfragen.

Ein Beispiel für MongoDB liefert das Modul *watchednow* aus dem
Projekt *reactive*. Es nutzt eine sogenannte *capped collection*. Capped
Collections sind Collections fester Größe und implementieren einen
Ringpuffer: Falls sie ihr Limit erreichen, werden die ältesten Elemen-
te gelöscht. Zusammen mit einem Cursor, der auf aktuelle Änderungen
reagiert, können Sie sehr einfach einen Listener erstellen:

Listing 14–15
»Tailable« Listener auf
MongoDB-Collections

```
public interface FilmWatchedEventRepository  extends
    Repository<FilmWatchedEvent, String> {

    Mono<FilmWatchedEvent> save(FilmWatchedEvent event);

    @Tailable
    Flux<FilmWatchedEvent> streamAllBy();
}
```

Dieses Repository werden Sie im folgenden Abschnitt wiedersehen.

14.2.3 Funktionales Programmiermodell

Grundlegende Konzepte

Das WebFlux-Modul bietet neben den klassischen Spring-Web-MVC-
Annotationen ein funktionales Programmiermodell an. Dieses Programmiermodell basiert auf drei Grundbausteinen, die in der Klasse Demo-
FunctionalProgrammingModel im Modul *watchednow* des Beispielprojektes *reactive* vorgestellt werden:

- HandlerFunction zusammen mit ServerRequest und ServerResponse
- RouterFunction
- HandlerFilterFunction

Instanzen vom Typ HandlerFunction nehmen ServerRequest-Instanzen
entgegen und antworten mit einem ServerResponse. Damit sind sie frei
von Seiteneffekten, das Interface gibt den Typen des Rückgabewertes
vor. Die Interfaces ServerRequest und ServerResponse ermöglichen die
Abstraktion des WebFlux-Moduls von der Servlet-API.

HandlerFunction ist ein funktionales Java-8-Interface und kann dementsprechend als normale Klasse, als Lambda oder als Methodenreferenz deklariert werden:

```
HandlerFunction<ServerResponse> helloWorld =
    request -> ServerResponse.ok().body(
        Mono.just("Hello, World"), String.class
    );
```

Listing 14–16
Beispiel für eine
Handler-Funktion

Im obigen Beispiel wird ein einkommender Request mit einem Status »Ok« (200) und dem Text »Hello, World« beantwortet. Der String wird direkt in die Antwort serialisiert. Es werden durchgehend die reaktiven Typen eingesetzt.

RouterFunction haben einen ähnlichen Zweck wie @RequestMapping und Co: Sie bilden eingehende HTTP-Anfragen in Abhängigkeit der angefragten Pfade, Medientypen und HTTP-Methoden auf Handler-Function ab. RouterFunction ist ebenfalls ein funktionales Interface. Sie können die eingehenden ServerRequests entweder manuell auswerten, sprich prüfen, welche Request-Methode auf welchen Pfad genutzt wurde und anderes, oder Prädikate verwenden, die als statische Methoden in der Hilfsklasse RequestPredicates definiert sind. Das folgende Listing zeigt zuerst die manuelle Verarbeitung und anschließend die Nutzung der Prädikate:

```
RouterFunction<ServerResponse> helloSpringRoute =
    request ->  {
        if(request.method() == GET &&
            request.path().equals("/hellospring")
        ) {
            return Mono.just(r ->
                ok().body(
                    Mono.just("Functional Spring"),
                    String.class
                )
            );
        } else {
            return Mono.empty();
        }
    };
```

Listing 14–17
Verschiedene Arten,
Routen zu deklarieren

```
RouterFunction<ServerResponse> helloWorldRoute =
    RouterFunctions.route(
        GET("/helloworld"), helloWorld);
```

Für kleine Experimente sind die Inline-Funktionen interessant, in der Regel sollten Sie aber – der Übersichtlichkeit halber – die angebotenen Prädikate zusammen mit Lambdas oder Methodenreferenzen zum Aufbau von Routen nutzen.

Router-Funktionen können zu neuen Router-Funktionen zusammengesetzt werden. Das Interface stellt zu diesem Zweck Default-Methoden wie and und or zur Verfügung. Gleiches gilt für Prädikate: Sie können verschachtelt werden, so dass Sie Entweder-oder-Mappings bauen können. Die beiden Routen aus Listing 14–17 können wie folgt kombiniert werden:

Listing 14–18
Zusammengesetzte
Routen

```
RouterFunction routes = helloSpringRoute
    .and(helloWorldRoute);
```

Instanzen des Interface HandlerFilterFunction erlauben ähnlich wie Servlet-Filter die vorgelagerte oder nachträgliche Filterung von Anfragen, die auch hier so weit geht, die Verarbeitungskette im Zweifelsfall abzubrechen.

Das funktionale Programmiermodell des WebFlux-Moduls ist nicht nur unabhängig von Spring Boot, sondern auch vom Spring-Kontext. Die in in diesem Abschnitt vorgestellten Beispiele können gänzlich ohne den Spring-Container genutzt werden. Listing 14–19 zeigt, wie Sie die erstellten Routen und Handler auf einem Netty-basierten HTTP-Server nutzen können:

Listing 14–19
HTTP-Server starten

```
HttpHandler httpHandler = RouterFunctions
    .toHttpHandler(routes);
HttpServer.create(8080)
    .newHandler(new ReactorHttpHandlerAdapter(httpHandler))
    .block();
```

Ähnliche Mechanismen stehen als ServletHttpHandlerAdapter für Tomcat und Undertow zur Verfügung.

Die Beispiele im folgenden Abschnitt werden Java-8-Methoden-referenzen als Handler-Funktionen nutzen. Sie erreichen damit eine höhere Übersichtlichkeit und Wiederverwendbarkeit. Möchten Sie mit obigen »Hello, World!«-Beispielen experimentieren, so versuchen Sie doch einmal, die Funktion aus Listing 14–16 als Methodenreferenz in Listing 14–17 zu benutzen.

Das funktionale Modell mit Spring Boot nutzen

Das manuelle Erzeugen eines HTTP-Servers in Listing 14–19 entfällt, wenn Sie Spring Boot benutzen. Spring Boot erkennt alle Beans vom Typ RouterFunction im Spring-Kontext und registriert sie mit einem entsprechenden Handler. Der Typ des Handlers ist abhängig vom gewählten Starter. Setzen Sie spring-boot-starter-webflux ein, so erhalten Sie damit Netty.

Die Klasse `Application` im Modul *watchednow* deklariert eine Bean des Typs `RouterFunction`:

Listing 14–20
Router-Funktionen als Beans

```
@Bean
RouterFunction<?> routerFunction(
    SiteHandler siteHandler, ApiHandler apiHandler
) {
    return
        route(GET("/"), siteHandler::index)
        .andNest(path("/api"),
            route(POST("/filmWatched"),
                apiHandler::filmWatched)
            .andRoute(
                GET("/watchedRightNow"),
                apiHandler::watchedRightNow));
}
```

Listing 14–20 macht sowohl von statischen Imports (route beziehungsweise, path, POST und GET sind statische Imports aus den Klassen Router-Functions sowie RequestPredicates) als auch von Java-8-Methodenreferenzen Gebrauch. Die Definition ist zu lesen wie folgt: Route alle Anfragen auf / auf die Methode index der WebHandler-Instanz. Falls die Anfrage nicht auf / passt, prüfe /api und route die Anfragen auf den passenden Pfad unterhalb von /api.

Die Klassen SiteHandler und ApiHandler sind reguläre Beans und damit Teil des Spring-Containers. Sie werden über Java-Konfiguration instanziiert und sind somit frei von Spring-spezifischen Annotationen:

Listing 14–21
Handler Bean

```
class ApiHandler {

    final FilmWatchedEventRepository repository;

    ApiHandler(FilmWatchedEventRepository repository) {
        this.repository = repository;
    }
    Mono<ServerResponse> filmWatched(
        ServerRequest request
    ) {
        return ok().body(
            request.bodyToMono(Film.class)
                .map(FilmWatchedEvent::new)
                .flatMap(repository::save),
            FilmWatchedEvent.class
        );
    }
```

```
Mono<ServerResponse> watchedRightNow(
    ServerRequest request
) {
    return ok()
        .contentType(TEXT_EVENT_STREAM)
        .body(repository
            .streamAllBy()
            .filter(e -> e.getWatchedOn()
                .isAfter(now().minusSeconds(10))
            )
            ,
            FilmWatchedEvent.class
        );
    }
}
```

Die Methoden `filmWatched` und `watchedRightNow` entsprechen der
Handler-Funktion aus Listing 14–16. Ob Sie eher Lambdas, Methodenreferenzen oder tatsächliche Implementierungen des Interface nutzen, müssen Sie von Fall zu Fall entscheiden. Für sehr kleine Services
ist es sicherlich o.k., Inline-Lambdas zu nutzen; dedizierte Klassen, die
mehrere Handler kapseln, schaffen Übersichtlichkeit und konkrete, einzelne Funktionen sind in einem Szenario wie Spring Cloud Function
(vergleiche Abschnitt 14.3) interessant.

Beide Methoden geben ein `Mono<ServerResponse>` zurück, der Inhalt
des Response, der Body, unterscheidet sich: Beide Methoden delegieren
an das Repository aus Listing 14–10. `filmWatched` extrahiert aus der
Anfrage eine Instanz der Klasse `Film`, erzeugt mit diesem Film ein neues
Ereignis und speichert dieses. Das persistierte Ereignis wird zurückgegeben. Der Body der Antwort in `watchedRightNow` ist im Gegensatz dazu
ein `Flux<FilmWatchedEvent>`. Dieses `Flux` wird vom Handler als kontinu-
ierlicher Stream von Ereignissen ausgegeben. Starten Sie nun die Module des Beispielprojektes. Wie im Kasten auf Seite 274 beschrieben, ist
diese Funktion zuständig für den kontinuierlichen Strom von Ereignissen.

Die Spring-Boot-Anwendung `watchednow` unterscheidet sich bis auf
die neuen Konzepte der Router- und Handler-Funktionen nicht von
anderen Anwendungen, die in diesem Buch vorgestellt wurden.

Vollfunktional mit Kotlin arbeiten

Sie finden unter https://github.com/springbootbuch/webflux_kotlin das
Beispielprojekt *webflux_kotlin*. Spring 5 für Kotlin stellt eine DSL
zur Verfügung, mit der nicht nur Beans ohne Annotationen, Re-

flektion oder Proxys im Application-Kontext registriert werden können, sondern insbesondere auch sehr einfach Handler- und Router-Funktionen erstellt werden können. Gegeben sei eine Klasse `Handler` in Listing 14–22:

```kotlin
class Handler {
    fun sayHello(req: ServerRequest) =
            ok().body(
                    Mono.just("Hello,
                    ↪ ${req.queryParam("name").orElse("World")}"),
                    String::class.java
            )

    fun andGoodbye(req: ServerRequest) =
            ok().body(
                    Mono.just("Goodbye"),
                    String::class.java
            )
}
```

Listing 14–22
Kotlin-Klasse mit
Handler-Funktionen

Diese Klasse ist weder mit `@Component` oder anderen Stereotypen versehen noch nutzt sie eine Spring spezifische DSL. Letztere wird für die Konfiguration der Routen in der Klasse `RoutesConfig` erstmal mit dem Aufruf von router genutzt:

```kotlin
class Router(val handler: Handler) {
    fun routes() = router {
        ("/greetings" and accept(TEXT_HTML)).nest {
            GET("/hello", handler::sayHello)
            GET("/goodbye", handler::andGoodbye)
        }
    }
}
```

Listing 14–23
Router-DSL für
Anwendungen, die
Kotlin nutzen

Die verschachtelten Routen /hello und /goodbye unter der URL /greetings sind direkt als Text ablesbar und ausgesprochen kompakt formuliert. Sie haben bereits Erfahrung mit Kotlin? Probieren Sie doch an dieser Stelle einmal aus, wie Sie reaktive Spring Data Repositorys als Quelle für Handler nutzen können.

Die einzige Annotation in dieser Anwendung ist `@SpringBoot-Application`, alle notwendigen Spring Beans werden ebenfalls über eine DSL-Methode, `beans`, deklariert:

Listing 14–24
»Lazy«-Deklaration von
Spring Beans

```
fun beans() = beans {
    bean<Handler>()
    bean {
        Router(ref()).routes()
    }
}
```

Mit dieser Deklaration wurden die Beans nicht erzeugt, die Funktion wurde noch nicht aufgerufen. Dies geschieht schlussendlich in der Main-Funktion, die in diesem Fall nicht `runApplication` zum Start nutzt, sondern einen `SpringApplicationBuilder`. Er verfügt über eine Schnittstelle, über die `ApplicationContextInitializer` programmatisch registriert werden können:

Listing 14–25
Main-Funktion, um mit
Kotlin eine Spring-Boot-
Anwendung zu starten

```
@SpringBootApplication
class Application

fun main(args: Array<String>) {
    SpringApplicationBuilder()
        .sources(Application::class.java)
        .initializers(beans())
        .run(*args);
}
```

Eine alternative Möglichkeit, die in Listing 14–24 deklarierten Beans im Spring-Kontext zu registrieren, ist mit Hilfe einer konkreten Instanz der Klasse `ApplicationContextInitializer<GenericApplicationContext>`, die über einen Eintrag in Ihrer Konfigurationsdatei unter dem Schlüssel `context.initializer.classes` registriert wird. Der Vorteil dieser Methode ist, dass Ihr Initializer auch in jedem Test-Slice genutzt wird.

14.2.4   Reaktive Methoden testen

Unter den Koordinaten `io.projectreactor:reactor-test` steht für Project Reactor eine Bibliothek zur Verfügung, mit der verschiedene reaktive Szenarien getestet werden können. Der sogenannte `StepVerifier` ist ein wesentlicher Baustein dieser Bibliothek. Der `StepVerifier` ermöglicht das Testen zukünftiger Ereignisse eines Flux, Ereignisse, die zu einem bestimmten Zeitpunkt auftreten, und vieles mehr. Sie können den `StepVerifier` ohne Spring und ohne Spring Boot nutzen.

Spring Boot bietet Ihnen zusätzlich – passend zur `@SpringBoot-Test`-Annotation – `@AutoConfigureWebTestClient`. Diese Annotation konfiguriert für Sie eine Instanz der Klasse `WebTestClient`, die sich wie der bereits erwähnte WebClient verhält, allerdings auf das Testen von WebFlux-Endpunkten fokussiert.

Listing 14–26 zeigt den Test der API aus Listing 14–9. Tests dieser Art funktionieren sowohl im Kontext der klassischen Annotationen als auch des funktionalen Programmiermodells. Der Test ist ein Integrationstest, @SpringBootTest startet auch hier die Spring Data Repositorys und passende Datenbankverbindungen. Alternativ können Sie @WebFluxTest nutzen. Die Annotation verhält sich analog zu @WebMvc-Test:

```
@RunWith(SpringRunner.class)
@SpringBootTest(webEnvironment = MOCK)
@AutoConfigureWebTestClient
public class FilmRestControllerTest {

    @Autowired
    private WebTestClient client;

    @Test
    public void filmApiShouldWork() {
        FluxExchangeResult<Film> result = client
            .mutate()
                .filter(basicAuthentication("spring","boot"))
            .build()
            .get().uri("/api/films")
            .accept(TEXT_EVENT_STREAM)
            .exchange()
            .expectStatus().isOk()
            .expectHeader().contentType(TEXT_EVENT_STREAM)
            .returnResult(Film.class);

        StepVerifier.create(result.getResponseBody())
            .consumeNextWith(film ->
                assertThat(film.getTitle(),
                    is("ACADEMY DINOSAUR"))
            )
            .expectNextCount(9)
            .expectComplete()
            .verify();
    }
}
```

Listing 14–26
Eine mögliche Verwendung des WebTestClient

Als erster Schritt wird die API aufgerufen. Mit dem Testclient können ähnliche Erwartungen wie mit dem Mock-MVC-Testframework aus Kapitel 15 formuliert werden. In diesem Fall wird nach dem Austausch (exchange) geprüft, ob der Status HTTP 200 ist und der Inhaltstyp dem erwarteten Typ entspricht. Schön zu sehen ist die Veränderung des Clients durch explizite Angabe einer Filterfunktion, die dafür sorgt, dass sich der Testclient ordnungsgemäß am Service anmeldet (mutate() .filter(...)).

Im zweiten Schritt wird die Builder-API des StepVerifier aufgerufen. Der Verifier wird auf Basis des ServerResponse gebaut. Es wird überprüft, ob das erste Element einem bestimmten Kriterium entspricht und anschließend weitere neun Elemente auftreten, bevor das Flux terminiert. Der Aufruf von verify löst die eigentliche Verarbeitungskette aus.

14.2.5 Reaktive Views benutzen

Im Zusammenspiel mit Spring Boot können Sie sowohl Thymeleaf als auch Freemarker als reaktive View-Technologien einsetzen. Der in Unterabschnitt 8.2.1 besprochene Starter spring-boot-starter-thymeleaf erkennt automatisch, ob es sich um eine reaktive Webanwendung handelt, und konfiguriert einen entsprechenden Spring View Resolver. Der View Resolver kann über Propertys unterhalb des Präfix spring .thymeleaf.reactive konfiguriert werden.

Thymeleaf-Views können von genau einem Flux datenflussgesteuert gerendert werden. Sie müssen dazu Ihr Flux in eine Instanz von ReactiveDataDriverContextVariable wrappen:

Listing 14–27
Datenflussgesteuerte
Thymeleaf-Views

```
Mono<ServerResponse> index(ServerRequest request) {
    Flux<String> filmsBeingWatched =
        repository.streamAllBy()
            .map(f -> f.getTitle())
            .distinct();

    final Map<String, Object> model = new HashMap<>();
    model.put("filmsBeingWatched",
        new ReactiveDataDriverContextVariable(
            filmsBeingWatched, 1));
    return ok().contentType(TEXT_HTML)
        .render("index", model);
}
```

Im Beispiel wird eine View gerendert, die aktualisiert wird, sobald ein neuer Film gestreamt wurde. Freemarker-Views können zwar Monos und Flux direkt benutzen, sind aber im Gegensatz zu Thymeleaf-Views nicht datenflussgesteuert.

14.2.6   Spring Security mit WebFlux verwenden

Sie können das WebFlux-Modul – unabhängig davon, ob Sie das klassische oder das funktionale Programmiermodell nutzen – mit Spring Security absichern. Allerdings können Sie nicht alle Klassen, die Sie in Kapitel 9 kennengelernt haben, weiter benutzen. Das betrifft insbesondere den `UserDetailsService` als Schnittstelle zum Verzeichnis aller gültigen Benutzer. Dieses Verzeichnis muss natürlich ebenso wie alle anderen im Kontext Security relevanten Infrastrukturklassen auch reaktiv sein, da ansonsten die reaktive Kette unterbrochen wird.

Damit Sie Spring Security in einem WebFlux-Projekt nutzen können, deklarieren Sie wie gewohnt den Starter `spring-boot-starter-security`. Er schaltet für Sie in einer WebFlux-Anwendung automatisch `@EnableWebFluxSecurity` ein.

Zur Benutzerverwaltung stellt WebFlux-Security das Interface `ReactiveUserDetailsService` bereit, das Sie selber implementieren können:

```
public class ReactiveUserDetailsServiceImpl
    implements ReactiveUserDetailsService {
    @Override
    public Mono<UserDetails> findByUsername(
        String username
    ) {
        return Mono.justOrEmpty(
            "tina".equals(username) ?
                User.withUsername("tina").build() :
                null
        );
    }
}
```

Listing 14–28
Implementierung eines ReactiveUserDetails-Service

Alternativ nutzen Sie eine der vorhandenen Implementierungen.

```
@Bean
public ReactiveUserDetailsService userDetailsService() {
    return new MapReactiveUserDetailsService(
        User.withUsername("spring")
            .password("{noop}boot")
            .roles("USER")
            .build()
    );
}
```

Listing 14–29
Eine vorhandene UserDetailsRepository-Implementierung benutzen

Mithilfe der Klasse `UserDetailsResourceFactoryBean` können Sie Benutzer über Propertys konfigurieren und sind damit unabhängig von Programmcode. Sie können die Pfade der Property-Dateien mit den Benutzerinformationen über die Mechanismen konfigurieren, die Sie in Kapitel 4 kennengelernt haben, und damit die Benutzerverwaltung sehr einfach externalisieren.

Spring-Security-WebFlux ist – wie Spring-Web-Security – per Default für alle Pfade einer Anwendung aktiv. Das Modul *watchednow* demonstriert, wie Sie eine Instanz der Klasse `ServerHttpSecurity` nutzen, um einzelne URLs beziehungsweise Exchanges im reaktiven Sprachgebrauch abzusichern:

Listing 14–30
Reaktive Konfiguration
von URL-Sicherheit

```
@Bean
SecurityWebFilterChain springSecurity(
    ServerHttpSecurity http
) {
    return http
        .authorizeExchange()
        .pathMatchers("/api/watchedRightNow")
            .authenticated()
        .pathMatchers("/api/filmWatched")
            .hasRole("STORE")
        .anyExchange().permitAll()
        .and().httpBasic().and()
        .build();
}
```

14.3   Ausblick: Spring Cloud Function

Spring Cloud Function ist ein Pivotal-Projekt, das im *Serverless*-Kontext entstanden ist: Serverless bedeutet mitnichten, auf Server zu verzichten, denn die gibt es weiterhin. Serverless ist vielmehr ein PaaS-Ansatz, bei dem nicht nur die Server in den Hintergrund treten, sondern auch die Plattform als Laufzeitumgebung und das Framework, mit dessen Hilfe Geschäftslogik ausgeführt wird. Spring Cloud Function ist auf GitHub unter https://github.com/spring-cloud/spring-cloud-function verfügbar.

Kern von Spring Cloud Function ist die Annotation `@Function-Scan`. Sie ist das Pendant zu `@ComponentScan` und findet alle als `@Bean` deklarierten Instanzen der Java-8-Interfaces `Function`, `Consumer` und `Supplier`. Diese Funktionen werden entweder innerhalb einer Spring-Boot-Anwendung als HTTP-Endpunkte oder als Stream-Listener und Publisher gegen RabbitMQ oder Kafka ausgeführt. Spring Cloud Function stellt dabei – in der Regel »unsichtbar« für Sie – Adapter für Plattformen wie Amazon AWS Lambda oder Apache OpenWhisk bereit.

```
public class Greeter
    implements Function<String, String> {

    @Override
    public String apply(String t) {
        return "Hello, " + t;
    }
}
```

Listing 14–31
Eine mögliche Cloud
Function

Was hat diese Funktion mit Spring WebFlux zu tun? Spring Cloud Function wird diese Klasse als Komponente laden und ihre Parameter und Rückgabewerte jeweils als `Flux<String>` wrappen. Damit steht ein Mechanismus zur Verfügung, der es erlaubt, aus sehr einfachen, kompakten Funktionen Prozessketten zu gestalten, die durchgehend nicht blockierend sind. Mit normalem Java-Code würde sich eine Kette wie in Listing 14–32 ergeben:

```
final Function<String, String> hello =
    s -> "Hello, " + s;
final Function<String, String> goodbye =
    s -> s + " and goodbye...";

String greeting = hello.andThen(goodbye)
        .apply("Michael");
```

Listing 14–32
Verkettung von
Funktionen

Sie können natürlich auch explizit reaktive Datentypen benutzen und Ihr Wissen aus diesem Kapitel weiterverwenden:

```
public class Shout
    implements Function<Flux<String>, Flux<String>> {

    @Override
    public Flux<String> apply(Flux<String> words) {
        return words
            .map(String::toUpperCase)
            .map(word->word+"!");
    }
}
```

Listing 14–33
Cloud Function mit
reaktiven Datentypen

Spring Cloud Function und das ebenfalls im Bereich Spring Cloud angesiedelte Projekt Spring Cloud Data Flow sind zwei sehr gute Startpunkte, um außerhalb einer reinen Spring-Boot-Anwendung mit reaktiven Funktionen zu arbeiten. Dabei spiegelt sich der Datenfluss innerhalb eines `Flux` in der Verarbeitungskette mehrerer Cloud-Funktionen wider.

15 Tests und Dokumentation

Tests und Dokumentation sind wichtige Aspekte der meisten Anwendungen und Anwendungssysteme, und beide Aspekte sind gleichermaßen vielschichtig.

Auch Tests haben grundsätzlich unterschiedliche Ausprägungen: Sie wollen mit Tests die Korrektheit Ihrer Komponenten sicherstellen und schreiben Unit-Tests. Mit Integrationstests testen Sie die gemeinsame Funktion dieser Komponenten. Sowohl Unit- als auch Integrationstests helfen Ihnen dabei, Regressionen zu verhindern, sprich, sie stellen sicher, dass Dinge, die einmal funktionierten, nach Änderungen immer noch funktionieren. Durch Testen versuchen viele Entwickler auch Fehler zu finden. darüber hinaus können gute Tests auch die Intention Ihres Codes dokumentieren.

Quelltexte

In diesem Kapitel werden insbesondere die Projekte *feiertage* und *todos* behandelt. Diese Projekte sind Teil einer größeren Anwendung und werden zur Demonstration einiger weiterer Spring-Projekte aus dem Cloud-Umfeld genutzt. Sie finden die Projekte auf GitHub:

- https://github.com/springbootbuch/bootifultodos_feiertage
- https://github.com/springbootbuch/bootifultodos_todos

Ähnliches gilt für Dokumentation: Sie deckt so unterschiedliche Themen wie Anwenderdokumentation, Architekturdokumentation und API-Dokumentation ab.

Tests und Dokumentation haben aber mindestens eine Gemeinsamkeit: Am Anfang eines Projektes wird beides in der Regel noch gemacht. Projekte werden sogar als testgetrieben aufgesetzt (Test Driven Development, TDD). Schleicht sich Stress ein oder lässt die Begeisterung nach, kann es passieren, dass beide Themen, obwohl wichtig, vernachlässigt werden. Das gilt umso mehr, je schwieriger Komponenten eines Systems zu testen sind, unabhängig davon, ob sie einzeln oder integriert betrachtet werden.

Dieses Kapitel stellt das Modul `spring-boot-starter-test` vor und erklärt Ihnen, wie Sie Spring-Boot-Funktionen nutzen können, um nicht nur Unit-Tests Ihrer fachlichen Komponenten, sondern auch Integrationstests Ihrer ganzen Spring-Boot-Anwendung zu schreiben. Es wird beschrieben, welche Vorteile das korrekt und systematisch angewandte IoC-Prinzip für die Entwicklung von Unit-Tests hat und welche unterstützenden Mittel das Spring-Framework für Integrationstests eines Systems bereitstellt. Sie lernen weiterhin, wie Sie Ihre Anwendung im Hinblick auf unterschiedliche technische Ebenen testen können.

Spring Boot kann leider keine Anwenderdokumentation für Sie generieren, und über die Architektur Ihres Anwendungssystems müssen Sie selber nachdenken. Wobei Ihnen Spring Boot aber sehr wohl hilft, ist die Erzeugung einer Dokumentation Ihrer API. Das Modul `spring-restdocs-mockmvc` kombiniert Ihre handgeschriebene Dokumentation mit Fragmenten, die während des Tests Ihrer Anwendung entstehen. Ein Ansatz, der dafür sorgt, dass die Dokumentation immer zum aktuellen Code passt.

15.1 Spring-Boot-Starter-Test

Die empfohlene Abhängigkeit für Unit- und Integrationstests ist der Test-Starter im Scope test:

Listing 15–1
Test-Starter (Maven)

```
<dependency>
    <groupId>org.springframework.boot</groupId>
    <artifactId>spring-boot-starter-test</artifactId>
    <scope>test</scope>
</dependency>
```

beziehungsweise für Gradle:

Listing 15–2
Test-Starter (Gradle)

```
dependencies {
    testCompile "org.springframework.boot:spring-boot-starter-test"
}
```

Der Starter deklariert folgende transitive Abhängigkeiten:

JUnit Die De-facto-Standardbibliothek zur Durchführung von Java-Unit-Tests. Spring benötigt mindestens JUnit 4.12.

Spring Test & Spring Boot Test Die Hilfsklassen des Spring-Frameworks für Tests und Integrationstests für Spring-Boot-Anwendungen

AssertJ Eine Library, um Annahmen in flüssiger Sprache darzustellen

Hamcrest Eine Library mit Matcher-Objekten, die der Darstellung von
    Bedingungen (Constraints) und Prädikaten dienen

Mockito Eine Library, mit der nahezu alle beliebigen Klassen gemockt
    werden können

JSONassert Eine Library, die Annahmen über die Struktur von JSON-
    Strukturen beschreiben kann

JsonPath Implementierung von XPath für JSON-Strukturen

Das Spring-Boot-Team empfiehlt diese Bibliotheken für Unit- und Integrationstests. Falls Sie diese nicht benötigen oder andere Libraries
vorziehen, können Sie natürlich die Abhängigkeiten ausschließen beziehungsweise erweitern. Unit-Tests können Sie auch ausschließlich mit
JUnit oder TestNG, komplett ohne Spring-Libraries schreiben. Auf
die Sprint-Test- und Spring-Boot-Test-Bibliotheken sollten Sie hingegen
nicht verzichten.

15.2   Unit-Tests

Das Ziel eines sauber definierten Unit-Tests ist, sicherzustellen, dass
einzelne, in der Regel fachliche Komponenten korrekt und gemäß Spezifikation funktionieren. Ein Unit- oder Modultest stellt das Funktionieren der Einzelteile Ihrer Anwendung in Isolation sicher. Ein Unit-
Test testet zum Beispiel, ob die Verarbeitung von Daten einer HTTP-
Anfrage oder einer Datenbank-Query das erwartete Ergebnis liefert,
nicht ob die Daten geliefert werden. Das Verhalten im Fehlerfall wird
natürlich auch getestet. In beiden Fällen möchten Sie aber Kontrolle
über die Quelle der Daten und den Auslöser des Fehlers haben. Dafür benötigen Sie eine Attrappe, einen sogenannten Mock (siehe Kasten
auf Seite 298). Ein Mock-Objekt kann natürlich nur dann eingesetzt
werden, wenn Ihr Code sinnvoll strukturiert ist und Sie in Ihren fachlichen Schichten auch eine sinnvolle technische Schichtung berücksichtigt
haben. Sie können keinen Service testen, der innerhalb der zu testenden Funktion »selbstständig« auf beliebige Schnittstellen zugreift, da er
nicht in Isolation zu betrachten ist.

Mock-Objekte

Mock-Objekte sind in der Softwareentwicklung »Attrappen«, die als Platzhalter in Unit-Tests genutzt werden. Als Platzhalter ermöglichen sie es, Objekte, die auf Interaktion mit ihrer Umgebung angewiesen sind, in Isolation zu testen: Der Platzhalter stellt die gleichen Schnittstellen wie das echte Objekt zur Verfügung und verhält sich gleichzeitig deterministisch, nämlich so, wie es der Testaufbau jeweils vorschreibt. Mock-Objekte können dabei weiterhin genutzt werden, um die Interaktion des zu testenden Objektes mit seiner Umgebung zu überprüfen: Werden die korrekten Schnittstellen mit den korrekten Parametern aufgerufen oder nicht?

Man spricht bei der Benutzung von Mock-Objekten häufig von »mocken«. Sie werden gelegentlich auch mit *Stubs* in Berührung kommen. Ein Stub gibt im Gegensatz zu einem Mock unabhängig von der Eingabe immer das gleiche deterministische Ergebnis zurück und ist nicht in der Lage, zu überprüfen, ob ein Aufruf stattfand oder nicht.

In den Abschnitten 3.1 »Dependency Injection« und 3.1.2 »Inversion of Control« haben Sie gelernt, wie Sie Ihre fachlichen Komponenten so bauen können, dass diese frei bleiben von Framework-Code. Insbesondere gilt an dieser Stelle noch mal der Hinweis, auf Setter Injection zu verzichten und die Kollaborateure Ihrer Klassen wenn möglich über Konstruktoren zu übergeben. Ihr Code sollte im Idealfall fachlich und technisch so strukturiert sein, dass er ohne Zuhilfenahme eines Frameworks instanziiert werden kann und technische Hilfsklassen beziehungsweise Klassen einer niedrigeren technischen Ebene, die von den fachlichen Klassen benötigt werden, »gemockt« werden können.

Das Spring-Framework stellt selber einige Mock-Objekte bereit, zum Beispiel das `MockEnvironment` und die `MockPropertySource`, mit der im Test so getan werden kann, als ob ein »echtes« Spring-Environment zur Verfügung steht. Bezüglich der Servlet-API stehen im Package `org.springframework.mock.web` komfortabel zu benutzende Mock-Objekte der Servlet 3.0 API zur Verfügung.

Ein Beispiel: Im Projekt *bootifultodos_feiertage* werden die gesetzlichen Feiertage in Deutschland ausgehend von Ostersonntag berechnet:

Listing 15–3
Berechnung
deutscher Feiertage

```
@Service
class FeiertagsBerechnung {
    @Cacheable(
        cacheNames = "feiertagsCache",
        key = "{#bundesland.nummer,#jahr}"
    )
```

```
public List<FeiertagsDatum> feiertageIn(
    final Bundesland bundesland, final int jahr
) {
    final LocalDate ostersonntagsDatum
        = this.ostersonntag.apply(jahr);
    return bundesland.getFeiertage().stream()
        .map(f -> f.ausgehendVom(ostersonntagsDatum))
        .sorted(comparing(FeiertagsDatum::getDatum))
        .collect(toList());
    }
}
```

Die Serviceklasse trägt zwar die frameworkspezifische Annotation @Service auf Klassenebene und @Cacheable auf Methodenebene, die eigentlich zu testende Berechnung ist unabhängig von jeglichem Frameworkcode. Die fachliche Klasse Bundesland beinhaltet eine Liste der in diesem Bundesland gültigen Feiertage. Jeder dieser Feiertage kann ein Feiertagsdatum ausgehend von Ostersonntag in diesem Jahr berechnen. Zu testen ist in diesem Fall also, ob der Service für jeden Feiertag eines Bundeslands die Berechnung mit dem Osterdatum in diesem Jahr aufruft:

Listing 15–4
Test der obigen
Berechnung

```
List<FeiertagsDatum> getExpectedFeiertage() {
    return Arrays.asList(
        new FeiertagsDatum(Neujahr, LocalDate.of(2017, 1, 1)),
        // weitere Feiertage
        new FeiertagsDatum(Weihnachtstag2, LocalDate.of(2017, 12,
        ↪  26)));
}

@Test
public void feiertageInShouldWork() {
    final Bundesland bundesland = mock(Bundesland.class);
    when(bundesland.getFeiertage())
        .thenReturn(asList(GesetzlicherFeiertag.values()));

    final List<FeiertagsDatum> expectedFeiertage
        = getExpectedFeiertage();

    final FeiertagsBerechnung service
        = new FeiertagsBerechnung();
    final List<FeiertagsDatum> feiertage
        = service.feiertageIn(bundesland, 2017);
```

```
assertThat(
    feiertage,
    is(equalTo(expectedFeiertage))
);
}
```

Der Service kann in einem Unit-Test als POJO ohne Container genutzt werden. Er wird für sich in einer Einheit (Unit) getestet. Das Caching der berechneten Werte ist ein querschnittlicher Aspekt, der nicht in einem Unit-Test, sondern in einem Integrationstest getestet werden muss. Das Listing zeigt ebenfalls die Verwendung eines manuell erzeugten Mock-Objekts. Die Methode `Mockito.mock` gehört zur Mockito-Library, die über den Test-Starter zur Verfügung steht. Jeder Aufruf von `bundesland.getFeiertage()` wird abgefangen und eine fixe Liste wird zurückgegeben.

Die Funktion `Ostersonntag` im Beispielprojekt, die das Datum des Ostersonntags nach der Gauß'schen Osterformel berechnet, kann ebenso getestet werden.

Hilfsmittel

Leider werden Sie auch immer wieder auf Code treffen, der nicht einfach zu testen ist. Sei es, weil eine Komponente die `@Autowired`-Annotation auf Attributebene genutzt und keine Setter hat (im Spring-Kontext funktioniert das, aber natürlich nicht außerhalb) oder weil Funktionen nicht sinnvoll in Isolation zu testen sind. Für diese Fälle stellt das Spring-Framework im Modul `spring-test` unter anderem die Hilfsklasse `ReflectionTestUtils` zur Verfügung. Dieses Modul kann zum Beispiel genutzt werden, um Klassen zu testen, deren Abhängigkeiten über Attribut-Injection ohne explizite Setter gefüllt werden (Setzen von privaten Klassenattributen) oder deren private Konstruktoren aufgerufen werden müssen. Mit `AopTestUtils` können Klassen getestet werden, die über einen Framework-Proxy angesprochen werden.

Reichen nun Tests wie in Listing 15–4 aus, um alle Eventualitäten zu überprüfen? Gegeben sei folgender HTTP-Endpunkt:

Listing 15–5
Feiertage-Endpunkt

```
@RestController
@RequestMapping("/api")
public class Endpoint {

    @ResponseStatus(HttpStatus.NOT_FOUND)
    static class BundeslandNotFoundException
        extends RuntimeException {
        private static final long serialVersionUID = 1L;
    }
```

```
@GetMapping("/feiertage/{jahr}/{bundeslandnummer}")
public List<FeiertagsDatum> feiertage(
    @PathVariable final int jahr,
    @PathVariable final short bundeslandnummer
) {
    return this.bundeslandRepository
        .findOneByNummer(bundeslandnummer)
        .map(bundesland ->
            this.feiertagsBerechnung
                .feiertageIn(bundesland, jahr)
        )
        .orElseThrow(BundeslandNotFoundException::new);
}
}
```

Ein naiv umgesetzter Test würde nun die Klasse `Endpoint` instanziieren, Abhängigkeiten füllen und die Methode `feiertage` mit entsprechenden Werten aufrufen. Da auf Parameter wie `HttpServletRequest`,
`HttpSession` oder auch ein Principal verzichtet wurde, wäre das auch
problemlos möglich.

Wie Sie in Abschnitt 8.1 »Spring Web MVC« gelernt haben, kann
Spring Web MVC Parameter mit diesen Typen problemlos injizieren, und die Pfadvariablen `jahr` und `bundeslandnummer` ließen sich daraus ermitteln. In einem Unit-Test müssten Sie dann auf `MockHttp-
ServletRequest`, `MockHttpSession` und andere Klassen aus dem Packet `org
.springframework.mock.web` zurückgreifen.

Sie könnten den Test dann entsprechend durchführen, könnten das
`bundeslandRepository` zum Beispiel mit Mockito mocken, sicherstellen,
dass eine Exception geworfen wird, wenn ein ungültiges Bundesland
angefragt wird, und mehr. Sie würden aber nicht testen, ob diese Exception zum erwarteten HTTP-Status 404 führen würde, ob Sie im `@Get-
Mapping` den richtigen Pfad angegeben haben und mehr.

Als Ergebnis hätten Sie einen Test, der konzeptionelle Dinge ver-
mischt: nämlich Unit- und Integrationstests. Zielen Sie stattdessen lieber auf eine Architektur ab, in der die Schichten der Anwendung (im
Beispiel der obige Endpunkt) und die der Domain (im Beispiel die Feiertagsberechnung) sauber getrennt sind, und testen Sie diese separat.
Oftmals können Sie fachliche Algorithmen viel einfacher und insbesondere schneller in einem Unit- als in einem Integrationstest testen.

15.3   Integrationstests

Ein sinnvoller Test des Endpunktes in Listing 15–5 kann nur ein Integrationstest sein. Dieser Test ist im Idealfall so durchführbar, dass er die korrekte Verdrahtung Ihrer Beans sicherstellt, Request-Mappings überprüft und Interaktionen mit externen Ressourcen wie Datenbanken testet. Bevor wir zu diesem Test kommen, haben Sie die Möglichkeit, in Unterabschnitt 15.3.1 etwas über die Grundlagen des Testens mit Spring zu erfahren. Möchten Sie direkt den vollständigen Integrationstest kennenlernen, lesen Sie bitte auf Seite 307 in Unterabschnitt 15.3.2 weiter.

Auch hier wird JUnit eingesetzt: Lassen Sie sich nicht vom Namen verwirren. JUnit wird sowohl wie oben demonstriert für »echte« Unit-Tests als auch für Integrationstests verwendet.

15.3.1   Grundlage: Das Frameworkmodul »spring-test«

Quelltext

Zusätzlich zu den »realen« Beispielen der *bootifultodos* in diesem Kapitel finden Sie die fiktiven Beispiele des Projektes *testing* auf GitHub: https://github.com/springbootbuch/testing.

In diesem Abschnitt lernen Sie die Grundlagen des Testens von Spring-Anwendungen kennen. Die Beispiele des Abschnitts funktionieren auch ohne Spring Boot, sie basieren auf dem Spring-TestContext-Framework des Spring-Moduls `spring-test`.

Kontext-Management und Caching

Grundlage des Testens von Spring-Boot-Anwendungen ist das Spring-TestContext-Framework, das gleichermaßen die Tests von Anwendungen auf Basis von `ApplicationContext` als auch von Webanwendungen mit zugrunde liegendem `WebApplicationContext` ermöglicht. In beiden Fällen kümmert es sich um das Caching eines Kontexts zwischen mehreren Tests. Das Caching ist essenziell, da die Startzeit des Containers Zeit brauchen kann und sich mit wachsender Anzahl an Tests akkumuliert.

Ein einmal geladener Kontext wird für jeden Test innerhalb derselben JVM wiederbenutzt, falls die Konfiguration des Testes identisch ist, sprich auf denselben Konfigurationsklassen und Dateien beruht und zu einem Kontext mit identischen Beans führt.

Integrationstests und Maven

Im Maven-Umfeld wird in der Regel das `maven-failsafe-plugin` genutzt, um Integrationstests auszuführen. Dieses Plugin forkt die JVM und startet per Default mehrere Tests gleichzeitig. In der Theorie sollten Ihre Tests dann schneller laufen. Falls Sie allerdings viele `@SpringBootTest`-Tests geschrieben haben, wird der Spring-Kontext öfter neu geladen als notwendig. Um das zu vermeiden, setzen Sie in der Konfiguration des Plugins den Fork-Count auf 1 und erlauben die Wiederverwendung von Forks. Listing 15–6 zeigt den Ausschnitt des POM aus dem Projekt `custom_datasources`.

```
<plugin>
    <groupId>org.apache.maven.plugins</groupId>
    <artifactId>maven-failsafe-plugin</artifactId>
    <executions>
        <execution>
            <goals>
                <goal>integration-test</goal>
                <goal>verify</goal>
            </goals>
        </execution>
    </executions>
    <configuration>
        <forkCount>1</forkCount>
        <reuseForks>true</reuseForks>
    </configuration>
</plugin>
```

Listing 15–6
Konfiguration
maven-failsafe-plugin

In den Beispielen der Einführung werden zwei unterschiedliche Spring-Kontexte geladen, die Slices `@WebMvcTest` und `@DataJpaTest` beschreiben grundlegend andere Konfigurationen.

Für die Fälle, in denen Tests Beans des Kontextes verändern, kann die Annotation `@DirtiesContext` auf dem Unit-Test genutzt werden. Sie führt dazu, dass der Kontext für den nächsten Test neu geladen wird.

Bootstrapping des Testkontext-Frameworks

Im Folgenden werden alle Beispiele mit JUnit implementiert. Bezüglich alternativer Test-Frameworks wie TestNG sei auf den Kasten *TestNG* beziehungsweise die Spring-Framework-Referenz verwiesen.

> **TestNG**
>
> Spring-Boot-Anwendungen können auch mit dem TestNG-Test-Framework getestet werden. Da TestNG nicht Teil des Test-Starters ist, muss die Abhängigkeit `org.testng:testng` manuell im POM oder build.gradle definiert werden. Das Spring-TestContext-Framework stellt mit der abstrakten Basisklasse `AbstractTestNGSpringContextTests` ein Hilfsmittel zur Verfügung, das für TestNG-Tests ähnliche Bedeutung hat wie der SpringRunner für JUnit.

Damit ein JUnit-Test vom Spring-TestContext-Framework profitieren kann, sprich überhaupt einen Kontext starten, verwalten und ausführen, Testklassen mit Abhängigkeiten versorgen kann und so weiter, muss er mit einem speziellen JUnit Runner, dem SpringRunner, gestartet werden:

Listing 15–7
SpringRunner für JUnit

```
@RunWith(SpringRunner.class)
public class ApplicationTest {
}
```

Falls dieser JUnit-Runner aus Gründen wie zum Beispiel, dass ein Test mit dem Mockito-Runner ausgeführt werden soll, nicht genutzt werden kann, stehen mit `SpringClassRule` und `SpringMethodRule` JUnit-Regeln zur Verfügung, die zusammen wie in Listing 15–8 genutzt den Testkontext starten:

Listing 15–8
JUnit-Regeln, um den Kontext zu starten

```
public class AltApplicationTest {

    @ClassRule
    public static final SpringClassRule SPRING_CLASS_RULE
        = new SpringClassRule();

    @Rule
    public final SpringMethodRule springMethodRule
        = new SpringMethodRule();
}
```

Der Runner beziehungsweise die Regeln bauen den Testkontext auf und starten den `TestContextManager`. Dieser delegiert Ereignisse während des Testablaufs an definierte `TestExecutionListener`, die an bestimmten Stellen des Tests wichtige Aufgaben für das Framework erfüllen (Konfiguration der Mock-Servlet-API, Behandlung von `@DirtiesContext`, Injizierung von Abhängigkeiten in Tests, Transaktionen (`@Transactional`) auf Tests und Ausführung von SQL-Skripten). Diese Listener können auch um eigene Listener erweitert werden, entweder unter Benutzung

der Spring-Annotation @TestExecutionListeners oder über den spring
.factories-Mechanismus. Sie können diese Listener unter anderem für
die Konfiguration eigener Frameworks benutzen.

Sie werden diesen JUnit-Runner auch für alle Integrationstests benötigen, die Sie speziell mit und für Spring-Boot-Anwendungen schreiben.

ContextLoader

Sie haben im Kapitel »Spring-Framework-Grundlagen« gelernt, dass der
Spring-Container beziehungsweise der Kontext auf verschiedene Art und Weise gefüllt werden kann. Beans können über XML, Annotationen, Java-Konfiguration und andere Mittel geladen werden. Während eines Tests ist eine Instanz des SmartContextLoader dafür zuständig. Der SmartContextLoader kann
sowohl mit Konfigurationsklassen auf Annotations- als auch XML-Basis umgehen, »normale« sowie auch Webkontexte starten und zusätzliche Propertys laden. Um eine Spring-Boot-Anwendung zu testen, müssen Sie nicht unbedingt
die Details des genutzten ContextLoaders kennen, wohl aber wissen, wie und
in welcher Reihenfolge Konfigurationsdateien jeglicher Art geladen werden.

Der TestContextManager startet den SmartContextLoader, der schlussendlich für die Bereitstellung eines Spring-Application-Kontextes für den
Test ist.

Konfiguration des Testkontexts

Ohne Spring Boot konfigurieren Sie Tests, die den Spring-Container
benötigen, mit den Annotationen @ContextConfiguration und @WebApp-
Configuration:

```
class SomePojo {}


@Configuration
class MyBeans {

    @Bean
    public SomePojo somePojo() {
        return new SomePojo();
    }
}


@RunWith(SpringRunner.class)
@ContextConfiguration(classes = MyBeans.class)
```

Listing 15–9
Rein Spring-basierte
Testkonfiguration

```
public class PlainSpringTest1 {

    @Autowired
    private SomePojo somePojo;

    @Test
    public void testSomePojo() {
        assertNotNull(somePojo);
    }
}
```

Mit dem Attribut classes können Sie Konfigurationsklassen oder Komponenten angeben, mit locations XML- oder Groovy-Konfigurationsskripte Ihren Kontext aufbauen. Allerdings unterstützen die meisten SmartContextLoader des Spring-Frameworks – im Gegensatz zu Spring-Boot-Anwendungen – keinen Konfigurationsmix aus Annotationen, XML und Groovy.

Für Ihre Integrationstests stehen weitere Annotationen zur Verfügung, die Sie nutzen können, um Ihren Testkontext zu konfigurieren, ohne auf Spring Boot zurückgreifen zu müssen:

@ContextHierarchy Erlaubt den Aufbau einer Hierarchie von verschachtelten Kontexten durch Gruppierung mehrerer @ContextConfiguration

@WebAppConfiguration Startet einen WebApplication-Kontext, der über @Autowired WebApplicationContext in einen Test injiziert werden kann

@SqlGroup, @Sql und @SqlConfig Führen ein oder mehrere SQL-Skripte während eines Integrationstests gegen eine konfigurierte Datenbank aus

@TestExecutionListeners(mergeMode = MERGE_WITH_DEFAULTS)   Gibt eine Reihe von zusätzlichen TextExecutionListenern an

Das spring-test-Modul stellt noch weitere Annotationen speziell für Tests zur Verfügung. Da sich dieses Buch aber auf die Konfiguration mit @Configuration-Klassen beschränken wird sowie den *Convention-over-Configuration*-Ansatz beschreibt, den Spring Boot selber verfolgt, soll dieser Abschnitt mit einem überleitenden Beispiel enden. Die @Configuration-Klasse aus Listing 15–9 kann als statische Klasse in den eigentlichen Test verschoben werden:

```
@RunWith(SpringRunner.class)
@ContextConfiguration
public class PlainSpringTest2 {

    @Configuration
    static class MyBeans {

        @Bean
        public SomePojo somePojo() {
            return new SomePojo();
        }

    }

}
```

Listing 15–10
*Automatisches
Laden von
Konfigurationsklassen*

Der Test ist damit immer noch gültig. Das TestContext-Framework versucht, Default-Konfigurationsklassen zu laden: Das sind alle inneren, statischen Klassen, die mit `@Configuration` annotiert sind. Ein Test kann mehrere Konfigurationsklassen enthalten. Spring Boot nutzt diesen Mechanismus auch, allerdings hat er in einer Spring-Boot-Anwendung eine besondere Bedeutung. Eine `@Configuration`-Klasse innerhalb eines Tests kann die komplette Konfiguration einer Anwendung ersetzen, Ihr Test läuft also unter vollkommen anderen Voraussetzungen.

Bevor Sie im nächsten Abschnitt lernen, dieses Problem zu vermeiden beziehungsweise zu lösen, noch folgender Hinweis: Das Test-Context-Framework versucht, auch XML-Konfigurationsdateien automatisch zu laden. Würde zur Klasse `PlainSpringTest2.java` aus Listing 15–10 eine XML-Datei mit Bean-Definitionen unter dem Namen `PlainSpringTest2-context.xml` vorliegen, so würde der Test mit der Meldung fehlschlagen, dass sowohl eine Default-Konfiguration in Bezug auf `locations` (alle Konfigurationsskripte) als auf `classes` (alle annotierten Klassen) vorliegt. Im Beispielprojekt *testing* finden Sie mit `PlainSpringTest3.java` noch ein Beispiel, das die Default-XML-Konfiguration demonstriert.

15.3.2 Spring-Boot-Anwendungen testen

Im Folgenden wird gezeigt, wie der Feiertagsendpunkt aus dem Projekt *bootifultodos_feiertage* mit den Mitteln des Spring-Frameworks und Spring Boot sowie der optionalen Bibliothek Spring REST Docs[1] getestet werden kann. Das Testen einer Spring-Boot-Anwendung unterscheidet sich dabei nicht maßgeblich vom Testen einer reinen Spring-Anwendung. Damit Sie allerdings in den Genuss aller Spring-Boot-

---

[1] https://projects.spring.io/spring-restdocs/

Funktionen kommen, insbesondere in Bezug auf Logging und externer Konfiguration, müssen Sie den Testkontext genauso starten, wie Spring-Boot es tun würde. Sie nutzen dazu den JUnit-Spring-Runner zusammen mit @SpringBootTest oder einem der vordefinierten Test-Slices.

In einem ersten Schritt wird der Test nicht mit dem normalen JUnit-Runner ausgeführt, sondern mit dem SpringRunner. Der Test selber wird mit @WebMvcTest annotiert:

```
@RunWith(SpringRunner.class)
@WebMvcTest(includeFilters
    = @ComponentScan.Filter(
        type = FilterType.ASSIGNABLE_TYPE,
        classes = FeiertagsBerechnung.class
    )
)
public class EndpointIntegrationTest {
}
```

Die Annotation beschreibt im Spring-Jargon einen *test-slice*, einen zu testenden Schnitt durch die Anwendung. Sie startet die Teile des Spring-Containers, die für Spring Web MVC notwendig sind, und sonst nichts. Sprich, es werden keine Datenbankverbindungen oder Ähnliches geöffnet. Innerhalb der Annotation können aber Klassen angegeben werden, die auf jeden Fall geladen und als Beans instanziiert werden sollen. In diesem Fall ist es die Feiertagsberechnung. Da die Klasse final ist, könnte sie nicht ohne Aufwand gemockt werden.

Mit der Annotation @MockBean veranlassen Sie den SpringRunner, Kollaborateure zu mocken und das Mock-Objekt auf einer Variable im Test zur Verfügung zu stellen:

```
public class EndpointIntegrationTest {
    @Autowired
    private MockMvc mockMvc;

    @MockBean
    private BundeslandRepository bundeslandRepository;
}
```

@MockBean funktioniert auf Attribut- und auf Klassenebene. Die Annotation erzeugt automatisch Mock-Objekte als Beans im Container. Der Mechanismus wird in Unterabschnitt 15.3.3 im Detail erklärt. Auf Klassenebene kann @MockBean innerhalb der Wrapper-Annotation Mock-Beans verwendet werden, um mehrere Kollaborateure zu mocken. Die Mocks, die auf Klassenebene erzeugt werden, können Sie mit @Autowired injizieren lassen. In Listing 15–12 sehen Sie ebenfalls das injizierte mockMvc vom gleichnamigen Typ. Dieses Objekt wird vom Spring-Boot-Test-Slice @WebMvcTest zur Verfügung gestellt und dient zum Testen der Spring-Web-MVC-Funktionen. Es startet einen kompletten Mock des Spring-Web-MVC-Moduls, sprich: Es bildet URLs auf Controller ab, lädt Exception Handler und mehr.

Sie müssen nun zwei Fälle testen: die Anfrage eines ungültigen und eines gültigen Bundeslandes. In beiden werden Sie die MockMvc-Instanz nutzen. HTTP-Aufrufe werden mit statischen Methoden der Klassen MockMvcRequestBuilders beziehungsweise RestDocumentationRequest-Builders aufgebaut. Die Namen der Methoden entsprechen den entsprechenden HTTP-Verben. Im Beispiel ist das get. Nach der Durchführung des Aufrufs drücken Sie Ihre Erwartungshaltung an die Antwort mit Methoden der Klasse MockMvcResultMatchers aus und können falls gewünscht die Anfrage, Parameter und Antwort dokumentieren:

Der eigentliche Test

```
@Test
public void invalidBundeslandShouldWork()
    throws Exception
{
    when(bundeslandRepository
        .findOneByNummer((short) 23)
    ).thenReturn(Optional.empty());

    mockMvc
        .perform(get(
            "/api/feiertage/{jahr}/{bundeslandnummer}",
            2017, 23
        ))
        .andExpect(status().isNotFound());
}
```

Listing 15–13
Test ungültiges Bundesland

Dem Mock-Objekt bundeslandRepository teilen Sie mit, dass eine Anfrage nach dem Bundesland mit der Nummer 23 immer mit einem leeren Optional beantwortet wird, was im Endpunkt dazu führen muss, dass eine Exception geworfen und von Spring Web MVC entsprechend gehandhabt wird. Sie erwarten daher einen Status 404 (Not-Found).

Der gültige Fall ist nur wenig aufwendiger. Das Mock-Objekt gibt nun das Bundesland NRW zurück, Sie erwarten einen Status 200. Mit der JsonPath-Library können Sie anschließend überprüfen, ob die Antwort die erwarteten Inhalte enthält:

Listing 15–14

Test gültiges
Bundesland

```
@Test
public void feiertageShouldWork() throws Exception {
    when(bundeslandRepository
        .findOneByNummer((short) 5)
    ).thenReturn(Optional.of(nrw));

    mockMvc
        .perform(get(
            "/api/feiertage/{jahr}/{bundeslandnummer}",
            2017, 5
        ))
        .andExpect(status().isOk())
        .andExpect(jsonPath(
            "$", hasSize(nrw.getFeiertage().size())))
        .andExpect(jsonPath(
            "$[0].datum", equalTo("2017-01-01")))
        .andExpect(jsonPath(
            "$[0].feiertag", equalTo(Neujahr.name())))
        ;
}
```

Der `@RestController` liefert – wenn nicht anders angegeben – immer JSON aus. XML-Inhalte können mit dem `xPath`-Matcher ähnlich getestet werden.

Das leidige Thema
Dokumentation
Was ist nun mit der Dokumentation? Im letzten Test wird Spring REST Docs genutzt, um die ebenfalls vorhandene API aller Bundesländer zu testen. Sie konfigurieren Spring REST Docs mit `@AutoConfigure-RestDocs` auf Klassenebene:

Listing 15–15

Konfiguration von
Spring REST Docs

```
@AutoConfigureRestDocs(
    outputDir = "target/generated-snippets",
    uriHost = "bootifultodos.de",
    uriPort = 80
)
public class EndpointIntegrationTest {
}
```

Spring REST Docs erlaubt, noch mehr Nutzen aus dem Integrationstest des Endpunkts zu ziehen: Der erfolgreiche Test dokumentiert in einem die API. Der Funktionskopf und das Mocking werden im folgenden Listing aus Übersichtsgründen nicht gezeigt:

```
mockMvc
    .perform(get("/api/bundeslaender"))
    .andExpect(status().isOk())
    .andExpect(jsonPath("$", hasSize(1)))
    .andDo(document("bundeslaender/get",
        preprocessRequest(prettyPrint()),
        preprocessResponse(prettyPrint()),
        responseFields(
            fieldWithPath("[]")
                .description("Liste aller Bundesländer"),
            fieldWithPath("[].kuerzel")
                .description("Amtliches Kürzel"),
            fieldWithPath("[].name")
                .description("Offizieller Name"),
            fieldWithPath("[].nummer")
                .description("Offizielle Nummer"),
            fieldWithPath("[].feiertage")
                .description("Liste der Feiertage")
    )))
;
```

Listing 15–16
Spring REST Docs
im Einsatz

andDo formuliert eine Aktion, die nach Erfüllung der Annahmen durchgeführt werden soll: Die Anfrage wird dokumentiert. Dabei entstehen im Verzeichnis target/generated-snippets, das Sie über die Annotation @AutoConfigureRestDocs auf dem Test konfiguriert haben, Textschnipsel im AsciiDoctor-Format, die Sie in Ihre – in der Regel handgeschriebene – Dokumentation einbinden können. Damit entsteht eine »lebende« Dokumentation. Diese Schnipsel beinhalten sowohl Beispielanfragen an die API als auch die gemockten Antworten, inklusive der Beschreibung, die Sie im Test formuliert haben. Die Spring REST Docs API für den Gebrauch im @WebMvcTest ist sehr umfangreich: Sie können damit auch Request-Parameter, Pfadvariablen und mehr dokumentieren. Die API hat aber eine weitere Auswirkung auf den Test: Indem wie im obigen Beispiel beschrieben wird, dass die Liste der Bundesländer immer ein Kürzel, einen Namen und eine Nummer enthält, wird sichergestellt, dass die API auch immer genau dies zurückgibt. Benennen Sie eines der Felder um, löschen oder verändern es anderweitig, wird der Test fehlschlagen und so sicherstellen, dass Ihre Dokumentation immer der API entspricht.

Die Liste der Bundesländer und die zugehörigen Feiertage werden in *bootifultodos_feiertage* in einer H2-Datenbank gespeichert und über Flyway-SQL-Skripte, die Sie bereits in Abschnitt 10.2.2 kennengelernt haben, gefüllt. Nun soll nicht das deklarierte Spring Data JPA Repo-

@DataJpaTest

sitory `BundeslandRepository` getestet werden. Sie können davon ausgehen, dass das Repository korrekt funktioniert, solange Sie keine eigenen JPQL- oder nativen Abfragen deklarieren. Als letzter Integrationstest in diesem Beispiel soll daher getestet werden, ob die Datenbankmigrationen korrekt formuliert sind:

Listing 15–17
Integrationstest der
Datenbankebene

```
@RunWith(SpringRunner.class)
@DataJpaTest
public class MigrationTest {

    @Autowired
    private BundeslandRepository bundeslandRepository;

    @Test
    public void bundeslaenderShouldExist() {
        assertThat(
            bundeslandRepository.findAll().size(),
            is(equalTo(16))
        );
    }
}
```

`@DataJpaTest` aktiviert die Suche nach JPA-Entitäten und entsprechenden Repositorys, so dass das `BundeslandRepository` in die Testklasse injiziert werden kann. Zu guter Letzt werden – sofern H2 oder Liquibase auf dem Klassenpfad sind – alle Migrationen durchgeführt. Im Beispiel wird getestet, ob die erwarteten 16 deutschen Bundesländer eingefügt wurden sind. Es wird im Rahmen einer 12-Factor-App unter Punkt 10 von Dev-Prod-Vergleich gesprochen. `@DataJdbcTest` und `@DataJpaTest` auf einer Testklasse überschreiben per Default jede konfigurierte Datenbank und ersetzen diese mit einer In-Memory-Datenbank, die für jeden gestarteten Testkontext genutzt wird. Die Annotation bricht also mit der Regel, dass die Entwicklungsumgebung – und dazu gehört natürlich auch der Test – strukturell identisch mit der Produktion ist. Die Beispiele aus dem Kapitel »Persistenz« nutzen in der Regel `@AutoConfigureTestDatabase`, um das Verhalten abzuschalten:

Die Ausnahme der Regel

Listing 15–18
Konfiguration
automatischer
Datasources im Test

```
@RunWith(SpringRunner.class)
@JdbcTest
@AutoConfigureTestDatabase(replace = NONE)
public class FilmJdbcRepositoryIT {
}
```

Listing 15–18 zeigt den Tests des Repositorys aus Listing 10–10. Das Attribut `replace` kann dabei weiterhin die Werte `any` (der Default) und `AUTO_CONFIGURED` annehmen. Bei letzterem werden nur automatisch konfigurierte Datasources ersetzt. Im obigen Beispiel werden keinerlei Datasources ersetzt.

Fazit

`spring-boot-starter-test` bringt alle Abhängigkeiten mit, die Sie zum Schreiben von Tests brauchen. Haben Sie die Ideen aus den Kapiteln »Projektstruktur« und »Spring-Framework-Grundlagen« berücksichtigt, können Sie Ihre fachlichen Klassen in der Regel ohne Spring-Container testen. Um Programmcode zu testen, der explizit den Container oder Teile davon, im Beispiel Spring Web MVC und Spring Data JPA, benötigt, nutzen Sie bereits Integrationstests. Es gibt einen eigenen Spring-JUnit-Runner sowie Annotationen, die bestimmte Teile des Containers starten. Webanwendungen können damit ebenso getestet werden wie Datenbanken und anderes mehr.

Der `@WebMvcTest` eignet sich darüber hinaus zusammen mit Spring REST Docs zur Dokumentation Ihrer Schnittstellen. Es werden Dokumentationsfragmente generiert, die die tatsächlichen Schnittstellen zum Zeitpunkt des Testes beschreiben; die Dokumentation ist immer synchron mit der Schnittstelle.

In den nächsten Abschnitten werden die hier verwendeten Techniken genauer erläutert.

15.3.3 Automatische Mock-Objekte

Sie haben also Ihre Anwendung sowohl fachlich als auch technisch passend geschnitten und möchten nun einen Spring-Boot-Test-Slice nutzen, um den Controller in Listing 15–19 zu testen:

```
@RestController
public class ControllerWithCollaborateurs {
    private final SomeService someService;
    private final SomeRepository someRepository;
    public ControllerWithCollaborateurs(
        SomeService someService,
        SomeRepository someRepository
    ) {
        this.someService = someService;
        this.someRepository = someRepository;
    }
    @GetMapping("/callServices")
```

Listing 15–19
Ein Controller mit
Kollaborateuren

```
public String callServices() {
    // Do something with
    // someService and someRepository
    return "done\n";
}
}
```

Offensichtlich stammen sowohl `SomeService` als auch `SomeRepository` aus technisch anderen Schichten. Wenn Sie Ihren Test mit `@WebMvc-Test(ControllerWithCollaborateurs.class)` annotieren, wird er mit einer `NoSuchBeanDefinitionException` fehlschlagen. Sie könnten nun den `@WebMvcTest` so konfigurieren, dass er diese zusätzlichen Komponenten ebenfalls über den `@ComponentScan` lädt, aber dann würden Sie den Test Ihrer Webschnittstelle explizit abhängig von unteren Schichten machen. Die »richtige« Lösung ist, die Kollaborateure durch Mock-Objekte zu ersetzen.

An dieser Stelle ist kein Rückgriff auf eine manuelle Konfiguration des Mock-Servlet-Kontextes notwendig. Mit der Annotation `@MockBean` weisen Sie Spring Boot an, automatisch Mockito-Mocks für die angegebenen Beans zu erzeugen und an den richtigen Stellen zu verwenden:

Listing 15–20
Nutzung des
@WebMvcTest-Slice

```
@RunWith(SpringRunner.class)
@WebMvcTest(ControllerWithCollaborateurs.class)
@MockBean(SomeService.class)
public class ControllerWithCollaborateursTest {

    @MockBean(SomeRepository.class)
    private SomeRepository someRepository;

    @Test
    public void testSomeMethod() {
    }

}
```

Die Annotation ist sowohl auf Klassen- als auch auf Attributebene anwendbar. Auf Klassenebene ist sie repeatable (für Umgebungen, die noch kein Java 8 verwenden können, steht der Wrapper `@MockBeans` zur Verfügung). Sie brauchen keinen Mockito-Runner angeben, um diese Annotation in einem Spring-Boot-Test zu nutzen.

Auf Attribute angewandt, stehen Ihnen die erzeugten Mocks während des Tests direkt zur Verfügung und können für entsprechende »Wenn-dann«-Ketten benutzt werden. Diese Mocks werden automatisch nach jeder Testmethode zurückgesetzt.

Das Mocking hat dann seine Grenzen, wenn finale Klassen gemockt werden sollen. Dies ist zur Zeit mit Bibliotheken wie PowerMock möglich, sprengt aber die Grenzen dieses Buches.

Eine Bean, die wie im obigen Beispiel mit einem Stereotypen wie `@Service` annotiert wird, bekommt automatisch einen Namen im Spring-Kontext. Dieser wird aus dem einfachen, kleingeschriebenen Klassennamen abgeleitet. In der Regel wird dieser Name nur dann benötigt, wenn es mehrere Beans desselben Typs gibt. Wird `@MockBean` nur unter Angabe der Klasse eingesetzt, so wird ein Name für die Komponente generiert, der nicht aus der gemockten Klasse abgeleitet wird. Sind Sie in Ihrem Code auf den Namen der Mock-Objekte im Spring-Container angewiesen, zum Beispiel um sie in einer Template-Sprache zu verwenden, so denken Sie daran, dass `@MockBean` ein zusätzliches Attribut hat, das einen eindeutigen Namen vergibt: `@MockBean(value = SomeRepository.class, name = ßomeService")`.

Bean-Namen

15.3.4   Explizite Tests technischer Schichten

Sie haben bis hierhin die zugrunde liegenden Mechanismen des Spring-Testframeworks kennengelernt und wie Spring Boot diese nutzt, um sicherzustellen, dass Tests genauso konfiguriert werden wie die Anwendung zur Laufzeit.

Auch wenn dieser Mechanismus in der Regel problemlos funktioniert, kann das Hochfahren des kompletten Containers inklusive aller beteiligten Starter und Abhängigkeiten für manche Tests zu viel sein. Ein Integrationstest, der sicherstellen soll, dass URLs korrekt auf Spring-Web-MVC-Controller abgebildet wurden, benötigt in der Regel keine Datenbankverbindung. In einer Anwendung mit einer sauberen technischen Schichtung können diese Aufrufe gemockt werden (vergleiche dazu auch Unterabschnitt 15.3.3). Umgekehrt benötigt ein Test, der sicherstellen soll, dass angepasste Abfragen innerhalb eines Spring Data JPA Repositorys funktionieren, keinen Servlet-Container.

Spring Boot stellt *test-slices* beziehungsweise automatisch konfigurierte Tests zur Verfügung, die diese einzelnen Themen abdecken. Wie Sie im folgenden Kapitel »Die Magie hinter Spring Boot« noch sehen werden, beruht die automatische Konfiguration verschiedenster Technologien in Spring Boot auf Annotationen der Form `@...AutoConfiguration`, die alle zusammen durch `@EnableAutoConfiguration` (beziehungsweise indirekt über `@SpringBootApplication`) aktiviert werden.

Das Modul `spring-boot-test-autoconfigure` (Teil der Abhängigkeiten von `spring-boot-starter-test`) stellt passend dazu spezialisierte `@...Test`-Annotationen zur Verfügung. `@WebMvcTest` haben Sie bereits im einführenden Beispiel des Abschnitts Integrationstests kennengelernt, weitere Schichten sind:

@JsonTest konfiguriert Jackson und alle Module, `ObjectMapper` oder alternativ `Gson` exakt so, wie Ihre Anwendung es zur Laufzeit macht.

@WebMvcTest konfiguriert die komplette Infrastruktur für Spring Web MVC und beschränkt `@ComponentScan` auf `@Controller` (und Meta-Annotationen wie `@RestController`), `@ControllerAdvice`, `@JsonComponent`, Servlet-Filter sowie `Configurer` für Web MVC und zusätzliche `HandlerMethodArgumentResolver`. Alle anderen Komponenten (Services, Components, Repositorys) werden nicht geladen. In Listing 15–11 auf Seite 308 werden ein zusätzlicher Service sowie alle `@Controller` geladen. `@WebMvcTest` kann über das Attribut `controllers` auf ein oder mehrere Controller eingeschränkt werden. Weiterhin konfiguriert `@WebMvcTest` die komplette Mock-Servlet-Umgebung, und Sie können eine automatisch verfügbare Instanz von `MockMvc` in Ihren Tests nutzen. Sofern auf dem Klassenpfad verfügbar, werden in einem `@WebMvcTest` auch Schnittstellen zu Html-Unit oder Selenium geladen.

@DataJpaTest wurde ebenfalls im einführenden Beispiel genutzt und konfiguriert sowohl Entity-Scan und Spring Data JPA Repositorys als auch eine In-Memory-Datenbank, die während der Ausführung der Tests genutzt wird. `@DataJpaTest`-Klassen sind automatisch transaktional und rollen offene Transaktionen am Ende des Testes zurück. Die In-Memory-Datenbank ersetzt innerhalb eines `@DataJpaTest` die konfigurierte, primäre Datenbankverbindung. Ist dies nicht gewünscht, so müssen Sie den Test zusätzlich mit `@AutoConfigureTestDatabase(replace=Replace.NONE)` annotieren. Innerhalb eines `@DataJpaTest` werden insbesondere alle Flyway- und Liquibase-Migrationen ausgeführt!

@JdbcTest konfiguriert ebenfalls eine In-Memory-Datenbank, transaktionale Tests und sofort benutzbare Instanzen von `JdbcTemplate` und `NamedParameterJdbcTemplate`, aber keine JPA-relevanten Klassen. Genau wie in einem `@DataJpaTest` werden keine weiteren Komponenten konfiguriert.

@DataMongoTest konfiguriert automatisch Unterstützung für Spring Data MongoDB, MongoTemplate und die Suche nach Klassen, die mit `@Document` annotiert sind. Falls die Bibliothek `de.flapdoodle.embed:de.flapdoodle.embed.mongo` auf dem Klassenpfad ist, wird automatisch eine eingebettete MongoDB-Instanz auf einem zufälligen Port gestartet, und alle in Frage kommenden Funktionen nutzen diese. Falls Sie Embedded MongoDB aus anderen Gründen nutzen und dieses Verhalten abschalten möchten, annotieren Sie den Test mit @DataMongoTest(excludeAutoConfiguration = EmbeddedMongoAuto-Configuration.class).

@RestClientTest stellt einen MockRestServiceServer sowie RestTemplate-Builder, die gegen den Mock-Server konfiguriert sind, zur Verfügung, mit denen die Aufrufe von beliebigen REST-Endpunkten getestet werden können.

Das folgende Listing zeigt die Verwendung von @RestClientTest. Getestet wird dabei eine Instanz der Klasse SomeService Das Besondere dabei ist, dass der Service in Produktion entweder einen fixen Endpunkt oder eine Load-Balancer-Fassade aufruft, im Test hingegen vollkommen transparent den Mock-Server. Das Einzige, was es zu beachten gilt, ist, den Template-Builder zu nutzen und nicht das Rest-Template selber zu initiieren.

Listing 15–21
Beispiel für
@RestClientTest

```java
public class SomeService {

    private final RestTemplate restTemplate;

    public SomeService(
        RestTemplateBuilder restTemplateBuilder
    ) {
        this.restTemplate = restTemplateBuilder.build();
    }

    public String getRemoteInfo() {
        return (String) this.restTemplate.getForObject(
            "https://biking.michael-simons.eu/api/system/info",
            Map.class
        ).get("spring-boot.version");
    }
}


@RunWith(SpringRunner.class)
@RestClientTest(SomeService.class)
public class SomeServiceTest {

    @Autowired
    private SomeService service;

    @Autowired
    private MockRestServiceServer server;
```

```
@Test
public void getRemoteInfoShouldWork() {
    this.server
        .expect(requestTo(
            "https://biking.michael-simons.eu/"
                + "api/system/info"))
        .andRespond(withSuccess(
            "{\"spring-boot.version\": \"4711\"}",
            MediaType.APPLICATION_JSON));
    assertThat(
        service.getRemoteInfo(),
        is(equalTo("4711")));
}
}
```

Achtung: In einem @RestClientTest müssen die zu testenden Services explizit angegeben werden.

Etwas aus der Rolle fällt in diesem Fall die Annotation @AutoConfigureRestDocs, die bereits in Listing 15–15 vorgestellt und in Listing 15–16 genutzt wurde. Sie konfiguriert Spring REST Docs und erlaubt die Parametrisierung des Ausgabeverzeichnisses, der Basis-URL und anderer Werte. @AutoConfigureRestDocs wird ergänzend in einem @WebMvcTest verwendet. Weitere Konfiguration von Spring REST Docs kann in einer Bean vom Typ RestDocsMockMvcConfiguration-Customizer vorgenommen werden, die zum Beispiel über eine mit @TestConfiguration annotierte innere Klasse implementiert wird.

Die oben aufgezählten Annotationen aktivieren allesamt über den @ImportAutoConfiguration-Mechanismus verschiedene automatische Konfigurationen. Diese werden in Anhang D der Referenzdokumentation aufgelistet und erklärt. Diese Informationen werden dann wichtig, wenn Sie – wie weiter unten im Abschnitt »Ausschluss automatischer Konfiguration« beschrieben – Teile der automatischen Konfiguration ausschalten wollen.

Sie können die hier aufgezählten Test-Slices nicht direkt zusammen mit @SpringBootTest kombinieren. Es ist wenig sinnvoll, auf der einen Seite Spring Boot aufzufordern, bitte die Anwendung analog zum normalen Betrieb zu starten, und auf der anderen Seite explizit nur eine Schicht zu testen.

Anpassung der Test-Slices

Die meisten der hier vorgestellten @...Test-Annotationen werden begleitet von @AutoConfigure...-Annotationen. Letztere dienen zur Anpassung der Tests. Listing 15–22 aus dem Beispiel *custom_datasources* in

Kapitel 10 »Persistenz« zeigt das am Beispiel von @JdbcTest. Normalerweise ersetzt @JdbcTest genau wie @DataJpaTest die konfigurierte Datenbankverbindung mit einer In-Memory-Datenbankverbindung. Gerade das aber soll im gezeigten Beispiel getestet werden. Mit replace = NONE schalten Sie das Verhalten ab. Weiterhin sehen Sie, wie im Beispiel zusätzliche Konfigurationsdateien mit in den Testkontext aufgenommen werden:

```
@RunWith(SpringRunner.class)
@ActiveProfiles("flexy-pool-example")
@JdbcTest(includeFilters = @Filter(Configuration.class))
@AutoConfigureTestDatabase(replace = NONE)
public class FlexyPoolExampleConfigTest {
}
```

Listing 15–22
Beispiel für Anpassung
der Test-Slices

Schauen Sie mit Hilfe der Autovervollständigung Ihrer IDE nach weiteren Annotationen dieser Art, bevor Sie einen kompletten Kontext zum Test starten oder Ihre Konfiguration mühsam selber schreiben. Sie können die @AutoConfigure...-Annotationen auch nutzen, um einen angepassten @SpringBootTest zu starten.

Ausschluss automatischer Konfiguration

Die oben gezeigten Annotationen besitzen alle das Attribut excludeAutoConfiguration. excludeAutoConfiguration nimmt eine oder mehrere Klassen auf, die für die automatische Konfiguration eines Features zuständig sind. In Unterabschnitt 15.3.4 wird zum Beispiel für @DataMongoTest gezeigt, wie verhindert werden kann, dass eine eingebettete Mongo-Datenbank konfiguriert wird, obwohl alle Abhängigkeiten vorhanden sind. Wenn Sie innerhalb eines Jdbc-Tests auf automatische Migrationen verzichten wollen, so finden Sie in Appendix D der Referenz eine Liste aller Auto-Configuration-Klassen. Die Konfiguration von Flyway zur Datenbankmigration erfolgt mit FlywayAutoConfiguration. Diese Klasse kann vom Test wie folgt ausgeschlossen werden: @JdbcTest(excludeAutoConfiguration = FlywayAutoConfiguration.class). Für andere Klassen funktioniert dieser Mechanismus analog.

Zusätzliche automatische Konfiguration

Natürlich funktioniert auch das Gegenteil. Benötigen Sie zusätzlich zum @JdbcTest noch die automatische Konfiguration von jOOQ, die nicht Teil des Standarddatenbanktests ist, importieren Sie diese mit @ImportAutoConfiguration:

Listing 15–23
Beispiel für @Import-
AutoConfiguration

```
@RunWith(SpringRunner.class)
@JdbcTest
@ImportAutoConfiguration(JooqAutoConfiguration.class)
public class JOOQExampleQueriesIT {
}
```

Den Code zum Beispiel finden Sie im Projekt *database_examples*.

15.3.5   Erweiterte Testkonfiguration

Alternatives Bootstrapping des Testkontexts

Um den Testkontext genauso zu starten, wie Spring Boot es tut, benutzen Sie in der Regel @SpringBootTest oder eine der Test-Slices. Sie können aber auch den entsprechenden SmartContextLoader aus Spring Boot,
den SpringBootContextLoader, verwenden. SpringBootContextLoader kann
in einigen Fällen, in denen explizite Konfiguration notwendig ist, hilfreich sein. Falls Sie den Context-Loader nutzen wollen, müssen Sie ihn
explizit über eine Konfiguration angeben. Berücksichtigen Sie dabei,
dass der Loader im Gegensatz zu @SpringBootTest in der Regel nicht die
Hauptanwendungsklasse (siehe u. a. Kapitel 2 »Projektstruktur«) findet
und diese manuell konfiguriert werden muss:

Listing 15–24
Explizite Konfiguration
von Spring-Boot-Tests

```
@RunWith(SpringRunner.class)
@ContextConfiguration(
    loader = SpringBootContextLoader.class,
    classes = Application.class
)
public class ApplicationTestWithExplicitContextLoader {

    @Test
    public void contextLoads() {
    }
}
```

Ermittlung der Testkonfiguration

Die Empfehlung lautet an dieser Stelle ganz klar – auch im Sinne der
12-Factor-App –, auf explizite Konfiguration zu verzichten und die Ver-
gleichbarkeit von Entwicklung (hier: Tests) und Produktion sicherzustellen. Die Deklaration von @ContextConfiguration in Listing 15–24
kann durch eine einzige Annotation ersetzt werden:

```
@RunWith(SpringRunner.class)
@SpringBootTest
public class ApplicationTest {
}
```

Listing 15–25
Implizite Konfiguration
von Spring-Boot-Tests

Es existieren mehrere Variationen von `@SpringBootTest`. Allen gemein ist die automatische Ermittlung von Testkonfigurationen: Der Algorithmus sucht ausgehend vom Java-Package des Tests nach »oben«, bis er eine Klasse findet, die mit `@SpringBootApplication` oder `@SpringBoot-Configuration` annotiert ist. Ausgehend von dieser Klasse werden dann die entsprechenden Konfigurationsklassen und gegebenenfalls XML-Dateien, Propertys-Dateien und andere Quellen geladen. Im Unterschied zum »einfachen« Spring-Test ist an dieser Stelle auch ein Mix von Klassen und Skripten möglich.

Kontexte, die dieselbe Konfiguration teilen, werden – auch wenn sie auf unterschiedliche Art und Weise geladen wurden – vom Spring-Testframework zwischengespeichert. Wichtig dabei ist allerdings, dass das jeweilige Build-Management-Tool so konfiguriert wurde, dass keine JVMs während der Tests geforkt werden. Das Caching greift nur innerhalb einer JVM-Instanz.

`@SpringBootTest` führt zusammen mit einer `@SpringBootApplication` eine Konfiguration von Spring Boot durch, die identisch zum normalen Anwendungsstart ist. Falls `spring-boot-starter-web` auf dem Klassenpfad ist, ist der gestartete Kontext ein Webkontext und kann über das Attribut `webEnvironment` von `@SpringBootTest` konfiguriert werden:

MOCK Lädt immer einen `WebApplicationContext` und stellt eine Mock-Servlet-Umgebung zur Verfügung; kann ähnlich wie `@WebMvcTest` zusammen mit `@AutoConfigureMockMvc` genutzt werden

RANDOM_PORT Lädt einen realen, eingebetteten Servlet-Container auf einem zufälligen Port. Tests laufen gegen diesen Container.

DEFINED_PORT Lädt einen realen, eingebetteten Servlet-Container auf einem bestimmten Port. Tests laufen gegen diesen Container.

NONE Startet einen »normalen« Application-Context ohne Servlet-Umgebung

Falls Sie reale, eingebettete Container für die Integrationstests nutzen, sollten Sie zufällige Ports nutzen, unter anderem, weil Spring selber einen zufälligen freien Port ermittelt und Tests parallel laufen können. Der zufällige Port kann über `@LocalServerPort` injiziert werden. Es steht darüber hinaus eine Instanz von `TestRestTemplate` zur Verfügung, die den Port automatisch nutzt. Beides zeigt Listing 15–26.

Zufällige Ports

```
@RunWith(SpringRunner.class)
@SpringBootTest(webEnvironment = RANDOM_PORT)
public class RandomPortsTest {

    private static final Logger LOG = LoggerFactory
        .getLogger(RandomPortsTest.class);

    @LocalServerPort
    private int localServerPort;

    @Autowired
    private TestRestTemplate restTemplate;

    @Test
    public void printPortAndMakeCall() {
        LOG.info("Test uses {}", localServerPort);
        assertThat(
            restTemplate.getForObject(
                "/hello", String.class),
            is(equalTo("Hello, Test"))
        );
    }
}
```

Anpassung der primären Konfiguration

Als primäre Konfiguration sei die Konfiguration bezeichnet, die sich durch den normalen Start Ihrer Spring-Boot-Anwendung ergibt: Ausgehend von der Hauptanwendungsklasse werden Komponenten ermittelt und die automatische Konfiguration der Starter wird durchgeführt. Im Beispielprojekt *testing* ist die Hauptanwendungsklasse Application .java annotiert mit @SpringBootApplication. Dies aktiviert unter anderem die Suche nach Komponenten und findet den @Service SomeService über den @ComponentScan:

```
@Service
public class SomeService {
        ).get("spring-boot.version");
```

Sie möchten den Service in einem Spring-Boot-Test testen, wollen aber Anpassungen an der primären Konfiguration vornehmen und annotieren eine innere, statische Klasse (im Beispiel MyConfig) mit @Configuration:

```
@RunWith(SpringRunner.class)
@SpringBootTest
public class DisablePrimaryConfigurationTest {

    @Configuration
    static class MyConfig {}

    @Autowired
    private ApplicationContext applicationContext;

    @Rule
    public ExpectedException expectedException = none();

    @Test
    public void serviceNotLoaded() {
        expectedException.expect(
            NoSuchBeanDefinitionException.class);
        applicationContext.getBean(SomeService.class);
    }
}
```

Listing 15–28
*Ersetzung der primären
Konfiguration*

Der Spring-Boot-Test findet als Erstes MyConfig und startet ausgehend von dieser Klasse die automatische Konfiguration des Kontextes. Da MyConfig nicht parallel, sondern unterhalb von Application liegt, wird Letztere nicht mehr gefunden und demzufolge @SpringBootApplication nicht mehr ausgewertet. Umgekehrt gilt, dass die Konfiguration aus MyConfig immer geladen werden würde, wenn diese Klasse im selben Package (de.springbootbuch.testing) wie die Hauptanwendungsklasse liegen würde.

Natürlich kann das Verhalten in Listing 15–28 gewünscht sein. Soll die primäre Konfiguration hingegen ergänzt werden, so ist die @Test-Configuration das Mittel der Wahl:

```
@RunWith(SpringRunner.class)
@SpringBootTest
public class AddToPrimaryConfigurationTest {

    @TestConfiguration
    static class MyConfig {}

    @Autowired
    private ApplicationContext applicationContext;
```

Listing 15–29
*Ergänzung der
primären Konfiguration*

```
@Test
public void serviceNotLoaded() {
    assertNotNull(applicationContext.getBean(MyConfig.class));
}

}
```

MyConfig ergänzt nun Ihre Standardkonfiguration. Als @TestConfiguration wird sie nicht vom normalen Component-Scan, sondern explizit behandelt.

Test-Propertys

Zu den Quellen externer Konfiguration gehört sowohl das Attribut properties der Annotation @SpringBootTest als auch die eigenständige Annotation @TestPropertySource. Beide Quellen haben eine höhere Priorität als alle anderen Quellen (bis auf Propertys, die in /.spring-boot-devtools.properties definiert sind).

Listing 15–30
Beliebige Propertys

```
foo = some value
bar = some other value
```

Gegeben sei zum Beispiel eine Propertys-Datei mit dem Inhalt in Listing 15–30, die im jeweiligen Profil geladen wird, und folgender Test:

Listing 15–31
Überschreiben und Setzen von Propertys während Tests

```
@RunWith(SpringRunner.class)
@SpringBootTest(properties = {
    "foo = foo from SpringBootTest",
    "bar = bar from SpringBootTest"
})
@TestPropertySource(properties = {
    "foo = foo from TestPropertySource"
})
public class TestPropertiesExampleTest {
    @Value("${foo}")
    private String foo;

    @Value("${bar}")
    private String bar;

    @Test
    public void testProp() {
        assertThat(foo,
            is(equalTo("foo from TestPropertySource")));
```

```
        assertThat(bar,
            is(equalTo("bar from SpringBootTest")));
    }
}
```

Beide ergänzen beziehungsweise überschreiben während eines Tests
Standardpropertys, @TestPropertySource ist allerdings eine Annotation
des Spring-Frameworks und in Spring-Boot-Tests mit Vorsicht zu genießen. Wird sie ohne Angabe des Attributes properties genutzt, versucht der Context-Loader unabhängig von der Spring-Boot-Konfiguration, eine Default-Propertys-Datei gleichen Namens wie der Test zu
laden und überschreibt damit die profilspezifischen Propertys-Dateien
von Spring Boot (im Bespielprojekt *testing* zeigt der Test TestProperty
SourceCaveat ein Beispiel).

Vorsicht

  Sie sollten testspezifische Propertys entweder über eine testspezifische Konfigurationsdatei (zum Beispiel werden application-test
.properties oder application-test.yml automatisch während eines
Tests geladen) oder aber über das entsprechende Attribut von @Spring
BootTest setzen.

Testprofile

Während eines durch @SpringBootTest ausgelösten und mit dem Spring
Runner ausgeführten Spring-Boot-Tests werden zwar testspezifische
Konfigurationsdateien (application.properties und application.yml aus
src/test/resources) geladen, aber die Tests laufen – wenn keine weiteren Angaben getroffen werden – im Profil default.

  Durch die Spring-Framework-Annotation @ActiveProfiles aus der
Abhängigkeit spring-test können ein oder mehrere Profile aktiviert
werden:

```
@RunWith(SpringRunner.class)
@SpringBootTest
@ActiveProfiles("test")
public class TestWithActiveProfilesTest {
    static class Thing{}

    @TestConfiguration
    static class MyConfig {
        @Bean
        @Profile("test")
        public Thing thing() {
            return new Thing();
        }
    }
```

Listing 15–32
Profile während des
Tests aktivieren

```
@Autowired
private Thing thing;

@Test
public void contextLoads() {
}
}
```

15.3.6 Hilfsmittel

Spring Boot selber stellt über den Test-Starter nur noch wenige weitere Hilfsmittel zur Verfügung. Erwähnenswert ist die JUnit-Regel `Output-Capture`, die Sie nutzen können, um `System.out` und `System.err` abzufangen und auszuwerten.

Weiterhin steht das `TestRestTemplate` zur Verfügung. Das `TestRest-Template` ist eine spezielle Variante des `RestTemplates`, das keinen Redirects folgt, stateless ist und keinerlei Exceptions wirft, wenn Remote-Services Fehler verursachen.

Beide Klassen können auch außerhalb eines Spring-Boot-Tests genutzt werden, wie Listing 15–33 zeigt:

Listing 15–33
Hilfsmittel für Tests

```
public class SpringBootTestUtilitiesTest {

    @Rule
    public OutputCapture output = new OutputCapture();

    private final TestRestTemplate template
        = new TestRestTemplate();

    @Test
    public void testRequest() throws Exception {
        System.out.println("Using TestRestTemplate");
        String greeting = template.getForObject(
            "http://www.mocky.io/v2/58b5b1c61000009917ea574b",
            String.class);
        assertThat(
            greeting, is(equalTo("Hello.")));
        assertThat(
            output.toString(),
            containsString("TestRestTemplate"));
    }
}
```

15.3.7 Fazit

Die Kombination aus dem Spring-Testframework, den Spring-Boot-Erweiterungen, die Berücksichtigung der automatischen Konfiguration sowie die Möglichkeit, Integrationstests schichtweise durchzuführen, machen das Testen von Programmteilen unter Berücksichtigung des genutzten Frameworks sehr einfach. In der Regel gibt es also auch in Bezug auf Integrationstests keine Ausrede mehr, sie nicht durchzuführen.

16 Dynamische JVM-Sprachen und polyglotte Programmierung

Spring und Spring Boot unterstützen sowohl mehrere unterschiedliche JVM-Sprachen als auch polyglotte Programmierung. Die englischsprachige Wikipedia schreibt zu Letzterem:

> In computing, a polyglot is a computer program or script written in a valid form of multiple programming languages, which performs the same operations or output independent of the programming language used to compile or interpret it.

Im Folgenden werden zwei Variationen des `helloworld`-Projektes aus Kapitel 1 gezeigt, die beide mit Gradle[1] gebaut werden. `helloworld_groovy` implementiert die gleiche Funktion und den gleichen Test in Groovy, während `helloword_kotlin` die Kotlin-Variante darstellt.

Sie können in beiden Projekten ebenfalls Java zum Schreiben eigener Klassen nutzen und aus Groovy oder Kotlin aufrufen. Sie können auch alle drei JVM-Sprachen mischen, wovon aber ernsthaft abgeraten werden sollte. Allerdings spricht gerade im Hinblick auf Microservices wenig dagegen, dass unterschiedliche Services in unterschiedlichen JVM-Sprachen implementiert sind. Sprachen haben unterschiedliche Eigenschaften und können Aufgabenstellungen manchmal effizienter lösen.

Nach der Lektüre dieses Kapitels wissen Sie, wie Sie Spring Boot mit zwei sehr unterschiedlichen alternativen JVM-Sprachen nutzen können und so innerhalb eines Anwendungssystems Services mit demselben Framework, aber unterschiedlichen, dem Einsatzzweck angemessenen Sprachen entwickeln können.

Weiterhin werden Sie das Spring-Boot-CLI kennengelernt haben, mit dem Sie Ihre Groovy-basierten Anwendungen extrem schnell entwickeln können.

---

[1] https://gradle.org

16.1 Groovy

Groovy[2] ist eine Sprache für die JVM mit vielen Gesichtern: Groovy kann sowohl als Skriptsprache als auch als kompilierte Sprache eingesetzt werden. Groovy ist eine dynamische Sprache mit optionalem Typsystem, das statische Typen erlaubt, aber nicht erzwingt.

Als besondere Merkmale stechen »native« syntaktische Elemente für Maps, Listen und reguläre Ausdrücke sowie die transparente Nutzung von BigInteger und BigDecimal hervor: Groovy rechnet nicht mit primitiven Datentypen, sondern mit den mathematisch exakten Objekttypen.

> **Quelltext**
>
> *helloworld_groovy* auf GitHub:
> https://github.com/springbootbuch/helloworld_groovy

Es bietet sich an, in einem Groovy-Projekt Gradle als Build-Tool zu nutzen und das Buildfile build.gradle auch in Groovy zu schreiben:

Listing 16–1
build.gradle

```
// 1
buildscript {
    ext {
        springBootVersion = '2.0.0.RELEASE'
    }
    repositories {
        mavenCentral()
    }
    dependencies {
        classpath("org.springframework.boot:spring-boot-gradle-
        ↪ plugin:${springBootVersion}")
    }
}

// 2
apply plugin: 'org.springframework.boot'
apply plugin: 'io.spring.dependency-management'
// 3
apply plugin: "groovy"
```

---

[2] http://www.groovy-lang.org

```
jar {
    baseName = "helloworld_groovy"
    version = "0.0.1-SNAPSHOT"
}


bootJar {
    launchScript()
}


repositories {
    mavenCentral()
}


dependencies {
    // 4
    compile "org.codehaus.groovy:groovy"
    compile "org.springframework.boot:spring-boot-starter-web"
    compile "org.springframework.boot:spring-boot-starter-groovy-
    ↪   templates"
    testCompile "org.springframework.boot:spring-boot-starter-test"
}
```

Und wird gelesen wie folgt:

1. Konfiguriere das Spring-Boot-Gradle-Plugin.
2. Nutze sowohl das Spring-Boot-Gradle-Plugin als auch das Dependency-Management.
3. Es handelt sich um ein Groovy-Projekt, Quelltexte befinden sich unter src/main/groovy beziehungsweise unter src/test/groovy.
4. Groovy muss als Build-Abhängigkeit deklariert werden.

Zweifelsohne ist die Syntax kompakter als das Maven-Pendant. Jedes Team muss für sich entscheiden, welche Form des Build-Tools besser für die jeweilige Aufgabe funktioniert. Der Autor setzt seit langem sehr zufrieden Maven ein, ist sich aber bewusst, dass Gradle-Buildskripte, insbesondere die neuere Kotlin-Variante, oftmals eine einfachere Erweiterbarkeit bieten, die nur schwer mit Maven-Plugins erreichbar ist.

Das Projekt wird gebaut mit ./gradlew build und ausgeführt mit ./gradlew bootRun.

Listing 16–2
Application.groovy

```groovy
@SpringBootApplication
class Application {

    @RestController
    static class HelloWorldController {
        @GetMapping("/hello")
        def helloWorld(@RequestParam name) {
            """

            Hello $name,
            how are you?
            """.stripIndent().trim()
        }
    }

    static void main(args) {
        SpringApplication.run Application, args
    }
}
```

Der Quelltext der Anwendung und des Controllers ist deutlich kompakter und zeigt unter anderem optionale Typparameter und Klammern, den Verzicht auf Semikolons und die sehr komfortablen Groovy-Multiline-Strings.

Das Beispiel *helloworld_groovy* wird in Unterabschnitt 8.2.2 noch einmal aufgegriffen. Sie können nicht nur Groovy zum Schreiben Ihrer Anwendung, sondern auch für Templates zum serverseitigen Rendern von HTML, XML und mehr nutzen.

16.1.1   Das Spring-Boot-Commandline-Interface

Aufbauend auf den vorhergehenden Ausführungen möchte ich Ihnen das Spring-Boot-Commandline-Interface oder kurz Spring-Boot-CLI vorstellen. Das CLI versetzt Sie in die Lage, Ihre in Groovy geschriebenen Anwendungen ohne aufwendiges Verwalten von Abhängigkeiten und Kompilierungsprozessen zu starten, und eignet sich insbesondere für schnelles Prototyping von Anwendungen.

Das Spring-Boot-CLI hat bis auf ein korrekt installiertes Java 8 JDK und eine gesetzte JAVA_HOME-Umgebungsvariable keine weiteren Installationsvoraussetzungen.

Quelltext

Die Quelltexte zum Spring-Boot-CLI finden Sie im Projekt *cli* auf GitHub: https: //github.com/springbootbuch/cli.

Installation

Spring-Boot-CLI wird als Archiv aus den Spring-Repository herunter-geladen: http://repo.spring.io/release/org/springframework/boot/spring -boot-cli/2.0.0.RELEASE/spring-boot-cli-2.0.0.RELEASE-bin.zip. Die-ses Archiv entpacken Sie bitte mit einem Zip-Werkzeug Ihrer Wahl in einen passenden Pfad. Erstellen Sie in Ihrem Betriebssystem eine Umge-bungsvariable namens SPRING_HOME oder ähnlich mit dem Pfad als Wert und fügen Sie SPRING_HOME/bin Ihrem Suchpfad hinzu. Führen Sie dann in Ihrem Terminal oder Ihrer Shell den Befehl spring --version aus, um Ihre Installation zu testen.

Für macOS stehen mit Homebrew[3] und MacPorts[4] zwei Paketma-nager zur Verfügung, die Ihnen die Installation abnehmen. Eine dritte Möglichkeit für nahezu alle Betriebssysteme ist SDKMAN![5].

Ein Aufruf ohne Argumente listet die unterstützten Befehle auf:

```
$ spring
usage: spring [--help] [--version]
       <command> [<args>]

Available commands are:

  run [options] <files> [--] [args]
    Run a spring groovy script

  ...weitere Befehle

Common options:

  -d, --debug Verbose mode
    Print additional status information for the command you are
    ↪  running

See 'spring help <command>' for more information on a specific
↪  command.
```

Listing 16–3
Unterstützte Spring-Boot-CLI-Befehle

---

[3] https://brew.sh
[4] https://www.macports.org/
[5] http://sdkman.io

Starten einer Anwendung

Die in Listing 16–2 gezeigte »Hello, World«-Anwendung kann wie folgt neu geschrieben werden:

```
@RestController
class HelloWorldController {
    @GetMapping("/hello")
    def hello(@RequestParam name) {
        "Hello, $name\n"
    }
}
```

Starten Sie die Anwendung mit `spring run hello.groovy` und öffnen Sie in einem Browser http://localhost:8080/hello?name=Leser.

Möchten Sie zusätzliche Parameter an Ihre Anwendung übergeben – zum Beispiel geänderte Konfigurationsoptionen –, so müssen Sie diese mit `--` vom Spring-Skript trennen: `spring run hello.groovy -- --server.port=4711`.

Das obige Listing ist vollständig, im Gegensatz zu den Java-Beispielen wurden weder Imports noch Methoden ausgelassen: Die Main-Methode ist überflüssig, denn es wird angenommen, dass eine `Spring-Application` mit dem Skript als Quelle gestartet werden soll, und die Import-Statements werden durch einen Automatismus ersetzt. Das Spring-Boot-CLI fügt den umfangreichen Default-Imports von Groovy (zu denen unter anderem `java.util.*`, `java.io.*`, `java.net.*` und andere gehören) weitere Spring-spezifische Pakete hinzu, die Sie nicht manuell importieren müssen.

Abhängigkeiten

Groovy verfügt über die `@Grab`-Annotation[6], die Dependency Management ähnlich wie mit einem Build-Management-Tool, aber innerhalb eines Skripts erlaubt.

```
@Grab('org.springframework:spring-core:4.3.7.RELEASE')
import org.springframework.context.ApplicationContext
```

Das gesamte Programm ist so bereits kürzer als ein Maven-POM oder auch ein Gradle-Buildfile. Das Spring-Boot-CLI geht allerdings noch einen Schritt weiter und fügt intern »Grabes« hinzu, wenn bestimmte Schlüsselelemente im Skript auftauchen. In Listing 16–4 triggert die `@RestController`-Annotation den Import von Spring Web MVC und Abhängigkeiten. Dieser Mechanismus funktioniert unter anderem für:

---

[6] http://docs.groovy-lang.org/latest/html/documentation/grape.html

- JDBC-Anwendungen (`JdbcTemplate`, `DataSource`)
- Caching (`@EnableCaching`)
- Test (`@Test`)
- Security (`@EnableWebSecurity`)
- Integration (`@MessageEndpoint`, `@EnableIntegrationPatterns`)
- und viele mehr

Das `@Grab` in Listing 16–5 können Sie also in Ihren Groovy-Skripten, die mit dem Spring-Boot-CLI ausgeführt werden sollen, getrost weglassen.

Deployen

Die so getestete Anwendung kann natürlich als Fat Jar deployt werden. Auch hier müssen Sie kein weiteres Build-Skript schreiben, ein `spring jar hello.jar *.groovy` ist ausreichend und Sie erhalten ein ausführbares Jar-Archiv mit allen benötigten Abhängigkeiten und dem Inhalt des Klassenpfades.

Das Spring-Boot-CLI erlaubt Ihnen, sehr schnell Ideen auszuprobieren oder kleine Anwendungen zur produzieren, die sich schlussendlich genau wie »normale« Anwendungen, die mit Hilfe eines Build-Management-Tools deployt werden, verhalten. Das erzeugte Artefakt ist etwas größer, da es die Groovy-Runtime-Umgebung beinhaltet.

Für Experimente probieren Sie doch einmal das Spring-Boot-Interface `CommandLineRunner` aus. Spring Boot führt Beans von diesem Typ als lokales Programm aus, ohne einen eingebetteten Webserver zu starten. Sie können beliebige andere Beans deklarieren und diese über Dependency Injection nutzen. Groovy-Closures und andere Sprachfeatures können selbstverständlich genutzt werden:

Listing 16–6
Kommandenzeilen-Runner

```
@Service
class Greeter {
    def hello = {name -> println "Hello, $name"}
}


@Component
class Application implements CommandLineRunner {
    @Autowired
    Greeter greeter

    void run(String... args) {
        greeter.hello((args as List)[0]?:'n/a')
    }
}
```

```
$ spring run clr.groovy World
...
Hello, World
```

16.2   Kotlin

Kotlin[7] ist ebenso wie Java eine statisch typisierte Sprache, die allerdings versucht, auf Boilerplate-Code jeglicher Art zu verzichten. Data-
Klassen ermöglichen veränderliche (»mutable«) Objekte ohne Deklaration von Gettern und Settern, mit val deklarieren Sie ohne Umwege finale Attribute. Kotlin besitzt einen eingebauten Schutz vor NullPointer-
Exception: Im Standardfall werden Variablen so deklariert, dass sie
nicht null sein dürfen. Sie müssen es explizit erlauben, was dazu führt,
dass Sie beim Zugriff auf den Wert sicherstellen müssen, dass der null-
Fall nicht eintritt.

Kotlin ist eine transpilierte Sprache, das heißt, sie kann sowohl nach
Java übersetzt als auch nach JavaScript transformiert werden. Ein interessanter Anwendungsfall ist damit sicherlich das Schreiben von Geschäftslogik in einer gemeinsamen Sprache, sowohl für den Client als
auch für das Backend beziehungsweise mit einem entsprechenden Tran-
spiler auch für mobile Endgeräte.

Quelltext

helloworld_kotlin auf GitHub:
https://github.com/springbootbuch/helloworld_kotlin

Auch im Fall der Kotlin-Variante wurde Gradle als Build-Tool genutzt.
Die Konfiguration unterscheidet sich nur in Details. Statt Abhängig-
keiten zu Groovy werden entsprechende Abhängigkeiten zur Kotlin-
Standardlibrary und dem Gradle-Plugin deklariert.

Kotlin kann Java-Bibliotheken in der Regel problemlos nutzen; für
einige Sonderfälle gibt es seit Spring 5.0 expliziten First-Level-Support
für Kotlins Sprachfeatures und Designentscheidungen.

Die Implementierung der Anwendung und des Controllers erscheint
auf dem ersten Blick deutlich kompakter:

---

[7] https://kotlinlang.org

Listing 16–7
Application.kt

```kotlin
@SpringBootApplication
class Application {
    @RestController
    class HelloWorldController {
        @GetMapping(value = ["/hello"])
        fun helloWorld(@RequestParam name: String) = "Hello,
        ↪    $name\n"
    }
}


fun main(args: Array<String>) {
    runApplication<Application>(*args)
}
```

Damit diese Klasse funktioniert, muss das seit Kotlin 1.0.6 verfügbare
all-open compiler-plugin im *build.gradle* deklariert werden, ansonsten
sind die Schritte zum Bauen und Ausführen des Projektes analog zu
helloworld_groovy:

Listing 16–8
Deklaration des
kotlin-allopen-Plugins

```gradle
buildscript {
    repositories {
        mavenCentral()
    }
    ext {
        ktVersion = "1.2.21"
        springBootVersion = '2.0.0.RELEASE'
    }
    dependencies {
        classpath
        ↪    "org.jetbrains.kotlin:kotlin-gradle-plugin:$ktVersion"
        classpath "org.jetbrains.kotlin:kotlin-allopen:$ktVersion"
        classpath "org.springframework.boot:spring-boot-gradle-
        ↪    plugin:${springBootVersion}"
    }
}


apply plugin: "kotlin"
apply plugin: "kotlin-spring"
apply plugin: "org.springframework.boot"
apply plugin: "io.spring.dependency-management"
```

In Kotlin sind alle Klassen per Default `final`, das heißt, von ihnen kann nicht abgeleitet werden. Während in Java eine Klasse als `final` markiert werden muss, muss eine Klasse in Kotlin als `open` definiert werden, um explizit Vererbung zu erlauben. Spring arbeitet aber an vielen Stellen mit Proxys, die auf Vererbungsbasis arbeiten. Das *all-open compiler-plugin* öffnet Klassen, die mit einer bestimmten Annotation versehen sind, sowie deren Attribute ohne ein explizites `open`. Die Spring-Proxys funktionieren also wie gewohnt (u. a. für alle mit `@SpringBootApplication` versehenen Klassen, aber auch mit Methoden, die zum Beispiel `@Cacheable` einsetzen). Das Plugin sowie das begleitende *kotlin-spring*-Plugin sind Teil der direkten Kotlin-Unterstützung in Spring 5.0. Dieses Buch greift das Thema Kotlin noch einmal in Abschnitt 14.2 auf Seite 286 auf. Kotlin passt als funktionale Programmiersprache hervorragend zum neuen WebFlux-Modul in Spring 5.

Teil IV

Produktiv-
setzung

Um geschäftlichen Wert zu erreichen, müssen Sie Anwendungen produktiv setzen, das heißt, von der Entwicklungsumgebung in Produktivumgebungen bringen. Im Teil *Produktivsetzung* werden zuerst die *production-ready features* des Spring-Boot-Moduls `spring-boot-starter-actuator` in Kapitel 17 vorgestellt, bevor Sie dann im Detail drei unterschiedliche Methoden zur Verteilung von Spring-Boot-Anwendungen kennenlernen werden: klassische Installationen als Unix/Linux-Services und Microsoft-Windows-Dienste neben cloudbasierten Verteilungsszenarien.

17 Actuator

Die Aktorik ist ein Teilbereich der Antriebstechnik und bezeichnet allgemein die Erzeugung einer Bewegung oder Verformung. Sie wird unter anderem in der Regelungstechnik und der Automatisierung benutzt. Aktoren sind dabei die Antriebselemente, die aktiv in den jeweiligen Prozess eingreifen und gewünschte Veränderungen herbeiführen. Aktoren haben oftmals eine große Hebelwirkung: Kleine Änderungen führen zu großer Bewegung.

Das Modul Spring Boot Actuator (`spring-boot-starter-actuator`) ist solch ein Aktor für Spring Boot. Er greift alleine durch Deklaration der entsprechenden Dependency aktiv in die laufende Spring-Boot-Anwendung ein und stellt mehrere *production-ready features* bereit, unter anderem entfernte Überwachung und Steuerung, Sammlung von Metriken und Auditierung.

17.1 Bereitstellen des Spring Boot Actuator

Um Spring Boot Actuator zu nutzen, reicht es aus, den passenden Starter als abhängig zu deklarieren, in Listing 17–1 für Gradle

```
<dependency>
    <groupId>org.springframework.boot</groupId>
    <artifactId>spring-boot-starter-actuator</artifactId>
</dependency>
```

Listing 17–1
Koordinaten des Spring Boot Actuator

Im Kapitel »Logging« zeigt Listing 6–11 die gleiche Abhängigkeit für Maven-Builds.

Die Endpunkte des Actuator stehen sowohl als HTTP als auch als JMX-Endpunkte zur Verfügung. Für HTTP wird entweder das Spring-Web-MVC-Modul oder JAX-RS benötigt.

Per Default sind in einer Spring-Boot-2-Anwendung alle HTTP-Actuator-Endpunkte abgeschaltet. In älteren Spring-Boot-Versionen wurden Actuator-Endpunkte von einem `HandlerInterceptor` geschützt, der unabhängig davon, ob Spring Security verfügbar war oder nicht,

Sicherheit durch Whitelisting

nicht authentifizierten und autorisierten Zugriff mit einem HTTP-401-Status abgewiesen hatte.

Sie aktivieren Actuator-Endpunkte gezielt mit Propertys der folgenden Form. In Listing 17–2 werden alle Endpunkte abgeschaltet und /beans explizit freigeschaltet:

Listing 17–2
Aktivierung einzelner
Actuator-Endpunkte

```
management.endpoints.web.exposure.exclude = *
management.endpoints.web.exposure.include = beans
management.endpoints.jmx.exposure.exclude = *
management.endpoints.jmx.exposure.exclude = beans
```

Den Namen des entsprechenden Endpunktes entnehmen Sie bitte der Tabelle auf Seite 343. Möchten Sie alle Endpunkte sowohl über JMX als auch über Web zur Verfügung stellen, nutzen Sie management .endpoints.web.exposure.include = *. Die JMX-Endpunkte sind bereits standardmäßig aktiv.

> **Quelltext**
>
> Das Beispiel dieses Kapitels als *actuators* auf GitHub:
> https://github.com/springbootbuch/actuators

17.2   Übersicht

Die Endpunkte des Actuator lassen sich in folgende Kategorien einordnen:

- allgemeine Informationen
- Health-Status
- Kommandos
- Auditing
- und Metriken

Tabelle 17–1 zeigt die standardmäßig verfügbaren Endpunkte. Die Endpunkte stehen per HTTP unterhalb der URL /actuator als /id zur Verfügung. Der gemeinsame Pfad aller Endpoints kann über die Eigenschaft management.server.context-path geändert werden.

Mit /actuator/heapdump, /actuator/jolokia und /actuator/logfile (siehe auch Abschnitt 6.5) stehen drei zusätzliche Endpunkte über HTTP zur Verfügung, die nicht über JMX funktionieren. /actuator/heapdump erzeugt einen komprimierten hprof-Heapdump. Jolokia ist eine Library, die den Zugriff über HTTP auf Managed Beans (MBean) erlaubt. Da es wenig sinnvoll ist, diesen Zugriff dann wiederum als

Id	Funktion
auditevents	Veröffentlicht Audit-Ereignisse
conditions	Stellt den Report der automatischen Konfiguration als JSON-Array zur Verfügung (analog dem --debug-Parameter, siehe »Fehlersuche« in Unterabschnitt 4.2.3)
beans	Zeigt eine Liste aller Beans im Spring-Kontext
configprops	Zeigt eine nach Namen sortierte Liste aller @ConfigurationProperties
env	Zeigt alle Umgebungseigenschaften an. Hilfreich in Kombination mit configprops. Passwörter werden nicht ausgegeben, sondern als ****** dargestellt.
flyway	Gibt die Liste aller Migrationen zurück, falls Flyway (siehe Abschnitt 10.2.2 zum Thema Datenbankmigrationen) vorhanden ist
health	Gibt einen Überblick über den Gesundheitszustand (Health-Status) der Anwendung und ist standardmäßig aktiv. Mit der Eigenschaft management.endpoint.health .show-details steuern Sie, ob entweder der Status (UP beziehungsweise DOWN) der Anwendung oder ein vollständiger Bericht mit allen relevanten Informationen ausgegeben wird. Gültige Werte sind never, when-authorized und always.
status	Gibt eine vereinfachte Health-Information zurück (verfügbar oder nicht)
info	Erweiterbarer Endpunkt, der beliebige Informationen der Anwendung darstellen kann
loggers	Gibt eine Liste aller aktiven Logger zurück. Über POST-Requests kann das Loglevel gesetzt werden (siehe Unterabschnitt 6.4.1).
liquibase	Gibt die Liste aller Migrationen zurück, falls Liquibase (siehe Abschnitt 10.2.2 zum Thema Datenbankmigrationen) vorhanden ist
metrics	Eine Liste aller Metriken der Anwendungen (Zähler und Pegel)
mappings	Zeigt eine sortierte Liste aller Request-Mappings, falls Spring Web MVC genutzt wird
shutdown	Dieser Endpunkt muss explizit mit endpoints.shutdown.enabled = true aktiviert werden und dient zum Herunterfahren der Anwendung. Er wird über HTTP-POST angesprochen.
threaddump	Erzeugt einen Thread-Dump
httptrace	Detaillierte Liste der letzten 100 HTTP-Anfragen inklusive Request- und Response-Header

Tab. 17–1
Spring-Boot-Actuator-Endpunkte

JMX-MBean zur Verfügung zu stellen, steht /actuator/jolokia bei Anwesenheit von Jolokia nur als HTTP-Endpunkt zur Verfügung.

17.2.1   Security

Actuator-Endpunkte müssen explizit freigeschaltet werden, sowohl für
den Zugriff über Web- als auch über JMX-Endpunkte. Sie sind selber
dafür verantwortlich, den Zugriff zum Beispiel mit Spring-Security oder
anderen Maßnahmen zu schützen.

In älteren Spring-Boot-Anwendungen (vor Version 2) waren Actuator-Endpunkte unabhängig davon, ob Spring Security auf dem Klassenpfad war, vor unberechtigten Zugriffen geschützt. Sie können in
Spring-Boot-1-Anwendungen dieses Verhalten mit management.security
.enabled = false abschalten, sind dann allerdings ebenfalls dafür verantwortlich, die Endpunkte mit anderen Mitteln zu schützen.

Das Beispielprojekt *actuators* nutzt einen eigenen UserDetails-
Service, um einen Benutzer mit Namen und Passwort test bereitzustellen:

Listing 17–3
Testbenutzer mit Rolle
ACTUATOR

```
@Bean
public UserDetailsService userDetailsService() {
    final InMemoryUserDetailsManager manager
            = new InMemoryUserDetailsManager();
    manager.createUser(
            User.withUsername("test")
                    .password("{noop}test")
                    .roles("USER", "ACTUATOR")
                    .build()
    );
    return manager;
}
```

Sie erfahren in Abschnitt 9.2 mehr zum Thema Spring Security und dem
UserDetailsService.

Schutz sensibler Inhalte

Alle erkannten Passwörter im /env-Endpunkt werden nicht im Klartext, sondern als ****** angegeben. Dazu gehören alle Einträge aus
Konfigurationsdateien sowie aus der Umgebung. Erkannt werden Namen wie »password«, »secret« und Ähnliches.

CORS

Monitoring- und administrative Systeme werden in der Regel auf
anderen Hosts betrieben als das zu überwachende System. Greifen diese Systeme über JavaScript-Schnittstellen auf das zu überwachende System zu, ist die Unterstützung für CORS für die Actuator-Endpunkte

relevant und kann wie in Listing 17–4 dargestellt aktiviert und konfiguriert werden:

```
# Erlaube CORS-Zugriffe von folgenden Domains
management.endpoints.web.cors.allowed-origins = \
  http://monitor.example.de
# Mit folgenden HTTP-Verben
management.endpoints.web.cors.allowed-methods = \
  GET,POST
# Und allen Headern
management.endpoints.web.cors.allowed-headers = *
# Antworten maximal 900 Sekunden zwischenspeichern
management.endpoints.web.cors.max-age = 900
# Erlaube die Übertragung von Credentials in CORS-Zugriffen
management.endpoints.web.cors.allow-credentials = true
```

Listing 17–4
CORS-Support für Actuator-Endpunkte

Listing 17–5 zeigt einen typischen CORS-Preflight-Zugriff auf einen Actuator-Endpunkt:

```
curl --user test:test \
  -H "Origin: http://monitor.example.de" \
  -H "Access-Control-Request-Method: GET" \
  -H "Access-Control-Request-Headers: X-Requested-With" \
  -X OPTIONS --verbose \
  http://127.0.0.1:8080/actuator/env
* Server auth using Basic with user 'test'
> OPTIONS /env HTTP/1.1
> Host: 127.0.0.1:8080
> Authorization: Basic dGVzdDpOZXN0
> User-Agent: curl/7.51.0
> Accept: */*
> Origin: http://monitor.example.de
> Access-Control-Request-Method: GET
> Access-Control-Request-Headers: X-Requested-With
>
< HTTP/1.1 200
< Access-Control-Allow-Origin: http://monitor.example.de
< Vary: Origin
< Access-Control-Allow-Methods: GET,POST
< Access-Control-Allow-Headers: X-Requested-With
< Access-Control-Allow-Credentials: true
< Access-Control-Max-Age: 900
< Allow: GET, HEAD, POST, PUT, DELETE, TRACE, OPTIONS, PATCH
```

Listing 17–5
CORS-Preflight-Zugriff

Würde eine andere URL als `http://monitor.example.de` angegeben, so würde der Request mit einem HTTP-403-Status abgewiesen werden.

Seit Spring Boot 2 besteht nicht mehr die Möglichkeit, dass Sie eine Bean vom Typ `WebSecurityConfigurerAdapter` an die entsprechende Stelle der Spring-Security-Filter-Kette einfügen, um bestimmte Actuator-Endpunkte zu schützen, ohne die automatische Konfiguration von Spring Security durch Spring Boot außer Kraft zu setzen. Listing 17–6 zeigt daher, wie Sie beispielhaft die Metriken- und Conditions-Endpunkte für alle Zugriffe freigeben und alle anderen Actuator-Endpunkte sowie die eigentliche Anwendung weiterhin mit HTTP-Basic schützen:

Listing 17–6
ActuatorSecurity.java

```
1  @Component
2  public class ActuatorSecurity
3          extends WebSecurityConfigurerAdapter {
4
5      @Override
6      protected void configure(final HttpSecurity http)
7              throws Exception {
8          http
9              .httpBasic()
10             .and()
11             .authorizeRequests()
12             .requestMatchers(
13                     EndpointRequest.to(
14                             ConditionsReportEndpoint.class,
15                             MetricsEndpoint.class
16                     )
17                 )
18                 .permitAll()
19             .requestMatchers(
20                     EndpointRequest.toAnyEndpoint()
21                 )
22                 .authenticated()
23             .antMatchers("/**")
24                 .authenticated();
25      }
26  }
```

Auf die Metriken der Anwendung kann nun zum Beispiel mit `curl "http://127.0.0.1:8080/actuator/metrics"` ohne Angabe von Benutzernamen und Passwort zugegriffen werden; für alle anderen Endpunkte außer dem Status-Endpunkt und der eigentlichen Anwendung muss ein Benutzer angemeldet sein.

Die Factory-Klasse `EndpointRequest` stellt dabei einige praktische Methoden und Konstanten, die Sie zur Definition Ihrer Request-Matcher nutzen können. In den Zeilen 13 bis 16 des obigen Beispiels werden die konkreten Endpunkte referenziert, in Zeile 20 alle. Sie müssen dabei nicht die Basis-URL der Endpunkte kennen, um die Pfade korrekt zu schützen.

17.2.2 Konfiguration der HTTP-Endpunkte

Grundsätzlich können alle Endpunkte mit `endpoints.all.enabled=false` abgeschaltet werden. Das Fragment `all` kann dabei durch die ID des jeweiligen Endpunktes ersetzt werden.

Die Basis-URL der Endpunkte kann über `management.server.context-path=/api/system` beliebig geändert werden, der Pfad einzelner Endpunkte über `endpoints.<id>.web.path`.

Weiterhin kann der Management-Server auf einem anderen Port laufen und auf einer anderen Adresse registriert sein als die Anwendung selber:

```
management.server.port=8081
management.server.address=127.0.0.1
```

Listing 17–7
Management-Server auf anderem Port und anderer Adresse

Dies kann sinnvoll sein, um die Management-Adressen mit einer Firewall zu schützen und nicht ins offene Internet zu exponieren.

Mit den Eigenschaften `management.ssl.enable`, `management.ssl.key-store` und `management.ssl.key-password` kann weiterhin SSL für den Management-Server separat von der Anwendung selber konfiguriert werden.

Schlussendlich können die Actuator-HTTP-Endpunkte mit `management.port=-1` komplett abgeschaltet werden, falls sie nur über Java Management Extensions (JMX) benötigt werden.

17.2.3 Konfiguration der JMX-Endpunkte

Alle Actuator-Endpunkte stehen als JMX MBeans unter der Domain `org.springframework.boot` zur Verfügung. Die Namen der MBeans werden aus ihrer ID abgeleitet. Obwohl die ID der Endpunkte anpassbar ist, sollte auf eine Änderung verzichtet werden, da die Namen von MBeans beschränkt sind.

Falls die Anwendung über einen verschachtelten Spring-Kontext oder über mehrere Spring-Kontexte verfügt, können doppelte Namen auftreten. Durch Setzen der Eigenschaft `management.endpoints.jmx.unique-names=true` kann dies verhindert werden.

Das Beispielprojekt *actuators* wird mit folgender Konfiguration betrieben, in der auch die Domain der MBeans geändert wurde:

Listing 17–8
Anpassung der
Actuator-JMX-
Endpunkte

```
management.endpoints.jmx.domain=\
   de.springbootbuch.actuators
management.endpoints.jmx.unique-names=true
```

Genau wie die HTTP-Endpunkte können auch die JMX-Endpunkte separat abgeschaltet werden, wenn sie nicht benötigt werden: `endpoints.default.jmx.enabled = true`.

17.3   Allgemeine Informationen

Über den Endpunkt `/actuator/info` können beliebige allgemeine Informationen ausgegeben werden. Darunter fallen alle Einträge der Spring-Umgebung unter dem Schlüssel `info.*` sowie die Einträge der Dateien `git.properties` und `build-info.properties`.

Im Beispielprojekt *actuators* sind einige zusätzliche Informationen in `application.properties` eingetragen, die automatisch vom Spring-Boot-Maven-Plugin aus dem POM gefüllt werden:

Listing 17–9
Zusätzliche
Informationen aus der
Konfiguration

```
info.description = @description@
info.organization = @organization.name@
info.greeting = Hello, Reader!
```

Weiterhin wurde sowohl das Maven-Git-Plugin konfiguriert, das automatisch `git.properties` generiert, als auch das Spring-Boot-Maven-Plugin so parametrisiert, dass Build-Informationen erzeugt werden:

Listing 17–10
Maven-Git-Plugin

```
<build>
    <plugins>
        <plugin>
            <groupId>org.springframework.boot</groupId>
            <artifactId>spring-boot-maven-plugin</artifactId>
            <executions>
                <execution>
                    <goals>
                        <goal>build-info</goal>
                    </goals>
                </execution>
            </executions>
        </plugin>
```

```
    <plugin>
        <groupId>pl.project13.maven</groupId>
        <artifactId>git-commit-id-plugin</artifactId>
    </plugin>
  </plugins>
</build>
```

Für Gradle-Benutzer steht mit dem `gradle-git-properties`-Plugin ein ähnlicher Mechanismus zur Verfügung:

```
plugins {
    id "com.gorylenko.gradle-git-properties" version "1.4.6"
}


springBoot  {
    buildInfo()
}
```

Listing 17–11
Gradle-Git-Propertys-Plugin

Zu guter Letzt wurde mit dem »AnswerInfoContributor« eine Implementierung des Interface `InfoContributor` erstellt, in der beliebige Dinge berechnet und zurückgegeben werden können:

```
@Component
public class AnswerInfoContributor
        implements InfoContributor {

    @Override
    public void contribute(Info.Builder builder) {
        builder.withDetail("theAnswer", 6 * 7);
    }
}
```

Listing 17–12
AnswerInfoContributor.java

Die Beispielanwendung gibt nun auf dem Endpunkt /actuator/info eine detaillierte Selbstauskunft zurück:

```
curl -X "GET" \
  "http://127.0.0.1:8080/actuator/info"
{
  "organization": "michael-simons.eu",
  "greeting": "Hello, Reader!",
  "description": "Example project to show various Spring
  ↳   Boot-Actuator features.",
```

Listing 17–13
Selbstauskunft

```
"git": {
"commit": {
  "time": 1486312557000,
  "id": "af968ad"
},
"branch": "master"
},
"build": {
"version": "0.0.1-SNAPSHOT",
"artifact": "actuators",
"name": "actuators",
"group": "de.springbootbuch",
"time": 1486312939000
},
"theAnswer": 42
}
```

17.4   Health-Status

Der Health-Endpunkt zeigt detaillierte Informationen über eine Anwendung und die von ihr genutzten Dienste an:

Listing 17–14
Aufruf des
Health-Endpunktes

```
curl --user test:test -X "GET" \
  "http://127.0.0.1:8080/actuator/health"
{
    "details": {
        "custom": {
            "status": "UP"
        },
        "db": {
            "details": {
                "database": "H2",
                "hello": 1
            },
            "status": "UP"
        },
        "diskSpace": {
            "details": {
                "free": 2183807049728,
                "threshold": 10485760,
                "total": 3248856891392
            },
```

```
    "status": "UP"
      }
  },
  "status": "UP"
}
```

Die Konfigurationseigenschaft `management.endpoint.health.cache.time-to-live` ist sinnvoll und kann vor Denial-of-Service-(DoS-)Attacken schützen. Standardmäßig werden die Health-Indikatoren nur jede Sekunde aktualisiert, so dass ein wiederholter Aufruf des Endpunktes weniger schnell zu einer DoS-Attacke führen kann.

Sicherheit und Schutz vor DoS-Attacken

Die Informationen im Health-Endpunkt stammen von sogenannten Health-Indikatoren. Health-Indikatoren sind reguläre @Component-Klassen, die das Interface `HealthIndicator` implementieren. Listing 17–15 zeigt einen Indikator, der Ops zu Wochenendzeiten auf Trab hält:

Health-Indikatoren

```
@Component
public class CustomHealthIndicator
        implements HealthIndicator {

    @Override
    public Health health() {
        final LocalDate now = LocalDate.now();
        if (DayOfWeek.SUNDAY == now.getDayOfWeek()) {
            return Health
                    .outOfService()
                    .withDetail(
                            "outOfServiceOn",
                            now.getDayOfWeek()
                    )
                    .build();
        }
        return Health.up().build();
    }
}
```

*Listing 17–15
Nicht ganz ernst gemeinter Health-Indikator*

Im Projekt *actuators* wurden Spring Data JPA und H2 als Abhängigkeiten deklariert, es besteht also eine Datenbankverbindung. Diese Informationen stammen ebenfalls von `HealthIndicator`-Beans, in diesem Fall von einer Bean vom Typ `DataSourceHealthIndicator`. Tabelle 17–2 zeigt verfügbare Indikatoren, die Teil der jeweiligen Spring-Boot-Starter sind:

Name	Beschreibung
`CassandraHealthIndicator`	Überprüft, ob eine Verbindung zur Cassandra besteht
`DiskSpaceHealthIndicator`	Überprüft den verfügbaren Festplattenplatz; Schwellenwerte sind über `management.health.diskspace.threshold` einstellbar
`DataSourceHealthIndicator`	Überprüft die Verfügbarkeit von JPA-Datasources
`ElasticsearchHealthIndicator`	Überprüft den Status von Elasticsearch-Clustern
`JmsHealthIndicator`	Überprüft den Status von konfigurierten JMS-Brokern
`MailHealthIndicator`	Überprüft, ob über den in `spring..mail.*` konfigurierten Mailserver E-Mails verschickt werden können
`MongoHealthIndicator`	Überprüft, ob eine Verbindung zu MongoDB besteht
`RabbitHealthIndicator`	Überprüft den Status von RabbitMQ-Servern
`RedisHealthIndicator`	Überprüft den Status von Redis-Servern
`SolrHealthIndicator`	Überprüft den Status von Solr-Servern

Falls einer der konfigurierten Indikatoren einen Health-Status mit einem Wert ungleich UP zurückgibt, so ist der Gesamtstatus ebenfalls DOWN oder OUT_OF_SERVICE.

17.5   Metriken mit Micrometer aufzeichnen

Spring Boot 2 nutzt das neue Pivotal-Projekt Micrometer Application Monitoring, kurz *Micrometer*. Micrometer stellt eine Fassade für eine Vielzahl von Monitoring-Systemen zur Verfügung. Es spielt eine ähnliche Rolle wie SLF4J für Logging, nur für Metriken. Micrometer ist auf http://micrometer.io ausführlich dokumentiert.

Micrometer kann Metriken unter anderem in die folgenden Systeme schreiben:

- Atlas, eine In-Memory-Datenbank von Netflix
- Prometheus, eine weitere In-Memory-Datenbank
- InfluxDB, eine Zeitreihendatenbank mit Echtzeit-Analysefunktionen

Datadog, eine mehrdimensionale Zeitreihendatenbank als SaaS-Lösung

Graphite, ein hierarchisches Metriksystem

Ganglia, ein weiteres, hierarchisches Metriksystem

JMX

Zentraler Bestandteil von Micrometer ist die Meter-Registry. Die Registry beinhaltet verschiedene Typen von Metriken, insbesondere Counter (Zähler), Gauges (Pegelstände) und Timer. Counter repräsentieren dabei einzelne numerische Werte, die monoton ansteigen. Sie können mit Countern die Anzahl von Requests, Fehlern oder erledigten Aufgaben zählen. Gauges eignen sich für Werte, die nicht nur steigen, sondern auch wieder fallen können, zum Beispiel die Anzahl aktiver Threads, die Anzahl von Nachrichten in einer Queue oder auch der aktuelle Speicherverbrauch. Timer dienen der Messung von Zeiträumen bestimmter Aufgaben.

Meter-Registry

Jede Metrik kann mit mehreren Dimensionen erfasst werden. HTTP-Anfragen werden sowohl unter dem Namen `http.requests` gezählt als auch mit der Dimension `uri` »getaggt«. Dadurch erhalten Sie zum einen eine Angabe über die absolute Anzahl aller Anfragen, aber auch die Möglichkeit, ein Drilldown nach aufgerufener URIs mit dem Werkzeug Ihrer Wahl durchzuführen.

Metriken in mehreren Dimensionen

Wie werden diese Metriken erfasst? Sobald Sie den Spring Boot Actuator Starter in Ihrer Anwendung verwenden, ist Micrometer ebenfalls Teil Ihrer Anwendung. Eine Instanz der Klasse `MeterRegistry` wird damit automatisch bereitgestellt. `MeterRegistry` stellt eine API bereit, um direkt auf Counter, Gauges, Timer und mehr zuzugreifen. Zusätzlich wurde das Konzept der Binder eingeführt. Ein Binder bündelt eine Sammlung von Metriken und kapselt damit die Erfassung derselben für bestimmte Aspekte Ihrer Anwendung. Beans im Application-Kontext, die das Interface `MeterBinder` implementieren, werden automatisch von Spring Boot Actuator erkannt und an die Registry gebunden.

Der Vollständigkeit halber sei an dieser Stelle ebenfalls erwähnt, dass Micrometer nicht nur Metriken sammelt, sondern auch eingebaute statistische Funktionen hat. Dazu gehört die Bereitstellung von Histogrammen ebenso wie die Ermittlung von Quantilen nach unterschiedlichen Algorithmen. Quantile können zum einen vom Backend-System ermittelt werden, aber auch direkt zur Instrumentierung. Letzteres ist allerdings eingeschränkt auf die lokale Instanz Ihrer Anwendung und in vielen Fällen sicherlich auch alleine aufgrund von Datenmengen.

Auswertung von Metriken

Bevor Sie erfahren, wie Sie die Meter-Registry selber verwenden, möchte ich Ihnen die von Spring Boot zur Verfügung gestellten Metriken vorstellen, die standardmäßig erfasst werden.

17.5.1 Verfügbare Metriken

Spring Web MVC

Sobald Sie Actuator auf dem Klassenpfad haben, werden alle Anfragen, die von Spring Web MVC verarbeitet werden, instrumentalisiert. Ihre Anzahl und ihre Dauer werden gespeichert. Sie können die Zeiterfassung über `management.metrics.web.server.auto-time-requests` abschalten und mit der Annotation `@Timed` gezielt für Web-MVC-Methoden einschalten.

WebFlux

Für das WebFlux-Modul werden analog Metriken erfasst. Dies geschieht automatisch, wenn Sie das klassische Programmiermodell auf Basis von Annotationen, wie in Unterabschnitt 14.2.1 dargestellt, verwenden. Nutzen Sie das neue, funktionale Programmiermodell, so steht eine Instanz der Klasse `RouterFunctionMetrics` zur Verfügung, die Sie in Ihre Router- beziehungsweise Handler-Funktionen injizieren lassen können, um anschließend zum Beispiel mit der Methode `timer` Zeiten zu erfassen.

RestTemplate

Neu mit Spring Boot 2 ist die Instrumentalisierung des `RestTemplate`. Damit erfassen Sie Metriken, die angeben, wie oft über das automatisch konfigurierte `RestTemplate` entfernte HTTP-Schnittstellen aufgerufen wurden.

Systemmetriken

Etliche Systemmetriken wie der gesamte und freie Systemspeicher, die Anzahl Prozessoren, die Laufzeit der JVM und des Kontexts, Load und einiges mehr stehen standardmäßig ebenfalls zur Verfügung und gehören zu Micrometer. Sie sind als Binder implementiert, die Sie beispielsweise in den Klassen `JvmMemoryMetrics`, `JvmGcMetrics` und `JvmThreadMetrics` finden. Spring Boot Actuator instanziiert und nutzt diese Binder automatisch für Sie.

DataSource-Metriken

Es werden DataSource-Metriken für alle verfügbaren Datasources aufgezeichnet. Für jede Datasource stehen Gauges bereit, die die Anzahl aktiver, minimal notwendiger und maximal erlaubter Verbindungen pro Pool anzeigen. Diese Gauges haben das Präfix `jdbc` und ein Tag, das dem Namen der Datasource entspricht.

Für den Standard-Datasource-Pool HikariCP stehen erweiterte Metriken unter dem Präfix `hikaricp` zur Verfügung.

17.5.2   Eigene Metriken erfassen

Die aus Spring Boot 1 bekannten `CounterService`- und `GaugeService`-Instanzen wurden einheitlich durch die `MeterRegistry` ersetzt. Ihre eigenen Metriken stellen Sie somit entweder über Klassen bereit, die das `MeterBinder`-Interface implementieren, oder Sie nutzen alternativ die verfügbare Instanz der Klasse `MeterRegistry`. In den folgenden Beispielen wird die Registry über Constructor Injection zur Verfügung gestellt. Listing 17–16 zeigt die Erstellung eines Gauge, eines Timers und eines Counters. Die zwei letztgenannten sind offensichtlich, aber wo ist der Gauge? Der Gauge wird in diesem Fall von einer beliebigen Queue repräsentiert. Durch die im Beispiel genutzte Factory-Methode wird die übergebene Queue automatisch überwacht und ihr Füllstand – angegeben durch die `size`-Methodenreferenz – als Wert des Gauge angenommen. Alternativen wären unter anderem auch Instanzen von `AtomicInteger` oder anderen Klassen. Timer und Counter sind intuitiv benutzbar:

```
@Service
public class LongRunningService {

    final BlockingQueue<Integer> someQueue;
    final Timer timer;
    final Counter counter;

    public LongRunningService(
            MeterRegistry registry
    ) {
        this.someQueue = registry
            .gauge(
                "longRunningService.gauge",
                new LinkedBlockingQueue<Integer>(),
                LinkedBlockingQueue::size
            );
        this.timer = registry
            .timer("longRunningService.timer");
        this.counter = registry
            .counter("longRunningService.counter");
    }
}
```

Listing 17–16
Erstellung von Gauges, Timern und Countern

Die Benutzung der erstellten Objekte ist trivial. Die Queue wird derart benutzt, wie Sie es auch fachlich tun würden; die Timer und Counter haben eine einfache API:

Listing 17–17
Verwendung der
erstellten Metriken

```java
public void doStuff() throws InterruptedException {
    final ThreadLocalRandom random =
        ThreadLocalRandom.current();

    random.ints(10).boxed()
        .forEach(someQueue::offer);
    someQueue.drainTo(
        new ArrayList<>(),
        random.nextInt(someQueue.size())
    );

    final long sleep = random.nextLong(200, 2000);
    Thread.sleep(sleep);
    this.timer.record(sleep, MILLISECONDS);

    this.counter.increment();
}
```

Die Änderungen in der Queue erscheinen automatisch im Gauge, ebenso wie Timer und Counter. Das vollständige Beispiel finden Sie in der Klasse LongRunningService im Beispielprojekt *actuators*. Es bleibt Ihren Anforderungen überlassen, wie Sie Ihre Anwendung instrumentieren, um eigene Metriken zu erfassen. Durch die Abstraktion über Micrometer können sie wie andere verfügbare Systemmetriken effektiv und effizient weiterverarbeitet werden.

17.5.3   Den Metrics-Endpunkt benutzen

Natürlich erscheinen Ihre eigenen Metriken auch im Metrics-Endpunkt. Der Metrics-Endpunkt in Spring Boot 2 gibt standardmäßig nur eine Liste der Namen aller verfügbaren Metriken zurück. In Listing 17–18 sehen Sie einen Auszug:

Listing 17–18
Auszug der Namen der
Metriken in der
Beispielanwendung

```
curl -X "GET" \
  -u test:test \
  http://localhost:8080/actuator/metrics
{
    "names": [
        "jvm.memory.used",
        "http.server.requests",
```

```
            "jvm.buffer.memory.used",
            "jvm.buffer.count",
            "data.source.max.connections",
            "logback.events",
            "process.uptime",
            "data.source.active.connections"
        ]
}
```

Die tatsächlichen Werte zu einem Namen können Sie abrufen, indem Sie den entsprechenden Namen einfach als Pfadparameter an den Endpunkt dranhängen:

```
curl -X "GET" \
  -u test:test \
  http://localhost:8080/actuator/metrics/process.uptime
{
    "availableTags": [],
    "measurements": [
        {
            "statistic": "Value",
            "value": 735.213
        }
    ],
    "name": "process.uptime"
}
```

Listing 17–19
Abruf der
Prozess-Metriken

Mit Tags können Sie die Ergebnisse weiter filtern:

```
curl -u test:test -X "GET" \
  "http://127.0.0.1:8080/actuator/metrics/http.server.requests?
  tag=uri:/hello&tag=status:200"
{
    "availableTags": [
        {
            "tag": "exception",
            "values": [
                "None"
            ]
        },
        {
            "tag": "method",
            "values": [
                "GET"
```

Listing 17–20
Abruf der
Request-Metriken für
die URL /hello

```json
                    ]
                }
            ],
            "measurements": [
                {
                    "statistic": "Count",
                    "value": 6.0
                },
                {
                    "statistic": "TotalTime",
                    "value": 28930081.0
                },
                {
                    "statistic": "Max",
                    "value": 28930081.0
                }
            ],
            "name": "http.server.requests"
        }
```

17.5.4   Metriken exportieren und auswerten

Metriken sind langfristig interessant. Eine einzelne Metrik zu einem fixen Zeitpunkt ist ein sehr abstrakter Wert. Während der Health-Status zu einem Zeitpunkt x ausreichend ist (»Ist die Datenbank verfügbar: ja oder nein?«), so möchten Sie über die Performance Ihrer Anwendung einen Überblick innerhalb bestimmter Zeiträume bekommen. Diese Informationen könnten Sie dahingehend auswerten, dass zum Beispiel zusätzliche Instanzen einer Anwendung gestartet werden, wenn die Anzahl der Zugriffe innerhalb eines definierten Zeitraumes konstant hoch ist. Oder Sie treffen entsprechende Maßnahmen zum Schutz der Stabilität des Gesamtsystems, wenn bestimmte Dienste bereits eine geraume Zeit deutlich länger als gewöhnlich brauchen, um ihre Aufgaben zu erledigen.

Spring Boot 2 stellt unter dem Konfigurationsschlüssel `management.metrics.*` eine Vielzahl von Eigenschaften zur Konfiguration von Micrometer zur Verfügung. Bitte schlagen Sie in der Micrometer-Dokumentation nach, wie Sie Ihr bevorzugtes Werkzeug zur Speicherung und Beobachtung von Metriken konfigurieren. Bauen Sie keine eigene Lösung, die dauerhaft den Metrics-Endpunkt zu den Werten eines bestimmten Namens abruft, und nutzen Sie stattdessen eine der vielen Export-Möglichkeiten.

Wenn Sie in Spring Boot 1 die Klasse MetricWriter sowie die zugehörige Annotation @ExportMetricWriter genutzt haben, so müssen Sie diesen Code auf das neue Micrometer-System umstellen und einen der verfügbaren Adapter benutzen.

17.6 Eigene Endpunkte

Zur Implementierung eigener Endpunkte stellt Spring Boot die Annotation @Endpoint zur Verfügung. @EndPoint ist allerdings kein normaler Stereotyp, sondern muss entweder über explizite Java-Konfiguration, zum Beispiel als Teil eines individuellen Starters, oder als @Component deklariert werden. Die @Endpoint-Annotation wird dann vom Actuator-Modul entsprechend behandelt und die so annotierte Komponente als Web- und JMX-Endpunkt veröffentlicht:

```java
@Endpoint(id = "custom")
public class CustomEndpoint {

    private final AtomicInteger cnt =
            new AtomicInteger();

    @ReadOperation
    public String someReadOperation() {
        return "Current value " + cnt.get();
    }

    @WriteOperation
    public String someWriteOperation() {
        return "New value " + cnt.incrementAndGet();
    }

    @ReadOperation
    public WebEndpointResponse<Void> otherReadOperation(
        @Selector String name
    ) {
        return new WebEndpointResponse<>(
                HttpStatus.NOT_IMPLEMENTED.value());
    }
}
```

Listing 17–21
Eigener
Actuator-Endpunkt

Die explizite Konfiguration der Endpunkte erfolgt in einer spezialisierten Konfigurationsklasse, die mit @ManagementContextConfiguration annotiert ist. Das ermöglicht der Laufzeitumgebung, den Management-

Explizite Konfiguration

kontext separat vom Anwendungskontext zu betreiben und entsprechend mit eigenen Pfaden und Ports, wie in Unterabschnitt 17.2.2 dargestellt, zu betreiben:

Listing 17–22
Konfiguration des
Endpunktes

```
@ManagementContextConfiguration
public class CustomEndpointConfig {

    @Bean
    public CustomEndpoint customEndpoint() {
        return new CustomEndpoint();
    }
}
```

Mit `@ManagementContextConfiguration` annotierte Konfigurationsklassen sind dazu gedacht, als Teil einer Library Endpunkte zu konfigurieren, und unterstützen den Kontextwechsel. Als Teil einer Library müssen Sie in `/META-INF/spring.factories` unter dem Schlüssel `org.springframework .boot.actuate.autoconfigure.ManagementContextConfiguration` aufgelistet werden; sie werden nicht im Rahmen der Suche nach Komponenten gefunden.

Der Actuator-Endpunkt im obigen Beispiel ist anschließend unter `/actuator/custom` erreichbar. Die Methode `someReadOperation` ist mit `@ReadOperation` annotiert und wird per HTTP-GET aufgerufen. `some-WriteOperation` ist mit `@WriteOperation` versehen und wird mit HTTP-POST angesprochen. Weitere Read- und Write-Methoden können über Parameter und die `@Selector`-Annotation differenziert werden.

`otherReadOperation` im Beispiel zeigt darüber hinaus, wie Sie die Klasse `WebEndpointResponse` nutzen können, um zusätzlich den HTTP-Status als Informationsquelle zu nutzen.

Sie können eigene webbasierte Actuator-Endpunkte schreiben, unabhängig davon, ob Sie innerhalb Ihres Projektes Spring Web MVC oder JAX-RS als Web-Framework nutzen. Die Actuator-Infrastruktur entscheidet dynamisch, auf welche Implementierung Ihre Endpunkte abgebildet werden.

Setzen Sie wie im Beispielprojekt den `spring-boot-configuration-processor` ein (vergleiche Abschnitt 4.1.2), so werden für Ihre eigenen Endpunkte automatisch Konfigurationsmetadaten erzeugt, die mindestens das Flag `enabled` enthalten.

18 Verteilung

In diesem Kapitel werden unterschiedliche Wege zur Installation der Beispielanwendungen der vorherigen Kapitel geschildert. Spring Boot kann problemlos »klassisch« auf einem Host als Unix/Linux-Service oder als Windows-Dienst installiert werden. Ebenso einfach funktioniert aber auch eine Verteilung in die Cloud.

18.1 Artefakte

Java bietet aktuell keine standardisierte Möglichkeit, verschachtelte Bibliotheken zu laden, sprich Jar-Dateien innerhalb anderer Jar-Dateien. Während War-Dateien natürlich im `WEB-INF/lib`-Verzeichnis Jar-Dateien beinhalten, so sind diese wiederum nicht als ausführbare Dateien ausgelegt.

In Bezug auf Jar-Dateien gibt es mit sogenannten »Über-Jars« oder »Fat Jars« eine oftmals eingesetzte, aber falsche Lösung. In einem Über-Jar werden alle benötigten Bibliotheken entpackt und neu gepackt. Das führt unter anderem bei gleichen Dateinamen innerhalb unterschiedlicher Bibliotheken zu Problemen und verhindert darüber hinaus, dass überhaupt ersichtlich ist, welche Bibliotheken genutzt wurden.

Wie löst Spring Boot nun die Aufgabe, Anwendungen so zu paketieren, dass sie als autonome Artefakte verteilt werden können? In dem Executable Jar von Spring Boot kommt ein alternativer Class-Loader zum Einsatz. Wie im Abschnitt 2.1 auf Seite 31 beschrieben, stehen sowohl für Maven als auch Gradle entsprechende Plugins bereit, die automatisch entsprechende Jar- und War-Dateien erzeugen können.

Das finale Artefakt der »Hello, World!«-Anwendung aus Kapitel 1 hat folgende Struktur:

Listing 18–1
Struktur eines
Executable Jar

```
helloworld
.
|-- BOOT-INF
|   |-- classes
|   |   `-- de
|   |       `-- springbootbuch
|   |           `-- helloworld
|   |               |-- Application$HelloWorldController.class
|   |               `-- Application.class
|   `-- lib
|       `-- <Alle Bibliotheken>
|-- META-INF
|   |-- MANIFEST.MF
|   `-- maven
|       `-- de.springbootbuch
|           `-- helloworld
|               |-- pom.properties
|               `-- pom.xml
`-- org
    `-- springframework
        `-- boot
            `-- loader
                `-- <Alle Klassen des Spring Boot Loaders>
```

Deutlich erkennbar ist, dass Klassen aus dem Paket org.springframework
.boot.loader im Wurzelverzeichnis des Archivs liegen. Das Attribut
Main-Class im Manifest MANIFEST.MF hat darüber hinaus den Wert
org.springframework.boot.loader.JarLauncher und nicht den Namen
der Hauptanwendungsklasse. Beides zusammen führt dazu, dass eine
Spring-Klasse von Java geladen wird. Diese erst führt die eigentliche
Anwendung aus, die im Attribut Start-Class hinterlegt ist (siehe Listing 18–2).

Listing 18–2
Manifest eines
Executable Jar

```
Manifest-Version: 1.0
Implementation-Title: helloworld
Implementation-Version: 0.0.1-SNAPSHOT
Built-By: msimons
Implementation-Vendor-Id: de.springbootbuch
Spring-Boot-Version: 2.0.0.RELEASE
Main-Class: org.springframework.boot.loader.JarLauncher
Start-Class: de.springbootbuch.helloworld.Application
Spring-Boot-Classes: BOOT-INF/classes/
Spring-Boot-Lib: BOOT-INF/lib/
Created-By: Apache Maven 3.5.0
```

```
Build-Jdk: 1.8.0_162
Implementation-URL: https://projects.spring.io/spring-boot/#/
                    spring-boot-starter-parent/helloworld
```

Der `JarFile` Class-Loader ermittelt über die Offsets der einzelnen Einträge des Jars die Positionen von Klassen und Jar-Dateien innerhalb des umgebenden Archivs, ohne dass das Archiv zur Laufzeit entpackt oder vollständig in den Speicher gelesen werden muss.

Der `JarLauncher` ist in der Lage, sowohl ausführbare Jar-Archive als auch entpackte Jar-Archive zu laden. Diese Funktion ist wichtig für einige Cloud-Plattformen (siehe Abschnitt 18.4).

Obiges Projekt kann also entweder über `java -jar helloworld.jar` oder aber entpackt gestartet werden:

```
./mvnw clean package
cd target
unzip helloworld.jar
java org.springframework.boot.loader.JarLauncher
```

Listing 18–3
Starten eines entpackten Executable Jar

Die Angabe des Klassenpfades ist auch in der entpackten Variante nicht nötig, da der JarLauncher die benötigten Bibliotheken über denselben Mechanismus wie im Executable Jar ermittelt.

Die Erzeugung der ausführbaren autonomen Archive kann gleichermaßen mit dem Spring-Boot-Maven-Plugin als auch dem Gradle-Plugin parametrisiert werden. Tabelle 18–1 zeigt die gemeinsamen Konfigurationen.

Die Eigenschaft `layout` wird in Tabelle 18–1 separat beschrieben. Mit `layout` wird konfiguriert, was für ein Artefakt beziehungsweise Archiv erzeugt wird und wie die Abhängigkeiten in diesem Archiv strukturiert sind.

Für die spezifische Konfiguration der Plugins für die Build-Management-Tools sei auf die Dokumentation des Maven-Plugins unter http://docs.spring.io/spring-boot/docs/current/maven-plugin beziehungsweise die des Gradle-Plugins unter https://docs.spring.io/spring-boot/docs/2.0.0.RELEASE/reference/html/build-tool-plugins-gradle-plugin.html#build-tool-plugins-gradle-repackage-custom-configuration verwiesen.

Im Abschnitt 18.3 auf Seite 376 wird noch detaillierter auf das Layout `WAR` eingegangen, da in der Regel weitere Anpassungen im Code notwendig sind, um das Layout sinnvoll einsetzen zu können.

Tab. 18–1
Konfiguration der
Neupaketierung von
Artefakten

Name	Funktion
mainClass	Die auszuführende Hauptanwendungsklasse. Wird dieses Attribut nicht angegeben, wird nach einer passenden Klasse gesucht. Eine passende Klasse ist eine Klasse mit gültiger main()-Methode, die über die Hilfsklasse SpringApplication eine mit @SpringBootApplication annotierte Anwendungsklasse »startet«. Falls mehrere Klassen mit main()-Methode vorliegen, wird diejenige gewählt, die mit @SpringBootApplication annotiert ist.
classifier	Ein Dateinamenfragment, das optional nach dem Namen des Artefaktes und vor die Dateiendung eingefügt wird. Standardmäßig ist dies leer: Das ursprüngliche Artefakt wird nicht als Hauptartefakt verteilt, sondern als »original«. Wird classifier gefüllt, so bleibt das ursprüngliche Artefakt das Hauptartefakt und das Neupaketierte wird mit dem angegebenen classifier ausgeliefert.
executable	Falls dieses Attribut auf true gesetzt wird, so sind die erzeugten Artefakte unter Unix-ähnlichen Betriebssystemen vollständig ausführbar, siehe Abschnitt 18.2.1.
embeddedLaunchScript	Das Startskript für vollständig ausführbare Artefakte. Falls kein Skript angegeben wird, wird das Spring-Boot-Standardskript genutzt.
embeddedLaunchScriptProperties	Eine Liste von Eigenschaften, die im embedded Launchscript expandiert werden
excludeDevtools	Ein Flag, ob die Entwicklungswerkzeuge mit paketiert werden sollen oder nicht. Sie werden standardmäßig ausgeschlossen. Über die Attribute excludes, excludeGroupIds und excludeArtifactIds können weitere Bibliotheken in unterschiedlicher Granularität ausgeschlossen werden.

Abhängigkeiten im Scope »Provided«

Der Maven-Scope »Provided« dient normalerweise dazu, Abhängigkeiten zu deklarieren, die zwar zur Compile-Zeit verfügbar sein müssen, aber nicht mit dem finalen Build-Artefakt ausgeliefert werden müssen. In einem regulären Maven-War-Projekt werden sie dann zum Beispiel nicht als Library in `WEB-INF/lib` mit ausgeliefert. Üblicherweise sind das Abhängigkeiten zur Servlet-API, einem Datenbanktreiber oder Ähnlichem, die vom Container zur Verfügung gestellt werden.

Die Spring-Boot-Maven- und -Gradle-Plugins liefern diese Abhängigkeiten im Executable Jar mit aus, da diese »Container«-Abhängigkeiten benötigt werden, um die entsprechende Anwendung zu starten. Die Abhängigkeiten werden selbst in einem ausführbaren War-File mit ausgeliefert, dann allerdings in einem speziellen Unterordner, der nicht vom Container gescannt wird.

Um diese Abhängigkeiten vom finalen Artefakt auszuschließen, konfigurieren Sie einen `<excludes />`-Block in Ihrem Build-Deskriptor.

Name	Beschreibung	Ausführbar
JAR	Das typische Layout eines Executable Jar	Ja
WAR	Das typische Layout einer ausführbaren War-Datei. Damit die Datei auch in einem Servlet-Container verteilt werden kann, sind Abhängigkeiten im Bereich `provided` nicht unter `WEB-INF/lib` archiviert, sondern unter `WEB-INF/lib-provided`, einem Bereich, der von Servlet-Containern nicht nach Bibliotheken durchsucht wird (siehe dazu auch den Kasten auf Seite 365).	Ja
ZIP bzw. DIR	Archive, die von einem erweiterten Launcher, dem `PropertiesLauncher`, gestartet werden können	Ja
MODULE	Erstellt ein Bundle der Projektressourcen und aller Abhängigkeiten, die nicht im Bereich `provided` sind	Nein
NONE	Erstellt ein Bundle der Projektressourcen und aller Abhängigkeiten	Nein

Tab. 18–2
Verschiedene Layouts für Artefakte

Mit dem `PropertiesLauncher` der Layouts `ZIP` und `DIR` können einige interessante Funktionen realisiert werden. Mit dem `PropertiesLauncher` ist es insbesondere möglich, externe Bibliotheken zusammen mit einem Fat Jar zu benutzen. Der `PropertiesLauncher` wird über Java-Systemvariablen, Umgebungsvariablen oder die externe Konfigurati-

PropertiesLauncher

onsdatei `loader.properties` gesteuert. Die wichtigsten Eigenschaften, die Sie konfigurieren können, sind:

`loader.path` Zusätzliche Klassenpfadeinträge, die sich analog zum »normalen« Java-Klassenpfad verhalten. Verzeichnisse werden automatisch rekursiv nach Jar- und Zip-Dateien durchsucht.

`loader.home` Konfiguriert relative Pfade in `loader.path`

`loader.args` Konfiguriert Default-Argumente für die Hauptanwendungsklasse

`loader.main` Konfiguriert die Klasse, die die Main-Methode beinhaltet. Damit könnten ausführbare Jar-Dateien mit mehreren Hauptanwendungsklassen realisiert werden.

Falls Sie diese Eigenschaften als Manifest-Einträge konfigurieren wollen, nutzen Sie Namen der Form `Loader-Path`. Umgebungsvariablen werden in der Form `LOADER_PATH` angegeben.

Ein Anwendungsfall, der es notwendig macht, externe Abhängigkeiten für ein Fat Jar anzugeben, sind lizenzrechtliche Gründe. Das Projekt *zip_layout*, das unter https://github.com/springbootbuch/zip_layout verfügbar ist, nutzt eine Oracle-Datenbank und benötigt den entsprechenden Treiber. Dieser Treiber sollte nicht in einem Fat Jar ausgeliefert werden, Sie konfigurieren ihn als `provided` und schließen ihn explizit aus dem `spring-boot-maven-plugin` aus (die Gründe erklärt der Kasten auf Seite 365):

Listing 18–4
Spring-Boot-
Maven-Plugin erzeugt
ausführbares Jar.

```
<plugin>
    <groupId>org.springframework.boot</groupId>
    <artifactId>spring-boot-maven-plugin</artifactId>
    <configuration>
        <layout>ZIP</layout>
        <excludes>
            <exclude>
                <groupId>com.oracle.jdbc</groupId>
                <artifactId>ojdbc7</artifactId>
            </exclude>
        </excludes>
    </configuration>
</plugin>
```

Falls Sie nun versuchen, die Anwendung mit `java -jar target/zip_layout.jar` zu starten, schlägt dies fehl, da der Treiber nicht vorhanden ist. Stattdessen starten Sie die Anwendung nun mit

```
java \
       -Dloader.path=/path/to/oracle/driver \
       -jar target/zip_layout.jar
```

Listing 18–5
Gebrauch des
loader.path des
PropertiesLauncher

und der Treiber wird aus dem angegebenen Pfad geladen. Falls Sie ein Artefakt in Kauf nehmen, das nur auf einem System funktionsfähig ist, das ein entsprechendes Verzeichnislayout aufweist, können Sie diesen Pfad auch im Manifest der Jar-Datei selber angeben. Der `Properties-Launcher` und seine Konfiguration werden ausführlich in Anhang E der Spring-Boot-Referenzdokumentation beschrieben.

18.2   Klassische Installation

Die klassische Installation einer Anwendung hat an einigen Stellen noch ihre Berechtigung, und sei es nur politischer Natur. Auch eine private Cloud »on-premise«, die aus normalen – virtuellen oder reellen – Servern besteht, kann sehr einfach mit einer Spring-Boot-Anwendung bedient werden.

Als Executable Jar eignet sich das »Fat Jar«-Format einer Spring-Boot-Anwendung auch hervorragend für eine reibungslose Verteilung in einer normalen Unix- und Linux-Umgebung und nicht nur innerhalb unterstützter Cloud-Umgebungen.

Falls Ihr Kunde Windows-Server betreibt, brauchen Sie nicht auf eine Lösung mit Batch-Dateien oder Ähnliches zurückgreifen. Sie können eine Spring-Boot-Anwendung mit nur wenig Nacharbeit als Windows-Dienst installieren.

Sie profitieren in allen Fällen weiterhin von der problemlosen externen Konfiguration ihrer Anwendung und sind nicht auf eine aufwendige Installation eines Application-Servers angewiesen.

18.2.1   Als Unix/Linux Service

Der einfachste Weg, eine Spring-Boot-Anwendung, die bereits als Fat Jar verteilt wird, als Unix- beziehungsweise Linux-Service zu verteilen, ist, ein vollständig ausführbares Executable Jar zu erzeugen. Listing 18–6 zeigt den relevanten Ausschnitt des POM des »Hello, World!«-Beispiels aus Kapitel 1 »Hallo, Spring Boot«. Das Setzen der Eigenschaft `executable` auf `true` erzeugt Jar-Dateien, die nicht nur direkt per `java -jar` ausführbar sind, sondern sich wie reguläre Skripte unter Unix/Linux-Systemen verhalten.

Listing 18–6
*Spring-Boot-
Maven-Plugin erzeugt
ausführbares Jar.*

```
<plugin>
    <groupId>org.springframework.boot</groupId>
    <artifactId>spring-boot-maven-plugin</artifactId>
    <configuration>
        <executable>true</executable>
    </configuration>
</plugin>
```

Die gleiche Funktion steht für das Spring-Boot-Gradle-Plugin zur Verfügung. *helloworld_groovy* aus »Groovy« im Kapitel 16 ist wie in Listing 18–7 konfiguriert:

Listing 18–7
*Spring-Boot-
Gradle-Plugin erzeugt
ausführbares Jar.*

```
bootJar {
    launchScript()
}
```

Jar-Dateien sind intern Zip-Dateien, und Sie können diese auch ganz normal mit einem Packprogramm öffnen und entpacken. Spring Boot nutzt die Struktur des Zip-Formates geschickt aus. Zip-Dateien haben keine sequenzielle Struktur, sondern ein zentrales Verzeichnis, das alle Inhalte und ihre Offsets beschreibt. Das Spring-Boot-Maven-Plugin bzw. das Spring-Boot-Gradle-Plugin schreibt nun vor allen Zip-Einträgen in der Datei ein ausführbares UNIX-Skript, das Sie sich zum Beispiel mit `more target/helloworld.jar` anschauen können:

Listing 18–8
*Ausführbares
UNIX-Skript am Anfang
eines Executable Jar*

```
#!/bin/bash
# Logo nicht dargestellt


### BEGIN INIT INFO
# Provides:          helloworld
# Required-Start:    $remote_fs $syslog $network
# Required-Stop:     $remote_fs $syslog $network
# Default-Start:     2 3 4 5
# Default-Stop:      0 1 6
# Short-Description: helloworld
# Description:       Parent pom providing dependency and plugin
↪  management for applications built with Maven
# chkconfig:         2345 99 01
### END INIT INFO
```

Nicht alle Werkzeuge und Umgebungen unterstützen dieses Format. Falls eine Anwendung einmal nicht gestartet oder verteilt werden kann, könnte es daran liegen.

init.d

Die Jar-Datei kann bereits mit `./helloworld.jar` ausgeführt werden. Durch einen einfachen symbolischen Link in den `init.d`-Ordner
des Betriebssystems wird die Jar-Datei als init.d-Systemskript installiert: `sudo ln -s /var/myapp/helloworld.jar /etc/init.d/helloworld`
und kann anschließend mit `service helloworld start` gestartet und
mit `service helloworld stop` angehalten werden. Ein `update-rc.d`
`helloworld defaults <priority>` sorgt dafür, dass die *helloworld*-
Anwendung auch beim Systemstart aktiviert wird.

Das Skript unterstützt dabei die folgenden klassischen Features:

- startet die Anwendung als Eigentümer der Datei
- ermöglicht die Verwaltung der Anwendung über die PID des Prozesses
- schreibt das Log nach `/var/log/helloworld.log`

Die Anwendung wird unter dem Benutzer ausgeführt, dem die Datei   *Sicherheit*
gehört. Wurde die Anwendung vom ROOT-Benutzer abgelegt, so läuft
die Anwendung ebenfalls als ROOT. Hier gilt das Gleiche wie für andere Programme: Überlegen Sie gut, ob Sie ein Programm unnötigerweise
als Linux-ROOT-Benutzer laufen lassen oder nicht. Sie können Ihre
Anwendung unter anderem mit folgenden Maßnahmen absichern:

- Ändern Sie den Eigentümer: `chown bootapp:bootapp helloworld.jar`.
  Lassen Sie Änderungen und Ausführen nur vom Eigentümer zu
  `chmod 500 helloworld.jar`.
- Oder machen Sie das Artefakt unveränderlich: `sudo chattr +i`
  `helloworld.jar`.

systemd

Ein Executable Jar kann 1:1 in einer systemd-Umgebung als init.d-
Skript weiter genutzt werden. Falls Sie aber systemd als Nachfolger
der System-V-init-Skripte vollständig nutzen möchten, können Sie eine
Spring-Boot-Anwendung mit einem Skript ähnlich `helloworld.service`
starten:

```
[Unit]
Description=helloworld
After=syslog.target
```

Listing 18–9
systemd-Service-Skript

```
[Service]
User=bootap
ExecStart=/var/helloworld/helloworld.jar
SuccessExitStatus=143

[Install]
WantedBy=multi-user.target
```

systemd verwalted Prozess-IDs (PIDs) sowie das Logging selber und muss entsprechend konfiguriert werden.

Anpassungen

Das Spring-Boot-Launch-Skript unterstützt die meisten Linux-Versionen und wurde auf Ubuntu und Centos getestet. Falls es wider Erwarten zu Problemen führt oder die Anwendung auf macOS oder FreeBSD ausgeführt werden soll, kann das Skript durch Angabe von embedded-LaunchScript (siehe Tabelle 18–1) komplett mit einem eigenen Skript ersetzt werden.

Das Standardskript kann aber sowohl während der Generierung als auch während der Ausführung umfangreich angepasst werden. Die Einstellungen der Tabelle 18–3 können über Umgebungsvariablen oder über eine weitere Konfigurationsdatei angepasst werden. Die Konfiguration muss in diesem Fall parallel zur Jar-Datei liegen und den gleichen Namen mit der Endung .conf tragen.

Das Spring-Boot-Team hat in Bezug auf das Startup-Skript den gleichen Gedanken wie in Bezug auf die externe Konfiguration der Anwendung an sich verfolgt: Die Anwendung passt sich ihrer Umgebung an und wird nicht speziell für eine Umgebung gebaut.

Die Referenzdokumention beschreibt unter »Customizing script when it's written«[1] detailliert, wie Sie das Skript bereits zur Build-Zeit anpassen können. Interessant sind insbesondere die Parameter, die nicht im Nachhinein überschrieben werden können. Dazu gehören insbesondere die Beschreibung (initInfoDescription und initInfoShort-Description) sowie die init.d-Level, die beim Start beziehungsweise Stop des Skriptes aktiv sein müssen (initInfoRequiredStart und initInfo-RequiredStop).

---

[1] https://docs.spring.io/spring-boot/docs/2.0.0.
RELEASE/reference/html/deployment-install.html#
deployment-script-customization-when-it-written

Name	Beschreibung
MODE	Der Modus kann entweder auto, service oder run sein. Im auto-Modus stellt das Skript selber fest, ob es als Dienst installiert wurde oder als Skript aufgerufen wird.
USE_START_STOP_DAEMON	Flag, ob der Linux start-stop-daemon genutzt werden soll
PID_FOLDER	Ort, in dem die PID-Datei abgelegt wird (/var/run)
LOG_FOLDER	Ort, in dem das Log abgelegt wird (/var/log)
CONF_FOLDER	Ordner, aus dem zusätzliche Startup-Konfigurationsdateien gelesen werden (standardmäßig entspricht dieser dem Ordner der Jar-Datei)
LOG_FILENAME	Name der Logdatei (<appname>.log)
APP_NAME	Name der Anwendung
RUN_ARGS	Programmparameter
JAVA_HOME	Pfad zum Java-Executable, falls dieses nicht im Pfad liegt oder ein anderes genutzt werden soll
JAVA_OPTS	Parameter für Java (nicht für die Anwendung)
DEBUG	Aktiviert die Debug-Ausgabe des Skriptes
STOP_WAIT_TIME	Zeit, die das Skript der Anwendung zum Herunterfahren gibt (60 Sekunden)

*Tab. 18–3
Konfiguration des
Startskriptes zur
Laufzeit*

18.2.2 Als Windows-Dienst

Quelltext

windows_service auf GitHub:
https://github.com/springbootbuch/windows_service

Ein Windows-Dienst kann mit Hilfe der Apache Daemontools[2] und des winsw[3] Service Wrapper realisiert werden, der unter anderem auch vom Jenkins-Projekt für die Bereitstellung der Windows-Dienste genutzt wird.

Während das Starten der Anwendung mit Hilfe des Service Wrapper keine weiteren Eingriffe erfordert (von der Parametrisierung im jeweiligen Einsatzzweck abgesehen), ist das Stoppen aufwendiger und basiert auf dem aktivierten JMX Remoting, das über die Angabe ei-

*JMX Remote
notwending!*

---

[2] https://commons.apache.org/proper/commons-daemon/
[3] https://github.com/kohsuke/winsw

nes JMX-Ports beim Start von Java mit -Dcom.sun.management.jmxremote
.port=4711 aktiviert wird. Einschränkungen bezüglich Zugriffsrechte,
SSL und Weiteres sind über entsprechende Parameter ebenfalls möglich.

Ist diese Hürde genommen, so müssen noch die administrativen
Funktionen der SpringApplication-Instanz für den jeweiligen MBean-
Server der Plattform durch Setzen der Property spring.application
.admin.enabled auf true eingeschaltet werden. Dadurch steht eine Instanz der Klasse SpringApplicationAdminMXBean im MBeanServer, die wir
nutzen können, um die Anwendung remote herunterfahren zu können.

Zu definieren ist eine Klasse ähnlich dem AdminClient[4], der
sich gegen den MBeanServer einer Instanz der Anwendung verbindet,
die SpringApplicationAdminMXBean anspricht und die #shutdown-Methode
aufruft.

JMX Remote ist in diesem Fall unumgänglich, denn die eigentliche Anwendung wird mindestens zweimal aufgerufen: wie bereits kennengelernt beim Starten des Service als ganz normale Spring-Boot-
Anwendung und zum Stoppen des Service. Dieser zweite Aufruf, der
natürlich entsprechend parametrisiert ist, findet aber in einer anderen
VM statt. Es ist also nicht möglich, einfach den lokalen MBean-Server
zu nutzen:

Listing 18–10
Start und Stopp einer
Anwendung speziell für
Windows-Dienste

```
public static void main(final String... args)
    throws Exception {
    if (args.length != 2 ||
        !args[0].trim().equalsIgnoreCase("stopService")
    ) {
        SpringApplication.run(
            Application.class, args);
    } else {
        final int port = parseInt(args[1]);
        try (JMXConnector connector = connect(port)) {
            new AdminClient(
                connector.getMBeanServerConnection(),
                AdminClient.DEFAULT_OBJECT_NAME)
            .stop();
        } catch (InstanceNotFoundException ex) {
            throw new IllegalStateException(
                "Spring application lifecycle "
                + " JMX bean not found,"
```

---

[4] https://github.com/springbootbuch/windows_service/blob/master/src/
main/java/de/springbootbuch/windows/AdminClient.java

```
            + " could not stop application"
            + " gracefully",
            ex
        );
    }
  }
}
```

Wenn die Anwendung ohne Argumente aufgerufen wird, startet sie normal, anderenfalls wird versucht, über den `AdminClient` die bereits laufende Instanz zu erreichen und zu stoppen.

Während die Daemontools als normale Abhängigkeit in Maven unter den Koordinaten `commons-daemon:commons-daemon` deklariert werden, erfordert der Service Wrapper die Angabe des Jenkins Maven Repository sowie eine etwas ungewohnte Definition der Abhängigkeit:

```xml
<dependencies>
    <dependency>
        <groupId>com.sun.winsw</groupId>
        <artifactId>winsw</artifactId>
        <version>1.19</version>
        <classifier>bin</classifier>
        <type>exe</type>
    </dependency>
</dependencies>


<repositories>
    <repository>
        <id>jenkins-releases</id>
        <url>http://repo.jenkins-ci.org/releases/</url>
    </repository>
</repositories>
```

Listing 18–11
Abhängigkeiten für winsw

Über die Maven-Plugins `maven-resources-plugin` sowie `maven-dependency-plugin` werden sowohl der Service Wrapper als auch einige Konfigurationsdateien in das Verzeichnis `$project.build.directory/dist` kopiert.

Mit dem Assembly-Plugin wird in der Datei `windows.xml` festgelegt, wie das finale Artefakt aussieht: Es wird zusätzlich zum Fat Jar eine Zip-Datei erzeugt, die in einem Unterordner `lib` alle Abhängigkeiten enthält. Hierbei ist es wichtig, darauf zu achten, nicht die devtools mit auszuliefern, sofern Sie diese in Ihrem Projekt verwenden. Werden sie regulär als Jar in den Klassenpfad mit aufgenommen, erkennen sie nicht korrekt, dass die Anwendung bereits in Produktion läuft. Ebenfalls bereitgestellt wird eine leere Konfigurationsdatei, der Service Wrapper in Form einer ausführbaren Datei, die den Namen des Projektes trägt, sowie die eigentliche Konfiguration des Service.

Um der Übersichtlichkeit Rechnung zu tragen, wurde auf die Abbildung der Assembly-Konfiguration verzichtet. Sie finden diese dauerhaft unter https://github.com/springbootbuch/windows_service/blob/master/windows.xml

Schlussendlich werden in service.xml die Einstellungen für den Service Wrapper vorgenommen und wie dieser Ihre Anwendung aufrufen muss. Hier ist es wichtig, sich an Kapitel 4, Konfiguration, zu erinnern: Spring-Propertys, die einer Anwendung über Java Systemparameter mitgegeben werden, haben höchste Priorität und können nicht mit Propertys aus Dateien oder einem Konfigurationsserver überschrieben werden. Es wird also unwiderruflich festgelegt, dass die Spring-Boot-Admin-Funktionalität eingeschaltet sowie der JMX Port aus dem Maven POM als Parameter festgelegt ist:

Listing 18–12
service.xml

```
<service>
  <id>@project.artifactId@</id>
  <name>@project.name@</name>
  <description>
      Your app as a windows service
  </description>
  <workingdirectory>%BASE%\</workingdirectory>
  <logpath>%BASE%\logs</logpath>
  <logmode>rotate</logmode>

  <executable>java</executable>
  <startargument>-Dspring.application.admin.enabled=true</startargu
  ↪   ment>
  <startargument>-Dcom.sun.management.jmxremote.port=@jmx.port@</st
  ↪   artargument>
  <startargument>-Dcom.sun.management.jmxremote.authenticate=false<
  ↪   /startargument>
  <startargument>-Dcom.sun.management.jmxremote.ssl=false</startarg
  ↪   ument>
  <startargument>-cp</startargument>
  <startargument>lib/*</startargument>
  <startargument>@start-class@</startargument>
  <startargument>startService</startargument>
  <stopexecutable>java</stopexecutable>
  <stopargument>-cp</stopargument>
  <stopargument>lib/*</stopargument>
```

```
<stopargument>@start-class@</stopargument>
<stopargument>stopService</stopargument>
<stopargument>@jmx.port@</stopargument>
</service>
```

Ein ./mvnw clean package erstellt windows_service.zip mit folgendem Inhalt:

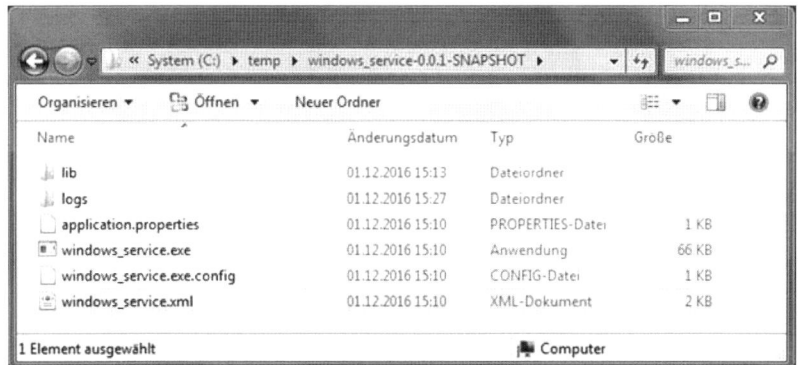

Abb. 18–1
Windows-Distribution der »Hallo, Welt«-Anwendung

Die Installation des Dienstes erfolgt innerhalb einer Eingabeaufforderung mit administrativen Rechten wie folgt:

> Zip-Datei ins endgültige Zielverzeichnis entpacken
> in das Verzeichnis der Anwendung navigieren
> gegebenenfalls weitere Konfiguration vornehmen
> windows_service.exe install aufrufen bzw. entsprechend dem Namen des eigenen Artefaktes
> net start windows_service startet den installierten Dienst, net stop windows_service stoppt ihn, der Name des Dienstes entspricht wieder dem Namen des Projektes.

Die Deinstallation ist mit windows_service.exe uninstall ebenso schnell erledigt. Das oben verlinkte Projekt beinhaltet eine statische Webseite, die nach Installation unter http://localhost:8080 zur Verfügung steht. Bemerkenswert bei der Installation unter Windows ist, dass zumindest die niedrigen Ports einfacher zu konfigurieren sind als unter Linux, es muss nur der entsprechende Port in einer der Propertys-Dateien eingetragen werden.

Der Senior Consultant Jonas Hecht beschreibt im Blog der Firma codecentric AG ein Verfahren, Spring-Boot-Anwendungen mit dem Provisionierungswerkzeug Ansible unter Windows-Containern in Betrieb zu nehmen. Probieren Sie doch einmal aus, das hier vorgestellte Verfahren mit Ansible zu automatisieren. Sie finden Jonas' Artikel unter https://blog.codecentric.de/2017/07/ansible-windows-spring-boot/.

18.3 Servlet-Container

Ein »traditionelles« Deployment einer Spring-Boot-Anwendung in einen Servlet-Container oder Application-Server kann in bestimmten Konstellationen durchaus sinnvoll sein, zum Beispiel als Teil einer Migration weg von einer klassischen Spring-Framework-Anwendung hin zu einer modernen Spring-Boot-Anwendung.

Am einfachsten gelingt das in Containern, die mindestens die Servlet-Spezifikation 3.0 von 2009 unterstützen. Servlet 3.0 war die erste Servlet-Spezifikation, die den Deployment Descriptor web.xml optional machte: Die Konfiguration von Servlets konnte komplett über Annotationen (@WebServlet und @WebServletContextListener) geschehen.

18.3.1 War-Deployment

Quelltext

helloword_war ist dem Projekt *helloworld* aus Kapitel 1 sehr ähnlich. Der Unterschied: Es wird als War-Datei paketiert und kann in jeden Servlet-3.0-Container deployt werden.

Das POM des Projektes beinhaltet das docker-maven-plugin mit einer Konfiguration, die es ermöglicht, eine Instanz von Tomcat 8.5 in einem Docker-Container zu starten und das *helloworld_war* darin zu deployen. Zusätzlich zu diesem Container wird ein zweiter mit einer PostgreSQL-Datenbank gestartet. Im Tomcat ist eine Verbindung als JNDI-Ressource zu dieser Datenbank hinterlegt, die ohne Weiteres in der Spring-Boot-Anwendung genutzt werden kann.

Das Projekt und der Container springbootbuch/helloworld_war werden mit ./mvnw clean docker:build gebaut und mit ./mvnw clean docker:start beziehungsweise ./mvnw clean docker:stop gestartet und gestoppt. Über http://localhost:8980/helloworld_war/hello?name=Spring%20Boot ist die Anwendung erreichbar.

helloword_war auf GitHub:
https://github.com/springbootbuch/helloword_war.

Es reicht nicht, eine Anwendung wie in Abschnitt 18.1 beschrieben als War-Datei zu paketieren, sondern es ist nötig, mit Hilfe der abstrakten Klasse SpringBootServletInitializer den Servlet-Kontext im Sinne von Spring Boot zu initialisieren.

SpringBootServletInitializer implementiert das Spring-Framework Interface WebApplicationInitializer. WebApplicationInitializer ist eine Implementierung eines SPI und wird als solche vom Bootstrapping-Mechanismus des Frameworks beim Start automatisch geladen. Implementierungen des Interface sind der Schlüssel zu einer internen Konfiguration, die ausschließlich aus Code bestehen kann.

Listing 18–13 zeigt eine Klasse, die sowohl als gültige Anwendungsklasse für ein Fat Jar als auch für ein Deployment-Szenario als War-Datei in einem Container geeignet ist:

```
@SpringBootApplication
public class Application
                extends SpringBootServletInitializer {
    @Override
    protected SpringApplicationBuilder configure(
                SpringApplicationBuilder builder
    ) {
        return configureApplication(builder);
    }


    public static void main(String[] args) {
        configureApplication(new SpringApplicationBuilder())
                .run(args);
    }


    private static
    SpringApplicationBuilder configureApplication(
                SpringApplicationBuilder builder
    ) {
        return builder.sources(Application.class);
    }
}
```

Listing 18–13
Initialisierung einer Spring-Boot-Anwendung über einen WebApplication-Initializer

Für die Verteilung als War-Datei ohne `web.xml` ist die `configure`-Methode entscheidend: Sie parametrisiert den `SpringApplicationBuilder` entsprechend der Anwendung.

Die `main`-Methode liegt hier in einer Variante vor und ist nur relevant, wenn die War-Datei selber ausführbar sein soll: `SpringApplication` wird nicht auf direktem Wege instanziiert, sondern auch über den `SpringApplicationBuilder`, der an eine gemeinsame Methode übergeben wird.

Alle Funktionen von Spring Boot, die in einer klassischen Spring-Framework-Anwendung nicht zur Verfügung stehen, insbesondere die intelligenten Mechanismen zur Konfiguration aus den Abschnitten 4.1 »Externe Konfiguration« und 4.2 »Interne Konfiguration«, können somit auch in klassischen Deployment-Szenarien genutzt werden.

Wird das Spring-Boot-Maven-Plugin beziehungsweise das Gradle-Pendant genutzt, so muss Sorge getragen werden, dass zum Beispiel nicht der eingebettete Tomcat als reguläre Abhängigkeit deklariert ist. Das Spring-Boot-Maven-Plugin erzeugt nämlich per Default ein aus-

Ausführbare War-Dateien

führbares »Fat War«, das *alle* regulären Abhängigkeiten in `WEB-INF/lib` enthält. Jar-Dateien in diesem Verzeichnis werden aber automatisch vom Container geladen. Ein Beispiel für ergiebige Fehlerquellen sind JDBC-Treiber, die sowohl im Container als auch in einer War-Datei vorhanden sind. Das in Abschnitt 18.1 beschriebene Layout WAR sieht daher einen zweiten Ordner für Bibliotheken vor: `WEB-INF/lib-provided`, der nur vom Spring-Boot-Loader, aber nicht von einem Container ausgewertet wird.

Listing 18–14 zeigt exemplarisch für Maven, wie der eingebettete Tomcat so ausgeschlossen wird, dass die Anwendung sowohl alleinstehend als auch in einem Container korrekt funktioniert:

```
<dependency>
    <groupId>org.springframework.boot</groupId>
    <artifactId>spring-boot-starter-web</artifactId>
</dependency>
<dependency>
    <groupId>org.springframework.boot</groupId>
    <artifactId>spring-boot-starter-tomcat</artifactId>
    <scope>provided</scope>
</dependency>
```

Listing 18–15 zeigt die für ein Gradle-Projekt notwendige Deklaration. Für Abhängigkeiten wie Datenbanktreiber, JAX-RS-Implementierungen und Ähnliches ist analog vorzugehen.

```
dependencies {
    providedRuntime
    ↪   'org.springframework.boot:spring-boot-starter-tomcat'
}
```

Wenn wie im Beispiel `helloworld_war` auf eine ausführbare War-Datei verzichtet werden soll, darf das Spring-Boot-Maven- beziehungsweise das Spring-Boot-Gradle-Plugin nicht benutzt werden. Alle Abhängigkeiten im Scope `provided` sind dann nicht mehr Teil des erzeugten Artefaktes, das Artefakt ist dann entsprechend kleiner. Auch die `main`-Methode in Listing 18–13 kann dann entfernt werden, wie Listing 18–16 zeigt:

```
@SpringBootApplication
public class Application
        extends SpringBootServletInitializer {
}
```

Die configure-Methode benötigen Sie nicht, da die Annotation @Spring-BootApplication selber mit @Configuration annotiert ist: Die Klasse wird somit als Komponente erkannt und kann den Kontext initialisieren.

18.3.2 Klassische Spring-Anwendungen migrieren

Bestehende Spring-Anwendungen können von einer Migration nach beziehungsweise durch die Erweiterung um Spring Boot profitieren: Die Verwaltung von Abhängigkeiten wird einfacher, Sie können manuelle Konfiguration von Modulen oftmals durch die entsprechende automatische Konfiguration ersetzen und vieles mehr. Wenn Sie bestehende Konfiguration beibehalten wollten, profitieren Sie trotzdem von den Startern: Anstatt zum Beispiel alle benötigten Abhängigkeiten für Spring Data JPA zu deklarieren, nutzen Sie den Starter: Seine automatische Konfiguration findet nicht statt, wenn Sie JPA Ihrer Anwendung bereits konfiguriert haben. Klassische Spring-Webanwendungen können weiterhin als War-Datei deployt werden, sie müssen nicht als Fat Jar verteilt und über eine main()-Methode gestartet werden.

Einer der ersten Schritte zur Migration einer alten Anwendung sollte der Einsatz der Spring Bill of Materials (io.spring.platform:platform-bom) für die Verwaltung der Abhängigkeiten sein, die es ermöglicht, auf das händische Verwalten von Versionsnummern zu verzichten.

Eine Erzeugung des Spring Kontextes der Form new Annotation ConfigApplicationContext(Class1.class, Class2.class) kann problemlos durch new SpringApplicationBuilder(Class1.class,Class2.class) .run() ersetzt werden.

Während Anwendungen, die nur den Spring-Container nutzen, relativ einfach migriert werden können, erfordert die Migration von Spring Web MVC etwas mehr Aufwand. Diese Anwendungen sollten den org.springframework.boot:spring-boot-starter-web als Abhängigkeit deklarieren und nicht die einzelnen Module von Spring Web MVC. Durch Einsatz des Starters kann auf manuelle Konfiguration von Spring Web MVC verzichtet werden. Weiterhin konfiguriert er, dass statische Ressourcen korrekt aus den Pfaden /public, /static, /resources oder /META-INF/resources geladen werden.

Vorhandene Beans beziehungsweise Komponenten vom Typ Servlet, ServletRegistrationBean, Filter oder FilterRegistrationBean werden automatisch über die entsprechenden Servlet-3.0-Mechanismen installiert und müssen nicht manuell in einer web.xml aufgeführt werden.

Bestehende Konfiguration in Form von XML-Dateien kann wie in Unterabschnitt 4.2.2 beschrieben durch @ImportResource (siehe Listing 4–21) importiert werden, mit dem erneuten Hinweis, dass große

Teile bestehender Konfiguration oftmals durch Nutzung der Starter ob-
solet werden. Ein Beispiel für den Import ist die Nutzung der `beans.xml`
im Beispiel *container_example* in Unterabschnitt 3.1.2.

Reine Servlet-3.0-Spring-Anwendungen ohne `web.xml` lassen sich
oftmals ohne viel Aufwand migrieren. Bestehender Code aus `Web-`
`ApplicationInitializern` kann normalerweise komplett in einen `Spring-`
`BootServletInitializer` verschoben werden. Auf Servlet- und Filterde-
klarationen aus bestehenden `web.xml`-Deskriptoren kann in der Regel
verzichtet werden, Servlet und Filter werden als Standard-Beans deklariert. Bitte beachten Sie, dass existierende `WebApplicationInitializer`
innerhalb eines eingebetteten Containers absichtlich nicht ausgeführt
werden. `SpringBootServletInitializer` muss an dieser Stelle als Adapter
genutzt werden.

Verschachtelte Spring-Kontexte mit Parent-Child-Beziehungen können über die Builder-Methoden des `SpringApplicationBuilder` realisiert
werden.

18.4   Verteilung in die Cloud

Platform-as-a-Service   In diesem Kapitel lernen Sie, welchen Nutzen Sie aus der Kombination
von Spring Boot und dem Konzept von PaaS ziehen können. Es wird
beschrieben, wie eine Spring-Boot-Anwendung mit wenigen Befehlen
auf die Zielplattform verteilt und konfiguriert wird beziehungsweise
sich der Umgebung anpasst. Eine explizite Verteilung in Container wird
nicht Thema des Kapitels sein, da ein Container oder ein virtueller Server letzten Endes ein Standardserver ist, in dem die Anwendung wie in
»Klassische Installation« verteilt werden kann.

Die Idee der »Externen Konfiguration« zusammen mit dem Execut-
able-Jar-Format einer Standard-Spring-Boot-Anwendung ist wie gemacht für die Verteilung in eine moderne Cloud-Plattform wie Heroku oder Cloud Foundry[5]. Ausgehend von einer Codebasis wird ein
Artefakt erzeugt, das zusammen mit der notwendigen externen Konfiguration zur Verteilung gebracht wird und als solches alle benötigten
Abhängigkeiten mitbringt: Es ist *self-contained*.

Self-contained   Warum ist das wichtig? Cloud Foundry, Heroku und andere Plattformen verwalten keine Application-Server oder -Container, sie verwalten »einfache« Java-Prozesse. Ein Executable Jar, das mit dem
Spring-Boot-Gradle-Plugin oder -Maven-Plugin erzeugt wurde, beinhaltet einen eingebetteten Application-Server und kann »wie es ist« mit
den Werkzeugen der jeweiligen Plattform gestartet werden.

---

[5] https://www.cloudfoundry.org

Plattformen, die auf die Verteilung von Anwendungen als Software-as-a-Service (SaaS) spezialisiert sind, arbeiten häufig mit sogenannten Build-Packs: Ein Build-Pack inspiziert das Artefakt des Anwenders und überprüft, welche Umgebung und welche Abhängigkeiten benötigt werden, um eine Anwendung zu starten und welche externen Dienste an die Anwendung gebunden werden müssen.

Die 12-Factor-App schreibt unter Punkt 7: »Die Zwölf-Faktor-App ist vollständig eigenständig und verlässt sich nicht darauf, dass ein externer Webserver zur Laufzeit injiziert wird, um dem Web einen Dienst zur Verfügung zu stellen. Die Anwendung exportiert HTTP als Dienst, indem sie sich an einen Port bindet, und wartet an diesem Port auf Requests.« Dieses Bindung funktioniert natürlich in zwei Richtungen. In Punkt 4 »Unterstützende Dienste« heißt es: »Der Code einer Zwölf-Faktor-App macht keinen Unterschied zwischen lokalen Diensten und solchen von Dritten. Für die App sind sie beide unterstützende Dienste, zugreifbar über eine URL oder andere Lokatoren/Credentials, die in der Konfiguration gespeichert sind.« Build-Packs ermitteln die Anforderungen einer Anwendung und stellen die benötigten unterstützenden Dienste über URLs oder sonstige Mittel zur Verfügung.

Bindung an Ports

18.4.1   Cloud Foundry

Was ist Cloud Foundry?

Cloud Foundry ist eine Cloud-Anwendung zur Realisierung einer PaaS. Cloud Foundry selber wurde ursprünglich von VMWare entwickelt, bevor es an Pivotal übergeben wurde. Im Januar 2015 wurde Cloud Foundry unter dem Dach der Cloud Foundry Foundation Open Source.

Cloud Foundry basiert auf Containern und unterstützt eine Vielzahl von Sprachen und Architekturen und ist dabei auf Amazon Web Services (AWS), Microsoft Azure, OpenStack und anderen Plattformen lauffähig. Sie können Cloud Foundry auf eigener Infrastruktur hosten und über die Skriptsprache BOSH parametrisieren, der Aufwand ist allerdings immens.

Die folgenden Beispiele wurden auf der kommerziellen Instanz Pivotal Cloud Foundry getestet, auf der kostenlose Testaccounts zur Verfügung stehen.

Sie können die Beispiele ausführen, wenn Sie das Cloud Foundry Command-Line-Interface (CLI) installieren. Folgen Sie bitte dazu den Anweisungen der offiziellen Anleitung unter http://docs.cloudfoundry.org/cf-cli/install-go-cli.html.

Für die Technologien und Designentscheidungen, die Sie bis hierhin kennengelernt haben, funktioniert die Verteilung einer Spring-Boot-Anwendung nach Cloud Foundry in der Regel problemlos.

Bitte loggen Sie sich mit dem CLI-Tool zuerst ein: `cf login -a https://api.run.pivotal.io`, wobei Sie natürlich auch jeden anderen Cloud-Foundry-Endpunkt außer Pivotal nutzen können.

Quelltext

Das Beispiel dieses Kapitels als *cloud_foundry* auf GitHub: https://github.com/springbootbuch/cloud_foundry

---

Das *cloud_foundry*-Beispiel wird wie gewohnt mit Maven gebaut und anschließend mit `cf push` in die Cloud verteilt:

Listing 18–17
Verteilung mit
Cloud Foundry

```
# Bau der Anwendung wie gewohnt mit Maven
./mvnw clean package
# Push der Anwendung in die Cloud Foundry Platform
cf push cf_example -p target/cloud_foundry.jar
Erstellen von App cf_example in Organisation springbootbuch /
↳   Bereich development als michael@XXX...
OK


Verwenden von Route cf-example.cfapps.io
Binden von cf-example.cfapps.io an cf_example...
OK
...
Downloaded app package (28.5M)
-----> Java Buildpack Version: v3.13 (offline) |
↳   https://github.com/cloudfoundry/java-buildpack.git#03b493f
-----> Downloading Open Jdk JRE 1.8.0_121 from
↳   https://java-buildpack.cloudfoundry.org/openjdk/trusty/x86_64/o
↳   penjdk-1.8.0_121.tar.gz (found in
↳   cache)
...
-----> Downloading Spring Auto Reconfiguration 1.10.0_RELEASE from
↳   https://java-buildpack.cloudfoundry.org/auto-reconfiguration/au
↳   to-reconfiguration-1.10.0_RELEASE.jar (found in
↳   cache)
Uploading droplet...
Exit status 0
Uploading droplet, build artifacts cache...
Uploading build artifacts cache...
```

```
Uploaded build artifacts cache (108B)
Uploaded droplet (74M)
Uploading complete
Destroying container
Successfully destroyed container

0 von 1 Instanzen sind aktiv, 1 startet
1 von 1 Instanzen sind aktiv

App gestartet

OK
```

Im Beispiel steht `cf_example` für den Namen der Anwendung auf der Plattform und erzeugt darüber hinaus eine Route, über die die Anwendung öffentlich erreichbar ist: https://cf-example.cfapps.io/hello. Der konfigurierte Benutzer ist `test:test`. Falls Sie das Beispiel in Ihrem Pivotal-Cloud-Foundry-Account nachbauen möchten: Die Route `cf-example` ist schon vergeben.

Kleine Uploads

Während des `cf push`-Kommandos passiert eine Menge: Cloud Foundry wählt für das Java-Maven-Projekt automatisch das Java-Buildpack[6] aus und analysiert das Artefakt. Im Beispiel wurden anschließend nur die benötigten Dateien und Libraries hochgeladen und keinerlei Artefakte, die im öffentlichen Maven Repository verfügbar sind. Damit wird ein häufiger Kritikpunk an Fat Jars abgeschwächt, ein Deployment ist zur Not auch aus einem Zug über eine Mobilfunkanbindung möglich.

Das Java-Buildpack hat darüber hinaus festgestellt, dass ein Jar-Layout mit einer Main-Klasse genutzt wird, die direkt gestartet werden kann. Die Main-Klasse ist im Beispiel nur indirekt aus dem Projekt selber, es wird der `JarLauncher` wie in Abschnitt 18.1 erklärt genutzt. Das Java-Buildpack kann darüber weiterhin ableiten, dass Spring Boot genutzt wird: Über die Eigenschaft `server.port` wird direkt der korrekte HTTP-Port festgelegt.

Konfiguration aus der Umgebung heraus

Die Anpassung hört an dieser Stelle nicht auf: Über die Umgebungsvariable `SPRING_PROFILES_ACTIVE` (vergleiche Unterabschnitt 4.2.1 »Profile«) wird das Profil `"cloud"` aktiviert. Alle weiteren Umgebungsvariablen werden mit dem Präfix `vcap.` in die konfigurierbare Spring-Umgebung abgebildet. Diese Eigenschaften können Sie in Ihrer Anwendung über `@Value`-Annotationen oder besser mit `@Configuration-`

---

[6] https://github.com/cloudfoundry/java-buildpack

Properties auslesen oder aber automatisiert mit Spring Cloud Connectors[7] nutzen.

Automatische
Neukonfiguration

Im Standard gehört zum Java-Buildpack ebenfalls die automatische Neukonfiguration von Anwendungen. Das Auto-Reconfiguration-Modul greift an drei Stellen über die Möglichkeiten externer Konfiguration in die Anwendung ein:

1. Hinzufügen des Profils `cloud` zur Liste aktivierter Profile
2. Alle expliziten Eigenschaften der Cloud-Umgebung werden als PropertySource Teil der Umgebung.
3. Bekannte Beans werden in Abhängigkeit der verfügbaren Dienste neu definiert.

Was ist mit Punkt 3 gemeint? Eine Bean vom Typ `javax.sql.DataSource` wird automatisch von einer explizit lokalen Konfiguration zu einer Verbindung im Sinne einer 12-Factor-App: Die Datenbankverbindung wird als Ressource aus der Umgebung in die Anwendung injiziert. Dabei können vollkommen transparent und außerhalb der Anwendung verschiedene Dienste konfiguriert werden.

Diese Neukonfiguration steht darüber hinaus für Messaging, Mongo, Redis und weitere Dienste zur Verfügung.

Das Beispiel *cf_example* zeigt das Verhalten am Beispiel einer relationalen Datenbank. Die Anwendung beinhaltet die JPA-Entität `GreetingEntity` und das Spring Data JPA Repository `GreetingRepository` (siehe dazu auch die Beispiele im Abschnitt 10.1), die notwendigen Abhängigkeiten sind im POM deklariert:

Listing 18–18
Abhängigkeiten
mit lokaler
In-Memory-Datenbank

```xml
<dependency>
    <groupId>org.springframework.boot</groupId>
    <artifactId>spring-boot-starter-data-jpa</artifactId>
</dependency>
<dependency>
    <groupId>com.h2database</groupId>
    <artifactId>h2</artifactId>
    <scope>runtime</scope>
</dependency>
 <dependency>
    <groupId>org.postgresql</groupId>
    <artifactId>postgresql</artifactId>
    <scope>runtime</scope>
</dependency>
```

[7] http://cloud.spring.io/spring-cloud-connectors/

Nachdem die Anwendung wie oben beschrieben deployt wurde, können Sie den Health-Status abfragen:

```
curl --user test:test https://cf-example.cfapps.io/health
{
    "db": {
        "database": "H2",
        "hello": 1,
        "status": "UP"
    },
    "status": "UP"
}
```

Listing 18–19
Health ohne dedizierten Datenbankservice

Es wird – wie beim lokalen Start – H2 genutzt. Würde die Anwendung nicht nur lesend auf eine Datenbank zugreifen, sondern schreiben, würden die Inhalte der In-Memory-Datenbank bei jedem Neustart verloren gehen. Sie können über den Pivotal Cloud Foundry Marketplace verschiedene Datenbankanbieter auswählen. Der Befehl `cf marketplace` listet verfügbare Dienste auf. ElephantSQL ist ein PostgreSQL-Dienst, der ebenfalls mit dem Cloud Foundry CLI-Tool »bestellt« und konfiguriert werden kann. In Listing 18–20 wird die kleinste, kostenlose Instanz `turtle` bestellt, der Anwendung zugeordnet und die Anwendung wird neu gestartet:

```
# Bestellung und Benennung des Dienstes
cf create-service elephantsql turtle db-service
# Zuordnung des Dienstes zur Anwendung
cf bind-service cf_example db-service
# Neustart der Anwendung
cf restage cf_example
```

Listing 18–20
Konfiguration und Zuordnung eines unterstützenden Dienstes

Das Java-Buildpack hat eine Neukonfiguration der Datenquelle durchgeführt. Es beinhaltet Teile der Spring Cloud Connectors und ist in der Lage, diese Neukonfiguration für verschiedene Dienste durchzuführen. Das Ergebnis wieder als Actuator-Health-Status:

```
curl --user test:test https://cf-example.cfapps.io/health
{
    "db": {
        "database": "PostgreSQL",
        "hello": 1,
        "status": "UP"
    },
    "status": "UP"
}
```

Listing 18–21
Health mit dediziertem Datenbankservice

Anwendungen stoppen und entfernen Laufende Anwendungen in einem Cloud-Foundry-Account können mit `cf apps` aufgelistet, mit `cf stop cf_example` angehalten und schlussendlich mit `cf delete cf_example` gelöscht werden. Der Datenbankdienst des Beispiels wird mit `cf delete-service db-service` gelöscht. Für viele weitere Managementaufgaben stehen ähnliche Kommandos oder aber die komfortable Weboberfläche zur Verfügung.

Actuator Support für Cloud Foundry

Spring Boot Actuator (siehe Kapitel 17) beinhaltet einen speziellen Endpunkt `/actuator/cloudfoundryapplication`, der aktiviert wird, wenn die Anwendung in eine Umgebung kompatibel mit Cloud Foundry verteilt wird. Dieser Endpunkt ist nicht für »normale« Benutzer erreichbar, sondern nur für Aufrufe, die mit einem gültigen Token eines *Cloud-Foundry User Account and Authentication (UAA) Server* versehen sind. Der Endpunkt wird von verschiedenen Elementen Cloud Foundrys genutzt. Zum Beispiel kann Cloud Foundry über ihn die vollständigen Health-Informationen anzeigen, ohne dass in Cloud Foundry ein »echter« Nutzer der Anwendung konfiguriert sein muss.

Für eine selbstgehostete Instanz von Cloud Foundry kann die Konfigurationseigenschaft `management.cloudfoundry.skip-ssl-validation` interessant sein. Mit dem Wert `true` werden die Zertifikate des UAA-Servers nicht überprüft.

Actuator Support für Cloud Foundry kann mit `management.cloudfoundry.enabled=false` komplett abgeschaltet werden.

Fazit

Cloud Foundry ist konsequent darauf ausgelegt, das Ziel einer Anwendung zu sein, die unter den Gesichtspunkten einer 12-Factor-App entwickelt wurde. Spring Boot hilft dabei, viele dieser Punkte nicht nur als Liste einer Methode zu haben, sondern zu leben. Die konsequente Verwendung aller Möglichkeiten der externen und internen Konfiguration einer Spring-Boot-Anwendung ist wichtiger Bestandteil dieses Prozesses. Die Kombination dieser Eigenschaften führt dazu, dass eine Spring-Boot-Anwendung – auch wie im Beispiel mit mehreren Abhängigkeiten zu unterstützenden Diensten – sehr einfach in eine Cloud-Foundry-Instanz verteilt werden kann. Eine manuelle Verwaltung von Containern ist in diesem Setup zwar möglich, aber in der Regel nicht vorgesehen.

18.4.2   Andere Plattformen und Anbieter

Die Verteilung auf PaaS-Plattformen wie Heroku[8], Amazon Elastic Beanstalk[9] ähnelt dem Cloud Foundry Deployment: Das Spring Boot Fat Jar wird als Java-Prozess ausgeführt und überwacht. Über Deployment-Profile werden der Anwendung Dienste zugeordnet oder aus Informationen der Umgebung ermittelt. Die Verteilung unterscheidet sich in einigen Fällen dahingehend, ob binäre Artefakte oder Source-Code auf die Zielplattform übertragen wird, aber das Prinzip bleibt das gleiche. In Hinblick auf schnelle Verteilung innerhalb einer Continuous-Delivery-Kette kann die Menge der übertragenen Daten allerdings ein wichtiger Aspekt sein.

Einen etwas anderen Ansatz verfolgt die Firma Boxfuse[10] mit ihrer Amazon-EC2[11]-Integration. Elastic Compute Cloud (EC2) ist keine PaaS, sondern beschreibt »normale« virtuelle Server, die für beliebige Zwecke genutzt werden können: Sie müssten normalerweise Ihre Server manuell installieren, pflegen und warten. Die Idee hinter Boxfuse sind minimale und unveränderliche (immutable) Machine-Images. Abbilder von virtuellen Maschinen, die einmal erstellt und nicht wieder verändert werden, weder durch die Installation zusätzlicher Software noch durch nachträgliche Konfigurationsänderungen. Boxfuse geht so weit zu sagen, dass nur ein Server ohne SSH-Zugang ein guter Server ist.

Amazon EC2 mit Boxfuse

Um das Beispiel in Listing 18–22 auszuprobieren, müssen Sie sich kostenlos auf https://boxfuse.com anmelden und den Boxfuse-Client installieren.

Im Falle von Spring Boot passiert Folgendes: Das fertige Fat Jar wird zusammen mit einer Java-Runtime und einer minimalen Linux-Distribution von Boxfuse zu einem Image zusammengeführt. Sie können das Image lokal in VirtualBox starten oder über den Boxfuse-Account in eine Amazon-EC2-Instanz verteilen:

```
# Die Anwendung muss nicht neu gebaut werden,
# es kann dasselbe Artefakt genutzt werden
# ./mvnw clean package
boxfuse run target/cloud_foundry.jar
```

Listing 18–22
Boxfuse mit Spring Boot

Das Beispiel *cloud_foundry* aus dem Abschnitt »Cloud Foundry« hat eine Abhängigkeit zum PostgreSQL-Treiber. Boxfuse erkennt die Anwesenheit des Treibers und stellt automatisch ein zweites Image zur

---

[8] https://www.heroku.com
[9] https://aws.amazon.com/de/elasticbeanstalk/
[10] https://boxfuse.com/
[11] https://aws.amazon.com/de/ec2/

Verfügung, das die PostgreSQL-Datenbank enthält. Auch hier werden Umgebungsvariablen genutzt, um die Datenbankverbindung zu konfigurieren: Über `SPRING_DATASOURCE_URL` und Co. wird die Verbindung zu PostgreSQL konfiguriert und die In-Memory-Datenbank ignoriert.

Lokal wird VirtualBox genutzt, um Amazon-AWS-Dienste zu simulieren, in diesem Fall die PostgreSQL-Datenbank. Wird der Boxfuse-Account mit einem Amazon-Account verknüpft, startet der Befehl `boxfuse run -env=prod target/cloud_foundry.jar` dieselbe Anwendung inklusive aller Abhängigkeiten sowie Log-Management, Health-Checks, Autoscaling und mehr. Boxfuse ermittelt dabei die notwendigen Endpunkte (Health, Status) automatisch aus der Spring-Boot-Konfiguration.

Fazit

Die Architektur der Spring-Boot-Artefakte erlaubt eine Verteilung auf einer Vielzahl unterschiedlicher Plattformen: innerhalb eines Application-Servers, als Dienste auf klassischen Linux- und auch Windows-Servern bis hin zu Cloud-Plattformen. Kriterien, nach denen entschieden werden kann, sind unter anderem Kosten, vorhandene IT-Infrastruktur, verfügbare Dienste auf Plattformen, Skalierbarkeit und mehr. Spring Boot erlaubt die Konfiguration aus der Umgebung heraus, und es kann in fast jedem Fall verhindert werden, dass eine Anwendung für unterschiedliche Plattformen unterschiedlich gebaut werden muss.

Falls eine gehostete Plattform wie Pivotal Cloud Foundry oder Heroku in Frage kommt, macht Spring Boot eine Verteilung innerhalb dieser Plattformen sehr leicht. Eine selbst gehostete Cloud-Foundry-Instanz hingegen wird erhebliche Anforderungen an den Betrieb stellen, so dass virtuelle Server, Container oder eine hybride Lösung wie Boxfuse dort ihre Vorteile ausspielen können.

Teil V

Microservices mit Spring Cloud: ein Einstieg

Sie haben in diesem Buch einen umfassenden Überblick über Spring-Boots Ideen, Konzepte und Funktionen bekommen und haben eine Vorstellung, welche Projekte aus dem Spring-Ökosystem und darüber hinaus von Spring Boot unterstützt werden. Es gibt einige Empfehlungen in der offiziellen Referenzdokumentation, wie Sie Ihre Anwendungen strukturieren können, aber generell sind Sie sehr frei, was Ihre Arbeit mit Spring Boot angeht.

Spring-Boots Geschichte ist nicht per se über Microservices, aber Spring Boot eignet sich sehr gut, um damit Microservices zu entwickeln: Wenn Sie nicht aktiv gegen die hier und in der Referenzdokumentation vorgestellten Best Practices entwickeln, sind Ihre Anwendungen in der Regel Anwendungen, die sich hervorragend in eine Cloud-Native-Architektur einfügen: Sie sind leicht von außen konfigurierbar und mit externen Diensten parametrisierbar, können schnell gestartet und gestoppt werden, haben sinnvolle Logging-Schnittstellen und vieles mehr.

Sie können nun Ihre Spring-Boot-Anwendungen manuell orchestrieren und die Koordination der verteilten Systeme selber in die Hand nehmen oder auf Spring Cloud setzen. Spring Cloud ist der Sammelbegriff für eine Menge von Projekten, die auf Spring Boot aufbauen und das Verhalten der Anwendungen hinsichtlich Funktionalitäten wie verteilte Konfiguration, Service Discovery, Routing und Circuit Breaker übernehmen.

Teil V möchte einige dieser Projekte in Kürze vorstellen. Es geht an dieser Stelle explizit nicht um eine vollumfängliche Darstellung aller Projekte und die »korrekte« Architektur von Microservices, sondern vielmehr um einen Überblick einiger möglicher ergänzender Technologien. Einen umfassenden Überblick über Microservice-Architekturen mit einem auf Spring Boot basierenden Beispiel finden Sie in Eberhard Wolffs »Microservices«[12] sowie in seinem Microservices-Praxisbuch[13].

---

[12] Eberhard Wolff: Microservices – Grundlagen flexibler Softwarearchitekturen, dpunkt.verlag, 2015, ISBN 978-3-86490-313-7

[13] Eberhard Wolff: Das Microservices-Praxisbuch: Grundlagen, Konzepte und Rezepte, dpunkt.verlag, 2018, ISBN 978-3-86490-526-1

19 Einführung und Übersicht

19.1   Was ist eine Microservice-Architektur?

Leider gibt es keine allgemeingültige Definition, was Microservices sind. Eberhard Wolff schlägt in seinem Microservices-Praxisbuch vor, ganz allgemein von unabhängig verteilbaren Modulen eines Systems zu sprechen. Auf Basis dieser Definition kann anschließend eine Vielzahl von unterschiedlichen Microservice-Architekturen definiert werden.

Schon alleine, weil viel mehr Module verteilt, betrieben und überwacht werden müssen, ist der Betrieb eines Microservice-Systems in der Regel aufwendiger als der eines einzelnen Monolithen. Hinzu kommt oftmals die Frage, ob ein Microservice wirklich unabhängig verteilbar ist und nicht andere Dienste benötigt, um beispielsweise Tests durchzuführen. *Einige Nachteile …*

Trotz aller Trade-offs haben Microservice-Systeme viele Vorteile. Einer davon ist nachhaltige Entwicklung: So können einzelne Microservices eines Systems sehr schnell neu geschrieben werden – ohne dass das Gesamtsystem ersetzt werden muss. Gleiches gilt für die Ablösung bestehender Legacy-Systeme. Teile eines Monolithen können durch Microservices ersetzt werden. So oft, bis der Monolith vollständig modernisiert wurde. Microservice-Systeme sind oftmals robuster als Monolithen. Der Absturz eines Dienstes führt selten zum Absturz des gesamten Systems. *… und viele Vorteile*

Unterscheidungsmerkmale von Microservice-Systemen hinsichtlich ihrer Makro-Architektur sind unter anderem:

Synchronität: Führt der Aufruf eines Service synchron zum Aufruf anderer, oder werden Ereignisse ausgelöst, die asynchron verarbeitet werden können?

Auf welcher Ebene findet eine Integration von Services statt? Gibt es ein monolithisches Frontend, das sich an allen Services bedient, oder werden verschiedene Oberflächen miteinander über Transklusion verbunden? Falls Inhalte transkludiert werden, geschieht das auf Server- oder Clientseite?

Die im Folgenden dargestellten Technologien stellen dabei einen Vertreter synchroner Microservices da, die auf dem sogenannten Netflix-Stack aufbauen und über REST-Aufrufe miteinander kommunizieren:

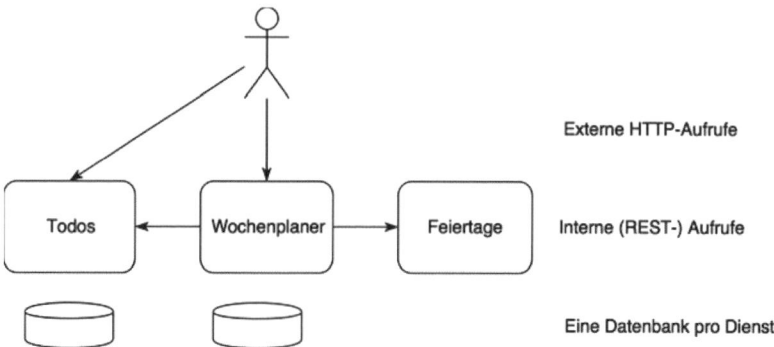

Das Beispiel ist nur eine von mehreren möglichen Architekturen und wurde gewählt, um die Integration verschiedener Technologien über Spring Cloud mit Spring Boot darzustellen.

19.2   Was gehört alles zu Spring Cloud?

Spring Cloud basiert auf einer Vielzahl von Bibliotheken, die Sie in Teilen zu Ihren Anwendungen hinzufügen können, um diese mit den gewünschten Funktionen aufzuwerten. Spring Cloud greift die Idee der Cloud-native- sowie der 12-Faktor-Anwendung gezielt auf.

Nicht funktionale Anforderungen Ihrer Anwendung, die von Spring Cloud abgedeckt werden, sind unter anderem folgende:

- verteilte und gegebenenfalls versionierte Konfiguration
- Serviceregistrierung und Discovery
- Routing
- Load Balancing
- Circuit Breaker (Sicherungen)
- verteilte Nachrichten
- Aufrufe von Services durch andere Services

Spring Cloud besteht aus den zwei Kernmodulen Spring Cloud Context und Spring Cloud Commons. Spring Cloud Context erweitert den normalen Spring Application Context um Funktionen wie Refresh-Scopes, Verschlüsselung von Umgebungsvariablen und Propertys, Endpunkte zum Auslösen einer Aktualisierung und vieles mehr. Spring Cloud Commons stellt Infrastruktur für spezialisierte Module bereit. Speziali-

sierte Module sind hier verschiedene Implementierungen der oben genannten Themen, unter anderem aus dem Netflix-Stack.

Die Liste der Spring-Cloud-Projekte ist lang. In dieser Einführung
werden wir uns nur mit den Projekten *Config* (Konfiguration), *Eureka* (Service Discovery) und *Hystrix* (Circuit Breaker) beschäftigen, im
Wesentlichen also mit den zentralen Elementen des Netflix-Stacks.

Zu den Teilprojekten, die in diesem Kapitel nicht mehr besprochen
werden, gehören unter anderem:

Sleuth Ermöglicht serviceübergreifendes Tracing mithilfe unterschiedlicher Technologien wie Zipkin oder dem ELK-Stack

Consul Service Discovery und Konfiguration auf Basis von Hashicorp
Consul

Zookeeper Service Discovery auf Basis von Apache Zookeeper

Data Flow Ein Orchestrierungsservice für Datenflüsse

Stream Ein leichtgewichtiges, ereignisgesteuertes Microservice-Frame-
work, um Anwendungen über Messaging-Systeme wie Apache Kafka oder RabbitMQ zu verbinden

19.2.1   Spring Cloud in Ihr Projekt einbinden

Spring Cloud verfügt wie Spring Boot auch über ein Dependency Management für Ihr Build-Management-Tool. Dieses müssen Sie allerdings
in der Regel explizit einbinden, da Ihre Spring-Boot-Anwendung ja bereits vom Spring-Boot-Parent erbt.

Für Maven binden Sie das Spring Cloud Dependency Management
wie folgt ein:

```
<dependencyManagement>
    <dependencies>
        <dependency>
            <groupId>org.springframework.cloud</groupId>
            <artifactId>
                spring-cloud-dependencies
            </artifactId>
            <version>Edgware.SR2</version>
            <type>pom</type>
            <scope>import</scope>
        </dependency>
    </dependencies>
</dependencyManagement>
```

Listing 19–1
Spring Cloud
Dependency
Management für
Maven

Für Gradle-basierte Projekte gehen Sie wie folgt vor:

Listing 19–2
Spring Cloud
Dependency
Management für
Gradle

```
dependencyManagement {
  imports {
    mavenBom ':spring-cloud-dependencies:Dalston.SR1'
  }
}
```

> **Release Trains**
>
> Da Spring Cloud viele verschiedene Projekte mit unterschiedlichen Releasezy-klen unter einem Mantel vereint, nutzt das Projekt sogenannte Release Trains. Diese Release Trains tragen Namen und keine Versionen, um sie nicht mit den Versionen einzelner Teilprojekte zu verwechseln. Dabei wurden die Namen von Haltestellen Londoner U-Bahnen in alphabetischer Reihenfolge gewählt. Einige Spring-Projekte gehen ähnlich vor. So benutzt Spring Data die Namen berühmter Computerwissenschaftler und Entwickler, und Projekt Reactor ver-wendet chemische Elemente.

Die eigentlichen Abhängigkeiten binden Sie gemäß Ihres Build-Manage-ment-Tools ein.

19.3 Kontexthierarchien

In Unterabschnitt 3.1.1 haben Sie erfahren, dass der Spring-Container Kontexthierarchien unterstützt. Spring Cloud macht davon intensiv Ge-brauch. Anwendungen, die eines der Cloud-Module nutzen und Funk-tionalitäten mit der entsprechenden @EnableXXX-Annotation aktivieren, haben einen hierarchischen Kontext. Damit gibt Spring Cloud im Ge-gensatz zu Spring Boot eine Laufzeitstruktur vor.

19.3.1 Der Bootstrap-Kontext

Spring-Cloud-Anwendungen starten mit dem *Bootstrap*-Kontext. Die-ser Kontext lädt Konfigurationsdateien aus externen Quellen wie an-deren Services, Git-Repositorys und mehr. Darüber hinaus ist er auch verantwortlich für die Entschlüsselung privater Konfigurationselemen-te. Der Bootstrap-Kontext wird per Default über eine Datei namens bootstrap.properties beziehungsweise bootstrap.yml konfiguriert, für die ansonsten die gleichen Regeln wie für die application.properties gelten. Das Besondere an den Eigenschaften des Bootstrap-Kontexts ist, dass diese nicht durch andere Profile oder Umgebungsvariablen über-schrieben werden können. Der Name einer Anwendung sollte im Lauf ihres Lebenszyklus zum Beispiel feststehen.

Der Bootstrap-Kontext ist hierarchisch als Parent-Kontext über Ihrem Application-Kontext angeordnet. Damit haben Property-Sources (vergleiche Abschnitt 4.1) Vorrang vor denen einer Spring-Boot-Anwendung ohne Spring Cloud.

Remote Propery Sources

Die wohl wichtigste Konfigurationsquelle, die vom Bootstrap-Kontext hinzugefügt wird, sind Remote Propertys. Im Detail werden Sie diese in Kapitel 20 kennenlernen. Definierte Remote Propertys können nicht von anderen Quellen überschrieben werden, es sei denn, die Quelle erlaubt dies explizit.

Änderungen der Umgebung und Konfiguration

Auf Basis des in Abschnitt A.1 vorgestellten containerinternen Eventsystems können Spring-Cloud-Anwendungen auf Änderungen der Umgebung und der entfernten Konfiguration reagieren. Ein `EnvironmentChangeEvent` aktualisiert alle Beans, deren Eigenschaften über `@ConfigurationProperties` gebundene Eigenschaften sind. Dazu gehören unter anderem alle offiziell unterstützten Datasources und etliche weitere Beans. Fügen Sie Spring Boot Actuator als Abhängigkeit hinzu, um auf dem Actuator-Endpunkt `/actuator/env` POST-Zugriffe zur Änderung von Konfiguration durchführen zu können.

Namen vergeben

Sie können Ihren Spring-Boot-Anwendungen über die Konfigurationseigenschaft `spring.application.name` einen Namen geben. Diese Namen werden unter anderem bei der Serviceregistrierung und Discovery benötiqt. Falls Sie keinen Namen vergeben, wird eine generische Bezeichnung genutzt.

Refresh Scope

Spring Cloud führt den zusätzlichen Scope (vergleiche Kasten auf Seite 55) Refresh Scope ein. Dieser zusätzlicher Scope beinhaltet Beans, die speziell behandelt werden, wenn sich die Umgebung ändert. Um eine Bean zum Request Scope hinzuzufügen, annotieren Sie diese mit `@RequestScope`. Damit wird sie – genau wie Beans im Session Scope – nur als Proxy in andere Beans injiziert. Zusammen mit den Actuator-Tools erhalten Sie den Endpunkt `/actuator/refresh`, um den Kontext manuell zu aktualisieren.

19.4   Der Wochenplaner: ein verteiltes Beispiel

Der verteilte Wochenplaner *bootifultodos* soll es inhaltlich auf einfache Weise ermöglichen, Aufgaben in einer To-do-Liste zu erfassen und diese Aufgaben Wochentagen zuzuordnen und darzustellen. Aufgaben, die einem Wochentag zugeordnet worden, sollen nicht ein weiteres Mal verwendet werden können. Der Wochenplaner kann Aufgaben als »erledigt« markieren. Zur weiteren Planung sollen in der Wochenübersicht deutsche Feiertage angezeigt werden.

Der Wochenplaner besteht aus den fachlichen Bausteinen:

1. *bootifultodos_todos* Verwaltet Aufgaben, die *Todos*
2. *bootifultodos_feiertage* Stellt eine API bereit, die die gesetzlichen Feiertage in deutschen Bundesländern zurückgibt
3. *bootifultodos_wochenplaner* Der eigentliche Wochenplaner

sowie den Bausteinen, die rein infrastrukturellen Charakter haben:

1. *bootifultodos_serviceregistry* Instanz eines Spring-Cloud-Eureka-Servers um eine zentrale Registry für Services anbieten zu können
2. *bootifultodos_configserver* Instanz eines Spring-Cloud-Config-Servers zur Konfiguration abhängiger Dienste

Sie haben einige Bausteine des Beispiels für den letzten Teil dieses Buches bereits im vorherigen Kapitel kennengelernt. Die *bootifultodos_todos* dienten in Unterabschnitt 9.3.8 als Beispiel zur Absicherung von Spring Data JPA Repositorys, und *bootifultodos_feiertage* wurde intensiv im Kapitel 15 genutzt.

Die Projekte sind alle unter obigen Namen im GitHub-Profil des Spring-Boot-Buches unter https://github.com/springbootbuch verfügbar.

20 Konfiguration in verteilter Umgebung

Gerade für Anwendungen, die in einer verteilten Umgebung deployt werden, spielt eine zentrale Verwaltung von Konfiguration eine wichtige Rolle. Um zu vermeiden, dass Anwendungen für bestimmte Umgebungen unterschiedlich gebaut werden, benötigt man zum einen die in Unterabschnitt 4.2.1 beschriebenen Profile und zum anderen die Möglichkeit, Konfiguration zu externalisieren (siehe Abschnitt 4.1). Abhängig von der Umgebung, in der die Anwendung deployt wurde, ist nun das eine oder das andere Profil aktiv, und die entsprechende Konfiguration wird benutzt. Die Konfiguration kann zum einen im Artefakt vorliegen und wird somit auch in allen anderen Umgebungen mit verteilt, könnte aber auch als externe Datei auf die Zielplattform kopiert werden. Das widerspräche aber der Idee der *unveränderlichen Infrastruktur*, die Plattform oder den Server der einzelnen Services als Teil des Deployments zu sehen.

Diese Problematik greift das Modul *Spring Cloud Config* auf und stellt sowohl server- als auch clientseitig Unterstützung für externe Konfiguration von Anwendungen in verteilter Umgebung bereit.

20.1 Den Konfigurationsserver starten

Sie können den Konfigurationsserver auf zwei Arten starten: Entweder laden Sie das Modul Spring Cloud Config von der Projektseite (https://cloud.spring.io/spring-cloud-config/) herunter und starten das Modul Config Server manuell oder Sie schreiben eine minimale Spring-Boot-Anwendung mit folgender Abhängigkeit:

```
<dependency>
    <groupId>org.springframework.cloud</groupId>
    <artifactId>spring-cloud-config-server</artifactId>
</dependency>
```

Listing 20–1
Abhängigkeit Spring Cloud Config-Server

Minimale Spring-Boot-Anwendung bedeutet, dass Sie eine Anwendung erstellen, die im Fall von Maven von `spring-boot-starter-parent` abgeleitet ist und mit Gradle das entsprechende Build-Plugin nutzt. Ansonsten benötigen Sie keine weiteren Abhängigkeiten. Ihre Anwendung besteht – wie im Beispielprojekt *bootifultodos_configserver* dargestellt – aus einer fast leeren `@SpringBootApplication`-Klasse:

Listing 20–2
Ein kompletter
Config-Server

```
@SpringBootApplication
@EnableConfigServer
public class ConfigServerApplication {

    public static void main(final String... args) {
        SpringApplication.run(
            ConfigServerApplication.class,
            args
        );
    }
}
```

Alternativ können Sie auch eine `@Configuration`-Klasse mit `@EnableConfigServer` annotieren. Der Config-Server selber wird wie jede andere Spring-Boot-Anwendung auch konfiguriert und gestartet. Die von ihm zur Verfügung gestellte Konfiguration anderer Anwendungen liest er hingegen aus einem sogenannten *Environment Repository*. Dieses Environment Repository ist über drei Variablen parametrisiert:

- `{application}`: Wird von anfragenden Clients mit `spring.application.name` gefüllt
- `{profile}`: Wird von anfragenden Clients mit `spring.profiles.active` gefüllt
- `{label}`: Wird vom Server als Label für eine Menge von Konfigurationsdateien genutzt.

Der Server stellt mehrere Implementierungen dieses Repositorys zur Verfügung: Git, SVN, Dateisystem und Vault. Das Beispiel in diesem Buch nutzt ein Git-Repository für alle zu konfigurierenden Anwendungen:

Listing 20–3
Ein Git-basiertes
Environment
Repository nutzen

```
server.port = 8888
spring.cloud.config.server.git.uri = \
    https://github.com/springbootbuch/bootifultodos_env
```

In Listing 20–3 sehen Sie die Konfigurationseigenschaft `spring.cloud.config.server.git.uri` in der Datei `bootstrap.properties` des Projekts *bootifultodos_configserver*. Sie konfiguriert ein Default-Repository. Alternativ geben Sie Repositorys an, die nur für bestimmte Profile der Clients gültig sind, oder nutzen den Platzhalter {application} in der Repository-URL. Alle Repositorys können sowohl mit Basic Authentication geschützt oder nur über SSH erreichbar sein.

Das Environment-Repository-Beispielprojekt ist bewusst einfach gehalten und enthält die Dateien feiertage-default.properties, todos-default.properties, wochenplaner-default.properties, die jeweils die Konfiguration der entsprechenden Anwendungen im Profil default beinhalten. Konfigurationsdateien der Form application* stehen allen anfragenden Dateien zur Verfügung.

Die Konfiguration der verwalteten Dateien hat diesdelben Auswirkungen und wird mit denselben Mechanismen in einer Spring-Boot-Anwendung verarbeitet wie lokale Konfiguration. Zusätzlich kann der Config-Server Änderungen, die er zum Beispiel über Git Hooks oder Änderungen im Dateisystem wahrgenommen hat, an einen Client weitergeben.

Ihnen steht frei, wie Sie den Config-Server absichern. Sie können dabei Techniken aus Kapitel 9 ebenso nutzen wie Sicherheit auf Netzwerkebene und mehr. Ebenso wichtig an dieser Stelle ist, dass Sie sensitive Konfigurationseigenschaften im Config-Server verschlüsseln können und sollten, wenn Sie ein öffentliches Repository benutzen.

Sicherheit und Verschlüsselung

Zentrale Konfiguration nicht nur für Spring Boot

Der Config-Server stellt die Konfiguration als Standard-REST-Schnittstelle zur Verfügung. Lässt sich Ihre Anwendung über Propertys konfigurieren, so eignet sich der Config-Server vielleicht auch für diesen Anwendungsfall. Die Konfiguration steht unter http://localhost:8888/anwendungsname-profil.format zur Verfügung.

20.2 Clients anbinden

Damit Ihre Spring-Boot-Anwendung einen Config-Server nutzt, ist nur wenig Arbeit erforderlich: Sie binden das Spring Cloud Dependency Management wie in Listing 19–1 beziehungsweise Listing 19–2 gezeigt ein und fügen org.springframework.cloud:spring-cloud-starter-config als Abhängigkeit hinzu. Anschließend fragt Ihre Anwendung beim Start automatisch http://localhost:8888 an (8888 ist die Standardportnummer des Servers, wenn Sie das fertige Paket starten (vergleiche Konfiguration in Listing 20–3) und ermittelt Ihre Konfiguration.

Gegeben sei folgende Konfiguration im Projekt *bootifultodos_wochenplaner*, Getter und Setter wurden der Übersicht halber weggelassen:

Listing 20–4
Validierte
Beispielkonfiguration

```
@Component
@ConfigurationProperties(prefix = "wochenplaner")
@Validated
public class WochenplanerConfiguration {

    /**
     * Die Nummer des Bundeslandes (amtlicher
     * Schlüssel), für das Feiertage angezeigt
     * werden.
     */
    @NotNull
    private Short bundeslandnummer;
}
```

Konfigurationsklassen einer Anwendung, die über einen Config-Server konfiguriert wird, sollten nicht als `final` deklariert werden, da sie als Proxy instanziiert werden müssen, um Teil des Refresh Scopes sein zu können.

Ohne explizite Konfiguration schlägt der Start des Projektes fehl: Die Konfiguration ist ungültig. Damit der Wochenplaner korrekt starten kann, sind mehrere Schritte notwendig: Geben Sie der Client-Anwendung als ersten Schritt einen Namen. Sie nutzen dazu keine `application.*`-Konfiguration, sondern `bootstrap.*`, wie in Unterabschnitt 19.3.1 erklärt.

Listing 20–5
Namen vergeben

```
spring.application.name = wochenplaner
```

Die Datei `wochenplaner-default.properties` im Projekt `bootifultodos_env` wird um die entsprechende Konfiguration ergänzt und die Änderung kommitiert. Nun können Sie den Config-Server und den Wochenplaner erneut starten.

Nun läuft der Config-Server selten auf demselben Host wie der zu konfigurierende Service. Sie können die URL über `spring.cloud.config.uri` anpassen und etliche weitere Parameter über Eigenschaften des Namensraums `spring.cloud.config` konfigurieren. Ich möchte an dieser Stelle allerdings zum nächsten Thema überleiten, der Service Discovery.

21 Service Discovery mit Netflix Eureka

Der Wochenplaner ist nun konfiguriert und weiß, für welches Bundesland Feiertage angezeigt werden sollen. Damit kann der Feiertagsservice im Projekt *bootifultodos_feiertage* angesprochen werden. Die Fragestellung ist die gleiche, die sich auch hinsichtlich des Config-Servers stellt: Unter welcher Adresse stehen die Dienste zur Verfügung?

Spring Cloud bietet mit Spring Cloud Netflix eine Integration zum Netflix-OSS-Stack an. Dazu gehören unter anderem *Eureka*, *Hystrix* und *Zuul*. Eureka ist eine Service-Discovery-Implementierung. Das automatische Finden von Services ist eine der Kernfragen in einem Microservice-Szenario: Sich auf Konventionen zu verlassen ist oftmals schwierig und in großen Szenarien auch nicht handhabbar. Eureka bietet darüber hinaus eine breite Palette von Funktionen hinsichtlich Loadbalancing und Failover. Eureka hat spezielle Funktionen für die Cloud Dienste von Amazon und ist beispielsweise in der Lage, mehrere Instanzen eines Service auf mehrere Amazon-Zonen zu verteilen, um Load-Balancer auf Clientseite zu bedienen.

Spring Cloud und der Netflix-OSS-Stack

> Sie können mit Spring Cloud nicht nur Eureka nutzen, sondern alternative Projekte wie Consul von HashiCorp oder Apache ZooKeeper. Dieses Beispiel ist bewusst auf Eureka beschränkt und verwendet daher die expliziten Annotationen wie @ EnableEurekaClient anstelle von @EnableServiceDiscovery.

21.1 Einen Eureka-Server betreiben

Eureka besteht wie der Spring Cloud Config aus einem Server und einem Client. Die Vorgehensweise zur Bereitstellung eines Servers ist ähnlich wie in Abschnitt 20.1. Sie binden im ersten Schritt folgende Abhängigkeit ein:

Listing 21–1
Abhängigkeit Spring
Cloud Eureka-Server

```
<dependency>
    <groupId>org.springframework.cloud</groupId>
    <artifactId>
        spring-cloud-starter-eureka-server
    </artifactId>
</dependency>
```

Sie benötigen wie beim Config-Server keine weitere Abhängigkeit. Im zweiten Schritt annotieren Sie Ihre `@SpringBootApplication`- oder eine beliebige `@Configuration`-Klasse mit `@EnableEurekaServer`. Anders als beim Config-Server sollten Sie einige Dinge wie in Listing 21–2 konfigurieren.

Listing 21–2
Eureka-Server als
Stand-alone-Server

```
server.port = 8761

eureka.instance.hostname = localhost

eureka.client.register-with-eureka = false
eureka.client.fetch-registry = false
eureka.client.service-url.default-zone = \
  http://${eureka.instance.hostname}:${server.port}/eureka/
```

Die Konfiguration in Listing 21–2 legt den Port auf 8761 fest, dem Port, den der Eureka-Client erwartet. Sie legt ebenfalls einen Hostnamen für die aktuelle Instanz fest. Da der Eureka-Server selbst Eureka-Client ist, versucht er sich bei anderen Instanzen zu registrieren. Das schlägt fehl, solange Sie nicht mehrere Instanzen starten und konfigurieren, und wird über `registerWithEureka` abgeschaltet. `fetchRegistry` verhindert den Downloadversuch der Serviceregistrierung. Abschließend legen Sie die Standardzone eines möglichen Eureka-Clusters auf den lokalen Host fest. Für ein sehr einfaches Deployment-Szenario mit einer Handvoll Container kann das schon eine ausreichende Konfiguration sein. Sie können die Statusseite des Eureka-Servers nun unter http://localhost:8761 aufrufen.

Spring Cloud CLI

Das Spring Cloud CLI erweitert das in Unterabschnitt 16.1.1 vorgestellte Spring Boot CLI um die Fähigkeiten, einige der hier vorgestellten Spring Cloud Server aus Skripten und der Shell zu starten. Sie finden Spring Cloud CLI unter https://cloud.spring.io/spring-cloud-cli/. Die Installation erfolgt ähnlich wie die des Spring Boot CLI. Anschließend können Sie mit einem Befehl wie `spring cloud configserver eureka` den Config-Server und Eureka starten. Die vollständige Liste umfasst *eureka*, *configserver*, *h2*, *kafka*, *hystrixdashboard*, *dataflow* und *zipkin*.

Sie können die Dienste über eine Datei namens `configserver.yml` im aktuellen Arbeitsverzeichnis konfigurieren. Das Spring Cloud CLI ist insbesondere hinsichtlich einer schlanken lokalen Entwicklung interessant. Per Default startet das CLI alle Dienste in einem Prozess.

21.2   Services am Eureka-Server anmelden

Die notwendigen Abhängigkeiten sind im Cloud-Starter `spring-cloud-starter-eureka`. Anschließend können Sie Ihren Service über eine beliebige Konfigurationsklasse als Eureka-Client deklarieren. Listing 21–3 aus dem Projekt *bootifultodos_feiertage* nutzt dazu die `@SpringBoot-Application`-Klasse und ergänzt `@EnableDiscoveryClient`. Falls Sie explizit Eureka verwenden möchten, so können Sie stattdessen `@Enable-EurekaClient` nutzen.

```
@SpringBootApplication
@EnableDiscoveryClient
public class FeiertageApplication {

    public static void main(final String... args) {
        SpringApplication.run(
            FeiertageApplication.class,
            args
        );
    }
}
```

Listing 21–3
Auszeichnung einer Anwendung als Discovery-Client

Damit ist die Anwendung nicht nur am Eureka-Server angemeldet, sondern kann auch andere an der Service Registry angemeldeten Dienste nutzen.

Namen, Host und unsichere sowie sichere Ports werden aus der externen Konfiguration der Anmeldung ermittelt, können aber unter dem Präfix `eureka.client.*` in einer Konfigurationsdatei oder über die Umgebung angepasst werden.

Falls Sie Eureka auf einem anderen Host betreiben, so können Sie zum Beispiel die Eigenschaft eureka.client.serviceUrl.defaultZone nutzen, um dem Client die entsprechende URL mitzuteilen.

Eureka und Spring Boot Actuator

Client-Anwendungen senden einen Heartbeat an den Server, um zu signalisieren, dass sie UP sind. Falls Sie bereits Spring Boot Actuator und damit auch den Health-Endpunkt (vergleiche Abschnitt 17.4) nutzen, können Sie diesen auch für den Status Ihrer Anwendung gegenüber den Eureka-Server nutzen. Spring Cloud empfiehlt, diese Konfiguration in application und nicht in bootstrap vorzunehmen, damit die Anwendung nicht während des Starts mit dem Status UNKNOWN registriert wird.

Listing 21–4
Spring Boot Actuator Health für Eureka nutzen

```
eureka.client.healthcheck.enabled = true

eureka.instance.statusPageUrlPath = \
   ${management.server.context-path:}/info
eureka.instance.healthCheckUrlPath = \
   ${management.server.context-path:}/health
```

Mit eureka.client.healthcheck.enabled schalten Sie die Unterstützung für den Health-Endpunkt ein. Weiterhin zeigt Listing 21–4, wie Sie die Pfade der Actuator-Endpunkte für die Eureka-Client-Instanz so konfigurieren, dass diese immer mit dem in management.context-path gesetzten Wert übereinstimmen.

Den Konfigurationsserver an Eureka anmelden

In Abschnitt 20.2 haben Sie gelernt, wie Sie Clients an den Konfigurationsserver anbinden. Dabei lief der Konfigurationsserver auf demselben Host. In der Regel ist das ein unrealistisches Szenario. Läuft er auf einem anderen Host, können Sie diesen Host manuell konfigurieren oder aber auch den Konfigurationsserver an Eureka anmelden und anschließend wie beschrieben nutzen. Auf Seiten des Konfigurationsservers gehen Sie dabei analog zu einem »normalen« Client vor und nutzen @EnableEurekaClient. Einen Client konfigurieren Sie wie folgt, damit er Eureka nutzt, um den Konfigurationsserver zu finden:

Listing 21–5
Konfigurationsserver über Eureka ermitteln

```
spring.cloud.config.discovery.enabled = true
```

Beachten Sie, dass bei einer derartigen Konfiguration ein weiterer Netzwerk-Roundtrip notwendig ist, um den Konfigurationsserver beim Start der Client-Anwendung zu ermitteln. Das kann in Umgebungen, in denen ein schneller Start erforderlich ist, gegebenenfalls problematisch sein.

21.3   Services aus Eureka benutzen

Im *wochenplaner* haben Sie bis jetzt nur indirekt einen Service genutzt, der mit Eureka registriert war, den Konfigurationsserver. Im Folgenden lernen Sie drei verschiedene Möglichkeiten kennen, auf Services zuzugreifen, die in Eureka registriert sind. Dabei sind die Möglichkeiten vom expliziten hin zum deklarativen Zugriff sortiert.

Zugriff mit *EurekaClient* oder *DiscoveryClient*

Mit den Klassen `EurekaClient` und `DiscoveryClient` stehen zwei Klassen zur Verfügung, mit denen Sie explizit auf Dienste zugreifen können. Dabei ist erstere Klasse speziell für Eureka entworfen, die zweite hingegen kann auch mit anderen Implementierungen einer Service Registry problemlos genutzt werden.

Ihnen steht in einer mit `@EnableEurekaClient` versehenen Applikation eine Instanz der Klasse `EurekaClient` zur Verfügung, die Sie wie gewohnt über Constructor Injection oder andere `@Autowired`-Methoden nutzen können. Listing 21–6 zeigt, wie Sie die Homepage-URL eines mit Eureka registrierten Service ermitteln und anschließend nutzen können.

```
String homepageUrl = eurekaClient
    .getNextServerFromEureka("feiertage", false)
    .getHomePageUrl();
LOG.info("Homepage-URL ist {}", homepageUrl);


final RestTemplate restTemplate = new RestTemplate();
Feiertag[] feiertage = restTemplate.getForEntity(
    homepageUrl
        + "/api/feiertage/{jahr}/{bundesland}",
    Feiertag[].class,
    LocalDate.now().getYear(),
    configuration.getBundeslandnummer()
).getBody();
```

Listing 21–6
Explizite Nutzung eines
Discovery-Clients

Damit koppeln Sie Ihren Service allerdings sehr stark an die Service Registry: zum einen durch die explizite Ermittlung der URL, zum anderen durch manuellen Aufbau der vollständigen URL. Der Eureka-Client ist nützlich, um einige Low-Level-Operationen durchzuführen, zum Beispiel um Event Listener für Zustandsänderungen und Ähnliches zu registrieren. Eine enge Kopplung wie in Listing 21–6 sollten Sie aber in der Regel vermeiden.

Impliziter Zugriff mit speziellen RestTemplates

Ebenfalls Teil von Spring Cloud ist das Modul Spring Cloud Ribbon. Ribbon ist ein Load-Balancer, der auf Clientseite arbeitet. Der Spring-Cloud-Starter `spring-cloud-starter-ribbon` aktiviert in einer Spring-Boot-Anwendung die Unterstützung für Ribbon. Unterstützung bedeutet auch in diesem Fall eine sinnvolle automatische Konfiguration sowie Konfiguration über externe Spring-Boot-Eigenschaften. Der Ribbon-Client benötigt eine Liste von Servern, aus denen er eine Instanz für den Zugriff auswählen kann. Falls der Eureka-Starter aktiv ist, wird der Ribbon-Client automatisch mit den in der Service Registry aktiven Diensten konfiguriert.

Für dieses Beispiel werden die speziellen Eigenschaften des Ribbon-Clients nicht benötigt. Im Folgenden wird die `@LoadBalanced`-Annotation genutzt, um ein spezielles RestTemplate zu konfigurieren:

Listing 21–7
Konfiguration eines
Loadbalanced
RestTemplate

```
@Configuration
public class RestTemplateConfig {

    @LoadBalanced
    @Bean
    public RestTemplate restTemplate() {
        return new RestTemplate();
    }
}
```

Diese Instanz der Klasse `RestTemplate` »kennt« die virtuellen Hostnamen, die im Eureka-Server registriert sind. Jeder Request, der über diese Instanz abgesetzt wird, wird über eine spezielle Request-Factory entsprechend angepasst. Damit kann der Zugriff auf den Feiertagsservice aus Listing 21–6 entsprechend neu geschrieben werden:

Listing 21–8
Implizite Nutzung eines
Discovery-Client

```
1 Feiertag[] feiertage = restTemplate.getForEntity(
2     "http://feiertage"
3         + "/api/feiertage/{jahr}/{bundesland}",
4     Feiertag[].class,
5     LocalDate.now().getYear(),
6     configuration.getBundeslandnummer()
7 ).getBody();
```

Die Instanz des RestTemplates in Zeile 1 ist die Instanz aus Listing 21–7. In Zeile 2 finden Sie den virtuellen Hostnamen wieder, unter dem das Projekt *bootifultodos_feiertage* im Eureka-Server registriert ist. Mit diesem Setup vermeiden Sie immerhin die explizite Anfrage einer Service-URL und entkoppeln Ihren Code von der Service-Discovery. Sie könnten diese Anfrage in einem Service kapseln und mithilfe der `@RestClientTest`-Annotation aus Unterabschnitt 15.3.4 testen (vergleiche Listing 15–21).

Deklarative Clients benutzen

Das Modul Spring Cloud Feign stellt einen Mechanismus bereit, mit dem Sie – ähnlich zu Spring Data – deklarativ Clients für den Zugriff auf Webservices nutzen können. Feign ist nicht automatisch Teil von Eureka, sondern muss explizit über den Spring-Cloud-Starter `spring-cloud-starter-feign` eingebunden und mit `@EnableFeignClients` explizit eingeschaltet werden.

Für den Abruf der Feiertagsressource wie in den Beispielen Listing 21–6 und Listing 21–8 deklarieren Sie ein Interface wie in Listing 21–9:

```
@FeignClient("feiertage")
public interface FeiertageClient {
    @GetMapping("/api/feiertage/{jahr}/{bundesland}")
    List<Feiertag> getFeiertage(
        @PathVariable int jahr,
        @PathVariable int bundesland
    );
}
```

Listing 21–9
Deklaration eines
Feign-Clients

Die Annotation `@FeignClient("feiertage")` markiert dieses Interface als Bean, für die Spring Cloud Feign automatisch eine Instanz unter dem angegebenem Namen zur Verfügung stellt. Der Wert beziehungsweise der Name, der innerhalb der Annotation genutzt wird, ist in diesem Fall nicht nur der Name der erzeugten Bean, sondern auch der Name des über Eureka bekannten virtuellen Hosts des Feiertagsservice. Alternativ können Sie anstelle des virtuellen Hostnamens auch eine URL in der Annotation angeben, binden so aber den Client wieder direkt an einen Host.

Das Interface `FeiertageClient` deklariert ansonsten eine Funktion, deren Parameter den Pfadvariablen der Feiertagsressource entsprechen. Es nutzt die aus Spring Web MVC bekannten Annotationen `@GetMapping` und `@PathVariable`, um die URL, hinter der die Ressource verfügbar ist, zu konfigurieren. Sie können alternativ JAX-RS-Annotationen oder Feign-eigene Annotationen verwenden.

Zur Laufzeit steht automatisch eine Instanz des hier deklarierten Clients zur Verfügung, die Sie wie in Listing 21–10 gezeigt nutzen können:

Listing 21–10
Nutzung des
Feign-Clients

```
List<Feiertag> feiertage = feiertageClient.getFeiertage(
    LocalDate.now().getYear(),
    configuration.getBundeslandnummer()
);
```

Über die Annotationen können Sie angeben, welcher Inhaltstyp angefragt und verarbeitet werden kann. Über Feign-Konfiguration steuern Sie die Konverter, die übergebene Parameter in entsprechende Pfad-, Query- oder Body-Variablen und zurückgegebene Werte in Ihre Datenstrukturen konvertieren.

Ein offensichtlicher Vorteil dieses Ansatzes ist die Tatsache, dass Sie den Aufruf der entfernten Ressource nicht manuell in einem Service kapseln müssen. Das Interface können Sie beispielsweise innerhalb eines Unit-Tests sehr einfach mocken.

Auf der anderen Seite gibt es auch Nachteile, die allerdings weniger offensichtlich sind: Ein Client dieser Art versteckt den Abruf einer Ressource, der aus vielen Gründen fehlschlagen kann, hinter einer trivialen Fassade. Die Fassade ist angenehm und einfach zu benutzen, schützt Sie aber nicht vor Diensten, deren Antwort lange auf sich warten lässt oder die mit einem Server-Error antworten. Auf diese Fälle müssen Sie ebenfalls reagieren.

REST oder RPC?   Darüber hinaus implizieren Clients wie die hier vorgestellten Feign-Clients sehr schnell einen *Remote Procedure Call*-Ansatz (RPC). Der Wochenplaner des Beispielszenarios nutzt die Ressourcen Feiertage und Todos, beides REST-Ressourcen, auf die Sie auf einfache Weise über HTTP-Aufrufe zugreifen können. Diese HTTP-Aufrufe können auf Produzenten- und Konsumentenseite auf vielfältige Art und Weise optimiert werden (durch Steuerung mittels HTTP-Header, Caches und mehr). Wird die Servicelandschaft ausgehend von der Konsumentenseite, dem Client, gestaltet, so wird schnell in Funktionsaufrufen gedacht. Das Markieren einer Aufgabe aus dem hier vorgestellten Wochenplaner kann im To-do-Service einerseits als Löschen einer Aufgabe aus der Liste offener Aufgaben und Erstellen einer erledigten Aufgabe oder als Funktion zum Markieren einer Aufgabe als geschlossen implementiert werden. Beides gültige Lösungen, aber eine Entscheidung, die Sie bewusst treffen sollten.

Spring Cloud Contract

Die Kommunikation zwischen Diensten – sei sie wie in den obigen Beispielen über HTTP oder über Messaging-Protokolle definiert – impliziert in der Regel ein Protokoll, an das sich alle kommunizierenden Parteien halten sollten. Allerdings müssen dafür auch Erwartungshaltungen kommuniziert werden, ganz wie im realen Leben. Mit dem Projekt Spring Cloud Contract besteht eine Möglichkeit, diese Erwartungshaltung als sogenannte Contracts auf Produzenten- und Konsumentenseite in relativ natürlicher Sprache zu formulieren und insbesondere zu testen. Sie erfahren mehr über Spring Cloud Contract unter http://cloud.spring.io/spring-cloud-contract/.

22 Circuit Breaker

Circuit Breaker sind nichts anderes als Sicherungen, also Schutzeinrichtungen, die auslösen (sich öffnen), wenn eine vorher festgelegte Menge von Dingen (Daten, Strom oder anderes) einen Kreislauf über eine vorgegebene Zeit hinaus überschreitet.

Aufrufe von entfernten Diensten können fehlschlagen oder ohne Antwort »hängen«. Im Einzelnen mag das noch tolerierbar sein, führt aber sehr leicht zu kaskadierenden Problemen, wenn die Aufrufer selbst wieder Ressourcen belegen. Eine Sicherung, die auslöst, wenn eine bestimmte Menge fehlerhafter Aufrufe in kurzer Zeit erreicht wird, und anschließend jeden Aufruf direkt ohne zu blockieren mit einem Fehler beantwortet, verhindert dies. Ein Circuit Breaker hat mindestens zwei Zustände: geschlossen und offen. In geschlossenem Zustand leitet er Anfragen weiter und zählt die aufgetretenen Fehler. Überschreitet die Fehleranzahl einen Schwellenwert pro Zeiteinheit, wechselt der Circuit Breaker in den Status offen und antwortet direkt mit einem Fehler beziehungsweise ruft eine Ersatzmethode (Fallback) auf. Einige Circuit Breaker implementieren auch den halboffenen Zustand: Nach einem gewissen Zeitraum im offenen Zustand versuchen sie, neue Anfragen wieder durch den Aufruf des geschützten Dienstes zu beantworten. Gelingt dies, so wechseln sie zurück in den Zustand offen.

Wichtig hierbei ist, dass die Sicherungen der Clients nicht alle auf einmal wieder schließen, sondern nach und nach. Damit wird verhindert, dass der sich gerade erholende Service direkt beim ersten Anlauf von einer Flut an Anfragen überrollt wird.

22.1 Spring Cloud Hystrix nutzen

Spring Cloud bietet mit dem Modul Spring Cloud Hystrix Unterstützung für die Circuit-Breaker-Implementierung Netflix/Hystrix[1]. Sie binden das Modul über den Spring-Cloud-Starter `spring-cloud-starter-hystrix` in Ihr Projekt ein und schalten die Circuit Breaker explizit mit

---
[1] https://github.com/Netflix/hystrix

@EnableCircuitBreaker auf einer Konfigurationsklasse ein. Die vollständige Hauptklasse des Wochenplaners sieht nun zusammen mit Service
Discovery und Feign-Clients so aus:

Listing 22–1
Aktivierung von Service
Discovery, Feign-Clients
und Circuit Breakers

```
@SpringBootApplication
@EnableDiscoveryClient
@EnableFeignClients
@EnableCircuitBreaker
public class WochenplanerApplication {

    public static void main(final String... args) {
        SpringApplication.run(
            WochenplanerApplication.class,
            args
        );
    }
}
```

Falls Sie explizit nur Hystrix in Ihrer Anwendung nutzen möchten, so
steht als Alternative zu @EnableCircuitBreaker noch @EnableHystrix zur
Verfügung.

Hystrix ist nicht nur Circuit Breaker, sondern auch ein sogenanntes
Bulkhead. Der Begriff Bulkhead stammt aus der Seefahrt und beschreibt
eine Schotte eines Schiffes. Schotten unterteilen ein Schiff in Bereiche,
die im Notfall separat volllaufen. Hystrix kann analog für jede Anfrage
einen eigenen Thread Pool nutzen. Falls ein aufgerufener Service blockiert, so leert sich nur der diesem Service zugeordnete Pool und nicht
der globale Thread Pool.

Resilience4j

Eine mögliche Alternative zu Spring Cloud Hystric bietet das Projekt Resili-
ence4j. Resilience4j benötigt mindestens Java 8 und hat explizit funktionale
und reaktive Programmierung im Blick. Hinzu kommt, dass es ist im Gegensatz zu Hystrix nicht auf Teile des restlichen Netflix-Stacks angewiesen ist. Sie
finden das gut dokumentierte Projekt unter https://github.com/resilience4j/
resilience4j.

Wie kann nun der Aufruf aus Listing 21–8 verbessert werden? Kapseln
Sie ihn zunächst in einem Service. Anschließend markieren Sie die entsprechende Methode des Service mit @HystrixCommand als Methode, die
durch eine Sicherung geschützt ist. Gegeben sei der fiktive Service aus
Listing 22–2:

```
@Service
@RequiredArgsConstructor
public class FeiertageService {

    private final RestTemplate restTemplate;

    @HystrixCommand(fallbackMethod = "defaultFeiertage")
    public List<Feiertag> getFeiertage(
        final int jahr, final int bundesland
    ) {
        // Nutze Resttemplate wie gehabt...
        return Arrays.asList(feiertage);
    }

    private List<Feiertag> defaultFeiertage(
        final int jahr, final int bundesland
    ) {
        return new ArrayList<>();
    }
}
```

Listing 22–2
*Beispielhafte
Benutzung des
HystrixCommand*

Durch die Annotation @HystrixCommand teilen Sie Hystrix mit, dass die Funktion in einer Instanz der gleichnamigen Klasse HystrixCommand gekapselt werden soll. Diese Klasse bietet sowohl die Circuit-Breaker-Funktionalität, Caching als auch Informationen über Statistiken und einiges mehr. Sie ist inhärent blockierend, kann aber auch als Observable genutzt werden. Das Observable würde das Ergebnis eines Aufrufes »irgendwann« zur Verfügung stellen; ein Auslöser für die Sicherung könnte in dem Fall ein Time-out oder Ähnliches sein. Im alltäglichen Gebrauch verhält sich die annotierte Methode wie eine mit @Transactional oder ähnlichem annotierte Methode auch: vollkommen normal.

Spring Cloud Hystrix kapselt alle Beans, die von Circuit Breakers Gebrauch machen, in einem Proxy. Falls Sie nicht explizit Interfaces für Ihre Dienste nutzen und Hystrix von Interface-basierten Proxys Gebrauch machen kann, dürfen Ihre Klassen nicht als final deklariert sein. Allerdings gilt auch für Hystrix-Proxys, dass innere Aufrufe nicht abgefangen werden (vergleiche Unterabschnitt 3.2.2).

Proxy Beans

Falls nun getFeiertage im obigen Beispiel fehlschlägt, so wird die angegebene Fallback-Methode aufgerufen. Die Fallback-Methode muss dieselbe Signatur wie die ursprüngliche Methode haben.

Hystrix arbeitet mit Feign-Clients zusammen. Sie können den Feign-Client aus Listing 21–9 um eine entsprechende Default-Implementierung ergänzen:

Listing 22–3
Feign-Client mit
Hystrix-Fallback

```
@FeignClient(
    name = "feiertage",
    fallback = DefaultFeiertageClient.class
)
public interface FeiertageClient {
    @GetMapping("/api/feiertage/{jahr}/{bundesland}")
    List<Feiertag> getFeiertage(
        @PathVariable int jahr,
        @PathVariable int bundesland
    );


    final class DefaultFeiertageClient
        implements FeiertageClient {

        @Override
        public List<Feiertag> getFeiertage(
            final int jahr,
            final int bundesland
        ) {
            return new ArrayList<>();
        }
    }
}
```

Thread Pools   Hystrix führt die eigentlichen Methoden per Default in einem separaten Thread Pool aus. Spring Security (vergleiche Kapitel 9) und einige der speziellen Spring Scopes nutzen `ThreadLocal`-Instanzen für verschiedene Aufgaben. Um Informationen aus dem Spring-Security-Kontext oder den Scopes `SessionScope` oder `RequestScope` zu nutzen, müssen Sie für die entsprechende Methode eine andere Strategie definieren:

```
@HystrixCommand(
        fallbackMethod = "defaultFeiertage",
        commandProperties = {
            @HystrixProperty(
                    name="execution.isolation.strategy",
                    value="SEMAPHORE"
            )
        }
)
```

Hystrix ist einfach zu benutzen und verleitet dazu, zu glauben, dass *Ein Wort der Warnung*
viele verteilte Aufrufe frei von Problemen sind: Wenn Ihr Service einen
entfernten Service aufruft, so ist das in der Regel gut handhabbar. Sobald
Sie aber mehrere Quellen benötigen, müssen Sie sich mit einem Problem
beschäftigen, das als Scatter/Gather-Pattern bekannt ist: Aus mehreren
Quellen unterschiedlicher Geschwindigkeit und Zuverlässigkeit müssen
Daten aggregiert und irgendwann synchron zusammengeführt werden.
Manchmal ist es einfacher, benötigte Ressourcen in regelmäßigen Intervallen abzurufen und im eigenen Service zwischenzuspeichern. Spring
bietet dazu die Annotation `@Scheduled` an. Zusammen mit Ressourcen,
die angeben, wann sie zum letzten Mal aktualisiert wurden, und dies
auch in HTTP-Headern kundtun, können Sie sehr einfach Webtechno-
logien ausnutzen und Interaktion auf ein notwendiges Minimum beschränken. Der To-do-Service setzt Spring Data JPA ein. Spring Data
JPA unterstützt die Überwachung (Auditing) von Entitäten und ermöglicht ein sehr einfaches Mitführen der Information, wann eine Entität
zuletzt geändert wurde, in Form der Annotation `@LastModifiedDate` auf
einem Datumsattribut.

Hystrix Dashboard nutzen

Optionaler Bestandteil von Spring Cloud Hystrix ist das Hystrix Dashboard.
Auf diesem wird übersichtlich der Status der Circuit Breaker für beliebig viele Services dargestellt. Das Dashboard ist ebenfalls als Spring-Cloud-Starter
verfügbar: `spring-cloud-starter-hystrix-dashboard` und wird über `@Enable-`
`HystrixDashboard` aktiviert. Das Dashboard ist anschließend über `/hystrix` erreichbar.

23   Weitere Aufgaben lösen

In diesem Teil des Buches haben Sie einige technische Lösungen für einige der Aufgaben kennengelernt, die Sie innerhalb einer Microservice-Architektur lösen müssen. Spring Cloud profitiert wie viele andere Themen von der automatischen Konfiguration von Spring Boot. Weitere Aufgaben, Fragen und Probleme kommen hinzu oder bleiben nach Beantwortung technischer Fragen offen: Essenzielle Dienste wie die zentrale Konfiguration, Eureka (oder ähnliche) Produkte liegen nur einmal vor und sind Fehlerquellen. Sie müssen repliziert und verteilt werden, damit ein Ausfall nicht zum Ausfall des gesamten Systems führt. Ebenfalls zu dieser Gruppe von Problemen gehört die Startreihenfolge von Diensten. Können Sie sicherstellen, dass Sie Ihre Dienste wirklich vollständig unabhängig voneinander deployen können?

Single Point of Failure vermeiden

Im Kontext der deklarativen Clients wurde bereits diskutiert, ob ein ressourcen- oder funktionsgetriebener Ansatz genutzt wird. Eine dritte Möglichkeit sind Ereignisse: Das Markieren einer Aufgabe im Wochenplaner kann ein Ereignis der Art »Aufgabe erledigt« auslösen. Sie haben in Kapitel 12 mehrere Möglichkeiten kennengelernt, Spring-Boot-Anwendungen und Messaging-Systeme zusammenzubringen: Der To-do-Service regiert auf das Ereignis und entscheidet selbst, wie und in welcher Weise er die entsprechende Aufgabe als erledigt markiert.

Lose Kopplung ermöglichen

Logging an sich und die Nachverfolgung einzelner Requests in den Logs mehrerer Services (*distributed tracing*) ist essenziell zur Nachverfolgung von Fehlern: Spring Cloud hilft Ihnen bei dieser Aufgabe mit dem Modul Sleuth.

Tracing ermöglichen

Wie strukturieren Sie Ihre Dienste? Wie greifen externe Dienste oder das Frontend Ihrer Anwendung auf Ihre Dienste zu? Darf jeder Client direkt auf jeden Dienst zugreifen? Das könnten Sie freilich mit Eureka realisieren. Oder passt ein sogenanntes API-Gateway eventuell besser in Ihre Architektur? Bei Letzterem steht ein weiterer Dienst, ein Proxy, zwischen den Microservices und den Clients der Dienste. Zuul, ebenfalls ein Baustein aus dem Netflix-OSS-Stack, ist ein smarter Proxy, der diese Aufgabe übernehmen kann. Zuul kann auch genutzt werden, um eine Variante eines API-Gateways zu implementieren: BFF,

Smarte Proxys nutzen

Backend For Frontend. Unterschiedliche Clients sehen unterschiedliche Teile ihrer Dienste über einen jeweils eigenen Proxy.

Architektonische Fragen beantworten

Wie und in welcher Größe werden Ihre Services geschnitten? DDD kann nützlich sein, um diese Frage zu beantworten: Bounded Contexts können die Schnitte vorgeben. Unabhängig von der Größe der Services ist die Frage nach der Integration zu beantworten: Integration kann auf Daten-, Logik- und UI-Ebene stattfinden. In der Regel integrieren viele Architekturen auf Ebene der Logik. Der Ansatz der Self-contained Systems (SCS, http://scs-architecture.org) integriert hingegen in der Regel auf Ebene der Oberfläche. Sie finden unter http://microservices.io eine Vielzahl von Pattern, die zur Beschreibung und Gestaltung Ihrer Architektur nützlich sein können.

Routing und mehr

Je nachdem, wie Sie Ihre Architektur gestalten, müssen Sie Fragen nach Routing und Ähnlichem beantworten: Erstellen Sie ein Gateway für eine API? Müssen Sie einen Security-Kontext über Services hinweg propagieren, die jeder für sich stateless sind? Falls Sie im Netflix-Stack bleiben, werfen Sie doch einen Blick auf Zuul unter https://github.com/Netflix/zuul. Zuul ist ein JVM-basierter Proxy, der versucht, einige dieser Fragen zu beantworten, und ebenfalls von Spring Cloud unterstützt wird.

A Lebenszyklus von Spring-Anwendungen und Beans

In diesem kurzen Kapitel möchte ich Ihnen einige Themen vorstellen, die die Lebenszyklen einer Spring-Boot-Anwendung und die einzelner Spring Beans betreffen. Die im Folgenden vorgestellten Funktionalitäten werden Sie sicherlich nicht in jedem Projekt finden oder benötigen, sie sind aber für verschiedene Anwendungsfälle hilfreich beziehungsweise fördern das Verständnis für die Konfiguration einer Anwendung und deren Beans.

A.1 Auf Ereignisse im Lebenszyklus einer Anwendung reagieren

Quelltext

applicationevents auf GitHub:
https://github.com/springbootbuch/applicationevents

Während des Lebenszyklus einer Spring-Anwendung tritt in der Regel eine Reihe von Ereignissen auf, auf die Sie in Ihrer Anwendungslogik reagieren können. Die Framework-Events erben üblicherweise von ApplicationEvent, eigene Events können Sie frei definieren. Sie haben mehrere Möglichkeiten, auf Events zu reagieren. Listing A–1 zeigt eine Implementierung des typisierten Interface ApplicationListener, die gleichzeitig auch eine @Component ist:

```
@Component
public class ContextRefreshedEventListener
    implements ApplicationListener<ContextRefreshedEvent> {

    @Override
    public void onApplicationEvent(
        ContextRefreshedEvent event
```

Listing A–1
ContextRefreshed-
EventListener.java

```
    ) {
        LOG.debug(
            "ContextRefreshedEvent at {}",
            event.getTimestamp());
    }
}
```

Anhand des konkreten Typs, der als Parameter der Methode onApplica-
tionEvent genutzt wird, bestimmt der Spring-Container, durch welches
Ereignis die Methode getriggert wird.

Mit der Annotation @EventListener können Sie beliebige Methoden
als Handler für Events registrieren:

Listing A–2
ContextClosedEvent-
Listener.java

```
@Component
public class ContextClosedEventListener {

    @EventListener
    public void contextClosed(
        final ContextClosedEvent event
    ) {
        Application.LOG.debug(
            "ContextClosedEvent at {}",
            event.getTimestamp());
    }
}
```

Beide Klassen werden als Spring Beans registriert und vom Spring-
Container mit Events versorgt. Die Events werden per Default synchron
verarbeitet und die Listener der Reihe nach abgearbeitet. Möchten Sie
in einer definierten Reihenfolge mit mehreren Listenern auf dasselbe
Event reagieren, nutzen Sie die @Order-Annotation auf Klassenebene.
Asynchrone Verarbeitung erreichen Sie über @Async auf Methodenebe-
ne. Beachten Sie jedoch dabei, dass Sie diese Annotation über @Enable-
Async in einer Konfigurationsklasse einschalten müssen.

Zusätzlich zu den gezeigten Ereignissen bietet Spring Boot weitere
Ereignisse an:

■ Das ApplicationStartingEvent wird beim Start der Anwendung ausgelöst, wenn bereits alle Listener und auch alle initialisierenden
Beans registriert sind, aber keine weitere Konfiguration durchgeführt wurde.

■ ApplicationEnvironmentPreparedEvent wird vor der Erstellung des
Kontextes ausgelöst. Zu diesem Zeitpunkt ist die Umgebung bekannt.

ApplicationPreparedEvent wird vor oben gezeigtem ContextRe-freshedEvent ausgelöst. Zu diesem Zeitpunkt sind alle Bean-Definitionen geladen, aber die Beans noch nicht initialisiert.

Nach dem Refresh und der Ausführung aller Callbacks signalisiert ApplicationReadyEvent, dass die Anwendung bereit ist, Anfragen entgegenzunehmen.

Alternativ bedeutet ein ApplicationFailedEvent, dass die Anwendung aufgrund eines Fehlers nicht starten konnte.

Zumindest ApplicationStartingEvent und ApplicationEnvironmentPreparedEvent werden vor der Erstellung des Kontexts ausgelöst. Sie können Listener für diese Events nicht mittels Spring Beans realisieren, da diese zu spät initialisiert werden. Nutzen Sie den SpringApplicationBuilder, um die Listener programmatisch zu registrieren:

Listing A–3
Programmatische Registrierung von Listenern

```
@SpringBootApplication
public class Application {

    static final Logger LOG = LoggerFactory
        .getLogger(Application.class);

    public static void main(String[] args) {
        final SpringApplicationBuilder builder
            = new SpringApplicationBuilder(
                Application.class);
        builder.listeners(
            (ApplicationStartingEvent event) -> {
                System.out.println("Starting...");
            },
            (ApplicationEnvironmentPreparedEvent event) -> {
                LOG.debug(
                    "Environment prepared: {}",
                    event.getEnvironment());
            },
            (ApplicationPreparedEvent event) -> {
                LOG.debug(
                    "ApplicationPreparedEvent at {} ",
                    event.getTimestamp());
            })
            .run(args);
    }
}
```

Falls Sie nicht vom Start über die main-Methode abhängen möchten, so nutzen Sie bitte den Schlüssel org.springframework.boot. Spring-ApplicationRunListener in der Datei META-INF/spring.factories, mit dem Sie den jeweils voll qualifizierten Klassennamen einer Klasse angeben können, die das gleichnamige Interface implementiert. Ein SpringApplicationRunListener reagiert auf alle der genannten Ereignisse.

Eigene Events veröffentlichen Sie über eine Instanz des ApplicationEventPublisher, den Sie in jede Komponente injizieren lassen können.

A.2   Den Lebenszyklus von Beans verstehen

Spring Beans haben einen eigenen Lebenszyklus, der für jede Bean innerhalb des Containers, unabhängig davon, ob sie per XML-Konfiguration, @ComponentScan oder Java-Konfiguration erzeugt wurde, durchlaufen wird.

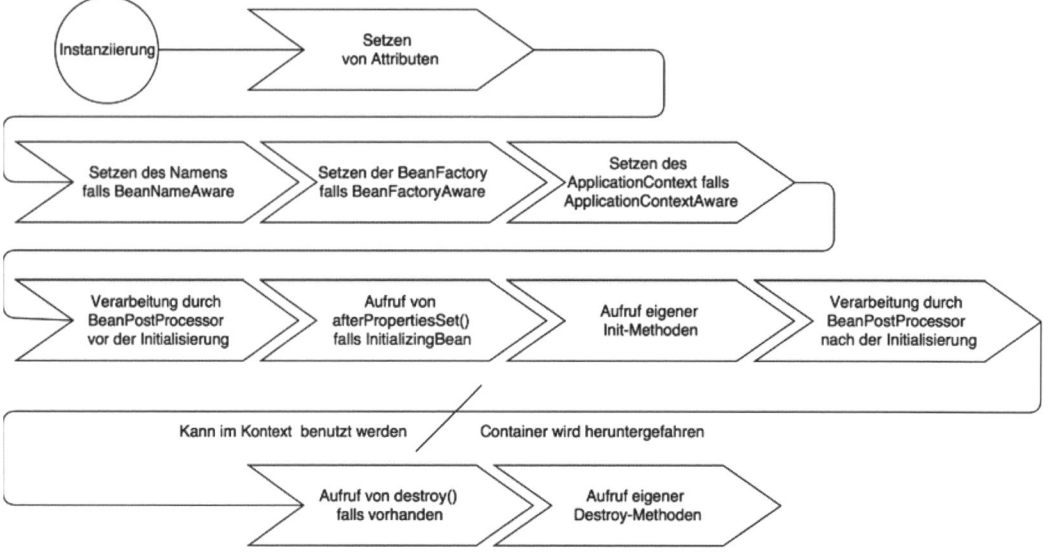

Abb. A–1
Lebenszyklus einer Spring Bean

Beans, die InitializingBean oder DisposableBean implementieren, werden ebenso korrekt behandelt wie Methoden, die mit den JSR-250-Annotationen @PostConstruct oder @PreDestroy versehen sind. Mit Hilfe einer @Bean-Methode und der Attribute initMethod beziehungsweise destroyMethod vermeiden Sie Spring-Annotationen und nicht fachliche Klassen in Ihrer Klassenhierarchie. Listing A–4 zeigt einige Beispiele, die jegliche fachfremden Annotationen und Interfaces auf den fachlichen Klassen vermeiden.

```
@Configuration
public class ApplicationConfig {
    public static class FooService {

        final String name;

        public FooService(String name) {
            this.name = name;
        }

        public void myInit() {}
        public void destroy() {}
    }


    public static class BarService {

        final FooService fooService;

        final Integer interval;

        public BarService(
            FooService fooService,
            Integer interval
        ) {
            this.fooService = fooService;
            this.interval = interval;
        }

        public void close() {
            System.out.println("close");
        }
    }
    @Bean(
        name = "myFooService",
        initMethod = "myInit",
        destroyMethod = "destroy"
    )
    public FooService fooService() {
        return new FooService(fooProperties.getValue());
    }
```

```
@Bean(destroyMethod = "")
public BarService barService(
    ExampleProperties exampleProperties
) {
    return new BarService(
        fooService(),
        exampleProperties.getInterval()
    );
}
}
```

Während `initMethod` keine Default-Werte annimmt, so ist (`inferred`) der Default-Wert von `destroyMethod`. Public-Methoden namens `close` oder `shutdown` ohne Parameter werden automatisch als `destroyMethod` registriert, wobei `close` Vorrang hat. Sollen diese Methoden nicht verwendet werden, so muss `destroyMethod` explizit mit `""` angegeben werden. Der `FooService` wird so konfiguriert, dass Init- und Destroy-Methoden aufgerufen werden, während die Default-Destroy-Methode des `BarService` explizit abgeschaltet wird.

Initializing und Disposable Beans

Initializing und Disposable Beans sind Beans, die mit den Methoden `after-PropertiesSet` beziehungsweise `destroy` nach Setzen aller Eigenschaften oder vor dem Schließen des Kontextes Ressourcen belegen beziehungsweise freigeben müssen. Die beiden Interface sind recht alte Spring-Interfaces, ihr Verhalten kann auch mit beliebigen anderen Methoden implementiert werden, die über Annotationen oder Deklarationen als Initialisierungs- beziehungsweise Close-Methoden markiert werden. Sie tauchen aber in vielen Teilen des Frameworkcodes auf, insbesondere im Bereich Datenquellen, Queues und Caching.

B Erweiterte Konfiguration von Datasources

Im Folgenden erfahren Sie, welche Möglichkeiten Spring Boot bereit-stellt, um Datasources für relationale Datenbanken zu konfigurieren. Grundsätzlich sollen zwei Dinge vermittelt werden:

1. Wie können Sie eine einzelne Datasource so anpassen, dass sie zum einen vollständig Ihren Anforderungen genügt und zum anderen dennoch Teil der restlichen Datenbankunterstützung von Spring Boot ist?
2. Wie stellen Sie bei Bedarf mehrere Datasources zur Verfügung?

Nur weil es geht, sollten Sie nicht einen Service »wahllos« mit allen Datenbanken in Ihrem Projekt verbinden. Gerade wenn Sie zwei sehr unterschiedliche relationale Datenbanken in einer Anwendung benut-zen, könnten Sie darüber nachdenken, ob diese Anwendung nicht in einzelne Dienste aufgeteilt werden kann, die das *Database per Service*-Muster nutzen (siehe Kasten auf Seite 203).

Sinn oder Unsinn mehrerer Datasources

Uneingeschränkt hilfreich bleiben aber die Möglichkeiten, Data-sources beliebig anpassen zu können und dabei dennoch weitere Funk-tionen von Spring Boot, zum Beispiel praktische Automatismen, zu nut-zen.

Quelltext

Die Beispiele dieses Abschnitts finden Sie auf GitHub im Projekt *custom_datasources*: https://github.com/springbootbuch/custom_datasources.

Das POM des Projekts beinhaltet das Maven-Docker-Plugin, mit dem Sie ohne weiteren Aufwand zwei Container starten können, die zum einen ei-ne PostgreSQL und zum anderen eine MySQL-Datenbank beinhalten. Diese Datenbanken werden zur Demonstration einer Konfiguration mit mehreren Datasources benötigt. Falls Sie diese Datenbanken also nicht auf Ihrem Sys-tem haben, können Sie diese mit `./mvnw docker:start` starten und mit `./mvnw docker:stop` anhalten.

Falls die Konfigurationsmöglichkeiten in Unterabschnitt 10.2.1 nicht ausreichen, können Sie eine eigene Bean vom Typ `DataSource` definieren. Solange exakt eine Datasource im Spring-Kontext existiert, wird Spring Boot diese analog zu einer automatisch angelegten Datasource nutzen, sprich sie wird unter anderen für die Datenbankinitialisierung über Springs eigenen JDBC-Skript-Runner, für externe Werkzeuge wie Liquibase und Flyway sowie natürlich für Spring Data JPA genutzt.

Eigene Datasources

Damit Sie Ihre eigene Datasource ähnlich bequem über die Umgebung konfigurieren können, wie Spring Boot das für die standardmäßig unterstützten Quellen macht, nutzen Sie die Annotation `@ConfigurationProperties` sowie den Builder `DataSourceBuilder`. Listing B–1 zeigt die Verwendung der Annotation:

Listing B–1
Manuelle
Instanziierung einer
eigenen Datasource

```
app.datasource.url=jdbc:h2:mem:mydb
app.datasource.username=foobar
app.datasource.pool-size=42


@Bean
@ConfigurationProperties(prefix="app.datasource")
public DataSource dataSource() {
    return new CustomDatasource();
}
```

Das Beispiel setzt voraus, dass die Klasse `CustomDatasource` entsprechende JavaBean-Setter für die aufgeführten Eigenschaften hat. Diese Verwendung von `@ConfigurationProperties` haben Sie das erste Mal auf Seite 79 in Listing 4–13 gesehen.

Die Klasse `DataSourceBuilder` dient der programmatischen Erzeugung der unterstützten Datasources. Sie verwenden ihn wie folgt:

Listing B–2
Konfiguration und
SimpleBuilder-
UsageConfig.java

```
app.datasource.jdbc-url = jdbc:h2:mem:thedb
app.datasource.username = bazbar


@Bean
@ConfigurationProperties("app.datasource")
public DataSource dataSource() {
    return DataSourceBuilder.create().build();
}
```

Die `@ConfigurationProperties` werden dabei auf die zurückgegebene Datasource angewandt. Und ein Problem wird direkt deutlich, wenn Sie das Beispielprojekt mit `./mvnw test` testen: Spring Boot loggt während des Tests `SimpleBuilderUsageConfigTest` eine Warnung, dass kein JDBC-Treiber geladen wurde. Der Automatismus, den korrekten Treiber anhand der URL zu ermitteln, lief nicht. Ferner sehen Sie in der Konfiguration, dass Sie statt url ein spezifisches Attribut (jdbc-url) nutzen müssen: jdbc-url ist Konfigurationseigenschaft des HikariCP-Pools, den Spring Boot per Default nutzt. Falls Sie ihn aber wie gezeigt initialisieren, überspringen Sie die Übersetzung der Eigenschaften. Definieren Sie stattdessen eine Bean des Typs DataSourceProperties und bilden Sie Ihre angepasste Konfiguration auf diese ab:

```
@Configuration
public class BetterBuilderUsageConfig {

    @Bean
    @Primary
    @ConfigurationProperties("app.datasource")
    public DataSourceProperties dataSourceProperties() {
        return new DataSourceProperties();
    }

    @Bean
    @ConfigurationProperties("app.datasource")
    public DataSource dataSource(
        final DataSourceProperties properties) {
        return properties
            .initializeDataSourceBuilder().build();
    }
}
```

Listing B–3
BetterBuilder-
UsageConfig.java

Durch diese Deklaration ersetzen Sie die primäre DataSourceProperties und nutzen diese anschließend in der Methode dataSource(), um den Builder vollständig zu initialisieren. Sie nutzen damit denselben Mechanismus wie Spring Boot und haben dennoch vollständige Kontrolle über die weitere Initialisierung der Datasource. Ihre eigene Konfiguration spiegelt nun die typischen Spring-Boot-Eigenschaften wider:

```
app.datasource.url = jdbc:h2:mem:mydb
app.datasource.username = foobar
```

Listing B–4
Konfiguration für
BetterBuilder-
UsageConfig.java

In beiden Fällen können Sie jedoch weiterhin mit den in Tabelle 10–1 aufgelisteten Eigenschaften die Initialisierung und Migration der primären Datenquelle steuern.

Manchmal möchten Sie Ihre Datasource mit bestimmten Werkzeugen instrumentieren. Dazu benötigen Sie sowohl die ursprüngliche als auch »Ihre« Datasource. Eines dieser Werkzeuge ist zum Beispiel die

Default-Datasource
nutzen und ersetzen

FlexyPool-Library[1], die eine gegebene Pooling Datasource mit Metriken versieht und eine dynamische Größenänderung on demand ermöglicht. FlexyPool benötigt dazu die konkrete Instanz einer Datasource, um den notwendigen Adapter zu bestimmen. Sie können also nicht die primäre Datasource ersetzen, möchten aber weder auf die komfortable Konfiguration mit Spring-Boot-Standardeigenschaften verzichten, noch mehrere Datasource Beans definieren. Lassen Sie sich zu diesem Zweck die primären `DataSourceProperties` injizieren, instanziieren Sie die Datasource über den Builder und geben diese an die genutzte Library weiter:

Listing B–5
FlexyPool-
ExampleConfig.java

```
@Bean
public DataSource dataSource(
    DataSourceProperties dataSourceProperties) {
    final DataSource dataSource = dataSourceProperties
        .initializeDataSourceBuilder().build();
    return new FlexyPoolDataSource(
        new Builder(
            dataSourceProperties.getName(),
            dataSource,
            HikariCPPoolAdapter.FACTORY
        ).build(),
        new IncrementPoolOnTimeoutConnectionAcquiringStrategy
            .Factory(5),
        new RetryConnectionAcquiringStrategy
            .Factory(2)
    );
}
```

Starten Sie das Projekt *custom_datasources* mit dem Profil `flexy-pool-example`, um das Beispiel live zu sehen. Sie können natürlich die in Listing B–4 und Listing B–5 demonstrierten Techniken kombinieren, um Ihre spezielle Datenquelle weiter anzupassen.

Mehrere Datasources

Mehrere Datasources sind etwas aufwendiger. Im Folgenden wird ein Beispiel mit zwei komplett unterschiedlichen Datenbankverbindungen gezeigt, einer PostgreSQL- und einer H2-In-Memory-Verbindung:

Listing B–6
MultipleDataSources-
Config.java

```
@Configuration
public class MultipleDataSourcesConfig {
    @Primary @Bean
    @ConfigurationProperties("app.datasource-pg")
```

---

[1] https://github.com/vladmihalcea/flexy-pool

```java
    public DataSourceProperties dataSourceProperties() {
        return new DataSourceProperties();
    }


    @Primary @Bean
    @ConfigurationProperties("app.datasource-pg")
    public DataSource dataSource(
        final DataSourceProperties properties) {
        return properties
            .initializeDataSourceBuilder().build();
    }


    @Bean
    @ConfigurationProperties("app.datasource-h2")
    public DataSourceProperties dataSourceH2Properties() {
        return new DataSourceProperties();
    }


    @Bean
    @ConfigurationProperties("app.datasource-h2")
    public DataSource dataSourceH2(
        @Qualifier("dataSourceH2Properties")
        final DataSourceProperties properties
    ) {
        return properties
            .initializeDataSourceBuilder().build();
    }
}
```

Beide Verbindungen werden über ihren jeweils eigenen Namensraum konfiguriert, und natürlich funktioniert auch hier die Ersetzung von Platzhaltern mit anderen Werten aus der Konfiguration oder der Umgebung:

```
app.datasource-pg.url = \
jdbc:postgresql://127.0.0.1:${postgres.port:5432}/spring_postgres
app.datasource-pg.username = spring_postgres
app.datasource-pg.password = spring_postgres
app.datasource-pg.initialization-mode = ALWAYS

app.datasource-h2.url = jdbc:h2:mem:test_mem
app.datasource-h2.username = test_mem
app.datasource-h2.password = test_mem
```

Listing B–7
*Konfiguration der
Beans aus Listing B–6*

Die Beans `dataSourceProperties` und `dataSource` sind als primäre Beans des jeweiligen Typs markiert. Das ist notwendig, da verschiedene andere Mechanismen, wie die Datenbankinitialisierung oder der Aufruf der Migrationswerkzeuge, von einer definierten Datasource abhängen. Die Beans `dataSourceH2Properties` und `dataSourceH2` sind zusätzliche Beans, die nicht automatisch Teil der weiteren Autokonfiguration werden.

Beachten Sie, dass die Annotation `@Qualifier` für die Eigenschaften der Bean `dataSourceH2` genutzt wird. Das müssen Sie an jeder Stelle machen, in der Sie Ihre zweite Datasource verwenden möchten. In der Konfiguration könnten Sie alternativ die `@Bean`-Methode auch direkt aufrufen. Der Test `MultipleDataSourcesConfigIT` zeigt die Verwendung beider Datasources:

Listing B–8
MultipleDataSources-
ConfigIT.java

```
@RunWith(SpringRunner.class)
@ActiveProfiles("multiple-data-sources")
@JdbcTest(includeFilters =
    @ComponentScan.Filter(Configuration.class))
@AutoConfigureTestDatabase(replace = NONE)
public class MultipleDataSourcesConfigIT {

    @Autowired
    private DataSource dataSource;

    @Autowired
    @Qualifier("dataSourceH2")
    private DataSource dataSourceH2;
}
```

Weiterhin gilt, dass nur die primäre Datasource Bean ihren Weg in andere Komponenten findet. So steht im Beispielprojekt zwar automatisch ein `JdbcTemplate` zur Verfügung, aber halt nur einmal. Benötigen Sie eine weitere Instanz für die sekundäre Datasource, so müssen Sie insgesamt *zwei* Instanzen konfigurieren, da die automatische Konfiguration ja aus dem Weg geht, sobald Sie selber Beans eines bestimmten Typs definieren. Letzten Endes ist dies auch der Grund, warum die Definition einer Datasource nicht automatisch zu zweien führt. Denken Sie bitte ebenfalls daran, dass für die sekundäre Datasource kein Transaction-Manager definiert ist.

Im hier gezeigten Beispiel können Sie nun mit einer Konfiguration wie in Listing B–7 zwei verschiedene Datasources mit eigenen Namensräumen mit der exakt gleichen Logik, wie Spring Boot es macht, konfigurieren.

C Upgrade von Spring Boot 1 auf 2

C.1 Spring 5

C.1.1 Neue Voraussetzungen: Spring 5 und Java 8

Mit dem Releasewechsel von Spring 4 auf Spring 5 wird JDK 8 als Base-line für das Spring-Framework und damit für Spring Boot 2 definiert. Anwendungen auf Basis von Spring Boot 2 erfordern damit zwingend Java 8. Mit dieser Entscheidung kann sich das Spring-Team von einigen Altlasten befreien und moderne Java-8-Konzepte nutzen, die Endentwickler bereits seit über zwei Jahren verwenden können. *Vollständig Java-8-basiert*

Besonders relevant für die Entwicklung mit dem Spring-Framework sind die Punkte

- Java 8 Reflections: Über Java 8 Reflections kann in der Regel effizienter auf Namen von Methodenparametern und Ähnliches zugegriffen werden.
- Default-Methoden in Interfaces: Verschiedene Interfaces, die zur Konfiguration verschiedener Frameworkaspekte dienen, haben nun Default-Methoden und sind nicht mehr auf eine `AbstractXXX`-Klasse als Begleiter angewiesen, wenn nur wenige Methoden überschrieben werden sollen.
- explizite Markierung von Argumenten, die null sein dürfen oder nicht

Weiterhin ist Spring 5 kompatibel mit Java 9. Es wird mit dem JDK 9 gebaut und gegen dieses getestet. Alle Spring-Module werden sowohl auf dem bisherigen Klassenpfad als auch auf dem neuen Modulpfad als automatische Module lauffähig sein.

Das Spring-Framework verwendet und unterstützt etliche Java-EE-APIs. Mit Spring 5 wird mindestens Java EE 7 vorausgesetzt, insbesondere die Servlet API 3.1, JPA 2.1 und JMS 2.0. Damit steht auch die Wahl der Laufzeitumgebung fest: Spring-Boot-Anwendungen bringen in der Regel einen eingebetteten, passenden Container mit, für Stand- *Java EE 7 …*

alone-Deployments werden Tomcat 8.5+, Jetty 9.4+ oder WildFly 10+ vorausgesetzt.

... und Java EE 8   Zur Laufzeit ist Spring 5 kompatibel mit den bis dato festgeschriebenen Java-EE-8-Spezifikationen und profitiert dabei insbesondere durch die Servlet API 4.0, Bean Validation 2.0 und JPA 2.2. Schlüsselelement der Servlet API 4.0 ist dabei HTTP/2, eine vollständig neue Implementierung der fast 20 Jahre alten HTTP/1.1-Spezifikation. Mit JPA 2.2 werden unter anderem moderne Java-8-Datentypen als Attribute von Entitäten unterstützt.

Deprecations und   Spring 5 entfernt etliche, bis dahin als *deprecated* markierte Modu-
End-of-Support   le. Prominent davon betroffen sind Hibernate 3 und 4 sowie Tiles 2. Spring 5 unterstützt nur noch Hibernate 5 und Tiles 3. Komplett entfernt wurde der Support für Portlets, Velocity-Templates, Jasper-Reports, XMLBeans, JDO und Guava. Falls Sie eines dieser Werkzeuge in Ihrer Anwendung benötigen, setzen Sie bitte Spring Boot 1.5.x beziehungsweise Spring 4.3.x ein.

C.1.2   Neue Funktionen und Verbesserungen

Indizierte   Spring 5 verfügt über einen Component Loader, der Beans aus indi-
Komponenten   zierten Komponenten lädt. Der Index wird in einer zusätzlichen Metadatei unter `META-INF/spring.components` geführt. Spring 5 bietet einen Annotationsprozessor, der den Index zur Compile-Zeit aufbaut und dabei die neue `@Indexed`-Annotation erkennt. `@Component` wurde erweitert und ist mit `@Index` annotiert. Damit werden automatisch alle Spring-Stereotypen in den Index aufgenommen. In größeren Projekten kann der Index zu größeren Einsparungen beim Start der Anwendung führen.

Annotationen auf   Deklarative Transaktionen, deklaratives Caching und asynchro-
Interfaces   ne Methoden werden nun auch dann konsistent erkannt und behandelt, wenn die entsprechenden Annotationen (`@Transactional`, `@Cacheable` und `@Async` auf Interface-Methoden angewandt werden.

Reaktives   Dem reaktiven Programmiermodell auf Basis von Project Reactor
Programmiermodell   und dem zugehörigen Spring-WebFlux-Modul ist mit »Reaktive Programmierung« ein eigenes Kapitel auf Seite 267 gewidmet. Die reaktive Infrastruktur ist darüber hinaus aber auch im Modul `spring-core` erkennbar, unter anderem in Form von `Encoder`- und `Decoder`-Klassen zum Schreiben und Lesen von Objekten.

Verbessertes   Erwähnenswerte Neuerungen im Spring-Web-MVC-Modul sind
Web-MVC-Modul   unter anderem ein alternativer Pfad-Matcher, ein Ersatz für das Java-Activation-Framework und Databinding, das mit unveränderlichen Objekten funktioniert. Pfad-Matcher werden in Spring Web MVC benötigt, um URL-Pfade auf Handler abzubilden. In der Regel wird ein Mat-

cher ähnlich dem genutzt, den das Build-Tool Ant auch verwendet, der
AntPathMatcher. Alternativ kann jetzt der ParsingPathMatcher eingesetzt
werden, der eine effizientere Engine nutzt und eine erweiterte Syntax
hat. Spring Web MVC 5 führt mit der MediaTypeFactory einen Ersatz
des Java-Activation-Frameworks zur Bestimmung von Content-Types
ein.

> Als *reified type parameter* werden Typparameter generischer Klassen wie Col-
> lections und anderer bezeichnet, die im Gegensatz zu normalen Java-Gene-
> rics nicht zur Compile-Zeit gelöscht und mit allgemeinen Typinformationen
> ersetzt werden. Sie stehen zur Laufzeit weiterhin zur Verfügung.

Kotlin ist im Kontext von Spring 5 nicht nur eine weitere JVM-Sprache, *First-Class Support*
die vom Spring-Framework Gebrauch machen kann, sondern ein Bür- *für Kotlin*
ger erster Klasse. Spring 5 enthält verschiedene Erweiterungen, damit Kotlin so idiomatisch wie möglich mit Spring 5 verwendet werden kann. Dazu gehören neben der Routing-DSL für Spring WebFlux
(vergleiche Abschnitt 14.2.3) auch funktionale Mittel zur Registrierung
von Beans, der Support für *reified type parameter* verschiedener Klassen
und die korrekte Behandlung und Auswertung von Kotlins Null-Safety.

JUnit 5

JUnit 5 ist eine komplette Neuentwicklung des bekannten Testframeworks
JUnit. JUnit 5 wurde mit starkem Fokus auf Java 8 und neuen Ausdrucksmög-
lichkeiten von Tests entwickelt. JUnit 5 besteht aus mehreren Modulen:

- Die JUnit-Plattform bildet die Grundlage des Frameworks. Zur Plattform
  gehört die API der Test-Engine sowie Plugins für Gradle und Maven.
- JUnit Jupiter stellt eine neue Test-Engine zur Verfügung, in der das neue
  Programmier- und Erweiterungsmodell realisiert wird.
- JUnit Vintage stellt ebenfalls eine Test-Engine zur Verfügung. Darin kön-
  nen alte JUnit-3- und -4-Tests auf der neuen JUnit-5-Plattform ablaufen.

Sie können auf Spring Boot 2 basierende Anwendungen mit der *Unterstützung von*
Jupiter-Engine von JUnit 5 testen und sind nicht auf die Vintage- *JUnit 5*
Engine angewiesen. Statt @RunWith(SpringRunner.class) und einer entsprechenden Annotation, die die Konfiguration definiert, können Sie
@ExtendWith(SpringExtension.class) nutzen oder eine der bequemen,
zusammengesetzten Annotationen @SpringJUnitConfig oder @Spring-
JUnitWebConfig). Mit @EnabledIf beziehungsweise @DisabledIf stehen
zwei praktische Annotationen für einzelne Testmethoden bereit, die anhand eines SpEL-Ausdrucks entscheiden, ob ein Test ausgeführt werden
soll oder nicht.

C.2   Änderungen in Spring Boot 2

Da Spring Boot auf Spring 5 basiert, gelten natürlich alle oben erwähnten Neuerungen auch für Spring Boot. Darüber hinaus kommen aber auch Änderungen hinzu, die nur Spring Boot betreffen.

Spring Boot und Semantic Versioning

Spring Boot setzt kein Semantic Versioning ein. Genereller Konsens im Spring-Boot-Team ist, dass Patches ohne Aufwand und ohne Anpassungen einsetzbar sind, Minor Upgrades durchaus Anpassungen geringen Aufwands nach sich ziehen können und Major Upgrades gegebenenfalls größere Anpassungen erfordern.

Die Nutzung von Funktionen und Konfigurationseigenschaften, die deprecated sind, werden seit Spring Boot 2 mit dem Level error geloggt. Sie sollten dieses Feature nutzen und möglichst reagieren. In der Regel werden werden Deprecations auch innerhalb von Minor Upgrades dauerhaft entfernt.

Spring Boot 2 unterstützt insbesondere das reaktive Programmiermodell sowie Spring WebFlux auf allen Ebenen. Es gibt neue Starter für WebFlux und die reaktiven Datastores. Spring Boots Testsupport enthält @WebFluxTest und konfiguriert je nach Test einen reaktiven WebTest-Client analog zum TestRestTemplate.

Starter wie spring-boot-starter-thymeleaf und spring-boot-starter-mustache können sowohl mit dem klassischen Spring-Web-MVC-Modul als auch mit dem WebFlux-Modul genutzt werden. Daher hängen diese und andere Starter nicht mehr transitiv von spring-boot-starter-web ab. Bitte wählen Sie daher explizit spring-boot-starter-web oder spring-boot-starter-webflux zusätzlich aus.

Während der Entwicklung von Spring Boot 2 wurden nicht nur Packages neu strukturiert, sondern auch einige Aspekte der automatischen Konfiguration neu gestaltet. Insbesondere Strukturen, die inhaltlich sowohl zur bestehenden Servlet-API als zum neuen WebFlux-Modul gehören können, mussten aufgeteilt werden. Die bestehende komplexe automatische Konfiguration von Spring Boot Security wurde drastisch vereinfacht. Beide Änderungen sind nicht abwärtskompatibel. Haben Sie also in Ihren Spring-Boot-1-Anwendungen Klassen aus diesen Paketen genutzt oder überschrieben, müssen Sie an diesen Stellen nacharbeiten.

Die Aktualisierung einer Spring-Boot-Anwendung von Version 1 auf Version 2 ist an einigen Stellen, insbesondere hinsichtlich der Actuator-Endpunkte und des Security-Systems, ein größeres Upgrade. Die folgenden Punkte sind möglicherweise Themen, die auch im Fall Ihrer Anwendung zu Aufwand führen können.

Embedded Webserver

Die Strukturen der eingebetteten Webserver wurden erheblich umgestellt, um der reaktiven Story gerecht zu werden: `EmbeddedServlet-Container` wurde umbenannt zu `WebServer`, die Package-Strukturen von `org.springframework.boot.context.embedded` zu `org.springframework.boot.web.embedded`. Klassen, die zur Konfiguration der eingebetteten Server dienen, wurden analog umbenannt.

Actuator-Endpunkte

Mit Spring Boot 2 hält eine komplett überarbeitete Infrastruktur für eigene Actuator-Endpunkte Einzug (vergleiche Abschnitt 17.6). Während Sie in älteren Spring-Boot-1-Anwendungen darauf angewiesen waren, eines der Interfaces `Endpoint<T>` oder `MvcEndpoint` zu implementieren, reicht nun die neue Annotation `@Endpoint` aus, um einen Actuator-Endpunkt mit beliebig vielen Read- und Write-Operationen provideragnostisch zu implementieren. Provider-agnostisch bedeutet hier, dass diese Endpunkte sowohl als JMX Beans als auch als Web-Endpunkte auf Basis von Spring Web MVC oder JAX-RS zur Verfügung stehen.

Neue Infrastruktur

Damit einhergehend kommt die Unterstützung reaktiver Actuator-Endpunkte. Operationen können einen Publisher (`Mono` oder `Flux`) zurückgeben. Da die Infrastruktur für die Endpunkte dynamisch ermittelt wird, können auch gemischte Endpunkte genutzt werden. Spring Boot 2 führt blockierende Actuator-Endpunkte in einem separaten Thread Pool aus.

Reaktive Endpunkte

Mit den Arbeiten an den Actuator-Endpunkten gehen einige Änderungen einher, die auch Ihre API-Benutzer betreffen. Die Spring-Boot-Actuator-Endpunkte (vergleiche Kapitel 17) sind darüber hinaus nun standardmäßig unter `/actuator`. Der Health-Endpunkt wandert damit beispielsweise von `/health` zu `/actuator/health`. Die IDs und Pfade der eingebauten Actuator-Endpunkte sind nicht länger frei konfigurierbar. Darüber hinaus wurden die Formate einiger Endpunkte (insbesondere `metrics`, `env`, `flyway` und `liquibase`) geändert.

Metriken

Die Erfassung von Metriken aller Art wurde mit Spring Boot 2 vollständig überarbeitet. Davon betroffen ist zum einen der `metrics`-Endpunkt, den Sie vielleicht mit einem Client-Tool benutzt haben, aber auch der Mechanismus, wie Metriken gespeichert wurden. `MetricWriter` gibt es in Spring Boot 2 nicht mehr. Stattdessen wurde Micrometer[1], ein neues Pivotal-Projekt, in Spring Boot integriert. Micrometer abstrahiert die Erfassung und insbesondere den anschließenden Export von Metriken und unterstützt dabei eine Vielzahl von Systemen.

Um eine entsprechende Anpassung – entweder der Auswertung, der Erfassung oder beidem – Ihrer Anwendung hinsichtlich Metriken werden Sie bei der Aktualisierung auf Spring Boot 2 nicht herumkommen.

Automatische Konfiguration von Spring Security

Die automatische Konfiguration von Spring Security durch den `spring-boot-starter-security` wurde komplett überarbeitet. Spring Boots automatische Konfiguration für Spring Security schützt alle Endpunkte und verlässt sich dabei – wie ausführlich in Kapitel 9 erklärt – auf die Defaults von Spring Security.

Einige Funktionen fallen mit Spring Boot 2 weg. Über Konfigurationseigenschaften können Sie hinsichtlich Spring Security nur noch den generierten Default-Benutzer anpassen, der erzeugt wird, wenn kein `UserDetailsService` zur Verfügung steht. Alle anderen Konfigurationseigenschaften wurden gestrichen.

Grundsätzlich geändert wurde das Verhalten der automatischen Konfiguration von Spring Security: Während Sie verschiedene Aspekte der automatischen Konfiguration vor Spring Boot 2 durch eigene Beans vom Typ `WebSecurityConfigurerAdapter` anpassen konnten, ohne die anderen Defaults zu verlieren, so wird die automatische Konfiguration nun vollständig abgeschaltet. Beachten Sie also in einer Migration, dass Sie einige Aspekte nun explizit konfigurieren müssen.

Das Wiki des Spring-Projektes unter https://github.com/spring-projects/spring-boot/wiki/Spring-Boot-Security-2.0 gibt Ihnen einige Handreichungen zur Wiederherstellung des Verhaltens von Spring Boot 1.

Modernisierte Speicherung von Passwörtern

Teil von Spring Boot 2 ist Spring Security 5. Spring Security führte ein neues Format zur Speicherung von Passwörtern ein. Passwörter werden jetzt per Default im Format `{idDesHashes}PasswortHash` gespeichert. Dabei gibt `idDesHashes` den logischen Namen eines konfigurierten Passwort-Encoders an. Verschiedene Encoder werden von Haus aus unterstützt. Der neue Mechanismus macht es einfach, vorhandene Passwort-Hashes bei Bedarf zu migrieren.

---

[1] http://micrometer.io

Weiterhin wurden Passwort-Encoder, die in Spring Security 4 als deprecated markiert waren, entfernt.

Der Default-Encoder ist nun per Default BCrypt. Und damit ergibt sich eine Änderung, die Sie aktiv bearbeiten müssen, falls Sie nicht explizit einen Passwort-Encoder konfiguriert haben oder einen der entfernten Encoder nutzen.

Falls Sie wider Erwarten die Passwörter Ihrer Benutzer im Klartext speichern, können Sie diese sehr einfach mit `String encoded = password-Encoder.encode(klartextPasswort)` kodieren. `passwordEncoder` ist dabei die Standardinstanz des Default-Encoders. Eine Empfehlung, wie Sie weiterhin Klartextpasswörter nutzen können, spreche ich explizit nicht aus.

Vorhandene und gehashte Passwörter ohne Salt können sehr einfach migriert werden. Ermitteln Sie, welcher Hashing-Algorithmus genutzt wurde und unter welcher ID er als Encoder registriert ist (vergleiche Unterabschnitt 9.3.5). Setzen Sie anschließend diese ID in geschweiften Klammern vor den Passwort-Hash, also zum Beispiel `{sha256}PasswortHash`.

Passwörter, die unter Spring Security 4 mit einer Instanz der Klasse `SaltSource` »gesalzen« wurden, können nur mit einigem Aufwand migriert werden. `SaltSource` wurde mit den abgekündigten Encodern entfernt. Die Spring-Security-5-Dokumentation listet einige mögliche Auswege auf.

Neuer Default-Connection Pool

Mit Spring Boot 2 wird die Default-Connection von Tomcat zu HikariCP geändert. Damit einher geht, dass in einer Anwendung, die auf dem eingebetteten Tomcat basiert, Hikaru durch Konfiguration `spring.datasource.type` nicht mehr erzwungen werden muss. Um hingegen den Tomcat-Pool weiter zu nutzen, muss `tomcat-jdbc` auf dem Klassenpfad und `spring.datasource.type=org.apache.tomcat.jdbc.pool.DataSource` gesetzt sein.

Vereinheitlichte Default-Konfiguration

Das Verhalten von Spring Boot wurde hinsichtlich Servlet-Filter, Spring Security und Spring Session vereinheitlicht:

- Automatisch erkannte Servlet-Filter werden nun als `REQUEST`-Filter registriert. Dies korrespondiert mit der Servlet-API.
- Spring-Security-Filter werden nun für die `ASYNC`-, `ERROR`-, und `REQUEST`-Dispatcher registriert, analog zum Spring-Securitys-Default.

▦ Spring-Session-Filter werden nun für die `ASYNC`-, `ERROR`-, und `REQUEST`-Dispatcher registriert, analog zum Spring-Sessions-Default. Die Unterstützung von Mongo und GemFire wurde aus Spring Session 2 entfernt.

Neue Namensräume zur Konfiguration bestimmter Aspekte

Sie können nun im Namensraum `spring.data.web` verschiedene Aspekte der Paginierung und Sortierung von Spring Data Repositorys und deren Mapping auf URLs konfigurieren, ohne diese in Code ausprägen zu müssen.

Innerhalb von `spring.jdbc.template` können Sie das `JdbcTemplate` des JDBC-Starters konfigurieren.

`spring.http.multipart` wurde zu `spring.servlet.multipart` umbenannt.

Weiterhin wurde die Anzahl genutzter Namespaces reduziert und viele Konfigurationseigenschaften, zum Beispiel für Flyway oder Liquibase, wurden unterhalb des `spring.*`-Präfix verschoben.

Im Lauf der Arbeit an Spring Boot 2 entstand das neue Modul `org.springframework.boot:spring-boot-properties-migrator`. Fügen Sie es für die Dauer der Migration Ihrer Anwendung zu Ihrem Build hinzu, damit es die Umgebung Ihrer Anwendung analysiert, erweiterte Diagnoseinformationen ausgibt und umbenannte Konfigurationseigenschaften loggt und temporär migriert.

Neue Test-Slices

Es stehen etliche neue Test-Slices bereit, darunter `@WebFluxTest`, `@JooqTest` und `@DataRedisTest`.

Deprecated und entfernte Funktionen und Features

Nach der Deprecation in Spring Boot 1.5 wurde mit der CRaSH-Shell der SSH-Support entfernt. Das Spring-Loaded-Projekt existiert weiterhin, wird aber nicht weiter gepflegt. Alte und neue Projekte sollten die Spring Boot DevTools (vergleiche Kapitel 7) nutzen.

Spring Boot konfiguriert für Elasticsearch keine Instanz vom Typ `NodeClient` mehr.

Glossar

Connection Pool Insbesondere im Zusammenhang mit Datenbanken versteht man unter einem Connection Pool einen Cache von bestehenden Verbindungen, der für Anfragen verwendet wird.
Der Aufbau einer vollständig neuen Datenbankverbindung kostet in der Regel Zeit sowie Rechen- und Netzwerkressourcen. Wird ein vom Container verwalteter Connection Pool genutzt, so bekommt die Anwendung eine Verbindung aus dem Pool zugewiesen, die beim Schließen nicht physikalisch geschlossen, sondern in den Pool zurückgelegt wird. 199

Cross-Origin Resource Sharing Cross-Origin Resource Sharing ist eine Möglichkeit, Einschränkungen durch die Same-Origin-Policy (SOP) auf sichere Art und Weise zu umgehen: Der Browser sendet eine OPTION-Anfrage mit dem Header Origin und der angefragte Server antwortet nun mit einer Liste oder einer Wildcard, von welchen URLs aus die angefragte Ressource genutzt werden darf. Dies geschieht innerhalb moderner Browser in einem sogenannten *Preflight-Request*, noch bevor AJAX-Requests durchgeführt werden. 138, 443

Data Definition Language Als Data Definition Language werden Datenbanksprachen bezeichnet, die Datenstrukturen (Tabellen und anderes) erstellen, ändern oder entfernen können. Im Umfeld von relationalen Datenbanken ist die DDL in der Regel eine Teilmenge des SQL-Dialektes der jeweiligen Datenbank. 202, 443

Executable Jar Als Executable Jar wird im Kontext einer Spring-Boot-Anwendung ein ausführbares Java-Archiv (Jar-Datei) bezeichnet, das einer speziellen Dateistruktur genügt, die vom *Spring Boot Loader* genutzt wird, um eine Spring-Boot-Anwendung zu starten und dabei als autonomes Artefakt alle benötigten Abhängigkeiten enthält. Eine alternative Bezeichnung für ausführbare Jar-Dateien ist Fat Jar. 24, 36, 38, 122, 140, 361, 365, 367, 369, 380

Hypermedia as the Engine of Application State Hypermedia as the Engine of Application State (HATEOS) ist ein Entwurfsmuster für

REST-Architekturen. Alle URLs einer REST-API werden dabei vom jeweiligen Server vorgegeben; der Client navigiert nur über diese Strukturen. Dabei stellt eine HATEOS-konforme Schnittstelle einen endlichen Automaten dar, dessen Zustandsänderung durch Navigation eben jener URLs erfolgt. Eine REST-API, die auf HATEOS basiert, hat nach dem von Leonard Richardson entwickelten Reifegradmodell (Richardson Maturity Model) von REST-APIs den höchsten Level 3. 233, 443

Hypertext Application Language Hypertext Application Language (HAL) ist ein Internet-Draft, der die Verlinkung externe Ressourcen innerhalb von JSON- oder XML-Code beschreibt. HAL repräsentiert Elemente basierend auf zwei Konzepten: Ressourcen und Links. Ressourcen bestehen dabei entweder aus Nutzdaten, Links oder eingebetteten Ressourcen. Links wiederum sind in der Lage, durch verschiedene Eigenschaften Inhaltstypen und ähnliches darzustellen. HAL kann genutzt werden, um REST-APIs zu entwicklen, die HATEOAS konform sind. 233, 443

Java Management Extensions Die Java Management Extensions sind eine aus dem JSR 3 hervorgegangene Spezifikation zur Verwaltung und Überwachung von Java-Anwendungen. Mit unterschiedlichen Adaptern und Konnektoren ist nicht nur die Steuerung innerhalb einer JVM möglich, sondern über JVM-Grenzen hinweg.. 347, 443

Java Naming and Directory Interface Als Java Naming and Directory Interface wird Javas Schnittstelle für Verzeichnis- und Namensdienste bezeichnet. Beliebige Daten und Objekte sind in einem Verzeichnis unter einem eindeutigem Namen auffindbar. JNDI unterstützt unter anderem LDAP, DNS und mehr. 66, 443

Java Persistence Query Language Die Java Persistence Query Language ist eine plattformunabhängige, objektorientierte Datenbank-Abfragesprache , die im Rahmen der Java Persistence API (JPA) spezifiziert ist. JPQL wird benutzt, um über die Definition von Entitäten SQL-Abfragen gegen eine relationale Datenbank zu generieren. 226, 443

Java Transaction API Die Java Transaction API (JTA) ist eine Java-Schnittstelle zur Steuerung verteilter Transaktionen nach dem *X/Open XA*-Standard. 209, 443

Java Virtual Machine Die Java Virtual Machine (JVM) ist eine virtuelle Machine, die die Laufzeitumgebung für Java-Programme oder Programme in anderen unterstützten Sprachen, zur Verfügung stellt. Java-Code wird vom Java-Compiler (javac) in plattformunabhängigen Bytecode übersetzt, der von der JVM ausgeführt wird. Weitere unterstützte Sprachen neben Java sind unter anderem Clojure, Ceylon, Groovy (siehe Abschnitt 16.1) und Kotlin (Abschnitt 16.2). 122, 443

Managed Beans Als Managed Beans werden Beans bezeichnet, die innerhalb der JMX zur Verfügung stehen und das Verhalten einer Anwendung beeinflussen können. 342, 443

Mapped Diagnostic Context Als Mapped Diagnostic Context wird im Zusammenhang mit Logging ein Objekt bezeichnet, das per Request eindeutig zur Verfügung steht und beliebige Informationen aufnehmen kann, die es ermöglichen, verschiedene Logstatements einem Benutzer oder einer Interaktion zuzuordnen. Damit ist es ohne externe Tools möglich, die Reihenfolge der geschriebenen Logstatements einer Interaktion zuzuordnen. 110, 443

Representational State Transfer Als Representational State Transfer (REST) wird ein Programmierparadigma für verteilte Systeme bezeichnet. Diese System sind in der Regel Webservices. REST ist eine Abstraktion der Struktur und des Verhaltens der Verlinkungen im World Wide Web. 136, 444

Service Provider Interface Ein Service Provider Interface (SPI) definiert eine Schnittstelle, die explizit zur Implementierung durch Dritte vorgesehen ist mit den Zielen, Frameworks zu erweitern oder austauschbare Komponenten bereitzustellen. In der Regel können Service Provider durch einfaches Bereitstellen im Klassenpfad verfügbar gemacht werden. 97, 444

Spring Expression Language Die Spring Expression Language (SpEL) ist eine Sprache zum Lesen und Verändern von Objekten eines Objektgraphen zur Laufzeit eines Java-Programms. Sie ist der *Java Unified Expression Language* (JSR 341) ähnlich, erlaubt aber darüber hinaus unter anderem Methodenaufrufe und kann als einfache Vorlage für Texte (Template-Engine) dienen. Die Spring Expression Language wird durchgängig in vielen Spring-Projekten unterstützt und ist auf die Bedürfnisse dieser Projekte zugeschnitten. Sie kann aber darüber hinaus auch unabhängig von Spring-Projekten genutzt werden. 12, 444

Abkürzungen

AOP Aspektorientierte Programmierung. 60, 61

CORS Cross-Origin Resource Sharing. 138, 344, 443, *Glossar:* Cross-Origin Resource Sharing

CSRF Cross-Site Request Forgery. 167, 174, 187

DDD Domain-driven Design. 197, 244, 418

DDL Data Definition Language. 202, 203, 205, 443, *Glossar:* Data Definition Language

DSL Domain-specific-Language. 231, 286

HAL Hypertext Application Language. 42, 233, 443, *Glossar:* Hypertext Application Language

HATEOAS Hypermedia as the Engine of Application State. 233, 440, 443, *Glossar:* Hypermedia as the Engine of Application State

IoC Inversion of Control. 54, 55, 60, 296

JMX Java Management Extensions. 347, 441, 443, *Glossar:* Java Management Extensions

JNDI Java Naming and Directory Interface. 66, 199, 209, 213, 376, 443, *Glossar:* Java Naming and Directory Interface

JPQL Java Persistence Query Language. 226, 443, *Glossar:* Java Persistence Query Language

JTA Java Transaction API. 209, 443, *Glossar:* Java Transaction API

JVM Java Virtual Machine. 122, 329, 330, 443, *Glossar:* Java Virtual Machine

MBean Managed Beans. 342, 347, 348, 443, *Glossar:* Managed Beans

MDC Mapped Diagnostic Context. 110, 443, *Glossar:* Mapped Diagnostic Context

PaaS Platform-as-a-Service. 258, 292, 380, 381, 387

POJO Plain Old Java Object. 55, 78, 79, 247, 248, 250, 259, 300

REST Representational State Transfer. 136, 233, 408, 440, 444, *Glossar:* Representational State Transfer

SaaS Software-as-a-Service. 381

SpEL Spring Expression Language. 12, 33, 36, 67, 73, 81, 101, 173, 226, 240, 433, 444, *Glossar:* Spring Expression Language

SPI Service Provider Interface. 97, 143, 220, 237, 376, 444, *Glossar:* Service Provider Interface

XSS Cross-Site Scripting. 167

Index

Rezensieren
Sie dieses Buch

Senden
Sie uns Ihre Rezension
unter **www.dpunkt.de/rez**

Erhalten
Sie Ihr Wunschbuch aus
unserem Verlagsangebot